U0366509

上海市版权局著作权合同登记　图字：09-2010-703号

E·吕丁格尔　主编

尼耳斯·玻尔集

第九卷

原子核物理学

1929-1952

R·派尔斯　编　　戈 革 译

华东师范大学出版社

卢瑟福夫妇和玻尔夫妇　中坐者为奥立凡特夫人

译 者 说 明

1. 本书作者可以说是科学史上一位“大名垂宇宙”的人物;他的生平,见本书第一卷所载其得意门生雷昂·罗森菲耳德撰写的《传略》;他的科学-哲学思想,应该由科学史界和科学哲学界作出认真的研究和公正的评价,在此不以个人浅见妄加评论.

2. 本书所收的文章和书信,除英文文本外,有的附有丹麦文原文或德文原文,中译本主要据英文本译出(有些书信只有德、法文本的,也译出),其他文字的原文一律不排印,以节篇幅. 德、法等文的翻译,得到其他师友协助的,都分别注出姓名,并在相应的地方,予以标明,以示感谢.

3. 人名译法:有通用译法者尽量采用通用译法,但也有少数例外;索引中已有者,正文中不再附注原文;索引中没有者,在初次出现时附注原文.

4. 中译本排列次序一依外文版原书.

5. 外文版原著中的个别印刷错误或明显笔误,译文中都作了改正,一般不再附注说明.

6. 本书中的边码均为外文版原书中的页码.

7. 中译本的脚注格式参照外文版原书,少量中译者注另行标出.

8. 表示量、单位的符号一般照录原书,不强求与现行标准相合.

第九卷前言

V

在本卷中，我们收集了玻尔关于核物理学的著作. 这些工作是玻尔在 1932 年以前的那些日子里，通过他对当时由有关原子核的资料所显示出来的那种表观矛盾进行深入而并非结论性的思索而开始的. 在 1936 年，他很快地认识和描述了由中子散射实验提供出来的那些洞察；他的速度使我们大家都甚感惊讶. 这种新理解所带来的激动，以及它的扩充和巩固，在以后的年月中占有很重要的地位. 1939 年，他又最先理解了刚刚发现的裂变现象的本质特色，当时他很成功地应用了他在以前三年中发展起来的关于核反应的观点. 后来，在 1949—1950 年间，他对核壳层模型的成就有了深刻印象，而这种模型在表面上看来是很难和他在 1936 年首创的那种各核子密切相互作用的图景互相调和的，于是他就在澄清这一佯谬方面付出了很大的精力.

我们仿照前几卷的办法，用适当选择的未发表的笔记和底稿以及有关的通信来支持已发表的论文. 就多数问题来说，现有的资料都使我们能够追溯玻尔思想的发展. 但是关于复合核概念的创立却有一些不甚肯定之处. 关于他最初提出这一概念的时间，确实有些是明显矛盾的. 在《引言》的第 2 节中，我们将试图对这些矛盾作出一种解答；这种解答似乎是可取的，但它却是很难证实的. 不过，他到达这一概念的那些步骤的次序，则仍然不得而知.

也像在以前各卷中一样，对用其他文字发表的论文，以及用除英文和德文以外的其他文字写成的信件，都准备了英译本. 在和海森伯及泡利的通信的事例中，又作出了例外的决定；在那种事例中，对玻尔丹麦文来信的德文复信也进行了英译，其理由已在第五卷的《主编序》中解释过了.

VI

正如其他的编者们已经发现的那样，翻译玻尔的著作并不是一件轻而易举的工作. 他常常说，清晰和真理是互补的，而在这两个极端之间他是大大倾向于充分的真理一边的. 译者必须在两种文本之间保持平衡，一种是简明易懂的，而另一种则将保留玻尔那种很独特的表达思想分寸的方式. 我们的目标是按照玻尔可能写出的那种英文来组织译文.

用英文写成的稿件和札记当然是逐字重印的，只有明显的笔误或打印错误才予以改正. 这里有一个例外情况:文 IX 的日期和目的尚未确知;我们觉得此文特别差劲的打字可能包括着关于此文起源的一种线索,因此就将原有的差错都照印了.

正如在第五卷的《主编序》中说明了的那样,《引言》和第二编中的编者注都已统一编号,而信件作者的原注和引文则用星号标明. 对于稿件,则使用了相反的方式(而编者注则用方括号括出).

本卷所收的材料主要采自哥本哈根的尼耳斯 · 玻尔文献馆,但是我也采用了卢瑟福致马科斯 · 玻恩的一封信中的引文(见本卷原第 21 页);我是通过约恩 · 布罗姆伯博士的指点而注意到这封信的(他有一段时间曾就核物理学论文方面做过工作,而且我能够利用他的笔记). 弗瑞什致丽丝 · 迈特纳的有关信件(原第 53 页)是由罗杰 · 斯提于沃博士向我指出的. 别的图书馆和档案馆中很可能还有另外一些有趣的材料,但是一次全面的查索将过分地延缓本卷的完工.

如果本卷在任何地方达到了它的目标,很多的功劳应该归于艾里克 · 吕丁格尔(Erik Rüdinger). 他对编辑工作的贡献远远超过了主编这一名义所应有的责任. 两位秘书丽丝 · 马德森(Lise Madsen)和海丽 · 波拿巴(Helle Bonaparte)的有耐心的效率也是大有帮助的. 感谢波拿巴夫人和艾里克 · 吕丁格尔对改进我的译文提了许多很有裨益的建议. 我也愿意感谢卡尔斯腾 · 因森(Carsten Jensen)编制了索引和看了校样,并感谢希耳黛 · 列维博士(Dr. Hilde Levi)和约恩 · 瓦尔诺夫人(Mrs. Joan Warnow)协助选择和准备了照片. 我也愿意为了出版编辑简 · 库尔曼夫人(Mrs. Jane Kuuman)的高效率和细心的工作而向她致谢. 我的工作包括了在尼耳斯 · 玻尔研究所和北欧理论原子物理学研究所(NORDITA)中的几段时间,而我对这些研究所的好客态度是很感谢的. 这些访问曾因奥格 · 玻尔教授及其同事们的友好接待而更加愉快.

鲁道耳夫 · 派尔斯

(Rudolf Peierls)

本研究所衷心感谢卡尔斯伯基金会继续给予的慷慨支援,这种支援对《尼耳斯・玻尔集》得以出版起了不可缺少的作用.

本研究所也愿意感谢从雷昂・罗森菲耳德奖学金和由丹麦皇家科学院监管的尼耳斯・玻尔基金得到的宝贵拨款.

尼耳斯・玻尔研究所

目　　录

IX

第一编　和核物理学有关的论文及稿件

第二编　通信选(1929—1949)

XII

尼耳斯 · 玻尔文献馆所藏有关稿本简目

索　　引

期刊名称缩写表

Ann. d. Phys.	Annalen der Physik(Leipzig)
Atti Acc. d. 'Italia	Atti della R. Accademia d'Italia
Ber. Sächs. Akad., mathphys. Kl.	Berichte über die Verhandlungen der Sächsischen Akademie der Wissenschaften zu Leipzig. Mathematisch-physikalische Klasse
Comm. Dublin Inst. Adv. Study, Series A.	Communications of the Dublin Institute for Advanced Studies. Series A
Compt. Rend. *Comptes Rendus*	Comptes rendus hebdomadaires des séances de l'Académie des sciences (Paris)
Danske Vidensk. Selsk. math.-fys. Medd. *D. Kgl. Danske Vidensk. Selsk. math.-fys. Medd.* *Det Kgl. Danske Vidensk. Selsk. Math.-fys. Medd.*	Matematisk-fysiske Meddelelser udgivet af Det Kongelige Danske Videnskabernes Selskab (København)
Fys. Tidsskr.	Fysisk Tidsskrift (København)
J. Chem. Soc. London *Journ. Chem. Soc.*	Journal of the Chemical Society (London)
Journ. de Physique *J. Phys.*	Le Journal de physique et le radium (Paris)
Kgl. Dan. Vid. Selsk. Math.-fys. Medd. *Kgl. Danske Vid. Selsk., Math. Phys. Medd.* *Mat.-Fys. Medd. Dan. Vidensk. Selsk.* *Math.-fys. Medd.* *Math.-phys. Comm. Copenhagen Academy*	Matematisk-fysiske Meddelelser udgivet af Det Kongelige Danske Videnskabernes Selskab (København)

Naturwiss.	Die Naturwissenschaften (Berlin)
Overs. Dan. Vidensk. Selsk. Virks.	Oversigt over Det Kongelige Danske Videnskabernes Selskabs Virksomhed (København)
Phil. Mag.	Philosophical Magazine (London)
Phys. Rev. *Phys. Review*	The Physical Review (New York)
Phys. ZS.	Physikalische Zeitschrift (Leipzig)
Phys. Z. d. Sowjetunion	Physikalische Zeitschrift der Sowjetunion (Charkow)
Proc. Camb. Phil. Soc.	Proceedings of the Cambridge Philosophical Society
Proc. London Math. Soc.	Proceedings of the London Mathematical Society
Proc. Nat. Acad. of Sci.	Proceedings of the National Academy of Sciences of the United States of America (Washington D. C.)
Proc. Phys. Soc. London	Proceedings of the Physical Society of London
Proc. Phys.-Math. Soc. Japan	Proceedings of the Physico-Mathematical Society of Japan (Tokyo)
Proc. Roy. Soc. London *Proc. Roy. Soc.*	Proceedings of the Royal Society of London
Rev. of Mod. Phys. *Rev. Mod. Phys.*	Reviews of Modern Physics (New York)
Ric. Scient.	Ricerca scientifica (Roma)
Sov. Phys. *Sow. Phys.*	Physikalische Zeitschrift der Sowjetunion (Charkow)
Trans. Faraday Soc.	Transactions of the Faraday Society (London)
XV *Verh. d. deutsch. Phys. Ges.* *Verh. der Deutsch. Phys. Ges.*	Verhandlungen der Deutschen Physikalischen Gesellschaft (Braunschweig)
Z. Phys. *Z. f. Phys.* *Zs. f. Phys.* *Zeits. f. Physik*	Zeitschrift für Physik (Braunschweig)
Zeits. f. physik. Chemie	Zeitschrift für physikalische Chemie (Leipzig)

名 词 缩 写 表

Bohr MSS	Bohr Manuscripts（玻尔文稿）
BSC	Bohr Scientific Correspondence（玻尔科学通信）
Mf	Microfilm（缩微胶片）
MS	Manuscript（底稿）

第一编　和核物理学有关的论文及稿件

2

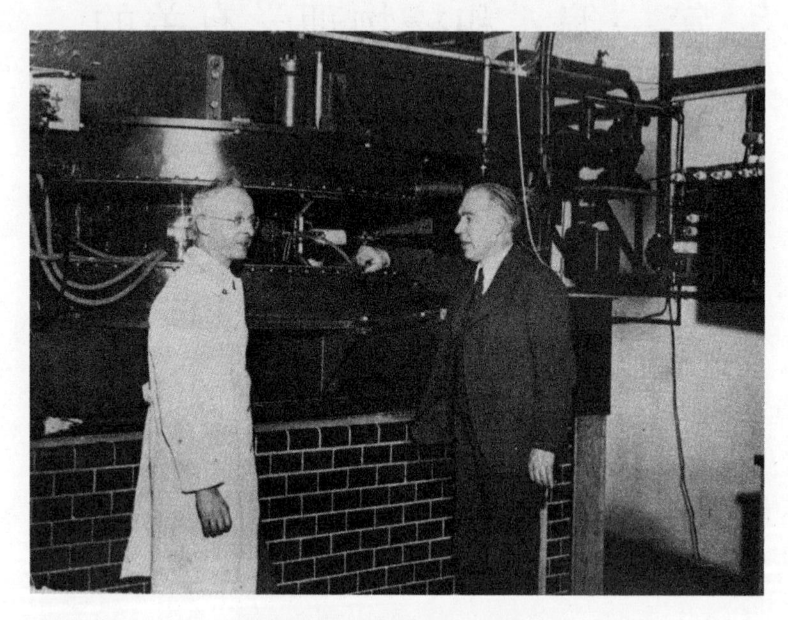

雅科布森和玻尔在回旋加速器旁

引 言

鲁道耳夫·派尔斯

3

尼耳斯·玻尔抱着深切的兴趣追随了核物理学的早期发展.他意识到,这是一个注定要接触到或扩充了当时的量子力学之界限的课题.他有许多个人的接触,尤其是他和卢瑟福的友谊,这就使他能够经常听到关于这一领域中的进展的信息.

在最初的阶段中,物理学家们是在摸索核现象的一种合理的描述,而这一期间的许多思索,包括玻尔的某些工作在内,现在已经过时了.不过,那些思索和工作在显示他的思想发展方面却是大有意思的.

在本世纪30年代中,一系列迅速到来的发现开辟了较好理解的可能性,而

4

乔治·德·希维思

3　玻尔也对这些发展保持了密切的关注. 核问题在他的研究所中时常召开的会议上占了越来越重要的地位. 同时,他在研究所中亲自给予密切关怀的实验工作的重心,也越来越移向了核物理学. 这种工作的设备由于 1935 年人们为庆祝他的 50 岁寿辰而献给研究所半克镭,后来又建造了一套高电压装置和一个回旋加速器而得到了充实.

这种设备的用处之一就是制造放射性同位素,以供希维思及其小组在化学研究和生物学研究中用放射性示踪物来进行的工作之用. 玻尔热诚地支持了核物理学的这一应用.

30 年代的后半期也是玻尔在核问题方面的工作上付出最大精力的时期. 这里包括他的复合核概念的引入和应用,以及他对裂变机制的详尽解释,二者都对核物理学有过很大的推动.

4　这篇引言是按照课题来分节的,各课题大体上按照编年顺序来安排,尽管在时间和内容上都有不少的重叠.

1. 核成分和能量守恒

在 1932 年发现中子以前,人们认为理所当然的是核由质子和电子构成(有些质子和电子也许结合成 α 粒子). 电子在这样一个小体积中的禁闭,是很难和量子力学相调和的. 按照测不准原理,核内的电子将不得不具备高度相对论式的能量,而找出利用相对论式量子力学来对这种局势进行的一种描述是有困难的. 甚至假设一个不知其起源的极强的力也是不够的,因为当禁闭在一个小区域中时,电子将按照克莱恩的佯谬而逸入一个负能态中,或者,按照理论的稍晚诠释,这时将出现电子偶的创生,直到吸引势能被补偿了为止. 关于核的自旋和统计法的实验似乎和根据电子的存在所预期的结果不符,却是和一种看法相一致的,其看法就是,只有质子才对核的自旋和统计法有所贡献. 最重要的是,当时还有 β 衰变中电子的连续能谱这一疑难.

（页边码 5）

玻尔对这种局势严重地感到不安. 他的想法的最初叙述见于一份未完成的打字稿①,该稿没标日期,但是在一页补充稿上却标有日期:21. 6. 29. 这想必是和他在 1929 年 7 月 1 日寄给泡利请求批评的那篇短文相同的一部分内容(1929 年 7 月 1 日玻尔致泡利,丹麦原文见本书第六卷原第 441 页,英译本见该卷原第 443 页):

---

① 文稿,《β 射线谱和能量守恒》,1929. 见本卷原第 85 页.

另一篇是关于β射线谱的小文章；这篇小文我已经考虑了很久，而在最近几天才打好字，但是我没有决定把它寄出去，因为它提供的积极结果太少，而且也写得过于简略. 我将很高兴地听取您关于所有这些东西的意见，不论您觉得适宜使用的是多么严厉或多么温和的表达方式.

在这篇短文中，玻尔讨论了能量守恒在β衰变中被违反的可能性. 他强调说，这不能像在G·P·汤姆孙的论文②中所暗示的那样被认为是测不准原理的一种推论. 他也设想了把这种能量守恒的欠缺和太阳中的能量产生联系起来的可能性.

泡利的评论是很消极的. 在对另一篇短文③作出了赞赏的评论以后，他接着写道(1929年7月17日泡利致玻尔，德文原文见本书第六卷原第444页，英译本见该卷原第446页)：

至于那篇有关β射线的短文，情况就完全不同了. 我必须说这篇短文给予我的满足很少. 当提到G·P·汤姆孙的那些无意义的说法时，情况已经很不妙了；而英国的人们将从这种提法得出错误的结论说，你认为那些说法是重要的. 然后就出现了电子直径d的那种令人不愉快的引用. 我并不是想说这种引用是不合法的，但这总是件很担风险的事. 这时人们必须也考虑到，对于以接近光速的速度运动着的电子来说，由于洛伦兹收缩，d会变得远小于$\frac{e^2}{m_0c^2}$，即变成$\frac{e^2}{mc^2}\left(\text{而 } m=\frac{m_0}{\sqrt{1-v^2/c^2}}\right)$，至少在纵方向上是如此. 在苏黎世，迈特纳女士给我们作了一篇关于问题的实验方面的精彩报告，而且她几乎使我确信了连续β射线谱不能用次级过程(γ射线的发射等等)来加以解释. 因此我们确实不知道这儿的问题是什么. 你也不知道，而只能论述我们之所以什么都不了解的那些原因. 归根结底，你自己写道，这篇短文的目的就是要强调，“在目前，为了对β射线蜕变作出理论处理，我们具备的依据是多么地少”. 但是在这儿我必须提出一个问题：这样一种消极的目的能否作为发表一篇短文的理由？无论如何，让这篇短文先休息很长一段时间并让星星安静地照耀吧！

6

② G. P. Thomson, *The Disintegration of Radium E from the Point of View of Wave Mechanics*, Nature **121**(1928) 615—616; *On the Waves associated with β-Rays, and the Relation between Free Electrons and their Waves*, Phil. Mag. **7**(1929) 405—417.

③ 此文和自由电子的斯特恩-盖拉赫实验有关，见本书第六卷原第307页.

玻尔从来也没有发表他的短文，现在不知道这种决定是在多大程度上受到了泡利批评的影响了.然而他并没有放弃能量守恒被违反的可能性.

他在早先已经思索过，是否甚至在由 α 轰击而引起的质子发射中也可能出现能量平衡的欠缺.他在1929年2月14日写信给剑桥的R·H·否勒说(1929年2月14日玻尔致R·H·否勒，信的全文见本卷原第555页)：

> 联系到卢瑟福用 α 射线轰击原子核而引起质子被放出的新实验，我曾经纳闷他是不是认为实验排除了一种可能性，即观察到的质子速度分布可能起源于所得核的不同的分立激发阶段，而和这种激发相伴随的 γ 射线发射则在观察中被漏掉了.如果甚至在质子转变中我们都看到一种能量定义的欠缺，新的侧面似乎确实就会显示出来.近来我曾经对守恒定理在相对论式量子理论中的一种可能的局限性考虑了很多，而且我们正在讨论，在反向的 β 射线转变中，我们是否可能找出艾丁顿星体构造理论所要求的那种神秘的能源.

玻尔的探询受到了一种认识的推动；当时曾经认识到，他那种把能量守恒的欠缺归因于相对论式量子理论之困难的想法，并不能很容易地解释一次不涉及任何相对论式粒子的反应中的这样一种违反.

当玻尔从乔治·伽莫夫那里听说狄喇克已经找到出路，可以解决由他的相对论式波动方程中的负能态所带来的困难时，他就在1929年11月24日给狄喇克写了信④，询问详情，并且再次概述了相对论式量子力学的困难和 β 射线佯谬之间的可能的联系.狄喇克在复信⑤中同意了 β 射线谱是一个严重问题，但是却解释了他对负能态困难的解答.玻尔是持怀疑态度的.他在1929年11月30日写信给克喇摩斯说(1929年11月30日玻尔致克喇摩斯，丹麦文原文见本书第六卷原第425页，英译本见该卷原第427页)：

7

> 顺便提到，我刚刚从狄喇克那里听到了一些很有趣和很大胆的想法，他希望利用这些想法来避免相对论式量子力学中的困难.他相信他能够挽救能量守恒，但我还不十分确信这是可能的.

他对回避问题的花言巧语是没有耐心的.当约翰·库达请他对库达关于 β

④　1929年11月24日玻尔给狄喇克的信，见本卷原第547页.

⑤　1929年11月26日狄喇克给玻尔的信，见本卷原第548页.

衰变的论文[5a]发表意见时,他就用那种典型的彬彬有礼然而坚定不移的方式写了信(1930 年 1 月 28 日玻尔致库达,德文原文见原第 605 页):

> ……我已经抱着很大的兴趣拜读了您的论文中的那些考虑,但是我必须承认,我不十分清楚您是在什么基础上来进行论证的.

接着就列举了许多摧毁性的反对意见.

最初公开发表的玻尔关于这一课题的见解的阐述,见于他对伦敦化学会所作的《法拉第演讲》中.这篇演讲是于 1930 年 5 月 8 日作出的,但是在演讲的记录稿[6]中,只在将近结尾处写了一句话,提到了能量和动量之类的概念在核物理学中的适用性的可能界限.刊行的演讲词是写得晚得多的[7].

这篇演讲词的最后部分包括一种详尽的论述,论述了说明电子在核中的存在的困难,论述了和自旋及统计法有关的困难,并论述了连续 β 谱的困难.文中总结了相信初态中一切核的等同性的那些论据,以及相信各核在 β 衰变以后的等同性的那些论据,从而如果有一些不同的能量被放出,那就必须得出能量守恒被违反的结论了.玻尔甚至怀疑了是否可以把核中的电子看成通常意义下的粒子,并提出了 β 衰变可能是电子作为力学个体的一种创生.

相似的论据也见于 1931 年 10 月间玻尔在罗马的"伏打会议"上的讨论发言的印行本中[8].这里强调了一个事实,即核的大小和各成分之间的距离比起经典的电子半径来不再是大得多的,因此,和原子中电子的情况相反,现在不能再把核内的电子当作一个点电荷来对待了. 8

自始至终,玻尔对于能量可能并不守恒这一想法的革命性一直是很清楚的.这一点,在和伽莫夫的一次通信中很清楚地表现了出来.伽莫夫在 1932 年 12 月 31 日写道[9],在和艾伦菲斯特、朗道等人的一次讨论中,得到了这样的结论:能量守恒的违反将是和广义相对论的方程不相容的,那些方程只有当引力场源满足能量守恒时才能有解.玻尔回答说(1933 年 1 月 21 日玻尔致伽莫夫,丹麦文原文见原第 570 页,英译本见原第 571 页):

[5a] J. Kudar, *Der wellenmechanische Charakter des β-Zerfalls*, *II*, Z. Phys. **60**(1930)168—175.

[6] 稿,*Chemistry and the Quantum Theory*,见卷宗《法拉第演讲,1930》.速记报告. Bohr MSS, mf. no. 12.

[7] N. Bohr, *Chemistry and the Quantum Theory of Atomic Constitution*, J. Chem. Soc. London, 1932, pp. 349—384. 此文的第 379—383 页复制于本卷原第 91 页,全文见本书第六卷原第 371 页.

[8] N. Bohr, *Atomic Stability and Conservation Laws*, Atti del Convegno di Fisica Nucleare della "Fondazione Alessandro Volta", Ottobre 1931, Rome 1932, pp. 119—130. 全文见本卷原第 99 页.

[9] 1932 年 12 月 31 日伽莫夫给玻尔的信,全信见原第 568 页,英译本见原第 569 页.

> 我完全同意,能量守恒的废除将给爱因斯坦的引力理论带来同等势不可当的后果,正如电荷守恒的可能废除将给麦克斯韦理论带来的那种后果一样;在麦克斯韦理论中,电荷守恒归根结底是场方程的一个直接推论.

这一反对意见在玻尔 1933 年索尔威会议上的发言中又被提到了. 在会议论文集的 pp. 226—228 上的一段话中[10],玻尔重述了他的关于能量守恒在 β 衰变中被违反的信念,但是他却承认了这种违反将给引力理论带来的严重后果. 这时将出现一个问题,即由此而造成的对场方程的违反是不是可观察的.

到了这时,泡利已经提出了中微子假说,而玻尔提到了这一假说如下:

> 因此,直到我们在这一领域中有了更多的经验时为止,我总觉得很难判断泡利的有趣建议,即通过假设核除了发射电子以外还发射一些比电子轻得多的中性粒子,来解决 β 射线发射方面的佯谬. 无论如何,这种"中微子"的可能存在总将代表原子理论中的一个全新的要素,而对应方法也将对描述它在核反应中所起的作用提供不出什么充分的协助.

9

9

在索尔威会议上的进一步讨论中,他又强调了(见会议论文集 pp. 327—328)他在未发表的短文中[11]提出的论点[11],即测不准原理不会导致 β 衰变中的一种连续的能量分布.

他使人们注意了(pp. 287—288)[11]居依多 · 白克和库尔特 · 席特的理论[12],这种理论试图在一种能量不守恒的特定模型的基础上作出关于 β 谱的定量预见.

11

在讨论的另一些插话中,玻尔显示了他对 β 衰变问题的强烈兴趣. 联系到正电子发射,他要求(p. 180)[11]进一步了解在人造的正电子发射体中是否也有能量

---

[10] *Structure et propriétés des noyaux atomiques*, Rapport et discussions du septième Conseil de physique, tenu à Bruxelles du 22 au 29 Octobre 1933, Gauthier-Villars, Paris 1934. 玻尔的文章见 pp. 216—228,标题为 *Sur la méthode de correspondance dans la théorie de l'électron*,该文和英译本将见本书第七卷,关于能量守恒的段落的译文见本卷原第 129 页.

[11] 注[10]所引文献的 pp. 72, 175, 180, 214—215(见第七卷),(266),287—288,327—328,329,329—330,331,334 上的讨论发言. 原文及英译文见本卷原第 133 页.

[12] G. Beck and K. Sitte, *Zur Theorie des β-Zerfalls*, Z. Phys. **86**(1933) 105—119.

9

泡利、玻尔、薛定谔和丽丝·迈特纳在1933年索尔威会议上

11

守恒的违反：

……因为我们还不知道正电子是怎样发射的. 如果像约里奥所假设的那样，正电子确实来自核的内部，则这种情况是和β射线的情况很相似的.

他在关于电子偶的产生的讨论中也显示了同样的慎重(p. 175)⑪. 人们必须收集尽可能多的实验事实，而不依靠狄喇克的理论：

我相信关于电荷的结论是对的，但是在我看来，关于自旋的结论却不那么肯定. 确实，既然核的电场在允许入射光量子产生两个粒子方面是不可缺少的，那就绝不能排除核也参与角动量平衡的可能性. [中译者按：这段引文和后面的正文稍异.]

1932 年的哥本哈根会议

在召开会议时，中子的存在已经很好地确立了，但是关于核内有电子的想法却还没有被打破. 在上面已经提到的那次谈话的过程中，玻尔强调了当时流行的通常理论方法并不能描述β衰变，　11

> 不论人们是把质子看成中子和正电子的一种结合体(……这很可能是最自然的假说)，还是把它看成和一次电子发射相伴随的中子离解的产物……

他在更早一些的时候曾在一篇未发表的短文⑬中提到过中子，这篇短文代表在1932年4月间的一次哥本哈根会议上的发言的摘要. 此文也讨论了把一个中子描述成由一个质子和一个电子所组成的情况，并讨论了用当时通行的方法来描述这样一个体系的不可能性. 他也证明了，人们甚至利用这一模型也能理解中子和电子之间任何可觉察的相互作用的不存在，因为电子的波长将远远大于中子的半径，而这就将使波动力学的散射成为完全可以忽略的了.

关于1932年4月29日对丹麦皇家科学院所作的一篇题为《中子的性质》的演讲，现在只有一份总结了⑭. 这篇总结使人想到，这篇演讲和在哥本哈根会议上的演讲是相仿的.　12

当他于1932年4月30日写信给约里奥-居里夫妇⑮询问是否有任何证据表明中子可以从原子中打出电子时，他所想到的或许仍是存在某种中子-电子相互作用的可能性.

中子中含有电子的另外一些推论，出现在和海森伯的通信中. 海森伯在1932年7月18日来信中说⑯，核中的电子，即使是包含在中子中，也应该对相干地散射γ射线有所贡献，这就会使散射振幅正比于中子数. 玻尔在日期为1932年8月1日的复信中说(1932年8月1日玻尔致海森伯，丹麦文原文见原第575页，英译本见原第576页；8月2日发出的修改信，丹麦文原文见原第577页，英译本见原第577页)：

---

⑬ 稿，*On the Properties of the Neutron*. 在1932年4月7日到13日的哥本哈根会议上的演讲摘要. 有几种文本. 其中一种见原第115页.

⑭ N. Bohr, *Om Neutronernes Egenskaber*, Overs. Dan. Vidensk. Selsk. Virks. Juni 1931—Maj 1932, p. 52; *The Properties of the Neutron*, Nature **130** (1932) 287 (改写并浓缩成了单独一句话，见原第120页). 丹麦原文及其英译本见原第119页.

⑮ 1932年4月30日玻尔致约里奥-居里先生和夫人的信，见原第591页.

⑯ 1932年7月18日海森伯致玻尔的信，原信见原第573页，英译本见原第574页.

α粒子中把中子和质子束缚在一起的那一能量,和用电子在自由中子中的质量亏损来量度的结合能相比毕竟并不是不重要的. 因此我可以相信,令散射正比于α粒子数的平方或许会像令它正比于中子数的平方一样地正确,但是测量结果还没有可靠得足以确定这一点.

玻尔后来还对核成分的问题想了很多. 这些思索反映在一篇未标日期的打字稿中,标题是《电子和质子》[17]. 此文坚持了一点,即正电子是狄喇克相对论式波动方程的一个不可避免的推论. 这或许是在稍晚于索尔威会议讨论发言的时候写成的;在讨论发言中,玻尔对正电子和狄喇克理论的关系还觉得有所怀疑. 此文指出,对于狄喇克理论的适用性来说,至关重要的就是电子的半径要小于它的康普顿波长 h/mc. 如果中子或质子的半径被假设为具有 10^{-13} 厘米的数量级(这是由它们的相互碰撞截面提示出来的一个值),则相应的说法对质子不再成立. 狄喇克的发现完全消除了电荷正负号方面的不对称性. 他由此得出结论说,可能存在带负电的质子,然而这种质子不一定就是常见质子的反粒子,而却可以是质子在核上的反射的结果,如果核是电荷对称的话. 关于这种建议,他援引了伽莫夫的意见,就是说,稳定负质子在核中的存在,将有助于克服核理论的困难,并有助于解释同质异能物. 同一想法后来在一封给海森伯的信中也被提到了(1934 年 4 月 20 日玻尔致海森伯,丹麦文原文见原第 578 页,英译本见原第 579 页):

13

至于表征着电子理论之目前观点的对电荷正负号而言的完全对称性,我们也曾经多少设想了一下这种对称性是否也出现在核问题中,因此我现在随函寄上伽莫夫[18]和威廉斯[19]的论文两篇;这些论文刚刚寄给《物理评论》,他们在文中讨论了存在于核内的和宇宙辐射中的负质子的可能性. 特别是在前者方面,问题确实显得是很有假说性的,而且我有时倾向于认为,严格说来,我们在核中只能谈论整个体系的总电荷,正如我们在核周围的电子体系中只能无歧义地谈论总角动量一样.

在前已提到的短文[17]中,玻尔利用了狄喇克理论对质子的不适用性来解

---

[17] 稿,*The Electron and the Proton*,编目归入[1932 年],见原第 123 页.

[18] G. Gamow, *Negative Protons in Nuclear Structure*, Phys. Rev. **45** (1934) 726—729.

[19] E. J. Williams, *Nature of the High Energy Particles of Penetrating Radiation and Status of Ionization and Radiation Formulae*, Phys. Rev. **45** (1934) 729—730.

释它的磁矩不是一个核磁子这一事实.(这一事实和一种核子结构在一个可以和康普顿波长相比的距离上的存在,这二者之间的联系当然是和后来的表述完全一致的.)

玻尔关于能量守恒问题的最后论述,是在1936年6月6日撰写的一篇短文[20],发表在《自然》上.发表此文,是由于香克兰宣称在康普顿效应中发现了对能量守恒的违反,而玻特和马厄尔-莱布尼兹以及雅科布森则在实验上否定了这一点[21].玻尔论文的最后一句是:

> 最后可以提到,对于守恒定律在原子核的β射线发射问题中的严格适用性的严重怀疑[此处引用了《法拉第演讲》]的根据,已经被一种发人深思的一致性所大体消除了,那就是迅速增长着的关于β射线现象的实验证据和在费米理论中如此引人注目地发展了的泡利中微子假说的推论之间的一致性.

他并不是轻而易举地接受中微子的这一假说的.1934年2月17日,玻尔给菲力克斯·布劳赫写信说(1934年2月17日玻尔致布劳赫,丹麦文原文见原第540页,英译本见原第541页): 14

> 我们大家当然都曾经对费米的新论文[21a]大感兴趣,此文无疑将对电性核问题方面的工作很有刺激作用,尽管我必须承认,对于中微子的物理存在我还没有充分确信.

2. 中子俘获和核的构造

在本世纪30年代的初期,费米和他的合作者们开创了中子在核研究中的应用.当时一般认为,可以在很好的近似下把中子在核中的通过看成它在一个势场中的运动,该势场就将是靶核内部各粒子的平均场.从原子理论中搬用过来的这一图景,当然必须针对中子和特定靶核子之间的交换能来进行改正,然而当时认为这是一种很小的改正.

---

[20] N. Bohr, *Conservation Laws in Quantum Theory*, Nature **138**(1936)25—26,见本书第五卷原第213页.

[21] 这一争论已在本书第五卷原第91页上进行过论述.并参阅1936年3月14日玻尔给克喇摩斯的信,信的原文见本卷原第598页,英译本见原第600页.

[21a] E. Fermi, *Versuch einer Theorie der β-Strahlen*, *I*, Z. Phys. **88**(1934)161—177.

在这一基础上,人们将预期中子-核碰撞的主要结果就是中子的弹性散射,偶尔有一些导致核的激发的非弹性事例,而中子被俘获并引起辐射的发射的情况则是很少有的.

然而实验却证明中子的俘获是一种很常见的事件.玻尔立即看出了这一结果的惊人性,而且他马上提出了实验结果是否得到了正确的诠释的问题.他在一封给卢瑟福的信中写道(1934 年 6 月 30 日玻尔致卢瑟福,信的全文见原第 651 页):

> ……我们对费米的想法甚表怀疑,他认为中子在某些事例中是通过辐射的发射而直接附着在核上的,而在我看来更加可能的却是,在这种放射性同位素被形成的事例中,碰撞将造成两个中子从核中被逐出,而不是一个中子被粘在核上.这种情况将引起一个正电子而不是一个电子的随后发射,而且这就或许能够解释约里奥的关于正电子之意外出现的某些观察结果.然而,也许可以用几个中子的作为核碰撞结果而被发射来加以解释另一事实,那就是寿命的惊人差别:一方面是用 α 粒子轰击硼而形成的活性氮,另一方面是用质子或 diplons[22] 轰击碳而形成的活性氮,二者的寿命是大不相同的.在我看来或许可能的是,在第一种事例中有两个中子被放出,结果形成原子量为 12 的氮,而在第二种事例中则是按照通常的方式而形成原子量为 13 的氮.

15

但是实验证据是令人信服的.当时利用慢中子得到了甚至更加出人意料的结果.不仅是碰撞截面在某些事例中比核的几何截面大得多(这一点大体上可以用一个粒子被一个适当的静势所散射时的波动力学共振来加以解释),而且,和一切的预期相反,有辐射的俘获的截面竟然大大超过了散射截面.另外,在对慢中子有着很大截面的核中,截面也显示了随能量的极强烈的变化.

这些发现完全唬住了理论物理学家们,直到玻尔在 1936 年初提出了解答为止.他在 1936 年 1 月 24 日向丹麦科学院发表了一篇演讲[23],其内容刊载在《自然》上[24].他在演讲中引用的想法是那样地人尽皆知,以致在此几乎用不着再行

---

[22] "diplon"是当时使用的名词,即现在的"deuteron(氘核)".

[23] N. Bohr, *Om Atomkernernes Egenskaber og Opbygning*,摘要见 Overs. Dan. Vidensk. Selsk. Virks. Juni 1935 – Maj 1936, p. 39; *Properties and Constitution of Atomic Nuclei*, Nature **138**(1936) 695.丹麦文正文和英文正文见原第 149 页.

[24] N. Bohr, *Neutron Capture and Nuclear Constitution*, Nature **137**(1936)344—348,见原第 151 页.(一条小注说明这是 1 月 27 日在哥本哈根科学院作的一篇演讲.27 日应为 24 日之误.玻尔不太可能在三天之内发表两篇演讲,而 1936 年 1 月 24 日是星期五,是当时科学院召开会议的常规日期.)

综述了.简单地说,要点就是认为核的组分彼此之间有着很强的相互作用,也和入射粒子发生很强的相互作用,从而入射粒子的动能就在许多粒子之间分配开来,结果就使得任一粒子都不能逸出,直到足够的能量偶然集中在其中一个粒子上时为止.这就意味着,中子必将停留在核内,其停留的时间比势场中单一粒子的图景所将预言的要长得多,而且在这段时间内一个光子被发射的机遇将是不十分小的.在慢中子的事例中,为了逸出实际上就要求全部的超额能量,从而逸出就变成很少见的事件,而辐射的发射就是主要的了.核的非稳态的长寿命,按测不准原理就意味着很窄的能量宽度,这也就说明了截面的巨大选择性.这里涉及的共振不是单一粒子的共振,而是被入射中子的结合能激发到它的基态以上的一个多体体系的共振,而这样一个体系的能级密度是大大超过单一粒子的能级密度的,于是为数甚多的共振的存在就得到了说明.

16

在这篇短文中,玻尔谈到了复合体系,而且更多地谈到了一个中间体系.现已熟知的“复合核”一词是到了稍晚的时候才被引入的.另外,尽管他所描述的这种核的动力学模型在各组成之间很密切的相互作用的意义上和一个液滴很相似,他在这一期间却还没有使用“液滴”一词.

关于玻尔在什么时候以及怎样得到的这些想法,曾有许多猜测,但是却很少有什么证据可以帮助我们解决争议.

弗瑞什曾经对一次讨论会作过很戏剧化的描写,在那次讨论会上玻尔提出了这些想法㉕:

> 按照当时关于核的信念,一个中子应该痛痛快快地通过一个核,而受到俘获的机遇是很小的.汉斯·贝忒曾经在美国努力计算这一机遇,而且我记得1935年的一次座谈会,当时有人报告了那篇论文㉖.在这次会上,玻尔一直在打断人家的发言,而且我开始有点生气地纳闷他为什么不让人家把话讲完了.然后,一句话刚说了一半,玻尔突然停住了并且坐下了,他的面孔完全呆住了.我们看了他几秒钟,开始心焦起来.他是不是突然身体不舒服了呢?但是然后他就突然站了起来,并且带着抱歉的笑容说:“现在我懂了.”

㉕ O. R. Frisch, *What Little I Remember*, Camb. Univ. Press, 1979, p. 102,并参阅注97所引文献的p. 141.

㉖ H. A. Bethe, *Theory of Disintegration of Nuclei by Neutrons*, Phys. Rev. **47**(1935)747—759.

在另一个场合下，弗瑞什给出了故事的一种稍许不同的版本[27]：

> 那想必是在1935年的下半年，玻尔设想了他的作为核反应中一种长寿命中间态的复合核的概念. 我生动地记得当时的情况：玻尔多次地(比通常更多地)打断了座谈会上的一个人的发言，那个人正在试图报告(我相信是汉斯·贝忒的)一篇关于中子和核的相互作用的论文. 然后，在又一次站起来以后，玻尔又坐下了，他的面孔突然完全呆住了. 我们看了他几秒钟，心中不安起来；但是随后他又站了起来，并且面带抱歉的笑容说道："现在我完全懂了."于是他就勾画了复合核的概念.

这一次他提出的时间是1935年下半年，但是他觉得不敢肯定讨论的主题是不是贝忒的论文.

惠勒也回忆了一次讨论会[28]：

17

> 我是在一次哥本哈根讨论会上听到消息的；我们得到开会的简短通知，让去听听克瑞斯先·摩勒在1935年复活节期间访问罗马和费米小组时发现的情况. 摩勒所报道的截获慢中子的巨大截面是和当时公认的关于核的概念完全矛盾的. 按照那种看法，核子在核中有它们的自由运行，正如原子中的电子或太阳系中的行星有它们的自由运行一样. 摩勒大约刚刚报告了半个钟头，刚刚略述了罗马的发现，玻尔就冲上前去抢占了他的讲台. 玻尔一边发展他的思想一边叙述，他描述了大的截面怎样引导人们想到恰好相反的理想化：个体核子的一种远小于核线度的平均自由程. 他把这样一组粒子和一个液滴进行了对比. 他强调了这样的想法：由中子的撞击而形成的体系，所谓"复合核"，将对它的怎样被形成毫无记忆. 在玻尔讲完和讨论会结束以前人们就已经弄明白，看法上的一种革命性的变化正在形成中了. 在他发表有关这一课题的正式演讲以前，另一些人们通过传闻得悉了他的思想；1936年1月27日[24]，他在哥本哈根科学院发表了演讲，随后在《自然》上刊出了演讲词.

---

[27] O. R. Frisch, *Experimental Work With Nuclei: Hamburg, London, Copenhagen*，见 *Nuclear Physics in Retrospect*，关于30年代的一次会议的报告集(R. H. Stuewer 编)，Univ. of Minnesota Press，1979，pp. 63—79，所引段落在 p. 69.

[28] J. A. Wheeler, *Some Men and Moments in the History of Nuclear Physics*，前引文献，pp. 217—306，所引段落在 p. 253.

人们被引导着设想这些论述涉及的是同一次会议. 然而这种猜想将引起若干困难. 惠勒很肯定地说会议是在 1935 年 4 月间举行的，而且它不会晚得太多，因为惠勒在 5 月间返回了美国. 他也报道了发言人是克瑞斯先 · 摩勒. 摩勒确实记得，大约在那时他作了关于费米在罗马的工作的报告，当时他刚刚从罗马回来，但是他说他从来没有作过关于贝忒的论文的报告，而且他不记得在他的发言中间玻尔曾有任何重大的介入[29]. 弗瑞什关于日期的回忆可能有差错，但是很难相信玻尔在 4 月间就有了那么完全清楚的图景，而却直到下一年的 1 月份都没有在通信中向任何人提到过这种想法. 在此期间，他在许多写给朋友们的信件中，特别是在写给泡利和海森伯的信件中，谈论了当时吸引了他的注意力的那些问题，但是却没有谈论过复合核概念.

事实上，《自然》上的文章最初是在 1935 年 12 月 23 日作为致编者的信而寄出的[30]，但是编者认为它作为一封信太长了，于是就把它改成了一篇文章[31]. 玻尔把校样保留到了 1 月 14 日后的某一日，为的是把措词改成和一篇文章相适应的风格[32].　18

在和同道的任何通信中最初提到这篇文章是在奥斯卡 · 克莱恩给玻尔的一封信中. 信的日期是"2. 2. 1935"，但是这个日期显然有差错. 正确的日期应该是在 1935 年 11 月 18 日和 1936 年 1 月 9 日之间，也许信上的日期本来是指"2. 12. 1935"[33](1935 年 12 月 2 日克莱恩致玻尔，丹麦文原文见原第 592 页，英译本见原第 594 页)：

> 我们近来很愉快地接待了卡耳卡尔的来访[34]，他告诉了我们关于您在核问题方面已经取得的美好进步的情况，并且说您已经就此问题给《自然》写了一篇短文. 同时他告诉我们，研究所中的实验工作也有了进展. 这是我很关心的，因为我一直在思索关于推广的狄喇克方程的事，想要看看这和您的结果有什么关系. 我可以设想，这样一个方程或许可

---

[29] 克瑞斯先 · 摩勒的私人通信.

[30] 1935 年 12 月 23 日玻尔致《自然》编者的信，现属《玻尔一般通信》，编目:《自然》.

[31] 1936 年 1 月 1 日《自然》编者致玻尔的信，现属《玻尔一般通信》，编目:《自然》.

[32] 1936 年 1 月 14 日玻尔致《自然》编者的信，现属《玻尔一般通信》，编目:《自然》.

[33] 早在 1935 年 2 月 2 日的一封致《自然》的讨论原子核的信中就提到卡耳卡尔，那确实会是最为出人意料的. 然而，克莱恩的信的主要内容就是报道用一个推广了的狄喇克方程进行的计算，他把这种方程说成是玻尔已经熟悉的东西. 他在 1935 年 11 月 18 日给玻尔的一封信(BSC，缩微胶片 no. 22)中谈到了大致相同的课题，而此处所谈的这封信似乎是那封信的继续. 然而信中却提到最小的能级间距为 1 伏特，而这是在玻尔的 1 月 9 日的信中提到过的，从而那封信想必是玻尔的复信. 这就意味着克莱恩这封信的日期应在 11 月 18 日和 1 月 9 日之间，而 12 月 2 日就是一种可取的猜测，因为这只涉及丢掉了一个数字. 也请注意，克莱恩在信的末尾祝贺了新年.

[34] 关于卡耳卡尔的传记性小注，见本书第一卷原第 XLIII 页.

以用来近似地描述按照卡耳卡尔的叙述是您把它称为复合体系的那种东西.

在一封显然是对这封信的复信的给克莱恩的信中,玻尔写道(1936 年 1 月 9 日玻尔致克莱恩,丹麦文原文见原第 595 页,英译本见原第 595 页):

> 我还没有寄给你那篇答应过的短文,因为我近来曾经在卡耳卡尔的协助下试图改进它的内容和形式. 看来这些考虑确实具有很普遍的适用性,从而等到短文一旦写成,卡耳卡尔和我就打算坐下来彻底地重新检查有关核反应的全部材料,而且我们希望能够从这种检查中学到很多东西. 我希望,像我说过的那样,在不多几天之内就把我的短文的新版本寄给你……

现在不清楚玻尔是在什么时候和怎样答应寄给克莱恩一份短文的,但是,既然克莱恩的信给人的印象是他在卡耳卡尔来访以前并不曾听说过这一工作,那就很有可能玻尔的意思是指克莱恩曾经索取过这篇短文,而不是玻尔答应过寄给他. 我们知道,在 1 月 9 日,短文已经寄给《自然》了,因此"新版本"就是指的校样中的改动了.

19

他向罗森菲耳德提到了这篇新的短文(1936 年 1 月 8 日玻尔致罗森菲耳德,丹麦文原文见原第 641 页,英译本见原第 642 页):

> 顺便提到,我近来曾经为一个完全不同的问题而大忙特忙,那就是核对中子的俘获问题. 我已经重新采取了旧的想法,那是我在上一次哥本哈根会议上当和贝忒讨论时就已想到的;那想法就是,穿入核中的一个中子的运动,根本不能描述成一个静势场中的单体问题,而是相反地可以说中子立刻就把它的能量分给其他的核粒子,而产生一个寿命足够长的中间体系,于是,在一个中子或别的粒子作为和俘获过程毫无直接关系的一种逸出过程的结果而离开这一体系以前,就有发生辐射跃迁的一个很大的几率. 这种观点似乎不但可以解释中子俘获,而且也可以解决许多别的困难,那些困难是伽莫夫曾经在他的图解式核模型的基础上与之斗争过的.

他提到了即将进行的去伦敦的访问,但是提出的在大学学院(University College)的演讲题目却是《原子理论中的空间和时间》. 这个题目直到 2 月 4 日才改掉，当时他在给伦敦的古德乌教授的一封信㉟中建议了题目的改换.

玻尔在 1936 年 2 月 8 日写信给海森伯说(1936 年 2 月 8 日玻尔致海森伯，丹麦文原文见原第 579 页，英译本见原第 581 页)：

> 因此我努力工作到最后一分钟，来写完我在很久以前就答应寄给你的那篇关于核反应的小文章，但是问题对我来说是不断发展的，而且它渐渐变成了一种更全面的观点，而我相信这种观点对理解许多不同的核性质是有用的. 和核反应有关的细节以及和以前理解相比这种新理解所提供的帮助，都将在一篇更完备的论文中加以讨论，我现在正同时和卡耳卡尔一起撰写这篇论文. 现寄上一篇短文的底稿，我想这篇短文将在《自然》上刊出；这只是一篇演讲的近似的重录，在那篇演讲中我谈到了中子俘获为这一问题的处理所提供的出路. 如果你能写封短信到剑桥，告诉我你对这一切有何看法，我将是很高兴的；我在剑桥将住在“女王路纽因汉庐”的卢瑟福家. 你用不着为我那关于核组成的说法而过于伤脑筋，在现在的问题方面那些说法只是次要的. 这绝不意味着对你的和费米的那些伟大贡献缺乏了解，而只是意味着新观点在细节方面(主要是在泡利原理的应用方面)所曾引起的某种怀疑. 一旦我在旅行中抽得出时间来在文章中的那些与此有关的次要说法方面进行精雕细刻，我将再写信来谈谈这个问题.

20

不久以后，他写信给伽莫夫说(1936 年 2 月 26 日玻尔致伽莫夫，丹麦文原文见原第 572 页，英译本见原第 573 页)：

> 附寄的文章不久将刊载在《自然》上；正如您从这篇文章即将看到的那样，这是一种思想的一次发展；那种思想是我在紧接在费米关于快中子俘获的第一个实验以后的 1934 年秋季的上届哥本哈根会议上就已经提出的，而且是我在最近那些关于慢中子俘获的奇妙发现以后又一次提起的. 现在卡耳卡尔和我正忙着弄出理论推论的一种详细表述，而且一旦弄好，我们就将给您寄一份稿子去.

这些信件表明，这种想法并不是像弗瑞什的论述所将暗示的那种使玻尔一旦豁然贯通的灵机一动，而是一次逐渐的发展. 因此，似乎可以推测开过两次会：一次是在 1935 年 4 月间召开的，玻尔在会上的讨论中提到了某些新概念，它们

㉟　1936 年 2 月 4 日玻尔给古德乌的信，现属《玻尔一般通信》，编目：物理学会和化学会(伦敦).

的新颖性打动了惠勒，但是却没有在哥本哈根的别人那里留下任何印象，那些人或许在此以前就从玻尔那里听到过类似的说法. 弗瑞什记得的那次讨论会很可能是在1935年的后半年召开的，而且也许在那次会上玻尔解开了难题的另一个重要的部分.

这些信件暗示，想必有过短文的若干份草稿，但是在尼耳斯·玻尔文献馆现存的文件中唯一可能被选的却只有一份有关同一课题的未标日期的打字稿㊱. 这份稿子的打字水平是很差的，打出了许多差错；这使人想到，或者当时按口授打字的是一个不熟悉物理学和不擅长英文或打字的人，或者这是一份演讲速记的转抄本.

如果我们同意关于有两次会议的猜想，一个很难弄清楚的问题就是这些想法的发展顺序如何. 玻尔在1934年的会议上报告了什么？他在1935年4月份的讨论班上又多解释了多少？他在弗瑞什所描绘的那次座谈会上突然得到的重要洞察又是什么？

21

几乎没有什么证据可以帮助我们猜出这些问题的一种答案. 在1936年2月间玻尔访问了剑桥以后，卢瑟福给马科斯·玻恩写过一封信㊲，信中的一段给这些问题带来了一点光明(1936年2月22日卢瑟福致玻恩，原系英文)：

> 主要的想法是他[玻尔]的一个老想法，那就是，不可能把核的个体粒子的运动看成保守场中的运动，而却应该把它看成由种类未知的一些粒子构成的一种"软团"，它的振动一般是可以根据量子概念导出的. 正如我一直认为很可能的那样，他认为一个粒子在进入核中时就在那里停留很久，使它足以把它的能量分给别的粒子.

正如我们前面已经看到的那样，卢瑟福所说的那个"老"想法，是在玻尔联系到量子力学描述的可能界限来进行的关于核成分的思考中起了主导作用的一种想法. 当然，关于利用明确定义的粒子来进行的任何力学描述都是不可能的这种说法，是比另一种说法更加激进得多的；那种说法就是，这些粒子之间的相互作用太强了，以致不能把这些粒子近似地描述成为在一个力场中运动着的了. 但是，很可能的却是，关于一种局限性的考虑使人们准备了考虑另一种.

确实，《自然》短文中有一段是引用了关于各粒子在核中的个体存在的怀疑

㊱ 稿，*The Nuclear Constitution and Neutron Captures*，[1935?]. 见原第143页.

㊲ 1936年2月22日卢瑟福给玻恩的信，现藏剑桥大学图书馆，《卢瑟福通信》. 在1936年2月份对英国的访问中，玻尔是从伦敦到剑桥的. 他在2月11日在大学学院发表了演讲，并从2月12日开始在剑桥的卢瑟福家住了大约一个星期，发表了一些演讲. 我们感谢约恩·布罗姆伯使我们注意到了这封信.

的，但是在这段话的后面却出现了这样的说法：

> 完全抛开对现在的讨论并无直接重要性的核成分本身的本性问题不谈……

很可取的是认为，尽管没有直接重要性，问题还是被涉及了，因为它在玻尔有关此事的思想发展中是起了一定的作用的. 上面所引致海森伯的信中的那些论述，也具有类似的性质.

于是，后来的几步就可能是关于共振的很窄宽度及其后果的认知，或是关于巨大能级密度的认知，这二者在《自然》短文中以及在以该文为基础的那些演讲中都是特别强调地进行了解释的. 然而所有这一切都只是猜想.

22

登载了玻尔的短文的 1936 年 2 月 29 日那一期《自然》，也登载了关于他在 2 月 11 日在伦敦的大学学院发表的一篇演讲的综述[38]. 这里包括了根据演讲时放映的幻灯片绘制的两幅插图，分别显示了含有许多粒子的一个体系中的能量分配，以及核的能级密度作为能量函数的迅速增大.

存在一份《自然》论文的丹麦文本[39]，这似乎是打算作为一种丹麦版本发表的，但是从来没有发表. 稿本共两份，其中第一份几乎是英文本的逐字逐句的译本，只有很少的文字上的不同. 稿上有一些手写的改笔，但也没有多大的重要性. 第二份文本是第一份文本在改动后的打字本，随后又加了些手写的改动. 唯一有点兴趣的改动是这样一件事实：在《自然》文章中给出的重核中的典型中子结合能 10 MeV，在第一份文本中用手写改成了 9 MeV，而在重新打字以后又在第二份丹麦文本中用手写改成了 8 MeV[40]. 由对一份和英文本如此相似的文本所作的这些改动，可以清楚地知道这份稿本并不是英文本的底稿，而是在后来写成的.

一份德译本发表在《自然科学》上[41]，而且和联系了翻译工作的马科斯 · 戴耳布吕克的通信在表明玻尔遣词造句的态度方面是有兴趣的. 在受到《自然科学》编者的邀请并得到戴耳布吕克关于安排这样一篇译文的建议以后，玻尔给戴耳布吕克写信接受了他的建议[42]. 他在适当时候收到了译文的校样. 翻译是由戴耳布吕克和 H · 雷德曼先生合力进行的；也像大多数译者一样，他们显然不得不

---

[38] N. Bohr, *Neutron Capture and Nuclear Constitution*, Nature **137**(1936)351. 见原第 157 页.

[39] 稿，*Neutroners Indfangning og Atomkernernes Opbygning*[中子俘获和核结构]，编目标为[1936 年](然而请参阅注[40]). BSS，缩微胶片 no. 14.

[40] 玻尔-卡耳卡尔论文(见第 3 节)是在 1937 年 1 月份完成并在 1937 年 10 份补充了的. 既然该文中采用的值还是 10 MeV，这就表明丹麦文稿本的时间应是 1937 年或更晚.

[41] N. Bohr, *Neutroneneinfang und Bau der Atomkerne*, Naturwiss. **24**(1936)241—245.

[42] 1936 年 2 月 27 日玻尔给戴耳布吕克的信，BSC，缩微胶片 no. 18.

和玻尔对语文的特别艰深的用法进行了斗争.玻尔退还了校样,并且说校样已由卡耳卡尔、罗森菲耳德和他自己仔细看过了.(1936 年 3 月 18 日玻尔致戴耳布吕克,德文原文见原第 544 页)

23

我们发现译文很精彩,但是也擅自做了一些小的改动;这主要是在澄清原文方面作出的改动,在那些地方英文本是不够清楚易懂的.我也希望您的艺术良心不要由于我们在少数几处把两个句子重新结合起来的建议而负担太重;在那些地方,在您的(一般来说)很成功和很受欢迎的努力中,是把两个句子分开来的.

然而,这种关于改动的外交词令并没有安抚住戴耳布吕克.他回了一张明信片(1936 年 3 月 20 日(邮戳)戴耳布吕克致玻尔,德文原文见原第 545 页):

亲爱的玻尔教授,我对您的改动甚感不满,而且我认为这些改动是对读者的一种犯罪.然而,既然我认为使您相信您对德文的用法的欠妥当性是没有希望的,我已经原封不动地将校样交出去了;我只是从译者署名中划掉了我的名字,用以"象征性地"表示我的不同意.

您的忠实的

M·戴耳布吕克

玻尔、玻恩和戴耳布吕克

对这次发作的答复来自罗森菲耳德(1936 年 3 月 22[?]日罗森菲耳德致戴耳布吕克,德文原文见原第 545 页): 24

玻尔给我看了你的明信片.我们有关改动的建议使你如此生气,以致不愿再对译文负责,这使我们两个很感难过.这将使玻尔实在伤心,因为他是很感谢你对他的论文的兴趣的.

这里一定有些误会.戴耳布吕克的建议在改进语气的分寸方面稍微有点过分的地方,并不是打算批评乃至改善那里的文字,而只是要把少数几个句子弄得更清楚一些.改动只是建议性的,而且玻尔确实是会很高兴的,如果戴耳布吕克曾经能够把它们写成和其余部分同样好的德文的话.关于把译者们分开的句子重新合并的问题,罗森菲耳德写道:

……我根据(关于玻尔书的法文译本的)亲身经验清楚地知道,人们起初会很冒然地把玻尔的句子分割开来,但是在回味以后却会发现,不削弱句子的原意,这就是很不容易做到的.我相信在这方面是没有办法的;读者只能使自己适应一个事实:通往玻尔思想的“via regia”(御路)是不存在的.

戴耳布吕克没有改变主意.他在给罗森菲耳德的复信中写道(1936 年 3 月 25 日戴耳布吕克致罗森菲耳德,德文原文见原第 546 页):

问题只是:我要绝对避免在语气分寸方面的合作.我无法觉察意义上的不同,我不关心它们的艺术价值,而且从清晰性和说服力的观点来看我认为它们是不必要的.玻尔完全有权按他自己的方式来写作,但是他不能坚持让我和他争论语气分寸的问题……

他建议在他即将去哥本哈根的访问中继续讨论原则性问题,但是不讨论细节.然而译文还是发表了,没有他的署名,只提到译者是雷德曼.

玻尔的《自然》文章中关于复合核之本性的基本想法,似乎立即被物理学界所接受了.没有发表和他有不同意见的任何论文,而一件很有典型意义的事情就是,在 1935 年 5 月间曾经发表一篇论文来作为单体问题考虑了中子-核碰撞[43]的贝忒,在 1936 年 6 月间提出了一篇建筑在玻尔的观点上的关于能量密度的求值

---

[43] 见注[26]中的文献.

25 的论文[44]，这是对玻尔结果之实际应用的一次重要的补充.

一点小小的怀疑声调见于克喇摩斯的一封信中，他写道(1936 年 3 月 11 日克喇摩斯致玻尔，丹麦文原文见原第 596 页，英译本见原第 597 页)：

> 核中许多个重量相等的粒子的情况，在许多方面使人想起金属中自由电子的情况. 喏，后者是可以用布劳赫的方法[44a]来很成功地加以描述的，尽管这会遇到惊人的困难，如果人们试图确定近似法的适用性的话. 不过，不知是否存在关于核的类似处理；就是说，人们将假设一种适用于质子的和一种适用于中子的(或一种适用于二者的)费米定律；即使当用来描述总能量时这种方法将得出误差，它在确定核的较高能级的近似分布方面也还可能是正确的.

玻尔似乎并不觉得这个问题很有建设性(1936 年 3 月 14 日玻尔致克喇摩斯，丹麦文原文见原第 598 页，英译本见原第 600 页)：

> 至于你的有关核问题的那些提问，我不太知道说什么好. 特别说来，我还不够明白粒子在核中的运动和电子在金属中的运动之间的类似性. 如果我可以冒昧地在这个问题上提出一个佯谬的话，我倒是要说伽莫夫和海森伯的观点在解释核反应方面的不适用性，使我们想到布劳赫方法在超导性问题上的失败. 我也不认为金属在较高温度下的行为和核的高激发态之间存在任何简单的类似性. 至少在我看来，关于核的新的考虑的可能进展，应该主要在于这样一种认识：即使在通常的核反应中所涉及的那种复合体系的很高能级上，我们也根本不能谈论单个核粒子的独立地量子化了的运动. 然而我希望咱们不久就将有机会进一步一起谈谈所有这些问题，而特别说来，我和卡耳卡尔正在合写一篇更详细的论文，一经完成，我就会寄给你一份文稿.

克喇摩斯更加充分地解释了他的问题(1936 年 3 月 20 日克喇摩斯致玻尔，丹麦文原文见原第 602 页，英译本见原第 603 页)：

---

[44] H. A. Bethe, *An Attempt to Calculate the Number of Energy Levels of a Heavy Nucleus*, Phys. Rev. **50**(1936)332—341.

[44a] F. Bloch, *Über die Quantenmechanik der Elektronen in Kristallgittern*, Z. Phys. **52**(1928) 555—600.

至于我那些关于用布劳赫方法来描述一个核的态的可能性的说法，你可能曾经认为我完全误解了你的看法的最本质之点.然而事实却是，我近来又卷入了那个老问题，那就是，对于看成一个整体的金属中的电子来说，布劳赫理论为什么是那样差强人意地正确，而且我相信没人真正知道这一点.归根结底，布劳赫还是得出了金属晶体中那些载流态的可能性，所用的假设 26 是，两个电子*可以实际上说来是互相独立地位于同一个核的附近，而各个“能带”（无论如何是最低的一个或两三个能带）则应该或多或少地和自由金属原子的最低能级相仿.因此我的想法就是，布劳赫的方法对于描述你的核态来说或许还不是完全不适用的.请记住，当能量被传送给金属电子时（例如参阅关于金属中 α 粒子的阻止的外札克尔理论㊺，——当然它是有点粗 27 糙的），绝不是永远存在发生变化的确定电子态的.（在通常的光效应理论中，确实是有一个确定的电子从费米海中逸出的，但是我很可以设想这种理论是荒谬的，或者至少是像盖革-努塔耳曲线的伽莫夫理论那样地荒谬的.） 26

外斯考普和封·外札克尔

* “如果每原子有一个电子.”

㊺ C. F. von Weizsäcker, *Durchgang schneller Korpuskularstrahlen durch ein Ferromagnetikum*, Ann. d. Phys. **17**(1933) 869—896.

27　另一个问题是(这个问题也像别的问题一样是用不着您回答的)：您用什么方法来把 RaC 核的能级图上各能级的很大间距和您所需要的高能级密度调和起来？我可以想到几种答案，但是我发现任何一种答案都不能令人满意.

当克喇摩斯在 6 月间到哥本哈根参加一次会议时，问题或许得到了进一步的讨论. 他所提出的关于和金属的电子理论相比较的问题，事实上比当时所显示的要深刻得多. 同样的想法在很久以后被外斯考普[45a]用来解释了泡利原理怎样能够削弱在其他方面很强的相互作用，而这就帮助我们理解了独立粒子模型在低能量下的适用性. 关于不同核模型之间的关系的较晚讨论，见第 6 节.

3. 复合核. 巩固和应用

在 1936 年年初那篇《自然》论文中提出的那些想法，在若干年内主宰了玻尔的工作. 现在他要和卡耳卡尔一起工作，来完成理论的一种更详细的表述了. 这篇即将问世的和卡耳卡尔合撰的论文，早在 1936 年 2 月间就在以上已经引用过的那些信件中被提到，而且也在许多另外的场合下被提到过. 论文是在 1937 年 10 月间完成的[46].

和《自然》上的文章相比，这篇论文中有一些新的论点. §2 讨论了能级分布，作为举例而利用了液滴的体积振动和形状振动，并且利用关于刚性球的结果而提到了转动态. §3 处理了辐射跃迁，而且引入了集体四极矩跃迁的概念(尽管没有引入这一名词). §4 分析了中子发射的几率及其与蒸发的经典热力学的关系. 在这个问题上，论文提到了弗仑开耳的一篇论文[47]，并且根据两点理由批评了该文：第一，弗仑开耳过低估计了受激核的温度，而它对能级谱是敏感的，或者说，在两篇论文所用的模型中是对频率的分布敏感的. 第二，弗仑开耳忽略了这样一件事实：和从一个宏观物质滴向外蒸发时的情况相反，逸出粒子的结合能是可以和激发能相比的，从而核的“温度”在发射之后就会显著地低于发射之前. 另外也指出了，在高能碰撞中，复合核的激发能是比一个粒子的结合能高得多的，这时的末能足以造成一个或更多个粒子的发射.

29

[45a] V. F. Weisskopf, *Nuclear Models*, Science **113**(1951)101.

[46] N. Bohr and F. Kalckar, *On the Transmutation of Atomic Nuclei by Impact of Material Particles. I. General Theoretical Remarks*, Mat.-Fys. Medd. Dan. Vidensk. Selsk. **14**, no. 10(1937), 见本书原第 223 页.

[47] J. Frenkel, *On the Solid Body Model of Heavy Nuclei*, Phys. Z. d. Sowjetunion **9**(1936) 533—536.

1936 年的哥本哈根会议

29

§5 讨论了对慢中子特别重要的那些共振. 在这里,论文应用了布来特和维格纳的结果;他们的论文[48]是在玻尔的《自然》文章之前写成的,但是发表得较晚,文中假设了入射中子的能量是和靶核中另外一个粒子分享的,这就向着中子碰撞的玻尔描述前进了一段路. 然而更加重要的却是,布来特和维格纳导出了存在共振能级时的散射截面和反应截面的普遍公式,这个公式是十分普遍的和不依赖于模型的. 这就导致了只用很少几个参量来进行的一种关于反应的简单的定量讨论. 也提到了贝忒和普拉才克的论文[49],该文推广了布来特和维格纳的结果,以把自旋考虑在内,而玻尔他们则利用此文来从玻尔的观点讨论了实验结果.

§6 涉及的是带电粒子的发射,特别是提出了一个问题,即在放射性核的 α 发射的事例中是否也必须承认一个存在带有可用的适当能量的 α 粒子的小几率. 这一点是贝忒在一篇已经提到过的论文[50]中得出的结论,而如果这个结论是正确的,那就可能有必要修正按伽莫夫 α 衰变理论作出的关于核半径的估计. 玻尔和卡耳卡尔得出结论说这样一种改正并不是必要的.

在§7 中,考虑了由带电粒子的撞击所引起的反应. 在这里,库仑斥力当然起了重要的作用,但是,在适当考虑到这一点的情况下,反应又可以利用复合核的形成来加以描述.

序言中说明这篇论文是在 1937 年 1 月份付排的,但是发表日期却被推迟了. 在此期间,一篇"令人钦佩的完备报告"已由贝忒发表了[51],这篇报告也提到

30

了作者们的某些考虑,而且那些考虑也在 1937 年 2 月份的华盛顿会议上曾经加以讨论. 因为这种原因,玻尔他们删去了原来计划的一些部分,却增加了几段附录来对近期的进步进行了简短的评述.

附录 I 给出了一个大能级密度的例子,这是通过假设每一个能级的能量都是一些可以取等距值的量的和而得出的. 附录 II 提到了贝忒在费米气体的基础上分别针对致密液体或固体得出的关于能级分布的估计. 也提到了朗道的[52]和外斯考普的[53]把能级密度和一个宏观物态方程联系起来的结果. 附录 III 对§2 中提出的关于一个转动液滴的想法表示了一种保留. 附录 IV 引用了卡耳卡尔、

---

[48] G. Breit and E. Wigner, *Capture of Slow Neutrons*, Phys. Rev. **49** (1936)519—531.

[49] H. A. Bethe and G. Placzek, *Resonance Effects in Nuclear Processes*, Phys. Rev. **51**(1937) 450—484.

[50] 见注[44]中的文献.

[51] H. A. Bethe, *Nuclear Physics*, *B. Nuclear Dynamics*, *Theoretical*, Rev. Mod. Phys. **9** (1937)69—244.

[52] L. Landau, *Zur statistischen Theorie der Kerne*, Phys. Z. d. Sowjetunion **11**(1937)556—565.

[53] V. Weisskopf, *Statistics and Nuclear Reactions*, Phys. Rev. **52**(1937)295—303.

奥本海默和塞尔伯的论文[54]，因为这是和自旋矩及轨道矩的耦合问题有关的. 附录 V 同样让人们注意了同一些作者关于核光效应的另一篇论文[55]，该文导致了高得出人意料的关于辐射跃迁几率的估计. 附录 VI 回到了蒸发问题，并且引用了已经提到过的外斯考普论文[53]中的普遍热力学处理. 附录 VII 处理了从受到 α 射线轰击的 Be 发出的中子的事例，而附录 VIII 则宣布了卡耳卡尔打算发表一篇论文来处理当复合共振形成一个连续谱时的情况，这个问题在附录 V 中所提到的一篇论文[55]中就已经出现了. 最后，附录 IX 涉及了和贝忒进行的关于 α 发射几率和核半径的争论. 在他的综述文章[51]中，贝忒试图驳倒玻尔-卡耳卡尔论文的 § 6 中那些论证，这些论证是在 1937 年 2 月间华盛顿会议上被提到过的. 作者们仍然不同意，并且引用了朗道对问题所作的仔细分析[52].

有一些稿件看来是玻尔-卡耳卡尔论文的草稿. 一组标有"原子核的嬗变"的字样的文件[56]包含着一些打字页，它们看来是引论节的不同草稿. 它们在表达方式上彼此不同，而和发表的论文也不相同，但是在内容上并无不同. 有几页手写稿上标的日期是 3 月、4 月和 5 月，但是没有年份，另一些丹麦文的纸页上所标日期为 1936 年 11 月. 还有一份 § 6 末尾的初稿(或再稿)，上面已经提到了附录 IX，还有相同内容的几种手写本，以及附录 IX 的一份简单的提纲.

32

一份标题为"慢中子的选择俘获"的稿子[57]上有卡耳卡尔手写的补充，稿中提到了根据实验数据来估计一个共振能级关于中子发射和辐射发射的分宽度的尝试. 这种估计采取了贝忒论文中的色散关系式的形式，从而或许是在玻尔得知布来特-维格纳论文以前写成的. 这可能曾经打算写成单独一篇论文，而这篇论文从来没有发表.

另一组稿件包含着一篇论文的未完成稿[58]，其标题是"原子核的激发和辐射". 稿中提到了集体运动事例中不存在电偶极子发射，并且对振动液滴事例中的辐射作出了估计(所有的公式都付阙如). 这些想法被用到了玻尔-卡耳卡尔论文的 § 3 中. 这份底稿无疑是打算写成一篇不同的论文，正如和一篇合撰论文不相适应的"我愿意……"之类的说法所表明的那样；稿中提到"本刊上的有趣讨论(贝忒和布劳赫)"，这就暗示论文是打算投给《物理评论》的. (然而，没能找到贝忒和布劳赫的任何有关的论文，而只有一篇布劳赫和伽莫夫的论文[59]是确

---

[54] F. Kalckar, J. R. Oppenheimer and R. Serber, *Note on Resonances in Transmutations of Light Nuclei*, Phys. Rev. **52**(1937)279—282.

[55] F. Kalckar, J. R. Oppenheimer and R. Serber, *Note on Nuclear Photoeffect at High Energies*, Phys. Rev. **52**(1937)273—278.

[56] 稿，*Transmutation of Atomic Nuclei*，[1936—1937]. Bohr MSS，缩微胶片 no. 14.

[57] 稿，*Selective Capture of Slow Neutrons*，[1936]. 见原第 179 页.

[58] 稿，*Excitation and Radiation of Atomic Nuclei*，[1936]. 此稿的文本之一见原第 191 页.

[59] F. Bloch and G. Gamow, *On the Probability of γ-Ray Emission*, Phys. Rev. **50**(1936)260.

31

1. TUVE
2. HEYDENBURG
3. MEYER
4. ROBERTS
5. HAFSTAD
6. CRANE
7. SEEGER
8. CRITCHFIELD
9. FRANCK
10. FURRY
11. TELLER
12. BREIT
13. WIGNER
14. PLESSET
15. KALCKAR
16. WHEELER
17. THOMAS
18. RABI
19. GAMOW
20. FLEMING
21. BARTLETT
22. BETHE
23. BOHR
24. BLOCH

1937 年 2 月间的华盛顿会议

实涉及了偶极子跃迁问题的.）　32

另一份草稿处理了带电粒子的撞击[60]，这似乎本来也打算写成一篇单独的论文，但是却包含了一些终于被纳入到玻尔-卡耳卡尔论文之中的想法.

大约与此同时，玻尔在和卡耳卡尔的合作中起草了讨论 α 粒子对铝的撞击这一特例的一篇短文[61]. 关于这篇短文的大致日期，以及它是和卡耳卡尔合撰的这一事实，可以从一封给派尔斯的信中推测出来（1936 年 10 月 17 日玻尔致派尔斯，德文原文见原第 610 页）：

33

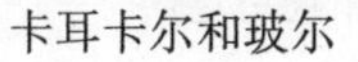

卡耳卡尔和玻尔

列夫 · 朗道

> 此外，卡耳卡尔和我刚刚写了一篇关于铝蜕变的小论文，我们在文中更加详细地讨论了作为核反应之特征的各种特色. 我将把这篇论文的一份稿子和我所提到的那篇文章一起寄往剑桥.　32

现在没有任何迹象表明为什么这篇论文从来不曾发表.

使玻尔费了许多思索的一个问题是在玻尔-卡耳卡尔论文的 § 2 和附录 II 中处理的那个问题，那就是如何描述核的内部态以及如何把他的关于强耦合粒子的概念和例如海森伯等人对核的结合能及低激发的处理方式调和起来的问题；那些处理方式基本上是一些弱耦合方案，但他相信它们是成功的. 在论文中，这些问题并没有得到详细的论证. 因此，很有兴趣的就是在一封给海森伯的信中　34

---

[60] 稿，*Disintegration of Atomic Nuclei I*，[1936—1937]. Bohr MSS，缩微胶片 no. 14.

[61] 稿，*On the Disintegration of Aluminium by α-Rays*，[1936]. 见原第 183 页.

看到玻尔推理的一种表达方式(1936 年 5 月 2 日玻尔致海森伯,丹麦文原文见原第 582 页,英译本见原第 583 页):

> 经过许多的犹豫不决之后,我现在相信我更加理解在你的论文中求得的关于核结构的那些结果可以怎样和我在我的《自然》文章中发展起来的关于核反应的那种观点互相调和起来了.一方面,我完全理解你那样地对中子和质子应用泡利原理对于核中动能和势能之间的平衡来说是何等地关系

35

1937 年,玻尔和海森伯在弗雷德里克堡

海森伯和玻尔

重大,而这种平衡首先就确定了质量亏损;而且我也理解这就怎样很自然地引向了关于中子和质子之间的强交换力的假设.另一方面,我却不相信根据在初级近似下把中子和质子看成自由粒子的那种办法就能够得到诸如可能的定态和跃迁几率之类的主宰着核反应的那些核性质的一种解释.我相信,在这儿,唯一的办法就是从一种液体式的核物质出发,即不是对核成分直接应用什么泡利原理,而是把激发比拟为液滴在弹性力或表面张力影响下的振动. 34

作为一个极端的事例,让我们考虑含有100个原子的一个液氦的小滴.这时,根据液滴的尺寸,就能求出和200个电子的费米分布相对应的动能,得到的平均能量是大约每个电子20伏特.然后,根据从液滴中分离出一个电子时的分离能量,就能够确定每个电子的势能,这时将得到和氦原子中的库仑力相对应的值,而且,同理,上面提到的动能将大致地和氦原子基态中的一个电子的零点运动相对应.尽管如此,液滴的力学性质却将由原子之间的范·德·瓦耳斯力来确定,从而可能的振动态既和单一原子的激发能无关,又和根据关于电子在液滴体积中的费米分布的考虑而算出的能量值无关.这种类例当然是太粗糙,因为我们在核中是远远不像在氦滴原子中那样有一种定域性的亚结构的.不过我还是有一种猜想,认为我们在核中有一种 36 虚的亚结构,它远远超过了由中子和质子之间的交换力所造成的那种亚结构.这是因为,在我看来,若不假设电荷相同而自旋不同的粒子之间的"交

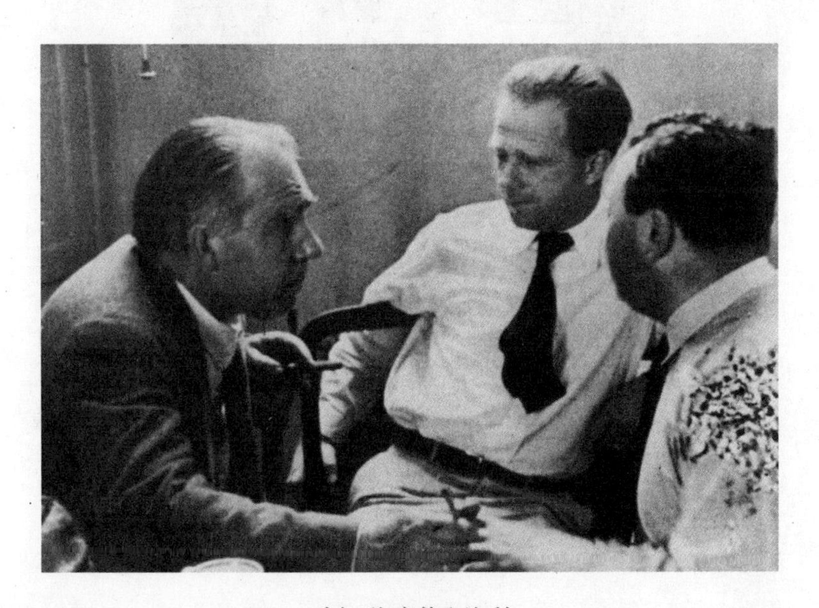

玻尔、海森伯和泡利

换力”，就几乎不可能解释“偶”核和“奇”核的自旋和稳定性质之间的那种奇特的交替变化；这种“交换力”的效应将不会像电荷交换力的效应那样强，但是却比原子中电子之间依赖于自旋的力具有大得多的影响.

这或许是现存的当时玻尔关于“液滴模型”之根据的看法的最充分的论述.

也许有点兴趣的是注意到，1936 年的讨论并不是“液滴模型”一词对核的第一次应用. 在 1928—1929 年对哥本哈根的访问中，伽莫夫显然曾经针对核中的 α 粒子论述过这样的模型，他按照当时的趋势把核看成是由 α 粒子和电子(以及少数几个多出的质子)所构成的. 他在一封由莱顿发出的信中写道(1929 年 1 月 6 日伽莫夫致玻尔，丹麦文原文见原第 567 页，英译本见原第 567 页)：

> 艾伦菲斯特对“液滴模型”很感兴趣，他认为我们在解释 γ 射线能级时或许也应该考虑“毛细振动”.

37　这一文献表明玻尔曾经听到那个概念，但是现在没有表明他当时对此概念

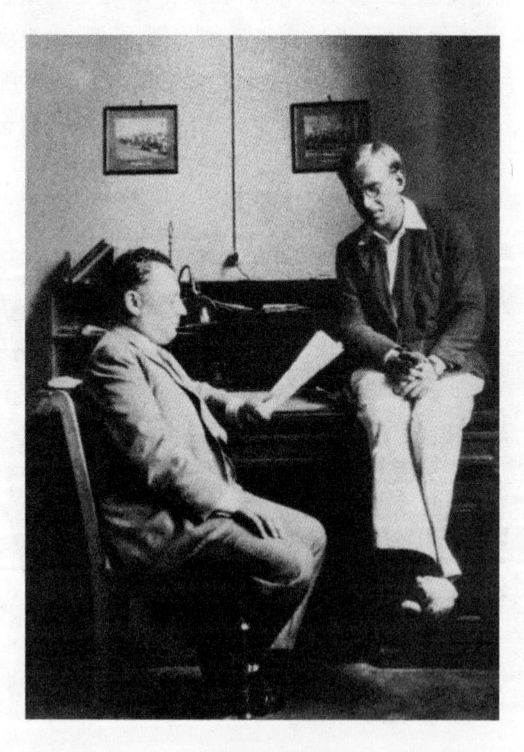

泡利和伽莫夫

的反应的任何东西.伽莫夫的想法在他的第一本书[62]中得到了更详细的阐述.玻尔对这种想法的唯一提及见于1933年索尔威会议上的讨论发言中[63],他在发言中表示伽莫夫的液滴模型太理想化了.人们可能纳闷,玻尔关于液滴模型的思想是否受到了这些早期概念的影响.尽管没有足够的证据可以断言,但从一件事实看来这种影响是不太可能的,那事实就是,早期的液滴模型是针对完全不同的目的而被引入的,而玻尔对它的唯一提及是批评性的.

38

关于核的态的正确描述问题,曾经多次地出现在通信中,例如出现在写给派尔斯的一封复信中[64];派尔斯宣称,他能够证明关于能级密度是由无相互作用的粒子所给出的假设并不是和玻尔的图景相抵触的,尽管一种足够强的相互作用可以使能级密度变成和一种液体或固体相适应的那种.玻尔在复信中写道(1936年9月9日玻尔致派尔斯,德文原文见原第609页):

> 因此,看到您也同意我的信念,我是很感兴趣的,那信念就是,能级图的一种更透彻的分析,应该只有通过更仔细地研究我在文章中称之为集体运动的那种核物质运动类型才是可能的.
>
> 然而,对待和固体振动的一种简单的类比,人们必须很慎重,因为,正如我在会上已经强调的那样,核中运动的幅度甚至在最低的态中也是和核的线度同数量级的.

在同一封信的稍后部分,玻尔提到了在位置很低的能级之间是否应该有电偶极子跃迁的问题:

> 我们完全同意您对布劳赫和伽莫夫的说法所提出的批评;正如我们在这里的研究所中也曾讨论过的那样,他们似乎倚靠了交换力表述形式的一种完全无根据的诠释.

这里谈到的"讨论",显然就是作为在原第32页上提到的那份稿件[58]之基础的一些讨论,而这也支持了我们的猜想,即那里的"贝忒和布劳赫"其实是指的"布劳赫和伽莫夫".

---

[62] G. Gamow, *Constitution of Atomic Nuclei and Radioactivity*, Oxford Univ. Press, 1931. 特别参阅 p. 18.

[63] 见注[11]中的文献, p. 334. 发言重印于本书原第141页.

[64] 1936年8月17日派尔斯给玻尔的信.现藏于牛津玻德来图书馆的《派尔斯文件》中.

关于核中物质的态的讨论,也试图概括了别的现象.有一组打字稿[65]包括了一篇短文开头处的各种草稿;该文试图通过假设强耦合压制了所有的轨道矩和在基态中不存在任何集体转动来解释偶-偶核中的自旋的不存在.

同一期间的有些工作牵涉到核反应的很特殊的例子.有一篇短文的草稿是关于质子和锂的碰撞的[66].此文建议 γ 射线是来自复合核 ^{8}Be 的,该核不能衰变成两个 α 粒子,如果它具有角动量 1 的话.因此它就会有很长的寿命,而这就可以解释激发曲线上的尖锐共振.这份草稿看来已经写完,尽管有些页上暗示了部分的文字修改.至于此文为什么一直没有发表,那就不清楚了.

39

这份稿子,以及关于铝的那份稿子[61],可能是打算用在准备发表在《皇家学会会刊》上的论文中的;此事在给贝忒的一封信中有所提及(1936 年 11 月 23 日玻尔致贝忒,全文见原第 539 页):

> 此外我们曾经讨论了核反应的一些特色;对于这些核反应来说,能量交换的极端方便性使我们可以理解各式各样的迄今毫无解释的实验结果.尽管我们的工作的前一部分将发表在哥本哈根科学院的《院报》上,我们却发现更切实际地是首先在一篇即将出现在《皇家学会会刊》上的论文中发表后面这些问题的一种更加定性的讨论;该文的底稿我们正在完成中,而且我们希望在不多几个星期内就能把它的一份稿子寄给你.

除了已经提到的那些片段以外,任何这样的底稿似乎都没有保存下来.

到了 1936 年的夏天,玻尔处理核反应的方式就已经变成公认的处理方式了.他被邀请在许多场合下发表了关于这一课题的演讲,而关于这些演讲的若干论述现在也是可以拿到手的.关于在 1936 年 8 月间的赫尔辛基北欧科学家会议上发表的一篇演讲,有一篇相当详细的综述发表在会议报告上,也发表在 *Fysisk Tidsskrift* 上[67].这篇综述包含了有关核物理学发展的一种纲要,它引向了玻尔对复合核问题的分析.

---

[65] 稿,*Spin Exchange in Atomic Nuclei*,[1936].见本卷原第 195 页.

[66] 稿,*On the Transmutations of Lithium by Proton Impacts*,[1936].见本卷原第 199 页.

[67] N. Bohr, *Atomkernernes Egenskaber*,见:*Nordiska* (*19. skandinaviska*) *naturforskarmötet i Helsingfors den 11—15 augusti 1936*, Helsinki-Helsingfors 1936. pp. 73—81; Fys. Tidsskr. **34**(1936) 186—194.丹麦文原文见本卷原第 159 页,英译本见原第 172 页.

40

1937 年玻尔在普林斯顿发表关于液滴模型的演讲

39

一次重要的巡回演讲是从对巴黎的访问开始的，他在 1937 年 1 月 18 日和 19 日在巴黎发表了演讲. 他从巴黎去了美国和加拿大，在许多大学发表了演说，其中包括加利福尼亚大学（伯克利和洛杉矶）、公爵大学、哈佛大学、约翰斯·霍普金斯大学、密执安大学、普林斯顿大学、罗彻斯特大学和多伦多大学. 这些演讲的一篇说明发表在《科学（Science）》上[68]，其内容和《自然》上的第一篇短文[20]很相似，但是也包含了后来玻尔和卡耳卡尔合撰的那篇论文[46]的一些材料. 特别说来，文中也有关于作为蒸发过程的中子逸出的讨论. 也存在由惠勒记录的关于两次演讲的简略笔记[68a]，这些笔记暗示了和《科学》上的综述相近的材料选择；演讲

41

对出现在理论中的参量例如能级密度和辐射衰变几率作出了粗略的定量估计. 玻尔从美国去了日本和中国. 现在没有关于他在那里发表的演讲的详细纪录，但是那些涉及核的演讲可能是和在美国发表的演讲相似的. ［中译者按：玻尔从日本到了中国，访问了上海、杭州、南京和北平，发表了关于原子核的和因果性的演讲，然后经由西伯利亚返回欧洲.］

1937 年 6 月，玻尔在从日本回国途中在莫斯科发表了关于核物理学的演讲，而现在尼耳斯·玻尔文献馆中有一篇这次演讲的非常残缺不全的速记本[69]，这份速记本暗示了这次演讲也是和以前那些演讲相似的.

关于在 8 月 27 日在北欧电气工程师会议上发表的一篇演讲，现在有一篇比较完全的综述[70]. 这篇演讲对核物理学的发展作出了历史的综述，只包括了对复合核图景的一种简单的提及. 在演讲的过程中，玻尔对这些特殊的听众强调了这种发展多么得益于电气工程师们的工作.

1937 年 10 月，他在巴黎的科学发现研究所的会议（Congrès du Palais de la découverte）上发表了演讲. 刊印在会议报告集上的一篇综述[71]和《自然》上或《科学》上的文章中的处理手法相似. 有一些相继撰写的部分草稿标有相同的题目“核力学”[72]，它们上面所标的日期在会议日期以后，从而可能是打算作为演讲词的全文发表在会议报告集上，或是打算写成单独一篇论文的. 稿中的论述似乎和

---

[68] N. Bohr, *Transmutations of Atomic Nuclei*, Science **86**(1937)161—165. 见本卷原第 205 页.

[68a] 约翰·A·惠勒的文件，现存费城的美国哲学会图书馆. 这些笔记的一份复本现存“尼耳斯·玻尔文献馆”中.

[69] 稿，*Moscow Lecture*，1937. Bohr MSS，缩微胶片 no. 14.

[70] N. Bohr, *Om Spaltning af Atomkerner*，见：5. *nordiske Elektroteknikermøde*, J. H. Schultz Bogtrykkeri, Copenhagen 1937, pp. 21—23. 见本卷原第 213 页，英译本见原第 218 页.

[71] N. Bohr, *Mécanique nucléaire*，见：*Réunion internationale de physique-chimie-biologie*, *Congrès du Palais de la découverte*, Paris, Octobre 1937, Hermann et Cie, Paris 1938, Vol. II, pp. 81—82 (*Actualités scientifiques et industrielles*). 见本卷原第 265 页，英译本见原第 269 页，简单报道见 Nature **140**(1937)711.

[72] 稿，*Nuclear Mechanics*，1937. 摘要见本卷原第 271 页.

后来发表的综述颇不相同.

关于 1937 年 11 月 19 日在哥本哈根科学院宣读的一篇论文,发表的只是一个题为《论核反应》的摘要[73]. 这篇摘要也以英文发表在《自然》上,标题为《核反应的机制》. 摘要提到了热力学类例的应用,从而这可能是关于 1937 年论文[46]的第 2 节和附录 II 的材料的一篇报告.

42

在此期间,玻尔对迅速发展的实验资料以及在这些资料的诠释中所涉及的问题保持了积极的兴趣. 这种兴趣的一个例子就是一篇关于同质异能态的短文[74]. 这篇所标日期为 1937 年 12 月 7 日的短文,现在保留下来的只有四页打字稿和一份用复写纸打字的稿件. 在打字稿中,第 4 页在 8 行以后就被裁掉了,这表明其余的部分将被改写或放弃. 论点就是,这样的同质异能态只能由具有某些能量的中子所引起,即使在能级谱非常密集的区域中也是如此. 看来这就可能意味着,这里首先涉及的是单独一个自由度,也许是振动自由度. 碰撞可能首先造成一个具有特殊性质的短寿命态. 但是这却带来一个难题,即为什么这个态的特定本性会影响最后的结果,如果它的寿命短得足以造成很宽的能带的话.

这里接触到的问题和出现在核光效应中的那些问题相类似,而且在关于这一课题的论文中也被提到了;那些论文将在下一节中加以论述. 这可能就是这篇短文之所以没有写完和没有发表的原因所在.

同质异能态也在玻尔为 *Annalen der Physik* 庆祝普朗克八十寿辰的专号所写的文章[75]中被提到了. 这也是关于核物理学之发展的一篇详细的历史论述,包括玻尔的想法在内. 在文章末尾,提到了同质异能态,也提到了封·外札克尔的猜测,即这些是具有高角动量的态. 在后来和特鲁木培的通信中[76],玻尔认为理所当然地同质异能态是由很大的自旋差所造成的. 有趣的是,哈恩和迈特纳在中子和铀的反应中发现的许多不同的周期,被当作同质异能态的例子而引用了,而这种现象在大约一年以后得到了很不相同的解释.

只要这些反应被诠释为中子的俘获,复合核就必须具有和铀相同的电荷,而其质量数则比铀同位素的质量数高一个单位. 假如会生成许多不同的放射性物

---

[73] N. Bohr, *Om Atomkernereaktioner*, Overs. Dan. Vidensk. Selsk. Virks. Juni 1937—Maj 1938, p. 32; *Mechanism of Nuclear Reactions*, Nature **141**(1938)91(减缩成一句,见本卷原第 288 页). 丹麦原文及英译本见本卷原第 287 页.

[74] 稿, *Nuclear Excitations and Isomeries*, 1937. 见本卷原第 291 页.

[75] N. Bohr, *Wirkungsquantum und Atomkern*, Ann. d. Phys. **32**(1938)5—19. 见本卷原第 301 页, 英译本见原第 318 页.

[76] 1943 年 2 月 12 日特鲁木培给玻尔的信,挪威文原文见本卷原第 653 页,英译本见原第 654 页; 又,1943 年 2 月 16 日玻尔给特鲁木培的信,丹麦文原文和英译本见原第 656 页.

质，它们就必须是同质异能素.

在一篇未完成的草稿[77]中，提出了在这样的实验中一个快中子的撞击会不会引起若干个核子的被发射的问题，这种发射将增多所能形成的核产物的种类.

43　在复合核理论的其他应用中，核光效应及其有关的处理重叠共振能级区域的问题就是玻尔所主要关心的问题，尤其在1938年是如此. 这一点，将在下一节中加以论述.

4. 核光效应和连续能域

在1937年的后半年和1938年，玻尔在核光效应问题上进行了许多思索，因为他意识到，这种现象包括了关于核动力学的很有价值的信息，而且可以引起有兴趣的原理问题.

他对这种现象的兴趣，特别是由两种出人意料的特色所引起的：一个特色就是由玻特和根特诺[78]发现的关于 Li＋pγ 射线的那种截面从一种元素到另一种元素的无规则变化，而另一个特色就是这样一件事实：某些元素的截面的量值，似乎要求比由中子俘获估计出来的几率大得多的辐射跃迁几率.

在他发表在《自然》上的短文[79]中，玻尔指出了这两种疑难都可以解决，如果γ射线的吸收首先引起一个短寿命态的形成的话；这颇像固体中一个红外活性晶格振动的激发，然后，从这个态开始，能量将通过各自由度之间的耦合而扩展到其他自由度.（这个概念和按照现代术语将称为“门坎态(doorway state)”的概念相类似.）他应用在讨论复合核态的形成和衰变时所用到的想法，推导了核光效应截面，结果是

$$\sigma=\frac{\lambda^2}{4\pi}\sum_i\frac{\Gamma_R\Gamma_C}{(\nu-\nu_i)^2+\frac{1}{4}(\Gamma_R+\Gamma_C)^2},$$

式中λ是γ射线的波长，ν是它的频率，ν_i是短寿命态的共振频率，Γ_R是这样一个态对到达基态的辐射跃迁而言的宽度，而Γ_C是由于和其他自由度相耦合而造成的宽度. 如果$\Gamma_R\ll\Gamma_C$，则截面在共振处变为$(\gamma^2/\pi)\times\Gamma_R/\Gamma_C$. 人们由观察到的

---

[77] 关于(n，2n)反应的未发表稿，[1937—1938?]. 见本卷原第283页.

[78] W. Bothe and W. Gentner, *Atomumwandlungen durch γ-Strahlen*. Z. Phys. **106**(1937) 236—248.

[79] N. Bohr, *Nuclear Photo-Effects*, Nature **141**(1938)326—327. 见本卷原第297页.

截面发现 Γ_R/Γ_C 约为 10^{-4}；玻尔并且推测说，共振宽度可以和 γ 射线的频率范围相近，而这就给出 $\Gamma_C \sim 10^{19}$ 秒$^{-1}$，从而就有 $\Gamma_R \sim 10^{15}$ 秒$^{-1}$. 这些数字并不是不合理的，从而从短寿命态到基态的辐射跃迁几率是比从最后形成的复合态到基态的辐射跃迁几率大得多的.

44

玻尔是知道这一模型中那些猜测的直觉性的，于是他在把短文寄给《自然》以后立即寄了一份给布劳赫，去征求布劳赫和泡利的意见(1938 年 2 月 1 日玻尔致布劳赫，丹麦文原文见原第 542 页，英译本见原第 542 页)：

> 联系到在波洛尼亚和玻特进行的讨论，看到一篇关于核光效应的小短文可能会使您和泡利感兴趣；这篇短文是我刚刚寄给《自然》的，现在寄给您一份副本. 在我看来，论证不但从理论的立脚点来看是很自然的，而且这也是实验事实的一种很可取的描述，从而我将很乐于听到更有学问的先生们的批评……

泡利的复信是有点批评味道的(1938 年 2 月 11 日泡利致玻尔，德文原文见原第 606 页，英译本见原第 608 页)：

> 我觉得精髓就在于 p. 1 底部的那句话，从“这一表观矛盾……”开始到“奇特的辐射性质”结束(p. 2 的上部). 在我这边看来，这一句是很长的，但是它还太短！因为，为了理解用一种模型来进行的处理，我认为绝对必要的就是首先把“特定振动”的概念弄得更确切一些，然后再从一个模型把它更细致地推导出来. ……
>
> ……
>
> 在核中，当然什么东西都是比在固体中要复杂得多的，因为固体中各位置之间的原子交换可以忽视. 这就是我之所以要求一种更精确的模型解释的原因所在. 此外，我必须把实验品质的问题和可以从实验得出的结论的肯定性问题留给有资格的专家们去判断.

布洛赫的复信把玻尔提出的原理性论点和模型问题区分了开来(1938 年 2 月 15 日布洛赫致玻尔，德文原文见原第 543 页)：

> 我的态度也许更积极一些，因为我完全同意，玻特和根特诺的实验在经验上就要求在高激发能级的连续区域中存在一些明确定义的态或态组，它们是和辐射之间有着特别强的相互作用的；因此我也承认，您在您的短文中

已经找到了事实的一种很自然的描述.但是对于一种"理论"来说,我却感到对作为依据的机制还缺乏了解,我觉得自己是和当我们谈论核的偶极辐射及四极辐射时处于相同的地位的.如果人们很自然地把核看成电荷完全分布开来的一个小滴,则它的振动当然只会通过它的四极矩来和辐射相耦合,而如果各"特殊振动"应该有一个偶极矩,它们就不应该用一个液滴模型来处理了.在我看来,这个模型似乎并不完全可靠,还不足以认为它的关于偶极矩为零的推论是完全肯定的,而如果人们要把一些特殊振动看成例外,我就确实会像泡利一样要求知道什么是它们的特殊地位的本性.但是也许您的头脑中有一些完全不同的想法;不管怎么样,我还是很热切地盼望着您的更详细的论文.

45

玻尔也寄了一份文稿给派尔斯,他的复信是倾向于玻尔的观点的,但是也提出了一些问题(1938 年 2 月 8 日派尔斯致玻尔,德文原文见原第 611 页):

就我迄今所能看到的来说,我觉得吸收谱线的形状可能不会是自然谱线的形状.那种形状可以被推出,只有当从和基态有所沟通的短寿命态中的特定波包出发的激发能传递的几率不依赖于这种传递已经进行到的程度时才行(因为只有那样,特定态才会随时间而指数地衰变).就我所能看到的来说,并没有任何理由认为这是适用于这一事例的,而如果人们想到和一个固体的类似性,则固体中的吸收谱带也是有着更复杂的形状的.您的结果当然除了数字因子以外是不依赖于谱线形状的.

我也发现不容易看出您是怎样得到谱线宽度大约等于 γ 射线的宽度这一结论的,但是您在这里显然利用了我所不熟悉的一些实验资料.

我将乐于得知您是否同意我的关于谱线形状的说法.这种形状对实用的目的来说当然是并不重要的,但是对数学处理的适当方法的选择来说却可能是有兴趣的.

海森伯一般地同意了玻尔的处理,但是也对关于 Γ_C 的假设提出了问题(1938 年 2 月 9 日海森伯致玻尔,德文原文见原第 585 页,英译本见原第 586 页):

也多谢你的文稿.毫无疑问,你对强的光效应的解释是正确的;如果我的理解无误,你也许是把这些选择性的光效应比喻成了某种类似于晶体中的红外"Reststrahlen(剩余射线)"的东西,那种射线也会导致一种和普通的

46

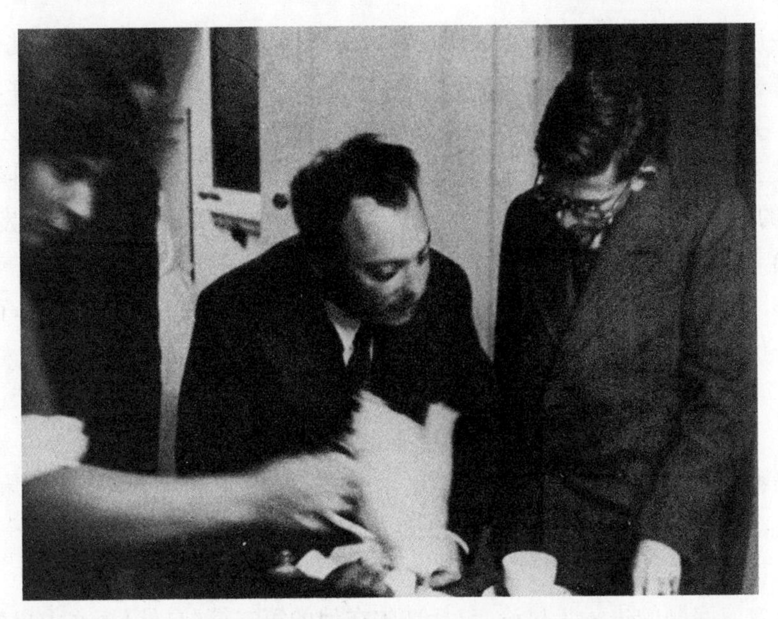

希耳黛·列维、泡利和派尔斯

热辐射毫无关系的振动."我仍然不很清楚为什么 $\Gamma_C \sim 10^{19}$ 秒$^{-1}$这个量要比普通的核频率小一百倍.这就意味着那一振模的一个相当大的稳定性,而在 Reststrahlen 中 Γ_C 却几乎是和 ν 同数量级的. $\Gamma_C/\nu \sim 1/100$ 这种估计的可靠性如何呢?" 45

关于玻尔对这些怀疑和问题的即时反应,现在没有记载可查,但是在2月底交稿的为普朗克庆寿专号所撰写的论文中,他在讨论光效应时却用了更加婉转的语言. 46

在给《自然》的第二封信[80]中,作出了另外一些保留.他在信中强调说,他的较早一篇短文中的诠释必须被看成初步的诠释,而且关于截面随频率的变化情况的进一步实验将使我们能够估计耦合的强度.

他也指出了(这也许是某人批评的结果,但是他没有提到这一点),严格说来,如果一种反应的能量已经给定,则谈论反应的时间发展是不合理的.他解释说,这当然是在有限持续时间的一个波包的意义上来讨论问题的;那种波包不会有一个明确定义的能量,从而这种论证就预先排除了关于能量的结论.

他也改正了第一篇短文中的一种说法;那种说法给人的印象是,只有当通 47

---

[80] N. Bohr, *Resonance in Nuclear Photo-Effects*, Nature **141** (1938) 1096—1097. 见本卷原第331页.

过单一量子的发射而到达基态的跃迁在短寿命初态期间比在复合核的其余一部分长寿命期间更容易发生时，选择性才会出现. 然而，选择性事实上却并不依赖于这一关系.

关于这些叙述的详细论证，他请读者参考即将发表在《哥本哈根科学院院报》上的一篇和派尔斯及普拉才克合撰的论文，而该文事实上从来没有发表. 关于这篇未发表的论文，在以下还将进一步加以论述.

1938 年 8 月，玻尔在大英科学促进协会的一次会议上发表了演讲，而且印行了一份简略的介绍[81]. 在这里，他比以前更肯定地提到了液滴模型：

> 例如，体系在许多方面表现得有如一个液滴，而各个受激态就可以比拟为液滴在弹性力和表面张力的影响下进行的体积振动和形状振动.

光效应问题的进一步讨论，包括玻尔在他的第二篇《自然》短文中提到的和派尔斯及普拉才克进行的讨论在内，揭示了一个根本性的困难. 每当人们涉及的是连续能域时，这种困难就会出现，例如在 17 MeV 下的光效应事例中就是如此.（一个更加接近正确的说法是"重叠共振能级的区域"，因为能谱在粒子逸出阈以上永远是连续的，尽管可能存在很窄的共振；但是我们将使用当时那些论文所使用的术语.）

由布来特和维格纳[48]最初针对单独一个共振能级的事例导出的关于共振过程的普遍理论，起初也被应用到了一种事例上，在那种事例中，各共振能级的宽度大于它们的间距，从而在任何能量下都是若干个能级有所贡献. 另一方面，利用衰变常数，即利用同一粒子从复合核逸出的几率，人们就可以根据普遍的细致平衡定理来推出通过粒子俘获而形成复合核的那一截面. 只要能级并不互相重叠，两种方法就给出相同的结果，但是在重叠能级的事例中，它们给出的结果却相差一个因子 $\pi\Gamma/2d$，此处 Γ 是能级总宽度（即复合核寿命的倒数），而 d 是能级间距.

48

这种分歧已经由卡耳卡尔、奥本海默和塞尔伯[55]注意到了. 他们得出结论说，根据布来特-维格纳公式的推广而求得的结果是正确的结果. 如果把这一结

---

[81] *Symposium on Nuclear Physics*, *Introduction.* 摘要见 Brit. Ass. Adv. Sci., Report of Annual Meeting 1938, Cambridge, August 17—24, London 1938, p. 381. 重印于本卷原第 333 页. 关于会议的报道：Nature (Suppl.) **142**(1938)520—522. 重印于本卷原第 336 页. 现存的一页打字稿和该文相同(*Various Notes*[*III*], September 1938, Bohr MSS, 缩微胶片 no. 15)，这就表明发表在《自然》上的综述可能是玻尔写的.

包括普拉才克(左)和派尔斯(右)在内的一群人

论应用到光效应的事例中去,则数据将要求从复合态到基态的辐射跃迁几率具有比很普遍的考虑所将允许的值大得多的值.

总结在一封给《自然》的信[82]中的玻尔、派尔斯和普拉才克的结论是,事实上,由细致平衡的论证得出的答案是正确的答案.另一种结果的失败是由于这样一件事实:在重叠能级的事例中,复合核的态并不是由它的能量来唯一定义的,因为它可以是若干个态的叠加,那些态的能量在它们的定义范围之内和所给的能量相一致,而这一叠加的周相则依赖于复合态所由形成的方式.

49

关于细节,读者又被指定去看答应在《哥本哈根科学院院报》上发表的那篇论文.玻尔于1938年10月21日在科学院宣读了一篇论文,现在我们只有该文的摘要[83],摘要中把这篇论文描述成"联系到和G·普拉才克及R·派尔斯合撰的一篇论文的提出,……"当时还没有这样一篇合撰的论文,但是玻尔或许在他的讲话中报道了讨论和部分起草论文所曾达到的阶段.发表的摘要不够详细,无法表明这一点.

---

[82] N. Bohr, R. Peierls and G. Placzek, *Nuclear Reactions in the Continuous Energy Region*, Nature **144**(1939)200—201. 见本卷原第391页.

[83] N. Bohr, *Om Atomkernernes Reaktioner*, Overs. Dan. Vidensk. Selsk. Virks. Juni 1938—Maj 1939, p. 25; *Reactions of Atomic Nuclei*, Nature **143**(1939)215. 丹麦文原文和英译本见本卷原第339页.

那篇论文本打算作为玻尔-卡耳卡尔论文[46]的续篇，它的起草事实上从 1938 年的春季就已经开始了. 试图得到一篇大家同意的文稿的困难所在，主要涉及的是表达问题而不是内容问题. 当时派尔斯和普拉才克急于要把论证建筑在一种完全的理论基础上，而对于这种基础来说，卡普尔和派尔斯[84]的方法似乎是提供了一种适当的依据的. 玻尔发现这些计算颇为复杂和形式化. 他力求使用更直觉的论证，而另外两个人却又发现那种论证不够有说服力.

关于合撰论文的起草，在派尔斯对哥本哈根的访问中(普拉才克在哥本哈根度过了从 1936 年 6 月到 1938 年 5 月的大部分时间)、在普拉才克和玻尔对伯明翰的访问中以及在通信[85]中进行了讨论. 尼耳斯 · 玻尔文献馆中的一份卷宗[86]包含了许多部分的和全篇的草稿. 所有这些稿子看来都是由派尔斯写的，其中一些是和普拉才克一起写的，而且有些稿子也在照顾到玻尔关于表达方式的意愿方面作了某种尝试. 但是看来任何稿子都没有得到玻尔的赞许，从而我们没有把它们重印在这里.

由于进展缓慢，于是就建议先准备一篇给《自然》的短文(1939 年 6 月 6 日玻尔致派尔斯，信的全文见原第 612 页)：

> 在我下一次的访问中，如果我们能够在一起工作几天，写一篇给《自然》的短文，来论述我们关于核色散理论的共同工作的主要结果，我会很高兴……由于时局不稳和我在裂变问题方面的不可避免的忙碌，我很遗憾地还没有抽出时间来完成咱们和普拉才克合撰的文章，但是，正如普拉才克所建议的那样，如果最近能够在《自然》上发表一篇关于结果的简单论述，那将是很好的，从而我将带来我和普拉才克合写的一份草稿.

50

这就是已经提到的那篇短文[82]. 在撰写过程中曾经指出，由玻特和根特诺的早期实验指示过的选择性，并没有得到后来工作的证实. 这将意味着，没有必要引入玻尔在他的较早短文中假设了的那个中间性的短寿命态. 今天我们却知道，这样一种选择性例如在所谓“巨偶极子”中确实是存在的，而玻尔的想法对这种选择性是可以直接应用的，如果不是一切定量的细节都适用

---

[84] P. L. Kapur and R. Peierls, *The Dispersion Formula for Nuclear Reactions*, Proc. Roy. Soc. London **A166**(1938)277—295.

[85] 参阅 1938 年 5 月 7 日到 1939 年 9 月 13 日玻尔和派尔斯之间的通信(例如见注[64]中的文献).

[86] 稿，*Nuclear Reactions in the Continuous Energy Region*, 1938—1940. Bohr MSS，缩微胶片 no. 15.

的话.

1939 年秋季,合作被战争的爆发所打断了.玻尔在罗森菲耳德的协助下继续做了撰写论文的工作.结果就有了一份不全的草稿[87],其中许多页被重写了许多次,正如在玻尔的写作中并非罕见的那样.计算一般遵循了派尔斯和普拉才克的建议,只有一个重要的例外:有一种对散射的贡献,特别是对弹性散射的贡献,叫做"势散射";在这种散射中,入射粒子受到偏转而并不形成复合核.派尔斯和普拉才克曾经倾向于为了简单而在定量讨论中略去这种散射,而只处理势散射可以忽略不计时的那些结果.玻尔企图把势散射也考虑在内,但是这就导致了相当大的困难,而这似乎就是他的草稿一直没有写完的原因所在.

在战争期间没有在撰写这篇论文方面再做什么工作.所有的三位作者在1944—1945 年间又在洛斯阿拉莫斯见面了,但是他们当时正忙于别的工作[研制原子弹——汉译者注].然而,在此期间,某些稿子的复本曾经传阅过,而结果就使这篇论文多次在文献中被引用,而成了被征引得最多的一篇未发表的论文.

在战后,问题又被重新提起了,而且在 1947 年 9 月间的哥本哈根会议上商定,由派尔斯设法补齐玻尔在 1939—1940 年间写出的底稿[87].因此这份材料又经过重新打字而寄到了伯明翰[88].派尔斯寄了一份经过补充的稿子[89]到哥本哈根,并且附了一封信来说明某些改动的理由[90].关于玻尔的反应如何,现无记载.也许他对新稿仍不满意,否则他是会把它写成可以发表的形式的.

51

普拉才克除了一些次要的补充以外赞同了论文的新稿[91].在注[89]所提到的打字稿中,有几处普拉才克的补充,而且附有 6 页手写的补充材料.当他们于1948 年 5 月间在普林斯顿见面时[92],或许普拉才克就把这份稿本连同补充材料交给了玻尔.有趣的是,玻尔用铅笔在那些附页上作了几处改动,并且曾经把普拉才克的几处改动和另外一些次要的改动写到了现在属于因斯·林德哈德的另一份稿本[93]上.所有这些改动都是次要的和措词性的;它们表明,玻尔读了这篇论文,显然是打算进一步考虑稿子.

---

[87] 单独的纸夹,所标日期为 1939—1940,存于注[86]中的卷宗中. Bohr MSS,缩微胶片 no. 15.

[88] 稿,*On the Mechanism of Transmutations of Atomic Nuclei. II. Processes in the Continuous Energy Region of the Compound State*,1947. 重印于本卷原第 487 页. 我们只重印了仅存的由玻尔起草的稿本,尽管不完全,并重印了唯一和玻尔的稿本相似的全文稿(注[89]中的文献).

[89] 和注[88]中的文献标题相同的第二份稿件. 重印于本卷原第 503 页.

[90] 1947 年 11 月 2 日派尔斯给玻尔的信. 见本卷原第 613 页.

[91] 1948 年 2 月 6 日派尔斯给玻尔的信. 见本卷原第 615 页.

[92] 1948 年 9 月 9 日玻尔给派尔斯的信. BSC,缩微胶片 no. 31.

[93] 这份稿子的一份复印本现存尼耳斯·玻尔文献馆中. 此稿尚未摄制缩微胶片.

在以后的一段时间内，对这一工作的唯一提及就是玻尔在来信中时常表示希望完成这篇论文(94). 到了那时，论文的主要结果，包括"光学定理"，都已在莫特和马斯依的书(95)中被提到了.

当玻尔修改了他的关于核动力学的观点时（见第 6 节），关于论文的刊行的讨论就又出现了新的一轮. 当把一篇关于他的新观点的短文寄给派尔斯时，玻尔附带提到（1949 年 8 月 22 日玻尔致派尔斯，信的全文见原第 616 页）：

> ……我就将试着把我们的旧稿中的那些看法包括进去.

派尔斯反对这种扩充处理的想法（1949 年 12 月 7 日派尔斯致玻尔，信的全文见原第 619 页）：

> 在我看来，目前起草了的这篇论文的内容，如果不是完全地也是大体地不依赖于人们给核提出的模型的，尽管人们将试图猜想的那些出现在方程中的恒量的值当然是在很大的程度上依赖于模型的. 在过去，曾经有一种把二者混为一谈的趋势，就是说要把您所最初提出的关于核的模型和为了研究这一模型而发展起来的数学表述形式等同起来，然而这种数学表述形式却是普遍得多的. 因此我完全同意，最好在引言中说明这一点……
>
> ……
>
> 52 ……就现在这篇论文来说，更明智的办法是承认悬而未决的问题的存在，而并不企图在这方面得到完全的答案.

玻尔的复信建议进一步讨论问题（1949 年 12 月 17 日玻尔致派尔斯，信的全文见原第 620 页）：

> 我对您关于核问题的说法极感兴趣，而且我非常盼望和您彻底地讨论整个的局势.

关于合撰论文，当时没有再做任何的工作.

---

(94) 1948 年 3 月 18 日（见注(64)）、1948 年 9 月 9 日和 1949 年 3 月 9 日（BSC，缩微胶片 no. 31）玻尔给派尔斯的信.

(95) N. F. Mott and H. S. W. Massey, *The Theory of Atomic Collisions*，第二版，Oxford Univ. Press，1949，见 p. 133.

5. 裂　变

发现裂变的故事已经被讲过许多遍了. 因此,对于现在的目的来说,只要按照一个回忆者的方式作一次概略的描述也就够了. 事情是从哈恩和斯特拉斯曼的发现[96]开始的;他们在中子对铀的轰击的产物中发现了放射性的钡,而在此以前人们则相信产物中只包含一些铀后元素. 在起初,哈恩和斯特拉斯曼觉得很难相信这种结果,它暗示着铀核已经分裂成了两块. 当在一封信中把这种意外结果通知了丽丝・迈特纳时,她和她的外甥奥托・罗伯特・弗瑞什讨论了这种局势,而且他们得出结论说,核分裂的原因应该是各部分之间的电斥力. 由质量亏损可以清楚地知道,通过重核的一分为二,一个相当大的能量可以被释放出来,但是通常表面张力会阻止此事的发生. 表面张力会被电斥力所减弱,而由进来的中子所引起的附加干扰会引发振动,而这些振动就会使核成为不稳定的.

迈特纳和弗瑞什估计了过程中释放的能量,这种能量是作为被它们的相互斥力所加速的那些碎片的动能而出现的.

这种讨论是在瑞典进行的. 当弗瑞什回到哥本哈根时,他就把这些结论的大意告诉了玻尔. 按照弗瑞什的叙述[97]:

> 当我找到了玻尔时,他只剩了几分钟的时间了;但是我几乎还没有开始告诉他,他就用手拍着自己的前额嚷起来:"噢,我们全都做了什么样的白痴呀! 噢,但是这多奇妙啊! 事情恰恰应该是这样的呀! 你和丽丝・迈特纳已经写了一篇关于此事的论文没有呢?"我说,我们还没有写,但是我们马上就会写. 玻尔答应在论文问世以前不向别人谈起这件事. 然后他就动身去上船了.
>
> 论文是打了好几次长途电话才写成的,在此期间丽丝・迈特纳已经回到了斯德哥尔摩. 我问了一位和希维思一起工作的美国生物学家,问他们把细菌的分裂叫作什么;他说叫"fission",于是我就在论文中用了"nuclear fission(核裂变)"一词. 普拉才克表示怀疑,我能不能做些实验来证明铀核的这些快速运动碎片的存在呢? 相当奇怪的是我当时竟没有想到这一点,

53

[96] O. Hahn and F. Strassmann, *Über den Nachweis und das Verhalten der bei der Bestrahlung des Urans mittels Neutronen entstehenden Erdalkalimetalle*, Naturwiss. **27**(1939)11—15.

[97] O. R. Frisch, *The Interest is Focussing on the Atomic Nucleus*,见: *Niels Bohr*, *His Life and Work as Seen by his Friends and Colleagues*(ed. S. Rozental), North-Holland Publ. Co., Amsterdam 1967, pp. 137—148. 引文见 p. 145.

但是现在我很快地开始干了起来，而实验在两天之内就做成了(它确实是很容易的)，于是就寄了一篇关于它的短文给《自然》，这是和我已经通过和丽丝·迈特纳通电话而写成的另一篇短文[98]一起寄去的.

这里的某些叙述和给丽丝·迈特纳的信中的一些段落不一致[98a](1939年1月3日弗瑞什致迈特纳，原系德文)：

我到今天才能和玻尔谈了爆炸的铀的事.谈话只进行了五分钟，因为玻尔立刻在一切方面同意了我们的看法.他感到意外的只是他没有更早地想到这种可能性，而这种可能性是可以从当前流行的关于核结构的想法中如此直接地推出的.他也同意我们的看法，认为重核分裂成两大块是一种经典过程，它在某一能量以下根本不会发生，而刚一超过该能量就很容易发生……玻尔将定量地从头到尾考虑此事，而且明天还要和我谈谈.

他又写道(1939年1月8日弗瑞什致迈特纳，原系德文)：

我在星期五[1月6日]写了份初稿，并按照玻尔的要求在晚上去了卡耳斯伯，玻尔在那里和我又一次详细地讨论了问题.他让我说明了我对表面张力的估计，并且完全同意；他说他自己也偶然想到过电学项，但是没有想到它会有这么大的贡献.关于共振，他不愿意直接发表任何意见，但是似乎也不认为这里有什么困难.我后来对这一问题有些不同的想法，正如您从短文的最后部分中即将看到的那样.关于这一点，玻尔没有进行评论.那天晚上玻尔只对更清楚地表述若干论点提了一些建议，此外是完全同意的.于是我在第二天早晨就开始把新的草稿写了下来，而且只能把两页稿子给玻尔送到了火车站(10：29)；他在那里把稿子装进了衣袋，来不及阅读它了.

54

同时，在1月7日起航的玻尔和罗森菲耳德讨论了新现象的涵义.他们同意

---

[98] L. Meitner and O. R. Frisch, *Disintegration of Uranium by Neutrons; a New Type of Nuclear Reaction*, Nature **143**(1939) 239—240; O. R. Frisch, *Physical Evidence for the Division of Heavy Nuclei under Neutron Bombardment*, Nature **143**(1939)276.(两篇论文所标日期都是1939年1月16日.)

[98a] 1939年1月3日和1939年1月8日弗瑞什给迈特纳的信.迈特纳的文件现藏剑桥邱吉尔学院.

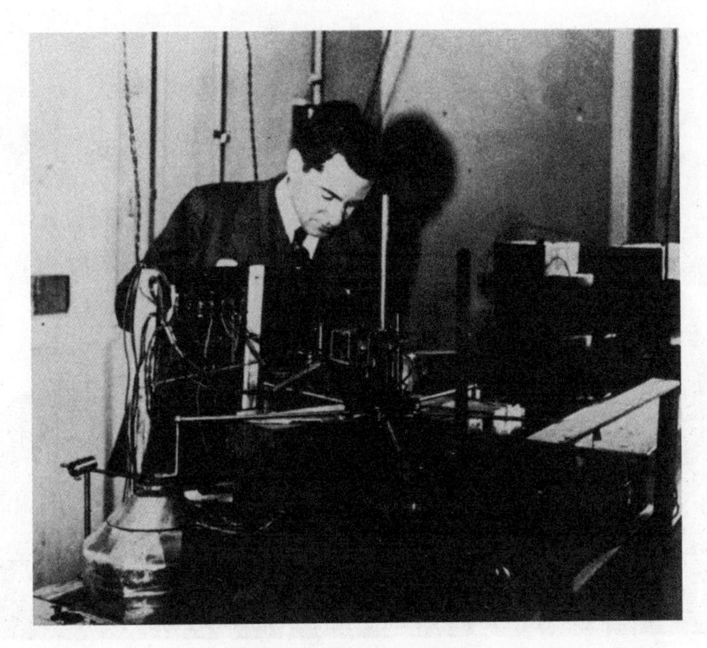

奥托·罗伯特·弗瑞什

了迈特纳和弗瑞什的论点,但是却发现很大的裂变产量是出人意外的.然而玻尔很快地就意识到,解释应该到他对复合核的分析中去找.复合核的寿命够长,足以使统计平衡建立起来,即在一切自由度之间达成能量的均分.因此,裂变过程就是在均等的机会下和辐射或中子的逸出相竞争的.这一论点在一封给《自然》的信[99]中提了出来,该信所标日期是1月20日,即玻尔到达纽约的四天以后;同时也在给弗瑞什的一封信[100]中提了出来.

55

在不多几天以后写给弗瑞什的另一封信[101]中,玻尔对他的《自然》短文(原稿似乎没有保存下来)作了某些改动,并且提到了关于考察不同的β发射体之同时出现的实验的计划(从旧观点看来这些发射体应该被认为是逐次衰变的产物,从而应该显示随时间的不同变化).关于寻找裂变碎片的思想,当时似乎还没有出现在玻尔的头脑中.

在同一封信中,玻尔也开始表示了因为听不到哥本哈根的消息而很感焦急.这无疑是由于出现了某种尴尬局面而火上加油的.用罗森菲耳德的话来说[102]:

---

[99] N. Bohr, *Disintegration of Heavy Nuclei*, Nature **143**(1939)330.重印于本卷原第341页.对弗瑞什的来信和实验的提及(见注[101])想必是后来的改笔,因为玻尔在1月20日还没有听到这些东西.

[100] 1939年1月20日玻尔给弗瑞什的信,丹麦文原文见原第556页,英译本见原第557页.

[101] 1939年1月24日玻尔给弗瑞什的信,丹麦文原文见原第560页,英译本见原第561页.

[102] L. Rosenfeld, *Nuclear Reminiscences*. *Selected Papers of Léon Rosenfeld* (ed. R. S. Cohen and J. J. Stachel). D. Reidel Publ. Co., Dordrecht 1979, pp. 335—345.引文见 pp. 342—343.

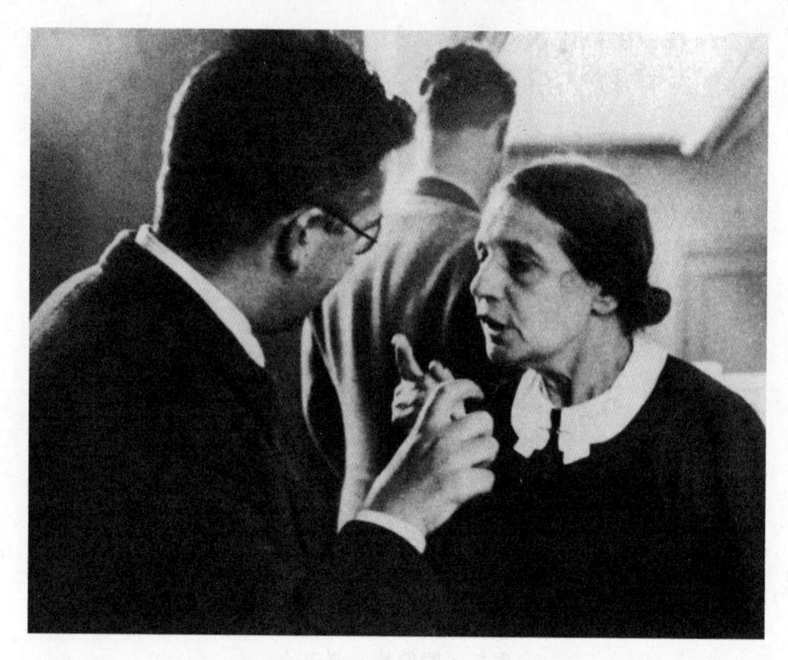

埃米里奥·赛格雷和丽丝·迈特纳

56

当到达纽约时，我们受到了惠勒的迎接；玻尔因为有事而被留住了，于是惠勒和我就和他分手而去了普林斯顿. 当天晚上，他们的“期刊俱乐部”恰好要在物理系开一次会. 尽管航海后很疲乏，我还是参加了会，而且人家很有礼貌地问我是否有什么东西要告诉他们. 喏，有的：我把关于我们在旅途中与之斗争的问题的一切东西都告诉了他们. 我不知道，玻尔根本不打算这么快地把消息传出去，因为他曾经迫切地要让弗瑞什的短文发表出来. 我的印象是短文已经寄走，而且在下一期《自然》上就要发表了；事实上，它在几个星期以后才问世.

我的讲话对美国物理学家的影响比裂变现象本身还要引人注目. 他们冲向各个方向，把消息传播开了，而且很快地裂变碎片就在美国的好几个实验室中的示波器上被看到了，这是一种十分容易产生的很惊人的演示.

这些消息的冲击力，从《物理评论》上罗伯茨、梅耶和哈夫斯塔德的一封信[103]的下列摘录中也可以看出：

---

[103] R. B. Roberts, R. C. Meyer and L. R. Hafstad, *Droplet Fission of Uranium and Thorium Nuclei*, Phys. Rev. **55**(1939)416—417.

由华盛顿大学和华盛顿卡内基研究所联合主办的第五届理论物理学华盛顿会议于1939年1月26日开幕，玻尔教授和费米教授论述了柏林的哈恩和斯特拉斯曼的惊人的化学鉴定，即在经过中子轰击的铀中鉴定出了放射性的钡. 玻尔教授和罗森菲耳德教授从哥本哈根带来了弗瑞什和迈特纳的诠释，即认为核"表面张力"不足以使质量为239的"液滴"保持在一起，结果就使核分裂成大致相等的两部分. 弗瑞什和迈特纳也已经建议了通过寻求预期的能量比100,000,000电子伏特大了不少的反冲粒子来在实验上验证这一假说，那种粒子是应该由这样一种过程所造成的. 整个的事情对所有出席的人来说都是完全没有想到的新闻[104].

我们立即动手寻求了这些能量极高的粒子，而且有幸在1月28日会议结束时向玻尔教授和费米教授演示了这些粒子. 事后得悉，这种粒子曾经独立地由约翰斯·霍普金斯的否勒和道得孙于同一天观察到，由哥伦比亚的邓宁及其合作者们在1月25日观察到，并由弗瑞什在两个星期以前在哥本哈根观察到.

57

为了观察高能粒子，一个大约五毫米深的电离室被放到了中子源下方约3厘米的地方，并且被安排得可以把一些可以替换的直径约3厘米的铜质圆片放在收集极上；电离室接在一个线性脉冲放大器上. 然后，铜片的上表面就涂上一层所要测试的物质.

玻尔的焦急更增长了，于是在1月30日他就决定打电报去催问消息. 现在有两份当时的电报，但是它们都有邮局电报的形式，从而它们并不是当时交出并由海底电缆发送过去的实际电文. 然而，从回电看来，这些电文或类似的电文是被发了出去的. 电报稿是(1939年1月30日玻尔致贝忒·舒耳兹(研究所)的电报稿，原系英文)：

[普林斯顿，]1月30日，[1939]

舒耳兹
理论物理学研究所
漂布塘路
哥本哈根

---

[104] 尼耳斯·玻尔文献馆中有C·F·斯夸尔、F·G·克里克维德、E·泰勒和M·A·图维写的一篇关于这次会议的报道，尚未摄制缩微胶片.

急盼电告弗瑞什核分裂实验情况因美国各实验室已做实验请速寄弗瑞什迈特纳论文并电告自然发表日期. 暂缓退还我自然文校样俟另通知

玻尔　高研所　普林斯顿

另一份电报稿是(1939 年 1 月 30 日玻尔致研究所的电报稿,原系英文):

[普林斯顿,]1 月 30 日,[1939]

理论物理学研究所

漂布塘路

哥本哈根

切盼告知核分裂是紧随中子撞击之后抑前面尚有β蜕变以及效应是否也可用钍求得

玻尔

到了这时,玻尔已经得悉了弗瑞什的实验. 按照一封给喇斯姆森的信[105]中的说法,他是在 1 月 30 日即发出电报的同一天从汉斯·玻尔从哥本哈根发给艾瑞克·玻尔的一封信中得悉此事的;当时艾瑞克和他父亲一起来到了普林斯顿,而汉斯在来信中偶尔提到了弗瑞什的实验(参阅原第 624 页).

58

弗瑞什在 1 月 31 日的 23:03 发来了一份电报,这显然是回电(1939 年 1 月 31 日弗瑞什致玻尔的电报,原系英文):

哥本哈根,[1 月]31 日,[1939]

玻尔　高研所

普林斯顿　NJ[NJ 即"新泽西州"]

线性放大器密集地显示了铀和钍的电离化分裂详情见信二十秒新实验显示了五十分之一秒内的分裂祝好卡尔斯伯[106]

弗瑞什

第二天,他又补充了一些细节(1939 年 2 月 1 日弗瑞什致玻尔的电报,原系英文):

---

[105] 1939 年 2 月 14 日玻尔给喇斯姆森的信,丹麦文原文见原第 621 页,英译本见原第 623 页.

[106] 这里的"卡尔斯伯"是指玻尔的住宅,从而问候是来自他的家中的.

哥本哈根，[2月] 1日，[1939]

玻尔

高研所　普林斯顿　NJ

实验包括在接于铀上的直径三厘米厚度一厘米的充氢电离室中记录粒子生成直到二百万离子对截面和迈特纳铀后实验相符按照或于星五问世[107]的迈特纳的和我的自然短文钍截面为铀截面之半

玻尔着急得不能等待这些回电，从而他在1月31日的20:43又给他的秘书贝忒·舒耳兹发了电报(1939年1月31日玻尔致贝忒·舒耳兹(研究所)的电报，原系英文)：

普林斯顿，[1月]31日，[1939]

舒耳兹

理论物理学研究所漂布塘路 KH[KH 即"哥本哈根"]

正力求改正美国报纸关于核分裂的可悲讹传，等候电告最充分信息. 问好

玻尔

59

弗瑞什在第一份电报中提到的他的来信于2月2日寄到[108]. 这封信说明了他的实验的日期(1939年1月22日弗瑞什致玻尔，信的全文见原第559页)：

第二篇论文包括了一个实验的报道，那个实验是我决定在1月12日星期四进行的；我很幸运地在第二天就得到了正面的结果，并在随后的三天中证实了它并得出了它的细节，于是我就在星期一晚上寄出了那些信. 昨天我收到了校样，并于昨晚把它们寄回去了；因此我希望两篇论文都将很快地刊出.（当然这里再也没有什么"Tavshedspligt[秘密]"了！ 哈恩的论文在你起程的那天就问世了.）

---

[107] 这是一种很乐观的估计；事实上二人合撰的信件直到2月11日才刊出，而弗瑞什的信又过了一个星期才刊出.

[108] 根据信上的铅笔记录.

引文的最后一句意味着他和玻尔讨论过在哈恩的发现还未发表时进行保密的必要性.

玻尔在2月3日发了回电(1939年2月3日玻尔致贝忑·舒耳兹(研究所)的电报,原系英文):

普林斯顿,[2月]3日,[1939]

舒尔兹

理论物理学研究所

漂布塘路,KH

收到迈特纳弗瑞什自然论文谨向弗瑞什致以最衷心祝贺.缺乏即时信息的困难现已大致平息.请继边电告研究的进展和计划.除弗瑞什来信所提实验外检验铅矿石各种同位素构造对理论讨论也很重要.——玻尔

在同一天,他给弗瑞什写了信;这一次用的是英文,这无疑是为了使这封信可以请一位秘书打字(1939年2月3日玻尔致弗瑞什,信的全文见原第563页):

哈恩的实验,连同你姨母和你本人的解释一起,确实已经不但在美国的物理学家中间而且在日常报刊上引起了轰动.事实上,根据我那些电报,而且甚至也许还根据斯堪的纳维亚的一些报刊,你可以意识到在一些美国实验室中出现了一番忙乱,以便在探索新领域方面进行竞争.在罗森菲耳德和我出席了的华盛顿会议(1月26—28日)的最后一天,已经从各方面报道了有关探测高能破裂物[碎片?]的第一批结果.当时我很遗憾地不知道你自己的发现,甚至也没有拿到你和你姨母给《自然》的短文的定稿,我只能(最卖力地)向一切有关人士强调,不提到你和你姨母的有关哈恩结果的原始诠释,任何这种结果的任何公开论述都是不能合法地发表的.当哈恩的论文出现了时,关于此事的消息当然就不再能为了你自己的目的而继续保密了,而且事实上这就成了这个国家中一切不同探索者的灵感的直接源泉.当我回到普林斯顿时,我从汉斯来信中的一次偶然的提及得悉了关于你的实验成功的最初消息.我立即把这一信息用电话通知了华盛顿和纽约,并且做到了在1月30日的《科学服务》通告上得到一种公正的叙述[㉛],我已把这样一份通告寄给了我妻子;但是我无法阻止报纸上的各式各样的错误说法.这当然

60

㉛ W. Davis and R. D. Potter, *Release of Atomic Energy from Uranium*, Science (Suppl.) **89** (1939)5—6.

是很遗憾的，但是这对科学界的判断却毫无任何重要性，因为这里的科学界甚至比丹麦的科学界更加习惯于这样的事件.

所谓"为了你自己的目的"，或许是要解释一个事实，即玻尔曾经谈到了丽丝·迈特纳和弗瑞什的概念，尽管他本来没有打算那样做.

在同一封信中，也曾请弗瑞什设法使玻尔致《自然》的信尽可能快地刊出. 弗瑞什表示歉意的复信是到了 3 月 15 日才写的[109].

在此期间，玻尔曾经非常关心那些没有对迈特纳和弗瑞什给予适当承认的报刊报道. 他在一封给费米的信中写道(1939 年 2 月 1 日玻尔致费米，信的全文见原第 550 页)：

因此，我就最强烈地感到了我在那么坚持地劝告图维和你在拿到迈特纳和弗瑞什的短文的实际正文以前不应该发表任何东西的这件事上是多么地有道理，因为整个的想法只是通过作者对我的盛意和信任的通知才在这个国家中引起了科学家的注意的.

第二天，当他已经看到作出了适当承认的《科学服务》上的文章时，他就写信给费米说这篇文章把问题弄得合理了. 他接着说(1939 年 2 月 2 日玻尔致费米，信的全文见原第 552 页)：

61

我知道你能够理解，我并没有不恰当地强调个人问题的意图，而我只是担心一些本身都极为愉快情况的不幸交汇将引起那些曾经信任了我的朋友们和合作者们的不愉快.

尼耳斯·玻尔文献中有一些和包括图维及培格喇姆在内的另一些人的通信，其语气与此类似.

然而，这并没有最后解决功绩和优先权的问题. 当哥伦比亚的邓宁把一份《物理评论通信》上关于他和费米等人所做实验的通信副本寄给玻尔[110]并征求意见时，玻尔在纽约和邓宁进行了谈话[111]，并且要求了对叙述历史的方式作出某种

---

[109] 1939 年 3 月 15/18 日弗瑞什给玻尔的信，见本卷原第 565 页.

[110] 1939 年 2 月 20 日邓宁给玻尔的信(尼耳斯·玻尔文献，尚未摄制缩微胶片)；H. L. Anderson, E. T. Booth, J. R. Dunning, E. Fermi, G. N. Glasoe and F. G. Slack, *The Fission of Uranium*, Phys. Rev. **55**(1939)511—512.

[111] 在以下即将引用的 3 月 2 日给费米的信中，玻尔提到了"上星期六"即 2 月 20 日和邓宁进行的一次交谈. 那是美国物理学会的纽约会议的最后一天，在那次会议上，玻尔在星期五下午讲了话(Phys. Rev. **55**(1939)67).

1931 年费米和玻尔在阿皮亚公路上(AIP 供件)

改动. 后来费米报告玻尔说作出玻尔所要求的那些改动已经来不及了，但是他为他们的文本进行了辩护(1939 年 3 月 1 日费米致玻尔，信的全文见原第553 页)：

62

按照邓宁告诉我的他和你交谈的情况，你似乎认为承认哈恩发现了分裂过程并承认弗瑞什和迈特纳总结了使这种分裂过程成为可理解的能量关系，是不十分公允的. 现在我重读了哈恩的论文，并且在那里发现了一种很清楚的建议，即过程应该是铀核分裂成接近相等的两部分. 关于哈恩这种说法在多大程度上受到了他和丽丝·迈特纳及弗瑞什的有关这一课题的通信的影响，我当然是说不出来的，因为他并没有提到这一点. 但是，从已经写出的那些论文的证据来看，我觉得我们所说的话似乎是相当准确的.

63

在他的复信中，玻尔阐述了他的观点(1939 年 3 月 2 日玻尔致费米，信的全文见原第 554 页)：

62

玻尔和普拉才克;背后站的是雅科布森和他的夫人

63

我和他[邓宁]详细谈过的而我从你的来信看来恐怕他并没有完全理解我的意思的那个问题,就是在这件事上可以认为什么是迈特纳和弗瑞什的功绩的问题.在你们给《物理评论》的信中,只承认了他们关于能量释放的那种说法,而我觉得这在某种方式上几乎是太过分了,因为这一点在每一个最初相信裂变现象的人看来都会是不言自明的.在我想来,他们的功绩却在于曾经如此全面地把握了裂变概念,而且对能量释放的机制作出了如此合理的以致可以立即唤起所有物理学家的兴趣的一种解释.无论如何,这就是我的个人体会,而且也是普林斯顿这里的人们的印象.正如普拉才克可能已经亲自告诉你的那样,甚至对他那样一个在核理论方面很有经验的人来说,整个的现象也确实曾经显得是如此地奇怪和无法解释,以致他在第一次得悉哈恩的实验时曾经拒绝相信它.

至于哈恩和斯特拉斯曼的功绩,我当然完全同意你和邓宁的看法,而且我不明白是什么东西曾经使你们相信我竟持有不同的观点.即使像我在华盛顿和你交谈时在毫无第一手知识的情况下作为一种可能性而提出的那样，迈特纳和弗瑞什的热烈兴趣曾经加强了哈恩对他的惊人发现的信心，那也将完全是在亲密朋友之间交换看法的问题，而根本不会对哈恩和斯特拉斯曼在他们的伟大发现方面的功绩有任何影响.

存在一份备忘录，总结了人们在功绩和优先权方面的问题上发表的各种不同观点[112].

在普拉才克给弗瑞什的一封信中，也评论了这种局势（1939 年 3 月 2 日普拉才克致弗瑞什，原系德文）[113]：

此外，您对关于巴黎和美国的和铀有关的事件的一份简略报告可能会有兴趣.

……

b）美国. 关于这里这些瞎起哄，您已经从玻尔那里部分地听到了. 因此我也用不着把您大骂一阵了；假如您曾经把您的发现立即通知在美国的玻尔和在巴黎的我，那当然是会对保证您的优先权好得多的，而且那也会使玻尔的心理状态更加平静得多. 事实上，他不得不在华盛顿会议上倾听图维把自己那种最初的、相当外行的实验说成伟大发现的胡吹，而不能为您说什么确切的话，因为他当时只从汉斯的一封来信中知道您已经发现了某种美好的东西，但是并不知道发现的是什么.

64

我在 2 月 3 日去了普林斯顿，而且用了几天的时间协助玻尔撰写了他给《物理评论》的短文. 我很少看到过玻尔如此激动，特别是在报纸……和各种刊物上的历史地不正确的报道方面. 现在他的心情好一点了，特别是因为 2 月 15 日那一期的《物理评论》已经出版，而且他在纽约会议的最后一个星期也发表了一篇关于“fissure”[中译者按：应指“裂变（fission）”]的综述讲话. 如果我可以向您提出一个请求的话，那就是请您在每一个可能或不可能的场合下都把您的研究的下一步进展（哪怕是微不足道的进展）打电报通知玻尔，因为通过任何的通报，您现在都能给他以很大的快慰……

在所有这段时间之内，玻尔都曾经对裂变过程的物理学继续进行了强力的思考. 其结果就是在理论的理解方面又前进了一大步. 关于这是怎么出现的，罗

[112] 备忘录，*Discussion i Amerika vedrørende Meitners og Frischs Indsats i de ny Opdagelser*[美国关于迈特纳和弗瑞什对新发现的贡献的讨论]，所标日期为 1939 年 2 月 12 日，尚未摄制缩微胶片.

[113] 1939 年 3 月 2 日普拉才克给弗瑞什的信. 弗瑞什的文件现藏剑桥三一学院图书馆.

森非耳德曾经作过颇为戏剧性的描绘[114]：

在2月份的某一天，刚刚从欧洲来到美国的普拉才克来看我们，当时我们正坐在职工俱乐部中吃早饭．谈话很快就转入了裂变问题．玻尔偶然提到："现在我们没有那些铀后元素了，这是一种解脱．"这就引起了普拉才克的反驳．他说："情况比以往更混乱了"，于是他向我们解释说，在铀中和钍中，都在大约10伏特处有一个俘获共振，这就表明有些铀后元素是和裂变同时产生的．

玻尔听得很用心，然后他站起来，一言不发就跑向了弗埃恩馆(Fine Hall)，我们的办公室就在那里．我急忙告别了普拉才克去赶上了玻尔．他默默地走着，陷入了深深的思索，而我则很谨慎地不去打扰他．我们一走进办公室，他就向黑板跑去．他告诉我说："听着，我已经完全明白了．"于是他仍然一语不发地在黑板上画起图来．第一幅图大致是这样 65

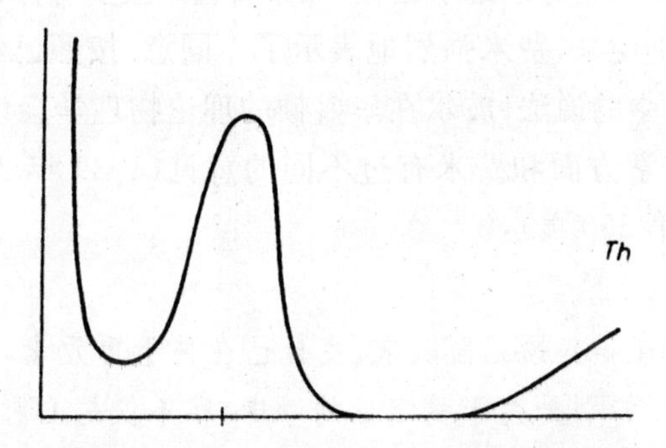

很显然，这意思就是要表示钍的俘获截面，连同它在大约10伏特处的共振，而裂变截面则是在更高得多的阈值处开始的．然后他画了完全相同的图，这时提到的是U^{238}而不是Th，而且他用很大的字迹写出了质量数238——在此过程中他弄断了好几根粉笔．最后他画了完全不同的图形，并且标上了U^{235}．这是打算表示裂变截面，它在整个的能量域中都有非零值：

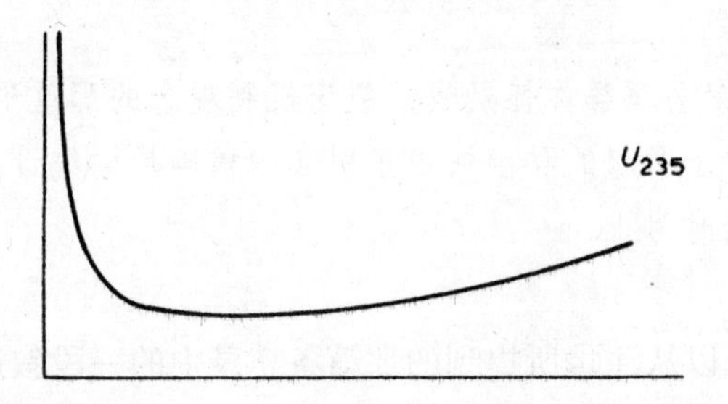

[114] 参阅注[102]中的文献，pp. 343—345．

画好了图，他就开始展开他的论证了：显然，共振俘获必然属于丰度较大的铀同位素，不然的话它的峰值就将超过波动理论所给定的极限. 由于同样的理由，快中子裂变也必须指定给丰度较大的同位素，于是它的行为就和钍的行为完全相同. 由此可见，必须认为观察到的慢中子裂变是属于丰度较小的同位素 U^{235} 的：这是一个逻辑的必要性.

下一步就是要解释两种偶质量核 Th 和 U^{238} 之间的相似性，以及偶质量的和奇质量的铀同位素之间对裂变可能性而言的重大差别. 我用不着重述这种现在已经尽人皆知的解释了.

66　这种新得到的洞察当然就是另一篇著名论文⑮的主题. 文章上标的日期是 2 月 7 日. 回顾地看来，我们可能有一种印象，即这是由事实得来的一条相当显然的结论. 然而，在当时，它却远远不是显然的，而且是很少有什么物理学家接受了玻尔的解释的. 特别说来，费米强烈地表示了不同意. 按照已经引用过的他在 2 月 1 日给费米的信中的说法，玻尔在华盛顿的理论物理学会议上显然就已经在如何看待裂变动力学方面和费米有过不同的意见（1939 年 2 月 1 日玻尔致费米，信的全文见原第 550 页）：

自从我们在华盛顿见面以来，我自己在关于重元素之势垒效应的估计方面颇有进步. 特别是关于稳定性的考虑，即不仅是 U^{238} 的，而且还有这种元素及其他重元素的一切同位素的稳定性的考虑，对我在华盛顿表示过的看法作出了强有力的支持.

在 2 月中旬和费米谈过一次话以后，他又写道（1939 年 2 月 17 日玻尔致费米，信的全文见原第 552 页）：

当然，我完全理解你怀疑我的裂变机制观念的那些论点的坚实性，直到在比较由热中子引起的和由快中子引起的核碎片的统计分布方面做出了更进一步的实验时为止.

费米的诠释可以从注⑫所提到的那篇备忘录中的一段叙述看出：

---

⑮ N. Bobr, *Resonance in Uranium and Thorium Disintegrations and the Phenomenon of Nuclear Fission*, Phys. Rev. **55**(1939)418—419. 重印于本卷原第 343 页.

在1月26日的第一次华盛顿会议上,玻尔发表了关于弗瑞什和迈特纳对哈恩实验的诠释以及他们对该诠释的说明的讲话,而且也谈到了他在自己的《自然》短文中作出的有关评论.按照这种看法,裂变现象应该被认为是一种准经典的过程,而对于它的发生来说,核的激发就是一个必要条件.另一方面,费米却主张,应该把裂变想象成一种典型的量子力学现象,在这种现象中,和正常核相反,新的复合核在通过辐射的发射而回到它的基态以后经历了一次分裂.在这种诠释的基础上,费米坚决主张现象应该对质量数的变化而尤其是对电荷的变化很敏感,比玻尔按照他的诠释所将预期的要敏感得多,从而人们不应该指望在包括钍在内的其他物质中会有相应的效应.

在已经提到过的普拉才克给弗瑞什的信[13]中,也提到了这种争论(1939年3月2日普拉才克致弗瑞什,原系德文): 67

现在谈谈故事的物理学部分.这里出现了很激烈的争论,特别是在玻尔和费米之间,而在某种程度上也在玻尔和我之间.费米颇为粗略地估计了裂变的势垒高度如下:取任何一对反应产物的质量(用一种粗略而轻易的方式由质量亏损外推得出),加上两个核互相接触时的库仑能量,再减去原始复合核的能量.这种办法导致了一个结果,即势垒高度随着原子序数的减小而迅速地升高,从而只有最重的核才能分裂.(这种办法的一个弱点当然就是接触点的粗略定义.)玻尔和惠勒研究了和液滴的弹性形变相与俱来的能量改变量,通过利用模型论点(这种论点在我看来是很特别的)来估计势垒高度而得出了一种正好相反的结论.按照这种结论,势垒高度应该在各种最重的核间变化不大,从而和按照费米的看法得出的结果相比,将有更多的核可以经历裂变.至于说到我,尽管在我看来费米的方法显得很粗糙,我对玻尔-惠勒结果却甚至更缺乏信心.

然后,仍然存在慢中子引起的裂变是起源于U235还是起源于U238的问题.玻尔坚持是235,因为那种认为相邻的复合能级具有不同的行为(正如您在您的短文中也讨论了的那样)的想法由于理论的原因而显得对他是没有吸引力的.另一方面,在我看来,这种能级行为的差别却是在别的事例中(例如被慢中子或中等快中子所激发而在Rh中造成的同质异能素的比值的不同)已经得到了实验的证实的;而且,可以用来反对235的一个论点就是,那时人们必须假设由235得出的和由238得出的不同的"铀后元素"具有恰好相同的比值(这一点,似乎已由哈恩、迈特纳和斯特拉斯曼的旧实验加以确证,也由居里小组加以确证,那里没有发现两个"同质异能"衰减系列之比的随速度的变化).

费米和别人都不同意玻尔那种认为慢中子效应起源于稀有同位素^{235}U 的结论,当然是有巨大的实际重要性的,因为它一方面意味着,不存在来自天然铀的爆炸性链式反应的危险,而另一方面又意味着,分离^{235}U 将很容易地维持这样一种反应.

玻尔和费米之间的辩论可以用实验的证据来求得确切的解决.为了决定效应起源于两种同位素中的哪一种,人们必须等待在这一种或那一种同位素方面得到富集的样品,而这是只有到了后来才成为可能的.在此期间,关于裂变过程的任何新的实验细节都可能提供某种进一步的线索,从而玻尔就以很大的兴趣追随了实验的进展.

68　他也和他的研究所保持了密切的接触,既让那里的人们对最新的美国结果有所了解,又对研究所中的工作提供问题并获得它们的结果.这种通信中一个特别有兴趣的项目就是一篇短文,它总结了当时的知识并讨论了可能有助于问题的进一步澄清的实验⑯.这或许就是在一封给喇斯姆森的信中提到的那篇短文(1939 年 3 月 10 日玻尔致喇斯姆森,丹麦文原文见原第 633 页,英译本见原第 635 页):

> 在不多几天以前给我妻子的信中的一份附寄稿中,我曾经试着按照当前我所看到的情况对那些问题进行了综述;而且,对于在那儿提出的有关进一步实验的建议,人们当然也只应该做那些可以合理地纳入研究所工作日程中的事情.

虽然这篇短文是在 3 月 10 日的前不久寄出的,但是它想必是在更早一些的时候写成的,因为文中提到了"即将发表在"3 月 1 日的《物理评论》上的一篇论文.

喇斯姆森在 3 月 24 日表示收到了这篇综述⑰,并且说已经制备了它的复本,发给了研究所中对它感兴趣的人们.

上述这篇短文⑯也提到了延迟中子的发现及其解释;关于这种解释,现在有

---

⑯　备忘录,[*Summary on fission*],1939.丹麦文原文见本卷原第 347 页,英译本见原第 351 页.现有一份在美国打字的原文的复写纸打字本,上面有罗森菲耳德写上的几处改动,还有两份用复写纸重新打字的稿本,其中已经作出了罗森菲耳德那些改动,这样就使这份文件的鉴定成为比较可靠的了.

⑰　1939 年 3 月 24 日喇斯姆森给玻尔的信,丹麦文原文见本卷原第 638 页,英译本见原第 639 页.

一篇短文的不全草稿[118].

和研究所的通信的细节对玻尔的工作并无多大重要意义,但是它们显示了他对研究所中工作进展详情的兴趣.在正常情况下,这样的交流都是口头上的,从而没有任何记录,但是在这儿我们有一个时期,当时玻尔不在而活动非常紧张,从而就有了文字的通讯.因此,我们就有选择地编印了这些通讯[119].

还在他对普林斯顿访问的很早阶段,玻尔就开始和约翰·A·惠勒一起在裂变过程的一种完整理论方面进行了工作.发表在美国物理学会在1939年4月间召开的华盛顿会议的报告上的关于这一工作的一份摘要[120],是惠勒在会上发表的一篇演讲的总结,当时听众坚决要求了把通常是10分钟的宣读论文的限定时间延长一倍. 69

完整论文[121]的诞生,由惠勒在一篇演讲[122]中进行了描述,现从这篇演讲摘录如下:

> 玻尔一到了普林斯顿,我们就开始进行了工作,来按照玻尔——还有我——已经在思索和应用的复合核模型和液滴模型的思路,以求从弗瑞什和迈特纳那种大写意式的图景得出机制的一种细致分析.这件工作不但用掉了玻尔停留在普林斯顿的那三个月,而且另外用掉了最终润色的两个月,直到我能够把它寄出去发表(1939年6月28日)时为止.
>
> ……
>
> 整个事业非常合乎玻尔的口味,因为他向来喜欢看到他所关心的任何一部分物理学被弄成一个综合的、和谐的整体.而且,他一直是喜欢毛细现象这个课题的.为了他在大学期间最初几件研究工作中的一件,他曾经做过实验来研究一个水注对破裂成小滴而言的不稳定性[123]. 70
>
> ……

---

[118] 稿,*Residual Excitation of Heavy Nuclei after β-ray Emission*,保存在卷宗"*Notes from Bohr's Stay in Princeton*,1939"中.重印于本卷原第355页.

[119] 参阅玻尔在1939年2月份及3月份和弗瑞什、研究所、雅科布森及喇斯姆森的通讯.这些信件和电报已经有选择地重印在本卷的第二编中.

[120] N. Bohr and J. A. Wheeler, *Mechanism of Nuclear Fission*, Phys. Rev. **55**(1939)1124.重印于本卷原第359页.

[121] N. Bohr and J. A. Wheeler, *The Mechanism of Nuclear Fission*, Phys. Rev. **56**(1939)426—450.重印于本卷原第363页.

[122] 见注中㉘的文献,pp. 273—278.

[123] 见本书第一卷第一编.

69

约翰·A·惠勒(AIP供片)

70

毛细现象的一个新特色在裂变事例中出现了,那就是裂变势垒.这个概念本身是新的和奇特的.不止一个杰出的同道曾经反对说,任何这样的量都不可能是有意义的,更不要说被定义了.按照液滴图景,一种理想液体难道不是无限可分的吗?因此,难道从原有的位形过渡到两个碎片时所要求的激活能不是可以要多小就多小吗?关于这个问题,我们从大范围变分理论,从极大和极小,以及从临界点理论得到了指引.通过来自普林斯顿环境的渗透性,我在许多年中吸收了这个课题;当时的环境中是那样充满了马尔斯登·摩尔斯的概念和结果的.我们弄明白,可以找到一个位形空间来描述核的形变.在这个形变空间中我们可以找到各种不同的路径来从正常的、接近球形的位形越过一个势垒而引向一个分离的位形.在每一条路径上,形变能都达到一个最高值.这个峰值在各个路径上是互不相同的.在所有这些最大值中,最小的一个就量度鞍点的高度,或裂变阈,或裂变激活能.裂变势垒是一个明确定义的量了!

玻尔从更早的时候就知道,瑞利勋爵的一篇作品会对一个液滴的毛细振动有所论述.我们跑到弗埃因馆的楼上图书馆中,查阅了瑞利的《科学论文集》.这部著作给我们的分析提供了一个出发点.然而,为了超过核势能的纯抛物线式的部分,即超过势能随形变而平方增大的部分,我们必须进到比瑞利所喜爱的二次计算更高次的项.我们确定了三次项——正如费因伯、封·外札克尔、弗伦开耳和另外一些人也很快就确定了的那样,并看到了势能的转低.这些三次项使我们能够定出势垒高度的值,或者至少是定出那样一个核的势垒高度,它的电荷是和直接分裂所要求的临界极限值充分接近的.

势垒高度的全面计算在当时将是太困难的,而从那时起不少的作者曾经在这方面作出了许多巧妙的工作.惠勒接着说: 71

然而,对于我们的眼前需要来说,我们这种"可怜虫的"简单内插法却是合适的.利用这种办法,知道了——或者根据观察结果估计了——一种核的裂变势垒,我们就能够估计所有其他重核的裂变势垒,其中也包括钚239的裂变势垒.感谢路易斯·A·特尔诺的提问……我们终于认识到以前人们除了通过它的放射性以外从未看到过的这种物质……将是可以发生裂变的……

一个复合核对裂变而言的势垒高度,并不是和裂变有关的唯一因素.在支配这一过程的几率方面同样重要的就是激活能,或者说是当通过取得一个中子而首先形成复合核时被放出的"凝结热".……

……很幸运的是,当时玻尔和我刚刚通过计算在各种实际的和可能的裂变过程中被释放的能量而完成了核能的排队.因此我们就能够估计两种铀同位素通过中子俘获而放出的激活能之差几乎是一兆电子伏特,而且有利于U^{235}的裂变.另一方面,我们又根据自己的裂变势垒内插法估计了U^{235}的势垒,它几乎比U^{238}的势垒低一兆电子伏特……

普拉才克虽然是一个妙不可言的人,一个高度诚挚的人,但他常常是新概念的彻底怀疑论者.在1939年那些早春日子里,他一次又一次地对我说,他无法相信少量的U^{235}会是天然铀中的慢中子效应的原因.因此我就按照一个质子对一个电子即$18.36对一美分的比例和他打赌说玻尔的判断是正确的.一年以后,明尼苏达的阿弗莱德·尼尔已经分离出了足够的U^{235}而使一次检验成为可能了,他把这些U^{235}寄给了哥伦比亚的约翰·邓宁,让他测量它的裂变截面.1940年4月16日,我收到了一分钱的一张西部联合银行的电汇单,上面的电文只有一个单词"祝贺",署名为普拉才克.

玻尔的判断已经被证明为正确的了.

1939 年 7 月,惠勒把论文的校样寄给了玻尔. 玻尔的答复并不是沿着不多见的思路的(1939 年 7 月 20 日玻尔致惠勒,信的全文见原第 657 页):

> 我怀着很大的欣慰和对你在这篇文章上所做一切工作的钦佩通读了文稿,而且当然很诱人的就是打电报去说文章可以按现状发表. 不过我还是觉得可以进行少数几处小的改动,而且我希望由这封信所造成的发表的延期将只是很小的.

72　论文是在 1939 年 9 月 1 日发表的. 它直到今天仍然是我们描述裂变过程的基础.

玻尔立即意识到了理论结果和链式反应的可能性问题之间的关系. 在一篇所标日期为 1939 年 8 月 5 日的未发表的短文[124]中,他讨论了这种反应的条件,并且得到结论说,没有减速剂即包含着将使中子减慢到热速度的一些轻核的那种物质的存在,任何链式反应都是不可能的,但是,对于同位素纯的或高富集度的铀来说,情况却将是很不相同的.

作为主要裂变论文的一种后续,玻尔和惠勒当时能够证明了已经观察到的镤的裂变是和他们的理论的预见相一致的.

现存的一篇由惠勒起草的有关这一课题的短文[125],当时是寄给玻尔来征求意见的. 玻尔于 1939 年 10 月 4 日打电报作出了答复(1939 年 10 月 4 日玻尔致惠勒的电报稿,原系英文):

[哥本哈根,10 月 4 日,1939]

帕耳麦实验室　惠勒

普林斯顿 NJ

感谢附寄镤短文的来信. 内容精彩但建议润色文字. 今天发航空信

玻尔

---

[124] 稿,*Chain Reactions of Nuclear Fission*,1939. 重印于本卷原第 395 页.

[125] 稿,*The Fission of Protactinium*,1939. 重印于本卷原第 399 页.

那封信[126]更加充分地解释了玻尔的看法，但是随信寄去的改动稿似乎没有保存下来. 发表了的论文[127]的文本是和初稿大不相同的，它也许和玻尔的文本大致相同. 作者们在论文中改正了一个附加中子在^{231}Pa 中的结合能的值，关于这个结合能，前一篇论文中的图示是不对的.

关于裂变碎片的质量分布的一种更完备的数据，显示了一种分裂成两个不同质量的倾向；因此玻尔就思考了这个问题并且得出了一种尝试性的解释. 他在一封给惠勒的信中提到了此事(1939 年 12 月 16 日玻尔致惠勒，信的全文见原第 662 页)：

> 你会记得，我们在春天联系到哥伦比亚的实验而讨论了这个问题，但是当时我们在它的解释方面没有得到任何最后的结论. 然而，在最近几个星期内，我曾经重新考虑了问题，而且我发现，如果我没弄错的话，不仅可以利用我们论文中的计算来得到在核裂变中观察到的非对称性的一种简单诠释，而且严格说来，甚至我们关于裂变几率及其随中子能量的变化的估计也涉及了一条假设，即核分裂成两部分的那种模式实际上是只有很少几种可能性的. 因此我已经写了一篇短文，现随信寄上，而且如果您同意的话，我建议咱们联名将此文寄给《物理评论》，作为咱们的论文的附录.

73

一篇题为《论裂变碎片的统计分布》的打字稿[128]也许并不恰恰就是在这封信中提到的那份稿本，但它无疑是和那份稿本很相近的. 现存的文本实际上是一份复写纸打字本，上面标有"旧稿"的字样. 此外还有第 2—4 页的一份稍微不同的草稿.

玻尔的论点基本上是这样：两个碎片的相对运动的约化质量，对非对称裂变来说比对对称裂变来说要小一些，而这就增大了势垒的可穿透性.

惠勒起初除了小的改动以外是同意了玻尔的草稿的(1940 年 1 月 19 日惠勒致玻尔的电报，原系英文)：

---

[126] 1939 年 10 月 4 日玻尔给惠勒的信，见本卷原第 661 页.

[127] N. Bohr and J. A. Wheeler, *The Fission of Protactinium*, Phys. Rev. **56**(1939)1065—1066. 重印于本卷原第 403 页.

[128] 稿，*On the Statistical Distribution of Fission Fragments*，编入[1939—1940]项下. 重印于本卷原第 467 页.

普林斯顿,[1月]19日,[1940]

尼耳斯玻尔教授

卡尔斯伯 KH

极有趣的稿件星期三收到,将略作补充后寄给塔特[129],副本寄还,校样请审阅敬礼

惠勒

但是他被引导着作了进一步的计算,而这就改变了局面(1940年2月12日惠勒致玻尔的电报,原系英文):

普林斯顿,[2月]12日,[1940]

尼耳斯玻尔教授

卡尔斯伯 KH

新的计算给出单一对称对渡态,但是由于静电论证而得出和不相等质量动力学有利性将在一周内完成,相当大的补充改动在交稿前作出除非反对实验比值为3/2敬礼

惠勒

74　惠勒得出结论说,约化质量对这样一种复杂局势来说是一个过于简单的概念,但是他却被引导着动用了一个自由度的零点能量,那个自由度确定着使非对称裂变容易出现的那种非对称性的程度.

计算用了比估计的时间更长的时间,而且在另一些报告工作接近完成的通信以后,他在6月27日却报告说[130]计算几乎已经完成了,但是现在要发表却可能有困难了,这可能是由于对裂变的可能军事意义的关怀的缘故.

几年以后,问题又被提起了.1949年,惠勒寄了一篇有关这一课题的论文底稿[131]给玻尔,而现在大卫·L·希耳也对此文作出了贡献.玻尔回答说(1949年7月4日玻尔致惠勒,信的全文见原第665页):

---

[129] 约翰·T·塔特,当时《物理评论》的编辑.

[130] 1940年6月27日惠勒给玻尔的电报.BSC,缩微胶片 no.26.

[131] 卷宗"*Work on Fission by Bohr, Hill and Wheeler*".卷宗中共有两份打字稿,分别标明年份为1949年和1950年.Bohr MSS,缩微胶片 no.19.

寄来的稿子使我大感意外，但是，意识到此稿更多地是代表咱们在几年以来在这一主题上进行的讨论的一种论述，而不是我感到对它心安理得的某种独创性的贡献，我不仅对计划表示同意，而且作为咱们继续合作的一种标志来欢迎它.

他表示将仔细地阅读论文. 在后来的一封信[132]中，他表达了一些批评，而关于这些批评，他们在 1949 年 9 月和 1950 年 1 月的惠勒对哥本哈根的访问[133]期间进行了讨论. 不久以后，又寄来了惠勒起草的另一份稿子[131]，而且玻尔、希耳和惠勒于 1950 年 4 月间在普林斯顿见了面，但是他们没有来得及讨论这篇论文. 在此期间已经弄清楚，论文中所讨论的那些问题牵涉到对液滴模型的理解，以及该模型和当时正在得到承认的壳层模型的关系. 因此这篇论文将在第 6 节中加以进一步的讨论.

回到 1940 年，还有玻尔对裂变物理学作出的另一个贡献. 在罗马做的实验[134]已经证明，在高于大约 1 MeV 处变为依赖于中子能量的铀裂变截面，当能量超过 10 MeV 时将再次增大. 在一篇发表在 1940 年的《物理评论》上的论文[135]中，他证明了这是可以理解的，因为一个通过在这样的能量下俘获中子而形成的核，甚至在放出一个中子以后也还可以是激发得足够高，以致后来再经历裂变的.

在此期间发表的另一篇论文[136]，处理的是诠释关于由氘核引起的裂变的实验证据的问题. 观察到的铀和钍的裂变截面之比，似乎和根据一条假设作出的理论预言不相符，那假设就是，反应是通过核对整个氘核的吸收来进行的. 玻尔指出，在 9 MeV 的氘核能量下，也可能裂变是在那样一些碰撞中被引起的，在那种碰撞中只有中子进入核内而质子则跑掉了. 在这个过程中，核的激发能较低，因为质子带走了能量，但是这个激发能仍然足以引起裂变，特别是在铀中.　75

裂变产物在通过物质时的行为，以及它们的电离本领，提出了一些有趣的问题；这些问题立即吸引了玻尔的注意力，因为带电粒子在物质中的通过是玻尔对之作出了有着决定重要性的贡献的一个领域. 他的关于这些问题的著作，实际上属于本书的第八卷，从而应在那里加以评述.

---

[132] 1949 年 7 月 13 日玻尔给惠勒的信，见本卷原第 665 页.

[133] 关于惠勒来访的日期和在普林斯顿会晤的日期，参阅从 1949 年 8 月 24 日到 1950 年 11 月 16 日的玻尔和惠勒之间的通信. BSC，缩微胶片 no. 33.

[134] M. Ageno *et al.*, *Fission Yield by Fast Neutrons*, Phys, Rev. **60**(1941)67—75.

[135] N. Bohr, *Successive Transformations in Nuclear Fission*, Phys. Rev. **58**(1940)864—866. 重印于本卷原第 475 页.

[136] N. Bohr, *Mechanism of Deuteron-Induced Fission*, Phys. Rev. **59**(1941)1042. 原封不动地转载于 Nature **148**(1941)229. 此文现重印于本卷原第 483 页.

玻尔有过许多机会发表有关裂变课题的演讲. 1939 年 11 月 3 日,他在丹麦皇家科学院发表了演讲,关于这篇演讲,只刊出了一篇摘要[137]. 他的演讲笔记[138]使我们想到,这主要是关于玻尔-惠勒论文的一篇论述.

1941 年 1 月 10 日在科学院发表的一篇较晚的讲话,根据摘要[139]是关于裂变问题之晚近进步的一篇评述.

一篇关于整个核物理学的,但是却特别重视了裂变现象的综述文章[140],是以 1939 年 12 月 6 日对自然科学传播协会发表的一篇演讲为基础的. 文中包含了关于为什么不能用天然铀得到任何爆炸性的链式反应的一种解释.

在战后,玻尔在科学院发表的演讲当然会把裂变和原子能联系起来. 这样的一篇演讲是在 1945 年 10 月 19 日发表的,只刊行了摘要[141]. 原子能及其对国家事务和世界事务的影响,是他自从第一次意识到原子能释放的可能性而后又意识到它的紧迫性以来就曾经深深思考过的一个课题. 他的关于这一课题的思想和著作,是本书第十卷的主要内容的一部分.

76

6. 关于核模型的新思想

当玻尔在 1936 年引入了复合核的概念并且证明了它可以怎样有助于核反应的描述时,多数物理学家都觉得很显然的就是,这证明了各核子在任何事例中都是很强地相互作用着的,从而人们应该把核的基态想象成一个和液滴颇为相似的客体. 无论如何,看来由此可以推知,这里不存在用一种各粒子在初级近似下被看成是独立运动着的壳层模型来得出什么结果的任何希望,正如人们不会指望用一个借助于独立运动的粒子来对一个水滴作出的描述能够得出任何结果一样.

确实,玻尔是对一个事实感到疑惑的,那就是海森伯和另一些人似乎通过独立粒子图景的应用而对整体的核性质求得了合理的估计,但是这似乎是可以理解的,例如就像他在 1936 年 2 月 8 日给海森伯的信(见原第 579 页)中解释了的

---

[137] N. Bohr. *Den teoretiske Forklaring af Atomkernernes Fission*, Overs. Dan. Vidensk. Selsk. Virks. Juni 1939—Maj 1940, p. 28. 原文及英译本见本卷原第 409 页.

[138] 稿,[*Den teoretiske Forklaring af Atomkernernes Fission*], 1939. 重印于本卷原第 405 页,英译本见原第 408 页.

[139] N. Bohr, *Tunge Atomkerners Sønderdeling*, Overs. Dan. Vidensk. Selsk. Virks. Juni 1940—Maj 1941, p. 38. 原文及英译本见本卷原第 481 页.

[140] N. Bohr, *Nyere Undersøgelser over Atomkernernes Omdannelser*, Fys. Tidsskr. **39** (1941) 3—32. 重印于本卷原第 411 页,英译本见原第 443 页.

[141] N. Bohr, *Om Atomkernernes Omdannelser*, Overs. Dan. Vidensk. Selsk. Virks. Juni 1945—Maj 1946, p. 31. 原文及英译本见本卷原第 485 页.

那样.但是他坚决地相信,核态的任何详细的壳层处理都是注定要失败的.这可以用他在 1937 年在日本和一位青年理论物理学家的会晤来作为例证,这是在山内恭彦教授给派尔斯的一封信(由丰田利幸翻译)中描述了的(1979 年 11 月 11 日山内恭彦致派尔斯,原系日文):

> 1937 年的一天,仁科芳雄博士在尼耳斯·玻尔访问日本的场合下把我介绍了给他.按照我的回忆,这次会晤是在东京理化研究所的一个房间中进行的,时间约半个钟头.
>
> 当时我几乎已经完成了我的有关群论方法对核子体系的应用的工作[142],并且打算发展它.于是我就简短地谈到了这件工作,出示了我的关于原子核结合能的结果.
>
> 玻尔教授很友好地倾听了我的谈话,对我的工作作出了下述的评论,而且也对我拟议中的研究计划提出了建议:按照他的意见,我建议使用的单粒子近似不会是描述核性质的一种很好的近似.玻尔教授也用一种婉转的方式向我建议说,我曾经用群论方法求得的那个公式可能只是一种内插公式而已.
>
> 对我的处理方法的这样一种根本性的批评,当然使我气馁了,从而我就放弃了我的研究计划;在那种计划中,我本来是打算通过利用中心对称场的态函数来对核结合能完成一种更加具体的计算的.
>
> 当时我没有沿着那一方向继续进行我的工作,这曾是一大憾事.然而我现在并不感到遗憾了,因为在我看来,人们是不太可能根据核是简单地由核子构成的假设来建立一种统一的核理论的.相反地,我却一直指望有一种至少把介子概括在内的理论.
>
> ……
>
> 在目前,我梦想一种建立统一理论的可能性,那种理论是建筑在一个夸克组之类的更基本的模型上的.

77

1948 年,当关于核的实验知识变得更广博时,关于核动力学的思想就开始强烈地受到了关于一种壳层结构的证据的影响.特别说来,玛丽亚·梅厄在《物理评论》上发表了一篇论文[143],她在文中收集了所有的有关证据,并且证明了这

---

[142] T. Yamanouchi, *On the Binding Energy of Atomic Nuclei. I*, Proc. Phys.-Math. Soc. Japan **19**(1937) 557—565; *II*, *ibid.*, pp. 790—797.

[143] Maria G. Mayer, *On Closed Shells in Nuclei*, Phys. Rev. **74**(1948)235—239.

种证据导致一个不可避免的结论，即“幻数”是有某种物理实在性的. 这样一些事实曾被许多别的作者注意到，但是玛丽亚·梅厄的论文是更加全面和更加令人信服的.

玻尔的著作中没有任何证据表明他受到了这篇论文的影响，甚至无从证明他知道这篇论文，但是汉斯·因森在他的诺贝尔受奖演讲[14]的一个段落中描述了他在战后第一次对哥本哈根的访问：

> 战后的不多几年，我很幸运地第一次回到了哥本哈根. 在那里，我在《物理评论》的最近一期上看到了玛丽亚·哥坡尔特-梅厄的论文《论核中的闭合壳层》，她在文中也收集了关于这种[幻]数之重要性的“经验证据”. 这就鼓励了我，使我在讨论班上报告了我们的工作，同时也报告了我们的结果. 这次讨论班的集会成为我所不能忘怀的了. 尼耳斯·玻尔听得很注意，而且有时插进几个问题，这些问题变得越来越起劲了——有一次他说：“但是梅厄夫人的论文中却没有这个！”这就显露出来，玻尔已经很彻底地阅读了论文，而且从头到尾地思考过了. 讨论班变成了一种长时间的和很活跃的争论. 玻尔用那么大的强度来注意、权衡和比较了这些确实和他的核结构图景格格不入的经验事实，这给我留下了深刻的印象. 只有到了那时，我才开始认真地考虑对幻数进行解幻的可能性.

78

菲尔茨、泡利和因森

[14] J. H. D. Jensen, *Zur Geschichte der Theorie des Atomkerns*，见 *Les Prix Nobel en 1963*，Stockholm 1964，pp. 153—164，参阅 p. 161 和 p. 162.

按照研究所的来宾登记簿，因森对哥本哈根的访问是从 1948 年 11 月 4 日到 12 月 4 日. 在那时，别的许多人也努力对幻数进行了“解幻”，其中许多人无疑是受到了玛丽亚 · 梅厄的论文的鼓舞. 但是在一段时间之内，看来要找到一种将会给出正确数字的模型是不可能的. 如所周知，答案是由玛丽亚 · 梅厄[145]和哈克塞耳、因森及许斯[146]大约在同时利用一种很强的自旋-轨道耦合来独立地找到的.

玻尔显然继续思索了这个问题，也许是较少地利用可以从任何特定模型得出的实际数字来思索，而更多地根据普遍的原理来思索的. 他在一篇短文[147]中写下了他的观点，短文的标题是《关于原子构造和核构造的试评论》，这个标题表明他不曾得到任何最后的结论. 现在还有这篇短文的好几种文本，它们几乎是完全相同的，除了一段标有 15. 8. 49 日期的补遗文字以外；关于这段文字，我们在以下还要讨论.

79

他撰写这篇短文的目的，清楚地显示在一封给泡利的信中（1949 年 8 月 15 日玻尔致泡利，丹麦文原文见本书第七卷，英译本亦见该卷）：

> 然而，在最近几个星期中，我却变得对一个完全不同的问题大感兴趣了，那就是已经问世的、特别是已经发表在《物理评论》上那些关于核结构的论文；我很愉快而又获益匪浅地和正在梯斯维耳德这里访问的林德哈德讨论了这些论文. 在这些论文中，特别是在菲因伯[148]的和诺尔海姆[149]的论文中，有些迄今一直完全无法理解的现象似乎是可以用一条假设来简单地加以解释的，那假设就是，核中的个体粒子在初级近似下是像原子中的电子那样互相独立地被束缚住的. 当然很难判断这样一条假设的根据是什么，但是在我看来，我们在这儿是涉及了量子力学的一条直接推论的；这条推论在以前有时被忽视了，因为过于死板地理解了和一个经典液滴模型的类比. 我对局势还根本没有弄明白，而且我发现特别难以评估交换效应的频率，但是我已经写下了一些一般的论述，现在也寄给你，希望严加批判.

---

[145] Maria G. Mayer, *On Closed Shells in Nuclei. II*, Phys. Rev. **75**(1949)1969—1970.

[146] O. Haxel, J. H. D. Jensen and H. E. Suess, *On the “Magic Numbers” in Nuclear Structure*, Phys. Rev. **75**(1949)1766.

[147] 稿，*Tentative Comments on Atomic and Nuclear Costitution*，1949. 见原第 521 页.

[148] 可能是指 E. Feenberg and K. C. Hammach, *Nuclear Shell Structure*, Phys. Rev. **75**(1949) 1877—1893.

[149] L. Nordheim, *On Spins, Shells and Moments in Nuclei*, Phys. Rev. **75**(1949)1894—1901.

然而,泡利却不愿意进行核问题的讨论[150].

有趣的是,玻尔提到了菲因伯和诺尔海姆,但是却没有提到按照因森的叙述他已经读过的玛丽亚·梅厄的 1948 年的论文,也没有提到她那封包括着自旋-轨道耦合概念的 1949 年的信[145],而那封信是和菲因伯的及诺尔海姆的论文发表在同一期(1949 年 6 月 15 日)《物理评论》上的. 可能当时那一期刊物还没有寄到,而对于论文的提及是以事先的稿本为依据的.

短文的主要内容和壳层模型有关. 然而也有一段走得更远一些,这一段是:

80

> 一方面,我们可以有一些较高的能态,在那些态中有一个或更多几个核子具有和对应于最低能态的量子数不同的量子数. 另一方面,我们也可能有核的一些和它的边界面的振动相对应的激发态,而这种振动的周期一般是比核子的轨道周期长得多的,结果就是,它们的运动在初级近似下将只是浸渐地受到影响. 特别说来,在这种情况下很显然的就是,这里根本谈不到和作为一个刚体的核的转动相对应的定态,而且核的角动量和自旋都将通过个体核子之束缚态的指定来直接确定.

最后一句是加在所标日期为 15. 8. 49 的补遗中的. 这段话表明,玻尔理解人们必须把粒子自由度和集体自由度都包括在描述之内,尽管转动自由度的问题当然是澄清得晚得多的.

因森的论述[144]中的一段话再次表明了玻尔对新的想法和对他的有关转动的看法的信心:

> 尽管如此,我对整个的图景还是并不放心,而当一份严肃的刊物不肯刊印我们的第一封“信”,并且解释说“这不是物理学而只是数字游戏”时,我也并没有真正感到意外. 只有当我回想起尼耳斯·玻尔对幻数表现出来的浓厚兴趣时,我才把“信”寄给了外斯考普,而他就把它转给了《物理评论》. 但是,只有当我在哥本哈根的讨论班上发表了关于我们的思想的演讲并且和尼耳斯·玻尔讨论了这些思想以后[151],我才有了信心. 玻尔的最初评论之一使我觉得是惊人的:“现在我理解核为什么在它们的光谱中并不显示转动谱

[150] 1949 年 8 月 21 日泡利给玻尔的信. BSC,缩微胶片 no. 30.

[151] 研究所的来宾登记簿表明因森是从 1950 年 10 月 10 日到 19 日在研究所中的,因此所谈到的这次讨论会必然是在那一期间召开的,除非一次更早的访问没有登记.

带了.”

玻尔也征求了罗森菲耳德的意见(1949 年 8 月 16 日玻尔致罗森菲耳德,丹麦文原文见原第 644 页,英译本见原第 645 页):

……我看到了改进那些旧问题的处理的新的可能性;那些问题是我和派尔斯及普拉才克讨论过的,而在那些问题方面,您在不得不在战争期间离开哥本哈根以前是对我帮助很大的.

罗森菲耳德是持怀疑态度的(1949 年 8 月 19 日罗森菲耳德致玻尔,丹麦文原文见原第 646 页,英译本见原第 647 页):

最首要的是,我有点担心你对模型的普遍性得到了一种完全过于乐观的印象.我不准备给菲因伯的和诺尔海姆的那种一般化和示意式的考虑联系上超过定性的和试探性的价值的东西.

玻尔捍卫了他的看法(1949 年 8 月 29 日玻尔致罗森菲耳德,丹麦文原文见原第 648 页,英译本见原第 650 页): 81

你说菲因伯的和诺尔海姆的考虑是很定性的和试探性的,这当然是对的,但是他们的结果之所以给了我一种深刻印象的原因却是,这里涉及了一种规律性的可能解释问题,而那种规律性是在关于核构造的任何其他观点的基础上都甚至连定性地处理也不可能的.

……则主要的问题将是核物质在多大程度上对核子为不可透过,或者说得更确切些,个体的核粒子将在多大程度上扰动和一个公共力场中的运动相对应的那个波函数.因为,除非这些干扰会完全改变了我们的问题,我就确实相信人们应该作为一种初级近似来从那种假说性的理想化核模型出发,而不是从一种纯经典的液滴模型出发.

……如果人们从泡利原理的形式上的应用得出结论说,核子在核中的平均自由程是无限长的,人们就会被引导到一种观点,即认为核中每一个核子的束缚情况可以在初级近似下独立地加以处理.

这些说法有一个比原始短文[14]中的那些用武之地更加现代得多的用武之地.特别说来,在那种早期阶段提到泡利原理在抑制核子彼此之间相互作用的效应方面的重要性,那是毫无价值的.

短文副本也寄给了当时正在哥伦比亚大学中的奥格·玻尔.在他的回信[152]中,奥格接受了他父亲的论点,并且认为它们是发人深思的.另外一份副本寄给了派尔斯[153],而派尔斯并没有接受他的推理[154].还有一份寄给了惠勒[155],并且说,"我觉得人们有时曾经太死板地看待了液滴模型".

惠勒的复信也表示了某种怀疑(1949年9月3日惠勒致玻尔,信的全文见原第667页):

> 感谢你最近的来信和关于核的液滴模型及独立粒子模型之间的关系的考虑.我特别急于想从你那里听到您关于这一问题的定量方面的感受——例如一个具有典型能量的核子可以在核中运动多远而不和其他核子有很大的能量交换.

82 在此期间,核模型的问题也影响了和惠勒合撰的论文的发展,该文仍然是以非对称裂变的解释为目的的(参阅第5节).惠勒给玻尔写信说(1949年12月12日惠勒致玻尔,信的全文见原第668页):

> 占用时间最多的要点就是四极矩问题以及除了我们分手时那种论文形式的清楚推理——当然在我们看来是令人信服的推理——以外还有用标准量子力学方法来根据独立粒子图景的观点论证液滴模型的问题.现在已经可以很清楚地证明,在一个在其他方面为空虚的壳层中,一个单独粒子由于引起核的形变而造成的四极矩,大约是由该粒子本身的电荷分布所直接引起的四极矩的五倍.这一结果可以解释佛耳第在最近一期《物理评论》上指出的佯谬,那个佯谬迄今一直给核四极矩的解释造成很大的困难.也已经发现,由一个未平衡的粒子所引起的核的形变,将大大影响其次一个粒子的能级间距.因此就有一种耦合很有效地作用在一个粒子和另一个粒子之间,而这种耦合必将大大影响非完满壳层的填充顺序.

他接着就描述了现在所说的席耳-惠勒母坐标法(method of generator coordinates).

---

[152] 1949年10月3日奥格·玻尔给尼耳斯·玻尔的信.现属《尼耳斯·玻尔的私人通信》.
[153] 1949年8月22日玻尔给派尔斯的信,见本卷原第616页.
[154] 1949年8月26日派尔斯给玻尔的信,见本卷原第617页.
[155] 1949年8月24日玻尔给惠勒的信,BSC,缩微胶片 no.33.

玻尔的复信对四极矩的解释表示了同意,但对别的部分则是更有批评性的(1949 年 12 月 24 日玻尔致惠勒,信的全文见原第 670 页):

> 至于从个体粒子图景出发而对受激核的振动所作的处理,我们却不能肯定自己充分地理解你的考虑.处理手法当然是一种很直接的手法,但是在我看来,似乎并不能事先就十分明白人们怎么能够如此普遍地分析核形变及其时间导数的效应.
>
> 看样子,实际的物理问题倒是要检查和整个核的振动形变相与俱来的那些个体粒子结合情况的半浸渐改变,而问题习惯性处理方式则证实应该是一些附加项在整个核能量中的出现,那些附加项在类型上应该是和液滴毛细振动的项相对应的.

在惠勒对哥本哈根的几次访问期间,玻尔和惠勒进一步讨论了这些问题,而且现在还保存的有惠勒写来的另一些关于他的观点的信件,但是却没有玻尔的重要复信.由玻尔、席耳和惠勒合撰一篇论文的计划从来没有完成.关于这一课题的最后一次讨论是在 1950 年初惠勒对哥本哈根的一次访问中进行的.在此以后,惠勒就为别的迫切工作忙了三年.然后他就受到了里奥纳德·席夫的邀请,要他在短期之内撰写一篇文章.他很迫切地想要交出一篇和玻尔及席夫合撰的论文,但是玻尔认为在这么短的期限内不可能在行文上取得一致,因此建议另外两个人用他们自己的名字发表论文[156].论文于 1953 年发表了[157],文中感谢了玻尔同意使用合撰论文的部分材料.关于玻尔的观点,现在没有成文的纪录,但是惠勒在和本《引言》作者的交谈中强调了这篇论文的撰写是在很大程度上有赖于玻尔的启发的.

83

玻尔带着很大的兴趣追随了核动力学之理解方面的后来进展,而且很活跃地参加了讨论[158],但是他没有再写任何东西,而且现在也见不到有关这些问题的任何通信,因为后来的发展是大部分在哥本哈根研究所中出现的.

---

[156] 约翰·惠勒的私人来信.

[157] D. L. Hill and J. A. Wheeler, *Nuclear Constitution and the Interpretation of Fission Phenomena*, Phys. Rev. **89**(1953)1102—1145.

[158] International Physics Conference, Copenhagen, 3—17 June 1952, pp. 16 and 19. 重印于本卷原第 527 页.

Ⅰ. β射线谱和能量守恒

未发表稿

1929

见本编《引言》第1节注①.

本稿共 5 页,其中前 3 页是一份稿子的复写纸打字本,上有少数几处钢笔改正. 另外一个第 3 页(有奥斯卡·克莱恩用铅笔进行的改正)所标日期为 1929 年 6 月 21 日,它和其他各页的关系是不清楚的. 另外还有克莱恩手写的一页,标号为 3a. 稿子是用英文写的.

我们这里重印了改正本,但保留了被划掉了的一段. 按照页边上的小注,这一段要换成第 3a 页.

此稿见缩微胶片 Bohr MSS no. 12.

87

β射线谱和能量守恒

由于它和在其他方面支配着放射性现象的那些规律的确切性形成对照，关于来自蜕变核的初级β射线显示一种连续能谱的发现曾经引起了许多的讨论.近来，把β粒子能量的可变性和能量守恒原理的一种可能局限性联系起来的想法，已经由G·P·汤姆孙教授提付讨论(见 Nature, April 21. 1928，并见 Phil. Mag. **7**,405,1929)，他把他的考虑建筑到了电子的波动图景和在海森伯交互测不准关系式中得到典型表达的波群的普遍性质上.

然而，这种论点是几乎不能和目前形式中的量子力学* 的普遍想法相调和的.由作用量子的存在所引起的在求得原子过程的一种形象描述方面的那些众所周知的困难，本身并不包括对守恒定律的一种违反.局势倒是可以用一种说法来加以描述(参阅作者的《量子公设和原子理论的晚近发展》一文，见 Nature, April 14. 1928)，那就是说，量子理论中的能量和动量的守恒原理，并不是和基本粒子行为的空间时间描述相矛盾，而是在一种意义下和它互补的，其意义就是，这些原理的适用性只受到对现象的一种干扰的限制，那种干扰是个体粒子之空间时间坐标的任何观察都会涉及的.

量子理论的这种奇特品格，恰恰是由一种成功的解释所突出地揭示出来的，那就是近来得到的有关α射线蜕变之衰变恒量和所发射α粒子之能量之间的那种引人注目的关系的解释(参阅 Gurney and Condon, Nature, September 22. 1928，特别参阅 Gamow, Nature, November 24. 1928)，[稿第2页]这种解释形成了所发射线的粒子观念和波动观念的互补本性的一个特别有教育意义的例子.由于有这种解释，看来β射线蜕变的一个明确定义的衰变率的存在，似乎就会排除连续β射线谱的任何一种建筑在波动力学之普通想法上的简单解释，那些普通想法是建筑在和经典力学规律的一种正式的量子理论对应关系上的.

如所周知，基本带电粒子的构造问题迄今未能在经典电动力学的基础上加

88

以适当的处理，而只有引用这一问题，才或许有可能定义一种对放射性过程中的守恒原理的违反.联系到这一点，我愿意请大家注意到似乎会由一些创造性的想

* [原作“波动力学”，后改此名.]

法所引起的新的可能性，那就是由克莱恩在上面这封给编者的信* 中提出来的关于在相对论式量子理论中引入一种电磁场概念的那些想法.

既然按照这种理论力的概念是和质量的概念有着内在的联系的，我们很容易就会联想到，关于不同质量的粒子之间的相互作用的定律，有可能是和作为经典守恒原理之依据的作用和反作用的简单等同性相抵触的. 尽管关于自由空间中的传播的量子规律并没有为守恒原理的违反提供任何根据，但是构成核的那些粒子之间的密切相互作用却还是有可能引起一种对这些规律的背离的.

如果这种关于连续β射线谱之起源的看法竟然被证实为正确的，我们就可以对在某些大尺度现象中也看到一种对能量平衡的扰乱有所准备. 事实上，如果像通常假设的那样，放射过程的逆过程是在一些天体的内部进行着的，则通过一个电子被核所俘获而后又作为β射线而被放出，平均说来能量的有所得或是有所失就将依赖于温度. 也许我们在这样一类的考虑中可以找到关于一种能源的解释，[稿第 3 页]那种能量按照目前的天体物理学理论在太阳中是缺少的，而它的起源一般是要到从基本带电粒子到辐射的转化中去找的.

[稿，新第 3 页，21/6，1929]这些说法的目的，就是要强调我们目前在β射线蜕变问题的理论处理方面有着多么少的根据. 事实上，束缚在原子核中的那些电子的行为，看来似乎是完全超出于普通力学概念乃至它的量子理论修订形式的自洽应用范围之外的. 从这种观点看来，核的蜕变倒是应该被看成所射出的电子的动力学个体性的创生. ((因此，如果实验证据竟然果真证实了一种建议，即能量和动量的守恒原理在说明β射线发射中是失效的，我们就很难按照纯理论的根据来排除这种建议. 事实上必须记得，从它们的根本来看，这些原理是有着纯经典的起源的. 与此同时，当回想到守恒原理在原子理论的发展中一直是一种多么可靠的指南时，它们的失效的可能前景就会是非常使人不安的.))** 89

关于已有的实验证据能否使我们在能量和动量守恒原理对β射线蜕变的适用性方面作出确切的结论，我们在这里将不去论述这个争论很多的问题. 我们只想请大家注意到我们在考虑逆过程(一个电子被原子核所俘获)时遇到的这一问题的那种奇特面貌. 事实上，守恒原理的失效就意味着，事后射出的β射线的能量一般不同于电子在被俘获以前的能量，从而平均说来，按照初始条件的不同，这里就会有能量上的增益或损失. 这些推论的一种检验，或许可以从对有关星体演化的天体物理学证据的一种仔细分析中得出；按照普通的假设，在那些星体的

* [我们没能查到克莱恩从那时起发表了的有关这一课题的任何论文.]

** [用双层括号括起的一段在稿中被划掉. 按照页边的小注，此段应换成第 3a 页.]

内部是大规模地进行着放射性过程的逆过程的.

［稿第 3a 页］回想到能量和动量的守恒原理是有着纯经典的根源的,关于他们在说明 β 射线发射方面的失效的建议就几乎不能在量子理论的目前状况下事先地予以排除.与此同时,失去守恒原理迄今在原子理论的发展中所曾提供的那种可靠的指导,当然会是一种令人很不安的前景.

Ⅱ. 化学和原子构造的量子理论

摘　录

J. Chem. Soc. London, 1932, pp. 349—384

摘录原刊 pp. 379—383. 全文见本书第六卷

1930 年 5 月 8 日在萨耳特斯馆向化学会的
会员们发表的法拉第纪念演讲

见本编《引言》第 1 节注⑦.

93

当我们转向**原子核的构造**问题时，首先就必须记住这一情况. 我们已经看到，关于这些核的电荷和质量的经验证据，以及关于自发的和被激的核蜕变的证据，都引向一条假设，即所有的核都是由质子和电子组成的. 不过，一旦我们更仔细地探索哪怕是最简单的核的构造，量子力学的现有表述就在本质上失败了. 例如，它完全不能解释为什么四个质子和两个电子会结合起来而形成一个稳定的氦核. 显然，我们在这儿完全超出了建筑在点状电子假设上的任何表述形式的范围，正如从一个事实也可以清楚地看到的那样，而那个事实就是，从 α 射线在氦中的散射推得的氦核的大小，和经典电子的直径具有相同的数量级. 恰恰是这一情况就使我们想到，氦核的稳定性是和由电子本身的存在及稳定性加在经典电动力学上的限制不可分割地联系着的. 然而这就意味着，只要讨论的是核内电子的行为，建筑在对应论点上的对这一问题的任何直接处理就都是不可能的. 至于质子的行为，情况却大不相同，因为它们的比较大的质量甚至在核线度之内也允许空间坐标概念的一种无歧义的应用. 当然，当没有一种说明电子稳定性的普遍的自洽理论时，我们并不能对把质子保持在氦核中的那些力作出任何直接的估计，但是，注意到一点却是有趣的，那就是，利用爱因斯坦关系式而由所谓质量亏损算出的在核的形成中放出的能量，和按照量子力学而由已知的核线度所应预料的质子的结合能是近似地相符的. 确实，这种符合性就表明，电子质量和质子质量的比值，在原子核的稳定性问题中是起着基本的作用的. 在这方面，核构造问题显示了和核外电子组态的构造问题的典型差异，因为这一组态的稳定性是不依赖于质量比的. 当我们从氦核过渡到更重的核时，核构造的问题当然是更加复杂的，尽管一个情况提供了某种简化；那情况就是，在很大程度上，可以认为 α 粒子是作为单独的个体而进入这些核的构造中的. 这不仅是由放射性的一般事实所暗示了的，而且也是可以从用关于同位素原子量的阿斯登整数法则来表示的附加质量亏损的微小性中看出来的.

94

原子核构造方面的知识的主要来源是核的蜕变的研究，但是从普通的光谱分析也能导出重要的信息. 正如前面提到的那样，谱线的超精细结构使我们能够作出有关原子核的磁矩和角动量的结论，而从带光谱中的强度变化则可以推知核所服从的统计法. 如所预料，这些结果的诠释大大超出于现有的量子力学的范围之外，而特别说来，已经发现，自旋的概念正如克朗尼希所首次强调的那样是不适用于核内电子的. 这一情况在有关核统计法的证据中显示得特别明显. 诚然,已经提到的氦核服从玻色统计法这一事实,正是根据量子力学针对一种体系所将预料的情况,该体系由偶数个粒子组成,各粒子像电子和质子那样满足泡利不相容原理. 但是,已经有了关于统计法的数据的另一种核,即氮核,也服从玻色统计法,尽管它是由奇数个粒子即 14 个质子和 7 个电子组成的,并因此而应该是服从费米统计法的. 确实,和这一点有关的普遍实验证据似乎遵循一条规则,即含有偶数质子的核服从玻色统计法,而含有奇数质子的核则服从费米统计法. 一方面,核内电子在确定统计法方面的这种引人注目的"消极性",确实很直接地指示了单个动力学实体这一概念在应用到电子上时的本质局限性. 严格说来,我们甚至不应该说一个核含有确定数目的电子,而只能说核的负电荷等于基元单位的整数倍,而且在这种意义上,一个 β 粒子从核中的放出就可以看成作为力学实体的一个电子的创生. 另一方面,从这种观点看来,上述这种关于核统计法的规则,却可以看成对核中 α 粒子行为和质子行为的量子力学处理的本质正确性的一种支持. 事实上,这样一种处理在说明各该粒子在自发的和受控的核蜕变中所起的作用方面也曾经是很有成果的.

95

在卢瑟福的基本发现以后已经过去的十年中,已经积累了关于这一课题的大量的最有价值的资料,这首先要感谢卡文迪许实验室在卢瑟福领导下在这一新领域中进行的伟大探索工作. 喏,从理论的立脚点看来,原子理论近期发展的最有趣的结果之一就是,几率考虑在基本蜕变定律之表述中的应用,已被发现是和量子力学的普遍想法完全协调的,而这种应用在当时则是一种完全孤立的和很大胆的假说. 早在量子理论的更原始的阶段,这一点就由爱因斯坦联系着他对基元辐射过程之几率规律的表述而被接触到了,而且也由罗西兰在他那关于逆碰撞的有成果的工作中进一步强调过了. 然而,在和卢瑟福由 α 射线的散射得出的关于核线度的结论完全协调的情况下第一次为放射性蜕变的细致诠释提供了基础的,却是波动力学的符号体系. 正如由康顿和哥尔内所指出并由伽莫夫所独立指出的那样,联系到核的一种简单模型,波动表述形式得出了关于 α 射线蜕变定律的以及关于母元素的平均寿命和所发 α 射线的能量之间称为盖革-奴塔耳法则的那一奇特关系的一种有教育意义的诠释. 特别是伽莫夫成功地把核问题的量子力学处理扩充到了 α 射线谱和 γ 射线谱之间的关系的一种普遍的定性说明,而在这种说明中,定态概念及跃迁过程概念和在普通的原子反应及光谱的发射中一样起了相同的作用. 在这些考虑中,核中的 α 粒子是像原子中的核外电子那样地加以处理的,然而却有这样一种特征性的区别:α 粒子服从玻色统计法而且是被它们自己的相互作用保持在核内的,而服从费米统计法的电子则是被核的吸引力保持在原子中的. 除了别的原因以外,这就是作为 γ 辐射而从受激核中放出能量的速率之所以很小的原因,这种速率甚至可以和这种核与周围电子团之间的力学能量交换即所谓内转换的速率相比. 事实上,和由分离的带正电及带负电的粒子构成的原子相反,只由 α 粒子组成的一个核式的体系绝不会具有一 96 个电矩,而在这方面,也几乎不能预期实际的核中多出来的质子及负电会造成很大的不同. 除了对应论点的这样简单的应用以外,我们对于作用在核中的 α 粒子和质子上的力的无知(必须假设这种力是本质地依赖于负电荷的),目前还使我们不能作出更加定量化的理论预言. 然而,探索这些力的一种很有希望的手段,却被关于受控蜕变及其有关现象的研究提供了出来. 因此,只要谈的是 α 粒子和质子的行为,或许就有可能利用量子力学来一步一步地建成核构造的一种详细理论,而从这种理论出发,我们就可能得出关于负核电荷问题所给出的那些原子理论新方面的更多的信息.

关于后一问题,β 射线发射所显示的那些奇特的特色近来已经唤起了很大的兴趣. 一方面,母元素有一个由简单几率定律来表示的确定的衰变率,正如在 α 射线蜕变的事例中一样. 另一方面,在单独一次 β 射线蜕变中释放出来的能量,却被发现是在一个很大的连续区域中变化的,而在一次 α 射线蜕变中发射出来的能量,当适当照顾到伴随的电磁辐射和力学能量转换时却被发现为对同一元素的所有原子都相同. 除非 β 射线从原子核的放出和预期的情况相反,即它不是一种自发过程而是由某种外界作用物所引起,否则能量守恒原理对 β 射线蜕变的应用就会意味着任何一种放射性元素的各个原子将具有不同的含能量. 尽管对应的质量改变量是小得远非现在的实验方法所能觉察的,个体原子间的这种确定的能量差却是很难和别的原子性质调和起来的. 第一,我们在非放射性元素的范围内找不到这种改变的任何类例. 事实上,从关于统计法的研究所能得到的情况来看,有着相同的电荷并在实验精确度的范围内有着相同的质量的任何类型的核,都被发现为在量子力学的意义上服从确定的统计法,而这就意味着,这样一些核不是要被看成近似地相同,而是要被看成本质上等同. 这一结论对我们的论点来说是尤其重要的,因为,在任何关于核内电子的理论都还不存在时,所谈的这种等同性根本不像已知定态中一种元素之所有原子的核外电子组态的等 97 同性那样是量子力学的一个推论,而却是代表了原子稳定性的一个新的基本特色的. 第二,在一个放射族中位于一种 β 放射产物之前或之后的那些元素的 α 射线发射或 γ 射线发射中,并不能从所涉及放射性核的定态的研究中找到关于所讨论这种能量差异的任何证据. 最后,作为 α 射线蜕变和 β 射线蜕变之共同特色的那种确定的衰变率,即使对于 β 放射产物来说也指示着一切母原子的一种本质相同性,尽管通过 β 射线的放出而被释放的能量是不同的. 当还没有一种把电子及质子的内禀稳定性和电及作用量之基元量子的存在之间的关系概括在内的普遍自洽理论时,是很难在这个问题上得出一个肯定的结论的. 然而,在原子理论的目前阶段下我们却可以说，不论是经验的还是理论的，我们都没有任何论据来为在β射线蜕变的事例中保留能量原理进行辩护，而且我们在试图这样做时甚至遇到了麻烦和困难. 当然，对这一原理的激烈背离将蕴涵一些奇怪的推论，如果这样一种过程是可逆的话. 确实，如果在一次碰撞过程中一个电子可以随着失去它的力学个体性而附着在一个核上，然后又作为一个β射线而再创生出来，我们就将发现这个β射线的能量一般是不同于原有电子的能量的. 不过，正如对解释物质之普通物理性质和化学性质来说是不可缺少的那些原于构造方面的论述，蕴涵着对因果性这一经典理想的一种放弃一样，作为原子核的存在及性质之起因的那些更深刻的原子稳定性特色，也是可能迫使我们放弃能量平衡这一想法本身的. 我将不再多谈这样一些猜测以及它们和争议甚多的星体能源问题之间的可能关系. 我在这儿接触了这些猜测，主要是为了强调，尽管有了近来的一切进步，我们在原子理论上仍然必须对新的惊人情况有所准备.

99

Ⅲ. 原子稳定性和守恒定律

Atti del Convegno di Fisica Nucleare della
"Fondazione Alessandro Volta", Ottobre 1931.
Reale Accademia d'Italia, Rome 1932,
pp. 119—130.

在1931年10月11—18日在罗马召开的
伏打会议上的讨论发言的修订本

见本编《引言》第1节注⑧.

1931 年在罗马召开的伏打会议(AIP 和埃米里奥・赛格雷供片)

REALE ACCADEMIA D'ITALIA

N. BOHR

ATOMIC STABILITY AND CONSERVATION LAWS

ESTRATTO DAGLI « ATTI DEL CONVEGNO DI FISICA NUCLEARE »
DELLA « FONDAZIONE ALESSANDRO VOLTA »
OTTOBRE 1931-IX

ROMA
REALE ACCADEMIA D'ITALIA
1932-X

原子稳定性和守恒定律[①]

103

如所周知,尽管原子稳定性之本质特色的解释是经典物理理论所无能为力的,但是,在原子现象的说明中却曾经能够广泛地使用普通的力学概念和电磁学概念,而首先就是曾经能够保留在经典物理学中起着如此重要作用的能量守恒定律.不过,关于能量概念能否在有些电子从原子核中被逐出的那种放射性蜕变中得到一种无歧义的应用,近来却出现了严重的怀疑,而这样的过程在其他方面也是排斥着现有的原子理论的应用的.下面的发言可以作为讨论这一问题的一种引言.

§1. 原子力学的基础

原子现象之目前处理的基础,就是终极带电粒子和基元作用量子的发现;它们依靠的是完全分离的实验证据,而且在原子理论的目前阶段是按照本质上不同的和独立的方式来引入的.

各粒子的特定性质的定义,是建筑在经典力学和经典电动力学的一种直接应用上的.当然,在这些理论中是不能说明电子或质子的存在和内禀稳定性的,但是,承认了这种稳定性,却已经能够建立起一种高度自洽的理论体系,来把粒子的存在和电磁场的经典理论结合起来.这种理论体系,即所谓经典电子理论,是适当构造起来的,它满足能量和动量的守恒定律,而且可以说它形成经典力学的一种把辐射效应包括在内的适当引申.不过,经典电子理论还受到一种本质的限制;这种限制可以用所谓电子直径

104

$$d = \frac{e^2}{mc^2} \qquad [1]$$

来作为标志,此处 e 和 m 分别是电子的电荷和质量,而 c 是光的速度.如所周知,这个直径定义了一种区域的下限,那就是电子的电荷可以集中于其内而不会重

① 本文是作者在会议的讨论过程中的发言的修订稿.这里表示的看法也曾经在一篇关于化学和量子理论的演讲中讨论过,演讲词见《Journ. Chem. Soc.》,p. 349,1932.

大地影响它的质量的那种区域；从而这个直径也代表了把电子看成带电质点的那一理想化的界限，而力学概念的无歧义应用正是建筑在那一理想化上的.

粒子概念是和经典力学相容的，甚至可以说是形成了经典力学的基础的；与此相反，从普通力学的立脚点看来，作用量子这一概念本身就有一种不合理性. 当然，正如电子电荷和电子质量的测量一样，普朗克恒量的测定也是建筑在用经典概念来描述的一些证据上的. 然而，在电子电荷和电子质量的测量中，我们遇到的是经典理论的一种无歧义的应用，而作用量子的任何求值却在本质上蕴涵了原子现象的一种统计的描述. 这一局势在保留了经典正则形式的力学基本方程的量子力学表述形式中得到了适当的反映；在这种表述形式中，作用量子是只出现在正则共轭变量的所谓对易定则中的. 于是，和对应论证相一致，量子力学就作为作用量子可以忽略不计时的极限情况而包括了经典力学，但是在普遍情况下，描述却具有一种本质上是统计的品格；这种品格在海森伯的测不准原理中得到了定性的表述，按照该原理，两个共轭力学变量的不准量的乘积永远不小于普朗克恒量.

然而，量子力学的统计品格并不意味着动量和能量的守恒定律失掉了它们的适用性，而却只意味着它们的应用是和粒子运动的分析处于一种互斥的即所谓"互补的"关系中的. 这是作用量子之存在的一种直接推论，因为粒子的空间-时间坐标的任何控制，都会涉及对固定标尺和固定时钟的一种有限的、本质上不可控制的动量传递和能量传递，而那些起着测量仪器作用的标尺和时钟是不属于被考察的体系的. 反过来说，守恒定律的任何一种明确定义的应用，都蕴涵着对空间-时间分析的一种本质上的放弃. 正是这一情况，就允许我们把能量守恒应用到原子稳定性的一些特色的描述中，例如应用到原子定态的性质的描述中，这些特色是不能借助于成分粒子的运动来加以解释的. 在这里也可以强调指出，在开始时提到的放射性蜕变中关于能量守恒的那些困难，并不能像人们有时建议的那样利用量子力学描述的互补不准性来加以解释. 事实上，在这些过程中，正如在原子在定态之间的自发辐射跃迁中一样，我们没有必要考虑和外界测量仪器的任何相互作用.

105

把基本粒子和作用量子当作原子的电子构造理论的独立基础来看待的可能性，在本质上是建筑在一件事实上的，那就是，从量子力学导出并用氢原子的"半径"

$$a=\frac{h^2}{4\pi^2e^2m} \qquad [2]$$

来作为标志的原子线度，比起由[1]式给出的电子直径来是很大的. 显然，这就是在基本力学方程中把电子看成带电质点的一个必要条件. 然而,联系到这个问题,记住一点却是重要的,那就是,用所谓电子自旋来说明的那些效应,是量子力学表述形式的一些不能用经典概念来加以解释的专有特色. 例如,和电子的电荷及质量相反,它的内禀角动量或内禀磁矩的任何一种无歧义的测定都是不可能的. 这是由一件事实所直接指示出来的,那就是,一个粒子绕固定轴线的角动量是和方位角相共轭的. 因此,任何关于粒子位置的知识,如果要求这个角的不准量小于 2π,就都会在关于绕轴角动量的定义中蕴涵一个大于 $h/2\pi$ 的不准量. 因此,由于电子自旋轴线的反向而引起的角动量的一个这样大小的改变量,就是无法用任何建筑在运动概念上的方法来测量的.

同理可知,测定一个自由电子的磁矩也是不可能的. 事实上,按照经典电动力学,由一个运动电子作用在某一点上的磁力,将和由一个磁偶极子作用的力相同,这个磁偶极子的轴线平行于电子绕该点的角动量,而其磁矩则等于该角动量乘以$\frac{e}{2mc}$. 因此,由于角动量有一个不准量,就永远不可能区别由电子的运动所引起的磁力和由一个内禀磁矩 106

$$\mu = \frac{he}{4\pi mc} \qquad [3]$$

即所谓磁子所引起的磁力. 以这一磁子为单位来测量由电子和核所组成的一个原子体系的磁矩的可能性,是完全建筑在这样一件事实上的:在这样的测量中,路程概念是只应用在整个体系的运动上的,而且由于核的质量很大,这样一个体系的电荷和质量的比值是远小于自由电子的这种比值的.

诚然,角动量和自旋变量的概念,已经为定态的分类特别是为泡利不相容原理的表述提供了一个合适的基础,但是不应该忘记,我们在这儿遇到的是这种分类的那种不能用经典概念来作出任何无歧义描述的一些特色. 首先,最重要的就是,在不相容原理的任何应用中,我们遇到的都是各组合体系的一些性质,而它们是不能用照顾到个体粒子行为的力学图景来加以诠释的. 然而,对于我们的讨论来说很重要的却是,量子力学统计法的表述,归根结底是建筑在这样一件事实上的:在为经典力学和目前量子理论所公有的那些基本运动方程中,粒子的个体性是严格地被保留了下来的.

§2. 相对论式量子力学的困难

尽管把粒子概念和作用量子看成独立基础的那种对原了问题的处理方式很有成果,但它还是有着一种本质上近似性的品格的,因为它不能严格地满足相对论不变性的要求. 在颇大的程度上处理辐射效应以及力的有限速度传播之其他效应的可能性，是完全建筑在原子理论中两个无量纲常数的微小性上的，那两个常数就是精细结构常数

$$\alpha=\frac{2\pi e^2}{hc} \qquad [4]$$

107 和电子质量与质子质量之比

$$\beta=\frac{m}{M}. \qquad [5]$$

例如，正如从[1]和[2]可以看到的那样，正是 α 值的微小性保证了 d 和 a 的比值的微小性，该比值恰好等于 α^2. 此外，对于一个处于哪怕是最紧密结合的态中的氢原子来说，经典地估计出来的作用在电子上的辐射反作用和核吸引力之比是和 α^3 同数量级的. 正是这一情况，就使得在一种包括精细结构在内的定态的描述中忽略辐射反作用成为有根据的了. 而且，只有 β 的小值，才使我们在处理依赖于力的有限速度传播的那些效应时能够在那么大的程度上把原子的内禀性质和它作为一个实体而进行的那些运动区分开来. 在理论的目前阶段，α 和 β 这两个常数应该被看成一些经验量，它们的任何理论推导看来还都是不可能的.

量子力学描述的本质局限性曾经由一些奇特的困难突出地显示出来，那些困难出现在发展原子问题的一种真正相对论式处理的尝试中. 例如，如所周知，关于电子的狄喇克量子理论用那样一种适当的方式说明了自旋效应，而这种理论却包括了一些和电子的稳定性不能相容的跃迁过程的发生. 这些过程涉及一些超过临界值 mc^2 的能量改变量，并引向一些态，而在那些态中电子的能量和质量将是负的. 此外，通过把原子和电磁场看成一个闭合的量子力学体系来沿着严格的路线处理辐射效应的那些尝试，也导致了一些佯谬，它们是由原子和场之间的无限大耦合能量的出现所引起的. 这些困难的解决肯定会要求一种表述形式，在那种表述形式中，基本粒子和作用量子将作为不可分割的特色而出现. 然而，在判断局势时，特别是当联系到能量和动量的守恒定律在原子理论中的可能局限性时，重要的却是要更加仔细地分析目前的理论可以在多大程度上为现象的分析提供一种可靠的指导.

首先可以强调，作为典型相对论式的效应的辐射现象可以通过所谓对应方法来在很大程度上加以阐明. 这种方法是建筑在这样一个论点上的：电磁场的经

108 典描述在单个辐射过程的效应可以忽略不计的那种极限情况下必须是适用的. 因此，按照经典场论和量子力学所公有的普遍叠加原理，电磁场的经典图景就是被当作估计原子中自发的和诱发的辐射跃迁几率的一种符号性手段来使用的.

在这种办法中,辐射场并没有被看成所研究体系的一个部分,这时辐射过程中能量和动量的守恒是在光子的概念中得到了它的表达的. 这种概念在一种意义下可以说和场的概念处于互补的关系中,正如说原子体系的定态和经典地定义了的基本粒子性质处于互补关系中时的意义相同. 特别说来可以指出,根据爱因斯坦关于一个空腔中的温度辐射的能量涨落的原始分析,是不能得出有关经典场论之界限的任何确切结论的,因为在空腔中探测能量分布方面的空间不连续性的任何企图都必须用到一些使论证成为错觉的测量仪器. 我们可以很普遍地说,光子概念将在一些事例中失去它的全部意义,在那些事例中,得到有关一些量的一种无歧义的知识是可能的,而那些量则是电磁场的经典描述所不可缺少的.

在辐射现象的一些最简单特色的说明中,我们可以在跃迁几率的计算中完全忽略辐射的反作用. 然而,通过量子力学表述形式的一种恰当的应用,已经能够在和守恒定律相适应的条件下把对应方法扩大到一些问题的处理,例如谱线宽度问题和原子中各束缚电子的相互作用的推迟效应问题. 不过,这样一些应用的条件却是,所涉及的效应可以当作所预期的现象的一些微扰来加以处理,如果力的有限速度传播将被忽略的话. 由于上面提到的常数 α 的微小性,这个条件在原子构造问题中是广泛地得到满足的,因为甚至对最牢固地束缚在核电荷很高的那些原子中的电子来说,"轨道"线度和光谱波长也是远大于经典电子直径的.

联系到这一点可以指出,当照顾到作用量子时,用电子直径来作为标志的那个界限就不应该看得过于死板. 例如,试考虑自由电子对辐射的散射. 在辐射频率并不因散射而发生变化的经典处理中,估计入射辐射作用在电子上的力以及估计辐射反作用的一个明显条件就是光的波长要比电子直径大得多. 然而,在量子理论中,一个事实却引起了一种本质的修订,那事实就是,一旦波长可以和所谓康普顿波长 109

$$\lambda=\frac{h}{mc} \qquad [6]$$

(此波长是和 d/α 同数量级的)相比,电子在个体散射过程中得到的速度就会和光速很接近. 因此,对于对应论点的一种简单应用来说,特别重要的就是不能在电子初速为零的参照系中考虑散射过程,而应该在另一个参照系中考虑它;在后一参照系中,光子和电子的合动量为零,而辐射的频率并不因散射而发生变化. 既然对于高频率来说这一参照系中的波长近似地等于原有波长和二倍康普顿波长的几何平均值,我们就会发现它是远远大于由[1]式所定义的临界长度的,只要原参照系中波长远远大于 αd 就行了. 我们从这一论点可以看出,康普顿效应的克莱恩-仁科公式对波长和 d 同数量级的宇宙射线之吸收的那种表观上可疑的应用,事实上是十分有道理的. 这一点,也由远小于由汤姆孙的经典公式所给出的波长的那些短波长的散射强度的微小性指示了出来,而按照量子理论,汤姆孙公式对长波长也是同样适用的.

自由电子的散射是一种特别简单的事例,在这种事例中,进入负能态的"临界"跃迁是由于能量和动量的守恒而被排除了的,至少当光的强度并不是大得足以使多个光子同时卷入过程中时是如此. 在束缚在原子中的电子的事例中,情况就更加复杂,因为目前的表述形式包括了到达负能态的自发跃迁,而其几率和实际跃迁过程的几率相比并不是可以忽略的. 然而可以强调指出,我们在这儿遇到了表述形式的一些推论,它们是不能在对应论点的基础上来加以无歧义地诠释的. 事实上,场概念的符号性应用的一个隐含的假设就是,那样一些辐射场对原子体系的作用仍然可以看成微扰;各该场含有够多的"光子",足以使人们能够对电力和磁力进行无歧义的测量. 尽管这一假设对普通的光谱现象来说是大大得到满足的,它在临界跃迁的事例中却是不能满足到相同的程度的. 不过,由于前面提到的有关原子和辐射的耦合的那些佯谬,要作出有关这一点的确切结论仍然是困难的;当我们企图把辐射场当作体系的一个可观察的部分来加以处理时,这些佯谬就会出现,它们阻止了沿着在量子力学中如此成功的那种路线来发展一种合理的量子电动力学.

110

在这方面,通过临界跃迁在辐射和推迟效应只有次级重要性的那些事例中的出现,相对论式量子力学的困难也以另一种面貌显现了出来. 一个特别有教育意义的例子是由射在一个势垒上的高速电子提供出来的,该势垒在数量级为康普顿波长 λ 的一个范围内上升到 mc^2 的值. 事实上,正如克莱恩已经证明的那样,按照狄喇克的理论,这样的电子将有一个颇大的穿透势垒并改变其质量正负的几率. 既然 λ 是远远大于 d 的,这个佯谬就指示了在相对论式的原子理论中激烈修改力概念的用法的必要性. 尽管非相对论式的量子力学形成一种对任意力场都为自洽的理论体系,在基本粒子的特定性质将和作用量子不可分割地联系起来的一种真正相对论式的理论中,这样的一种自由却将几乎不会是合理的. 在这方面,很有趣的就是,通过明显地照顾到出现在原子现象之描述中的所有的场归根结底是以带电粒子为其场源这一事实,看来有可能在某种程度上对这些困难作出限定. 这是由一个事实暗示了的,那就是,在克莱恩佯谬的描述中被假设了的有着那样的强度和广延的电场,是不能用一些由电子和原子核所组成的带电物体来实现的. 关于在辐射和推迟效应可以忽略不计的事例中对电子在最强的原子场中的行为作出的目前这种相对论式描述的近似适用性,一种更直接的有利论证是由狄喇克关于类氢原子能级精细结构的普遍公式的推导提供出来的，那一公式如此引人注目地得到了实验证据的支持. 无论如何也很发人深思的是，实际上观察到的核电荷的最大值，是小得足以阻止虚数值出现在索末非公式中的.

不论相对论式量子力学的困难的解将是什么，看来不可避免的总是在讨论表述形式的自洽性时要把一切测量仪器都由原子构成这一情况考虑在内，而只要力的有限速度传播是被忽视的，这一情况就是对论证无关紧要的. 独立于这样一些考虑，有一种看法曾经从各个方面被提了出来：λ 和 λ/c 这两个量分别定义了在电子行为的描述中使用空间概念和时间概念的绝对极限；而且也曾经有人建议，这些极限或许就确定着守恒定律的适用范围. 然而不应该忘记，空间-时间坐标不准量和共轭动量不准量之间的互补关系式是相对论协变的. 这一点可以从作用量的相对论不变性直接推出，这是普朗克本人从一开始就作为他的发现的表述方式之普遍适用的一个论据而强调了的. 因此，除了由通常的测不准原理表示出来的和以经典电子直径为标志的那些限制以外，从相对论运动学并不能推出关于空间-时间概念之应用的其他限制. 当然，如果我们照顾到相对论式量子力学的困难正如适用于所研究的体系那样也适用于测量仪器的描述，局势就会大不相同了，但是这一情况本身却带来一些复杂性，它们使我们现在还很难在表述形式的必要修订方面得出确切的结论.

111

当还没有一种自洽的相对论式的理论时，强调一个事实就是重要的，那就是，只要讨论的是原子中的核外电子，现在就并不存在能量和动量的守恒定律不再成立的任何实验证据. 特别说来，关于原子光谱的一切证据都是和组合原理相一致的，而组合原理是那么密切地和能量守恒对辐射过程的应用相联系着的. 再者，已经发现，根据不相容原理得出的一切结论，全都无例外地得到了证实，甚至对最牢固地束缚在原子中的电子而言也得到了证实，而在这些电子那儿，我们是远远超出了非相对论式理论的作用范围的. 因此，看样子，在原子核可以看成独立客体的一切原子问题中，电子的个体性是在经典守恒定律的表述所假设的那种程度上得到了保持的.

§3. 核内电子的问题

如所周知，有关核的电荷和质量以及它们的蜕变的实验资料，可以依据所有的核都由质子和电子所组成的观点来作出直截了当的解释. 然而，核结构的这些组成可以当作独立力学客体来处理的那种程度，却是比在原子构造的普通问题中把核和电子看成分离的粒子的那种可能性更加有限得多的. 这一点，通过统计法的基本量子力学法则在应用于核时的失败而最为突出地显示了出来.事实上,按照实验资料,一个由等同核构成的系统的统计法,是只由每个核所含的质子数来确定的,而那些核内电子则在这方面显示出一种引人注目的消极性,这是和不相容原理形成对照的.

112

由以上这些说法也可以清楚地看到,核内的电子构造的一种处理,是远远超出于现有的原子力学的范围之外的.事实上,既然核线度是和经典电子直径同数量级的,我们在这儿就已经离开了经典力学概念以及像现有量子力学这样的本质地建筑在这些概念上的任何表述形式的无歧义应用的基础.相对论式量子力学的那些曾经采取了最尖锐的形式的佯谬,也应该被看成一种严重的警告,它反对着在有关束缚在核中的电子的探索中把这样一种表述形式看成一种指南的可靠性.特别是可以强调指出,内禀磁矩概念在核内电子和质子之间的力的估计方面的任何应用,都是毫无理论根据的.事实上,在核的电子构造的问题中,我们遇到了原子稳定性的一些全新的方面,而迄今为止,我们的唯一可靠的指南一直是由电荷的守恒和原子性提供出来的.在这样的局势下,我们就被引导着把一个电子被核的俘获或放出,简单地分别看成一个作为力学客体的电子的消灭和创生.因此,如果这些过程竟然被发现为不服从能量和动量的守恒定律之类的其表述在本质上是以质点概念为基础的那种原理,我们是不能大惊小怪的.

尽管核内电子的性质是和那些属于核外组态的电子的性质根本不同的,核内质子的情况却在很大程度上是和在量子力学的通常应用中假设了的那些原子成分粒子的情况相类似的.例如,没有理由预料当把具有明确定义的质量的质点这一概念应用到质子上时会有什么本质的局限性,而且就连相对论式量子力学的局限性也将显得是次要的.事实上,由质量亏损导出的质子在核中的结合能,比起临界值 Mc^2 来是很小的,此处 M 是质子质量.当然,和原子构造的普通问题不同,我们关于结合力的知识还不足以对核能进行直接的量子力学计算,甚至不足以对最简单的复合核的稳定性作出解释.然而,很令人满意的却是,经验上测定出来的核的线度和质量亏损,显示了一种和量子力学相容的近似关系.事实上,如果氦核中质子的轨道线度是和由[1]式给出的电子直径可以相比的,而且每一个质子的结合能被取作等于和角动量为 $h/2\pi$ 的轨道运动相对应的动能的话,则简单的计算表明,α 粒子的质量亏损和它的总核质量之比,应该近似地等于由[5]式和[4]式给出的无量纲常数 β 和 α 之比的平方,而这是确实接近等于实验值的.虽然这样一种计算是当然只有定性的意义的,但是它却有力地表明,质量比 β 的微小性对核的稳定性来说是比对核外组态的稳定性来说更加根本的.确实,假若电子质量和质子质量之比是大得多的,则含有若干质子的核的存在将是很难设想的.

113

较重的核的处理由于一件事实而大为简化，那就是，对许多目的来说，它们可以看成包含着一些作为独立成分的 α 粒子，关于这种情况，只要简单地提提量子力学在诠释有 α 粒子被放出的那种核蜕变方面的美好应用也就够了. 如所周知，这种理论不仅解释了放射性衰变的基本定律，而且解释了衰变恒量和所发 α 粒子的能量之间的引人注目的关系. 不过还是不应该忘记，在目前，我们对于核成分之间的相互作用的无知，阻碍了我们对于这些衰变恒量在每一放射元素族中的那种奇特变化的理解. 尽管关于所考虑的放射性质的说明在这方面缺少关于各元素之物理性质及化学性质的周期变化的解释的那种定量完备性，这种说明的定性适用性却在一些关系中得到了一种最为发人深思的支持，那些关系是在束缚在核中的 α 粒子的能级和 γ 射线谱之间被揭示出来的. 事实上，定态概念和个体辐射跃迁概念在这里找到了一种和光学光谱的诠释完全类似的用武之地，而且也提供了由简单的对应考虑来导出有关发射体系之构造的更详细信息的同样可能性.

如所周知，关于 β 射线蜕变的研究揭示了完全不同的特色. 正如 α 放射产物一样，所有的 β 放射产物都有一个明确定义的衰变率，但是，对于每一种产物来说，所发射的 β 粒子的能量却是在很宽广的区域中连续变化的. 假如能量在这些过程中是守恒的，这就会意味着，一种给定的放射性产物的各个原子是本质上不相同的，而这样就会很难理解各个原子的共同衰变率了. 另一方面，如果不存在什么能量的收支平衡，那就有可能通过假设同一产物的一切核都本质地等同来解释衰变定律. 这一结论也将和关于非放射性元素的核统计法的一般资料相适应，这种资料曾经揭示了含有相同数目的质子和电子的任何两个核的本质等同性. 联系到这一点可以强调指出，这样两个核的等同性恰恰是在原子理论的现阶段中无法对它作出任何解释的一个实验事实，它最突出地显示了内禀原子稳定性的普适品格. 114

在结束这些言论时，我几乎用不着强调一件事实，那就是，核蜕变中对能量守恒定律的一种背离，在例如可能出现在星体内部的那种条件下将导致很奇怪的后果；在星体内部，这些蜕变过程是被逆转了的. 不过，归根结底我们必须记得，原子的本质稳定性是自然现象之整个经典描述中的一条隐含的假设，从而如果各经典概念无法说明它们自己的基础，我们是不能大惊小怪的. 正如我们已经被迫在物质之普通的物理性质和化学性质的原子论诠释中放弃因果性这一理想那样，为了说明原子成分本身的稳定性，我们也是有可能被引向更多的放弃的.

115

Ⅳ. 论中子的性质[1]

在 1932 年 4 月 7—13 日的哥本哈根
会议上发表的演讲的摘录

未发表稿所标日期为 1932 年 4 月 25 日

见本编《引言》第 1 节注⑬.

卷宗“中子的性质”,1932,包括3份文稿,共10页,用英文写成.

第一份是4页打字稿,有玻尔用铅笔加上的少数改正和方程.它有一个标题:“在1932年4月7—13日在哥本哈根召开的一次关于实际原子问题的会议上发表的演讲的摘录”,各页所标的日期是1932年4月18日和19日.

第二份是上一份稿子的复写纸打字稿,有罗森菲耳德用铅笔加上去的一些改正.

此处重印的第三份稿子是两页稿子的复写纸打字本.其标题是《论中子的性质》,所标日期(用铅笔)是1932年4月25日.

各稿均见缩微胶片Bohr MSS no.13.

117 25/4 32

论中子的性质[1]

查德威克[2]所宣布的发现是，某些轻元素当受到 α 射线的轰击时发出的那种穿透力特别强的辐射，本质上是由一些电中性的而其惯性质量接近等于氢原子质量的物质粒子所组成的；这种发现向我们显示了原子理论的若干新的和很有趣的特色. 既然这些中子的线度和普通中性原子的直径相比必然很小，而且它或许是和这些原子的带正电的核的线度同数量级的，从一种形式描述的观点来看，一个中子就可以看成一种原子序数为零的元素的核. 正如在原子力学的现阶段中无法详细说明普通原子核的稳定性一样，目前也无法提出关于中子构造的一种细致的解释. 它的质量和电荷当然使我们想到一个中子可能是由一个质子和一个电子组合而成的，但是我们却不能解释为什么这些粒子会这样组合起来，正如我们不能解释为什么 4 个质子和 2 个电子会组合起来而形成一个氦核或 α 粒子一样. 如所周知，原子核甚至不服从统计法的一些简单的基本规律，而这些规律对由基本粒子组成的原子体系是适用的. 例如，应该含有 14 个质子和 7 个电子的氮核服从爱因斯坦-玻色统计法，尽管含有奇数个满足泡利不相容原理的粒子的体系是应该服从狄喇克-费米统计法的. [稿第 2 页]看样子，一切核的统计法是只由所含的质子数来确定的，而正如我在近来的一个场合下所表达的那样[3]，我们可以说核中的电子已经在一种程度上失去了它们作为单独力学单位的个体性，这就使我们只能用一种明确的方式谈论核的总负电量而不能谈论单个电子的数目. 这种看法也是由一件事实暗示了的，那就是，核的线度和所谓电子直径同数量级，而电子直径就代表着按照电动力学的基本概念所能指定给电子的最小广延. 另外，这种看法也可以为理解 β 射线蜕变所显示的那些引人注目的特色提供一种线索；我们可以说，通过这种蜕变，已经在核中失去其动力学个体性的电子又作为动力学个体而被创生了出来. 中子的形成或它变成一个质子

118

① 在 1932 年 4 月份第一个星期在哥本哈根召开的关于实际[流行]原子问题的一次会上发表的演讲的摘录.

② Nature, February 27. 1932；并参阅 Lord Rutherford, Nature, March 26. 1932.

③ Journal of the Chemical Society, February, 1932.

和一个电子的分裂，或将是这种过程的最简单的可能实例；而这种过程的说明是完全超出于当前原子力学的能力范围以外的. 而且，在这一领域中，我们必须对遇到原子结构之本质稳定性的一些全新特色有所准备，正如必须对遇到包括能量和动量守恒定律在内的那些力学基本观念的新的适用界限有所准备一样.

119

V. 论中子的性质[2](摘要)

摘　要

OM NEUTRONERNES EGENSKABER
Overs. Dan. Vidensk. Selsk. Virks.
Juni 1931—Maj 1932, p. 52

1932年4月29日对丹麦皇家科学院作的学术报告

(原书载丹麦文原文及英译本,中译本据英译本)

120

在Nature **130**(1932)287上的报道中,这一摘要被精简成了单独一句:"中子和电子之间那种特别小的相互作用,是量子力学的一条简单的推论."

见本编《引言》第1节注⑭.

尼耳斯·玻尔发表了一篇学术报告:论中子的性质.

近来在不同的实验室中考察了当某些元素受到来自放射性物质的辐射的照射时从各该元素发出的那种奇特的辐射作用;这些考察导致了一种认识:这些作用起源于来自被照原子的核的一些不带电的物质粒子即所谓中子的发射.在这篇演讲中将指明,中子的某些从普通的力学观点看来是很惊人的性质,可以怎样在量子理论的基础上用一种简单的方式来加以解释.

123

Ⅵ. 电子和质子

未发表稿

[1933—1934]

见本编《引言》第1节注⑰.

编入[1932 年]的卷宗“电子和质子”,包括两份不同的稿件,标题都是《电子和质子》.两份稿子都是用英文写成的.

第一份稿子共 2 页,是舒耳兹夫人用铅笔抄录的.

此处据复写纸打印稿重印的第二份稿子共有 4 页打字稿,复写纸打印稿上填写了公式.

各稿均见缩微胶片 Bohr MSS no. 13.

125

电子和质子

在原子的成分粒子的性质方面，必须区分两种性质：一种是由经典概念无歧义地定义了的，另一种是必须用量子理论来加以解释的．属于第一种类型的有粒子的惯性质量和电荷，它们的值是从一些实验中得出的，而那些实验可以利用经典的力学理论和电动力学理论来加以完全的诠释．属于第二种类型的有电子的自旋和磁矩之类的量，它们的定义是和量子理论的表述形式分不开的，从而它们是不能在普通的意义下加以直接测量的①．如所周知，这种局势在狄喇克的电子理论中得到了适当的反映；在那种理论中，所有的自旋效应都显现为沿着普遍对应论证的路线对经典电子理论作出的量子理论再诠释的特有推论．确实，正电子在某些情况下的出现，是任何这种自洽理论的一个固有的特色，而其质量和电荷可以直接测量的这些粒子的存在，也是电子理论的经典地定义了的基础的一个同等重要的部分．事实上，狄喇克的这一发现，已经完全排除了电荷正负方面的非对称性，而这种非对称性是经典电子理论的一种如此不能令人满意的特色；而且，迄今还留在原子理论中的这方面的不对称性，一直是和原子核的正电荷完全联系着的，而这种正电荷也在一种普通看法中得到了反映，那种看法就是，这些核完全是由中子和质子组成的．

[稿第 2 页]在原子理论的现阶段中，中子可以在一种意义下看成基本粒子，其意义就是，关于它的存在，并不能提出比关于电子的存在的理由更加根本的理由．另一方面，我们对待质子问题的态度却通过电子理论的晚近发展而经历了一次重大的变化，因为这种粒子的正的单位电荷不再是原子理论的一种孤立的特色了．因此，在目前，正如居里和约里奥所首次提出的那样，把质子看成一个中子和一个正电子的组合就是合理的了；或者，对于我们的目的来说并无不同的是，也可以把它看成从中子放出一个普通电子的蜕变产物，这是和海森伯倡导的关于核的 β 射线蜕变的看法相一致的．然而，在这方面我愿意提请人们注意的一点

126

就是，我们必须预料和质子有着相同的质量而相反的电荷的粒子也会是存在的，

---

① [此处有一小注，或许是想引证玻尔的未发表短文《磁性电子》，该文重印于本书第六卷原第 331 页．]

而且这样的"负质子"将显示一种和普通质子的关系，而这种关系将在一些本质方面不同于狄喇克理论中负电子和正电子之间的关系.

这些区别的根源在于中子的有限大小，它的线度由查德威克根据关于中子和质子之间的碰撞的研究推知，即近似地是 10^{-13} 厘米. 如果我们把这一长度和出现在质量为 m 的一个基本粒子的相对论式量子理论中的临界量

$$\lambda = \frac{h}{mc}$$

比较一下，我们就会发现，这个长度只有和对应于电子质量的 λ 值相比才是很小的，而和对应于质子质量的 λ 值相比却是很大的. 现在，狄喇克理论的一切特征性的推论都依赖于这样一个情况：适用于电子的 λ 和所谓电子直径

$$d = \frac{e^2}{mc^2}$$

相比是很大的，此处 e 是基元电荷②. [稿第 3 页]因此，如果我们把质子的线度和中子的线度联系起来，我们就不能预期狄喇克电子理论的特征性推论会原封不动地适用于正负质子. 这不仅是指的一对这种粒子的相互湮灭问题，而且也是指的分别对每一种粒子的行为进行的描述的较精细的特色. 确实，这种看法或许会给斯特恩那种初看起来出人意料的结果提供一种简单的解释；斯特恩由他的氢原子在磁场中的偏转的一些精确化了的实验得出结论说，质子的磁矩比磁子表示式

$$\mu = \frac{he}{4\pi mc}$$

所给出的值大若干倍，如果把 m 和质子质量等同起来的话.

负质子之稳定存在的一个直接显示或许可以由密立根和安德孙的关于宇宙射线的磁偏转的实验来给出，而质量相等的正粒子和负粒子的存在最初就是从这种实验推定的. 最初由盖革提出的建议是，初级宇宙射线有一个和质子同数量级的静止质量，而正如已由威廉斯指明的那样，这种建议似乎得到了关于这种射线之电离本领和穿透本领的更仔细考虑的有力支持. 如果这种看法得到采纳，密立根和安德孙的那些照片就应该给出宇宙射线中既存在正质子也存在负质子的直接证据. 此外，伽莫夫已经证明，认为负质子和中子及普通质子一起作为原子的稳定成分而存在的这种假设，可能在克服海森伯那种很有前途的核理论中的某些困难方面大有帮助，而特别是或许也可以对电荷相同而质量接近相同的同

127

② [此注原缺.]

质异能核的出现给出本质的解释.

[稿第 4 页]最后我可以提到一件肯定是大家都明白的事实,即原子的正成分和负成分之间的区分是完全随意的.我们甚至意识到,如果我们认为物质是由中子和数目相等的正、负电子构成的,则原子核和电子团将采取哪一种电荷将是完全偶然的.然而也很有趣的是回想到,关于在宇宙的遥远部分中是否在这方面和地球上的情况有所不同,我们是毫无所知的.关于这一点,光谱当然不会告诉我们任何东西,从而我们的可能信息的唯一来源就是宇宙射线这种物质信使了.

Ⅶ. 论电子理论中的对应方法

摘　录

SUR LA MÉTHODE DE CORRESPONDANCE DANS LA THÉORIE DE L' ÉLECTRON

Structure et propriétés des noyaux atomiques, Rapports et discussions du septième Conseil de physique, Bruxelles, 22.10—29.10. 1933, Gauthier-Villars, Paris 1934, pp. 216—228

在1933年10月22—29日在布鲁塞尔召开的第七届索尔威会议上的讨论发言，修订稿

原书第226—228页的译文

全文的法文原文和英译本见本书第七卷

见本编《引言》第1节注⑩.

在法文原文中，精细结构常数是用 ϵ 来表示的．但是在英译本中我们采用了通用的符号 α，这也是玻尔本人在他的丹麦文原稿中采用了的符号，而法文本则是由罗森菲耳德根据原稿译成的(参阅本书第七卷)．

131

在电子的对应理论和核构造问题之间的关系方面，我愿意再说几句. 在这儿，我们在中子的存在中遇到了原子理论的一种全新的特征，而从原子理论的流行观点来看，中子的稳定性是像电子的存在那样基本的一件事实. 特别说来，电子质量 m 和质子质量 M 之比 $\mu = m/M$ 是一个自然常数，它和 1 相比的微小性肯定对于核的构造来说是重要的，正如常数 α 的微小性对于核周围电子组态的构造来说是重要的一样. 事实上，首先正是核粒子的较大的质量，才使我们有可能利用原子构造之量子理论的基本概念，例如定态和个体跃迁过程之类的概念来解释放射性 α 蜕变的规律，解释在这些蜕变中观察到的那些能级之间的关系，以及 γ 射线谱. 核构造问题和原子构造理论之间的唯一典型区别就在于，在前一事例中，和在后一事例中相反，我们不能根据经典电动力学的定律来事先作出有关核粒子之间的力的任何结论，而所有关于这些力的推论都是建筑在一种全新的经验基础上的.

特别说来我愿意强调这样一件事实：根本没有任何可能在真正的核现象领域中直接应用电子理论的概念. 不论人们是把质子看成中子和正电子的一种结合体(按照近期的证据来看这很可能是最自然的假说)，还是把它看成和一次电子发射相伴随的中子离解的产物，我们在这儿都是涉及了一些不能在现有的基础上加以描述的过程，而且这些过程的可能性必须到一件事实中去寻找，那就是经验上已知的中子线度和电子直径 δ 同数量级；这个电子直径就代表着一种界限，超过了这个界限，经典电子理论的概念以及按照对应原理而作出的它们的应用就会完全失效. 联系到这一点也可以指出，斯特恩关于质子磁矩和磁子乘以 μ 这个值相差颇大的有趣发现，无疑必须到一件事实中去寻求它的解释，那就是，中子的直径，从而还有质子的直径，是显著地大于 $\mu\lambda$ 的*；事实上，前面已经提到，狄喇克电子理论对真正相对论式的效应的应用，恰恰依赖于 λ 比电子直径 δ 大得多这件事.

132

最后我愿意指出，如果我曾经提倡人们在联系到连续的 β 射线谱时要认真考虑关于能量和动量守恒定理的可能失效的想法，我的意图首先就是要强调经典概念体系在处理这一问题时的完全不适用性，而这个问题可能仍然是给我们保留着一些大大出人意料的情况的. 我充分领会一种论点的份量，那就是，这样

* [λ 是康普顿波长.]

一种可能性将很难和相对论互相调和，而且将和按照普遍场论而与此相似的电荷守恒定理的绝对适用性处于一种不太可能的对立之中，而后一适用性同时也扩大到了核现象领域之中. 然而在这方面可以指出，这种对比本身就指示了证明对相对论的一种直接背离将是如何困难的，即使联系在粒子和辐射场上的总质量及总电荷在核过程中并不守恒也是如此. 就像其边界并不被电荷所穿越的一个区域内的电荷守恒至少在宏观上是电磁场方程在边界外的适用性的必然推论一样，正如朗道所指出的，引力理论也有一个必然推论：能量在某一区域中的任何变化，都必然是和这一区域外面的引力变化相伴随的，而这种引力变化恰恰就和一种穿越边界的质量输运相对应. 然而问题却在于，我们是否必须要求所有这样的引力效应都是和原子级粒子联系着的，就像电荷是和电子联系着的那样. 因此，直到我们在这一领域中有了更多的经验时为止，我总觉得很难判断泡利的有趣建议，即通过假设核除了发射电子以外还发射一些比电子轻得多的中性粒子，来解决β射线发射方面的佯谬. 无论如何，这种“中微子”的可能存在将代表原子理论中的一个全新的要素，而对应方法也将对描述它在核反应中所起的作用提供不出什么充分的协助.

Ⅷ. 在 1933 年第七届索尔威会议上的讨论发言

Structure et propriétés des noyaux atomiques,
Rapports et discussions du septième Conseil
de physique, Bruxelles, 22. 10—29. 10. 1933,
Gauthier-Villars, Paris 1934

（原书在每段发言的法文本后附英译本，
中译本据英译本.）

见本编《引言》第 1 节注⑪和第 3 节注㊸.

前排坐者自左至右为　E・薛定谔,约里奥夫人,N・玻尔,A・约菲,居里夫人,P・朗之万,O・W・瑞查孙,卢瑟福勋爵,Th・德・当德尔,M・德布罗意,L・德布罗意,L・迈特纳女士,J・查德威克.

后排站者自左至右为　E・亨略特,F・佩兰,F・约里奥,W・海森伯,H・A・克喇摩斯,E・斯坦尼耳,E・费米,E・T・S・瓦耳顿,P・A・M・狄喇克,P・德拜,N・F・莫特,B・卡尔伯拉,G・伽莫夫,M・S・罗森布鲁姆,W・玻特,P・布拉开特,J・艾莱拉,Ed・鲍厄尔,W・泡利,J・E・弗尔沙菲耳特,M・考森斯,E・赫尔岑,J・D・考克劳夫特,C・D・艾利斯,R・派尔斯,奥格・皮卡德,E・O・劳伦斯,L・罗森菲耳德.

缺席者：A・爱因斯坦,Ch.-Eug・古叶.

尼耳斯·玻尔在1933年索尔威会议期间的讨论发言

135

J. D. Cockcroft，*La désintégration des éléments par des protons accélérés*，pp. 1—56. 讨论见 pp. 57—79.

p. 72(关于劳伦斯氘核剥裂实验的讨论)：

玻尔：认为所论蜕变是在核的库仑场中发生的那种假说，实际上会遇到严重的困难. 另一方面，如果想要假设它是随着氘核的进入而在核的内部发生的，目前的理论就提供不出任何的简单论证足以使我们能够理解为什么被发射的质子是以一个不依赖于原子序数的速度而离开核的.

M. et Mme Joliot，*Rayonnement pénétrant des atomes sous l'action des rayons* α，pp. 121—156. 讨论见 pp. 157—202.

p. 175(关于正电子的讨论)：

玻尔：最重要的是像布拉开特那样努力从正电子实验得出尽可能多的结论而不依靠狄喇克理论. 我相信关于电荷的结论是对的，但是在我看来，关于自旋的结论却不那么肯定. 确实，既然允许入射光量子产生两个粒子的是核的电场，那就绝不能排除核也参与角动量的平衡的可能性. 136

泡利：和玻尔的看法相反，我相信布拉开特关于正电子的电荷的结论根本不能被认为比关于它的自旋的结论更加肯定.

玻尔：电荷的守恒是和包括在经典理论中的定律直接联系着的，而在粒子的角动量方面却有一个困难，因为我们没有任何直接建筑在经典概念上的测量这个量的手段.

p. 180(关于人造正电子发射体的讨论):

玻尔:一个最重要的问题就是要知道在铝被 α 粒子所轰击时能量是否守恒.

137 毫无疑问,关于正电子并不是全都具有相同速度的观察结果,其本身并不就是一种反对能量守恒的论据,因为我们还不知道正电子发射是怎样产生的. 如果像约里奥所假设的那样,正电子确实来自核的内部,则这种情况是和 β 射线的情况很相似的.

[关于玻尔联系到狄喇克的报告 *Théorie du positron* 的讨论发言,见本书第七卷.]

G. Gamow, *L'origine des rayons* γ *et les niveaux d'énergie nucléaires*, pp. 231—260. 讨论见 pp. 261—288.

pp. 287—288(关于 β 射线的讨论):

138 **玻尔**:近来居依多·白克曾经发展了一种连续 β 射线谱的理论,它即使不能解决根本的困难也是值得认真注意的. 作为他的出发点,他也像艾利斯和莫特那样假设了连续谱的上限正确地指示着初始核和剩余核的能量差. 联系到这一点,他也分析了放射系有分支时的能量的收支平衡.

然后,有鉴于和量子理论对有一个电子被限制在线度为 10^{-13} 厘米的空间域中的那种体系的应用相联系着的那些困难,白克就假设 β 粒子是在核的外面,在一个适当扩大了的空间域中作为一种物质化过程的结果而产生的,而这种过程同时也引起一个正电子的出现. 白克假设这个正电子被核吸收,从而核的电荷就增加一个单位. 目前的理论并没有给我们提供任何讨论这种吸收过程的细节的依据. 既然初始核对终了核而言的能量超额被认为是物质化过程的能量来源,于是就假设整个的过程是由一个实际的能量损失所伴随的,这个能量损失和被吸收的正电子的能量相对应.

利用一些适当的假设,白克能够计算这样产生的那些电子的速度分布. 他发现介于零和最大值之间的一切速度都会出现，但是按照两个粒子的角动量所能取的量子数值的不同，关于确切的分布定律却有若干不同的理论可能性. 我愿意请问，白克理论的这些推论在多大程度上是可以用实验来验证的？

W. Heisenberg, *Considérations théoriques générales sur la structure du noyau*, pp. 289—323. 讨论见 pp. 324—344.

pp. 327—328(关于β衰变的进一步讨论)：

玻尔：当讨论β射线的问题时，海森伯和泡利曾经坚持要首尾一贯地应用量子理论的一切已知规律，而我是完全同意这种倾向的. 139

在同样的情况下，指出一点也许是不无用处的，那就是，任何在连续β射线谱和海森伯测不准原理之间确立一种关系的企图都必然是建筑在一种误解上的. 在效果上，测不准原理要求在一个粒子的能量值方面有一种不准性，如果实验允许我们在一个明确定义的瞬间观察该粒子的存在的话；这种不准性是粒子和允许我们确定这一瞬间的仪器之间的一种不可控制的相互作用的结果. 在这些条件下，能量守恒定律并没有被违反，但是它却失去了它的实验可验证性. 但是，在β粒子的发射的事例中，局势却是完全不同的；人们用一种明确定义的方式量度了粒子的能量，从而能量收支平衡的问题就必然地出现了.

有了由这一问题的求解所带来的那些理论困难，人们愿意采用什么观点也许就是个见仁见智的问题了. 只要我们还没有新的实验结果，不放弃守恒定律就是明智的，但是在另一方面，谁也不知道还有些什么意外情况在等待着我们. 140

pp. 329—330(关于K和Rb的放射性的讨论)：

玻尔：K和Rb的放射性的问题是远未彻底解决的. 由于这些元素的寿命很长，白克那些想法在这儿是几乎不能适用的. 哥本哈根的雅科布森正在试图用符合法来确定这些物质是不是有时会同时发射两个粒子. 还剩下一个问题就是K和Rb会不会发射正粒子.

……

玻尔：希维思已经进行了钾同位素的部分的分离，而且已经能够作出结论说放射性起源于一种重的同位素. 他曾经告诉我，实验是很困难的，从而人们并不能肯定地说具有放射性的是同位素^{41}K而不是^{42}K或^{43}K.

p. 331(关于海森伯认为中子似乎是一种基本粒子的那种说法的讨论):

141

玻尔:在我看来,必须联系在基本粒子和组合粒子之间的区别上的那种意义,是不能无歧义地叙述出来的.

p. 334(关于核结构的一般讨论):

玻尔:伽莫夫提出的一个核和一个液滴之间的对比是很示意性的,因为核结构中所含的α粒子为数较少. 即使在那些最重的核中,这个数目也不超过五十,而且即使设想最紧密的堆积,人们也会发现在核的内部只能有大约十个粒子,而其余的粒子则形成[核的]表面. 由于相同的理由,戴耳布吕克提出的把核看成一个晶体的那种模型,也没有一种很明确地定义了的品格.

但是所有这种类型的模型对于由量子力学给出的盖革-奴塔耳关系的诠释来说都只起一种辅助作用,因为这一诠释在本质上是由体系的总能量和总电荷来确定的.

Ⅸ. 核构造和中子俘获

未发表稿

［1935?］

见本编《引言》第 2 节注㊱.

卷宗"中子俘获和核构造",[1935—1936],包括两份打字稿、一份(1 页)卡耳卡尔用铅笔写的提纲和罗森菲耳德用铅笔写的 3 页(编号为 3 到 5).除了少数几个丹麦单词以外,这些都是用英文写出的.

重印在这里的第一份稿子的标题是《核构造和中子俘获》,此稿共有 4 页打字稿.稿中许多打字的差错和拼法的差错都保留了下来,因为稿子的地位是不确定的,而很差的打印品质可能包含一种线索.

第二份稿子共有 2 页打字稿(有一份复写纸打字本和重新打印的第 1 页),标题是《核构造和量子力学》,稿上有罗森菲耳德用铅笔作出的改正.罗森菲耳德用铅笔写的几页显然是这份稿子的继续.

各稿均见缩微胶片 Bohr MSS no.14.

核构造和中子俘获

145

众所周知，核构造的问题表现出一些特色，它们是和原子的电子构造问题不同的. 在说明原子的性质时，是可以谈到个体的粒子的，而且甚至可以在初级近似下通过给每一个电子分别指定上一个确切的束缚类型来表征一个原子的态，各该束缚类型用一些和一个粒子的定态有关的量子数来表示，该粒子是束缚在一个力场中的，而该力场是由核电荷上的电荷和电子的平均密度分布来确定的. 关于核的性质，我们肯定可以在出[初]级近似下这样来说明它的质量：认为该质量是由一些等于中子质量的单个的质量单位所构成的. 但是，在河[核]的电荷问题上我们就已经会遇到电的原子性的一个新的方面，它是不能通过认为核包含着一定数目的有着我们根据普通电子理论而得知的那种性质的正电子来简单地加以解释的. 另外，把中子和质子看成核的终极成分的尝试也在一种意义下似乎是武断的，其意义就是，这些粒子在核中的行为不能根据指定给各单个粒子的性质来加以预测. 我们唯一的信息来源事实上就是关于核反应以及核在和其他核或中子相碰撞时的嬗变的研究. 特别是关于中子在造成核嬗变方面的巨大有效性的发现，已经揭示了一些特色，它们是很难和迄今作出的沿着一些路线来构造核模型的企图相调和的，那些路线和在说明原子性质时已经证明为如此有成果的路线相似.
[稿第 2 页]不仅是由中子撞击造成的很大[数目?]的质子和 α 粒子，而且最重要的还有中子在这种撞击中打中[附着在?]核上的那种容易程度，都是无法和这样一种看法相调和的：穿透到核中的中子将在其他核粒子的场中沿着分离的轨道而运动，其方式就像壳层式核模型中每一个粒子所采取的方式那样.

在费米及其合作者们关于由高速中子引起的核嬗变的早期研究中就已经发现，俘获的有效截面在若干事例中是和排出带电粒子的截面同数量级的. 这大大出人意料，因为在前一事例中，和在能量收支平衡由所放粒子的动能来加以保证的后一事例中相反，结合能必须作为电磁辐射而被放出，而这在普通的二体碰撞中通常是可能性极小的. 因此，这些俘获现象几乎是无法解释的，除非我们假设，穿透性中子的动能将立即为各个重的核粒子所分享，而且在由于不断的能量交换而使一个粒子偶然带着足以逸出的能量而来到核表面上以前，任何粒子，不论

146

是否带电，都不会有足以逸出的能量. 在这种过程中，中子俘获的几率是比中子散射的几率更大的. 在这种处理中，中子在核中的行为正是用一个单独的轨道来描述的，或者更确切地说是用一个单独的波函数来描述的，而那些大几率的辐射过程则似乎只能这样来加以解释：沿着和所有核粒子之间的普通的连续能量交换相对应的量子力学路线，来把核和中子这一组合体系的态当作一个多体问题来处理. 这样一种处理当然在细节上会是很繁复的，但是，在这一事例中正如在高速核碰撞的事例中一样，也应该能够根据有关 c 射线[γ 射线]发射之跃迁几率的经验数据来作出关于碰撞持续时间的结论，而这种跃迁几率则给出这样一次发射所释放的静电能量寿命.

[稿第 3 页]然而，最重要的却是，根据中子对某些核的撞击所引起的很大的 α 粒子输出，我们按照这种观点却不能得出关于 α 粒子在正常核态中的存在的结论.

一个极有兴趣的问题是由近来的一种发现提出的：人们发现，在某些事例中，低速中子异乎寻常地容易附着在核上. 事实上，在若干事例中已经得出了比普通核截面大几千倍的这种碰撞截面. 这种情况当然必须用一种奇特的量子力学共振效应来加以解释，这种共振效应起源于核及中子在碰撞前的总能量和一个体系的某一定态的近似重合，该体系是通过两个粒子的一种或多或少稳定的组合来形成的. 然而，由贝忒给出的关于这样一些共振效应的有趣处理，却显得是并不自洽的. 这似乎确实就意味着，中子和核的这样一种碰撞具有够长的持续时间，足以允许在力学过程和辐射过程之间出现一种竞争. 当然，在任何这种过程的更仔细的说明中，一定要把量子力学的要求考虑在内，那些要求保证着核在碰撞以后将和在碰撞以前那样处于同一定态中. 入射中子的能量的时间越长，一种简单的力学考虑就越是适于用来描述碰撞的本质特色，而特别说来，如果这种图景在本质上是正确的，我们就将预料碰撞将导致若干个粒子的被放出，而不是像迄今所观察到的那样只有一个粒子被放出，因为根据简单的力学论据就可清楚地看出，在这种情况下，多余的能量更容易分给几个粒子而更不容易只集中在一个粒子上.

[稿第 4 页]整个过程当然是很复杂的，而核撞击更容易导致带电粒子的被逐出

147 这一点当然就必须用一个数量级为 10^{-x} 秒的受激核态的电势来加以解释.

然而，这些言论的目的，主要就是要强调原子构造问题和核构造问题之间的本质差异，而尽管有特别是由伽莫夫得出的那种量子力学对普遍放射性问题的应用的伟大成就，这种本质差异还是使我们处于这样一种局势之下：迅速增长着的实验资料并不能用现有的一些简单的核构造模型来加以理解.

X. 原子核的性质和构造(摘要)

摘 要

1936年1月24日对丹麦皇家科学院的学术报告

OM ATOMKERNERNES EGENSKABER
OG OPBYGNING

Overs. Dan. Vidensk. Selsk. Virks.
Juni 1935—Maj 1936, p. 39

PROPERTIES AND CONSTITUTION OF
ATOMIC NUCLEI

Nature **138** (1936)695

见本编《引言》第2节注㉓.

哥 本 哈 根

《丹麦皇家科学院的科学与通信》

1 月 24 日

尼耳斯·玻尔:《原子核的性质和构造》. 近几年来关于原子核嬗变的一些基本发现,已经揭示了原子核在彼此一旦建立直接接触时的那种互相发生反应的非凡容易性. 尽管这种情况揭示了普通原子构造问题和核构造问题之间的典型差异,但它还是可以和核的一般性质密切地联系起来的.

Ⅺ. 中子俘获和核构造[1]

Nature **137**(1936)344—348

1936年1月24日对丹麦皇家
科学院的学术报告

[1] 见本编《引言》第2节注㉔.

中子俘获和核构造*

在由卢瑟福勋爵及其追随者们关于人为核嬗变的基础研究所揭露出来的那些原子核的性质中，最突出的性质之一就是这些核在一旦建立了直接的接触以后就互相发生反应的那种非凡的倾向. 事实上，几乎任何一种和能量守恒不相抵触的核反应，似乎都会在切近的核碰撞中出现. 在带电粒子和核的碰撞中，接触当然常常会受到彼此之间的电斥力的阻止或妨碍，从而核反应的典型特色也许可以最清楚地由中子的撞击显示出来. 早在他的关于高速中子的性质的原始论文中，查德威克就已经认识到中子在引起核嬗变方面的巨大有效性了①. 特别是在约里奥-居里夫妇发现了人为放射性以后，通过费米及其合作者们关于由高速中子以及由具有热速度的中子的轰击所引起的放射性的研究②，已经得到了有关核反应的最有教益的资料.

高速中子的实验的一个典型结果就是下述事件的那种很大的几率：在和原子序数不太大的一种核的碰撞中，随着中子的被俘获和一种通常具有 β 射线放射性的新元素的形成，将有一个 α 粒子或质子被放出. 对有着这种效应的碰撞而言的有效核截面，事实上是和对高速中子在核上的简单散射而言的截面同数量级的，而后一截面又是和关于核大小的普通估计相符合的. 另一种典型实验结果就是一种大得出人意料的倾向，就是说，甚至快中子也会在和一个重原子的碰撞中倾向于把自已附着在核上，这时将发射 γ 辐射并形成一种新的同位素，而这种同位素按照情况的不同可以是稳定的或放射性的. 事实上，针对这样一种过程求得了一些截面，它们虽然小了几倍，但还是和核的大小同数量级的.

上述这种类型的高速中子俘获过程，在提供有关中子和核的碰撞机制的直接信息方面是特别意义重大的. 事实上，放射性元素特征 γ 射线谱中各谱线的惊人细锐性，证明了在这种射线谱的发射中被涉及的各受激核态的寿命是比这些谱线本身的约为 10^{-20} 秒的周期长得多的. 因此，为了使在一个高速中子和一个核的碰撞期间发射类似的辐射的几率能够大得足以说明适用于这些俘获过程的

* 1月 27 日在哥本哈根科学院(Kgl. Danske Vidensk. Selskab.)发表的演讲.

实验截面,碰撞的持续时间和中子简单地通过一个具有核线度的空间区域时所将用去的约为 10^{-21} 秒的时间阶段相比显然必须是很长的.

于是,中子俘获现象就强迫我们假设,一个高速中子和一个重核的碰撞首先将导致一个有着很大稳定性的复合体系的形成.这个中间体系随后或是通过放出一个物质粒子而裂开,或是通过发射辐射而过渡到一个稳定的末态,这二者事实上应该被看成一些单独的互相竞争的过程,它们是和碰撞的第一阶段并无任何直接联系的.我们在这儿遇到了真正的核反应和快粒子及原子体系的普通碰撞之间的一种在以前不曾认识清楚的本质区别,而那些普通碰撞则曾经是我们的关于原子结构的信息的主要来源.事实上,利用这种碰撞来计数各个原子粒子并研究其性质的那种可能性,首先就依赖于所涉及的体系的空旷性,这种空旷性使得各个成分粒子在碰撞期间进行能量交换成为很少可能的了.然而,注意到核中各粒子的紧密堆积,我们就必须对恰恰是这样的能量交换在典型的核反应中起主要作用一事有所准备.

例如,如果我们考虑一个高速中子和一个核之间的碰撞,那就显然不能把这个过程比拟成中子路径在核内的场中的一次简单的偏转,或许再加上中子和一个单独核粒子的碰撞,而碰撞的结果就是该粒子的被放出.相反地我们必须意识到,入射中子的多余能量将很快地在所有的核粒子中分配开来,结果在随后的一段时间之内就没有任何一个粒子将具有足以离开核的动能.因此,随后的一个质子或一个 α 粒子的释放,乃至一个中子从中间性复合体系中的逸出,就将意味着一种很复杂的过程,在那个过程中能量碰巧又集中到核表面上的某一粒子上了.

153

在目前,还几乎不可能形成有关这种过程的一个详细的图景.事实上我们必须承认,我们甚至没有任何根据可以假设在核蜕变中被释放出来的那些粒子是存在于核中的.特别说来,认为像电子和正电子一样有着那么小的静止质量的带电粒子在一个具有核线度的空间区域中能够单个地存在,是有一些困难的,而这些众所周知的困难就迫使我们把 β 射线蜕变看成电子作为力学意义下的个体而被创生出来的一种过程③.在这方面,对于在核蜕变中被放出的较重粒子,例如中子、质子和 α 射线来说,局势当然是大不相同的.特别说来,一切核质量都在初级近似下接近等于中子质量的一个单位的整数倍,而这一事实就使得在核内把有着这样的质量的粒子看成力学个体成为很合理的了.然而,由于中子和质子的质量差比起用所谓质量亏损来量度的在核中的结合能来是很小的,看来假设核中存在一些和自由的中子及质子具有相同的电学性质及磁学性质的粒子就显得是更带假说性的了.由于我们对于在核中遇到的那种异常密集的物质态还所知甚少,我们倒是可以把核和它们的蜕变产物所具有的单位电荷的整数值,看成电量原子性的一个基本方面，而这个方面是不能用现在的原子构造理论来加以说明的.

完全抛开对现在的讨论并无直接重要性的核成分本身的本性问题不谈，无论如何也很清楚的就是，迄今详细处理了的那些核模型是不适于用来说明核的那样一些典型性质的，对于那些性质来说，正如我们已经看到的那样，个体核粒子之间的能量交换是一个决定性的因素. 事实上，在这些模型中，都曾为了简单起见而假设了核中每一粒子的运动态可以在初级近似下看成是出现在一个保守力场中的，从而就是可以像普通原子中的一个电子的运动态那样用一些量子数来表征的. 在原子中和在核中，我们事实上遇到的是力学多体问题的两个极端事例；在前一事例中，建筑在单体问题之组合上的一种逼近方法是非常有效的，而在后一事例中它却失去了任何的适用性，这时我们是从一开始就必须和成分粒子之间的相互影响的一些本质的集体性方面打交道的.

在这方面，很重要的就是也要记得，把 α 放射产物的寿命和所发粒子的能量联系起来的那条定律的很成功的量子力学解释，是基本上不依赖于关于个体粒子在核中的行为的任何特定假设的. 事实上，由于这些产物的寿命和所有真正的核周期相比都是极长的，这种蜕变的几率就在初级近似下只依赖于核外的电场，该电场形成一个阻碍 α 射线之逸出的所谓势垒. 甚至也很可疑的是，α 粒子是按照现在这些 α 射线衰变理论所假设的那种方式而存在于核中的. 事实上，作为天然的和人为的核蜕变结果的 α 粒子的频繁出现，倒是可以用一个事实来解释的，那就是，α 粒子的形成本身将释放能量，从而这种粒子的释放就可能比质子和中子的释放涉及多余能量的程度较小的集中. 因此，特别是由伽莫夫彻底阐明了的那种关于 α 射线蜕变及其和 γ 射线谱的密切关系的研究，迄今只能向我们提供有关能量可能值的信息，并在某种程度上提供有关所涉及的核体系定态的自旋动量矩可能值的信息.

在上述这些现象中被涉及的核态被发现为代表着一些很细的能级的一种分立分布；初看起来这一情况可能显得是和我们的下述假设相反的：在入射中子动能的一个表观上连续的范围之内，存在由中子碰撞所形成的复合体系的一个半稳定的中间态. 然而我们必须意识到，在高速中子的撞击中，我们遇到的是复合体系的比普通 γ 射线能级的激发要大得多的激发. 后者最多只有几兆伏特，而前一事例中的激发则将大大超过从核的正常态中完全取走一个中子时所需要的能量. 阿斯登关于同位素质量差的测量结果证明，这一能量大约是十兆伏特.

154

然而，重核的低激发和高激发的能级图方面的这种突出的差别，正是我们按照此处论述了的这种关于核反应的看法所将预料的. 和通常认为激发能是属于核中某一个体粒子的提高了的量子态的那种看法相反,我们事实上必须假设激发能是对应于所有核粒子的某种量子化的集体运动的. 由于这种运动的固有频率的组合可能性将随着核的总能量值的增大而迅速地增多,我们从而就应该预料,比起普通的 γ 射线能级间距来,在中子碰撞中涉及的那种高激发下的能级间距将会小得多;在 γ 射线能级的情况下,我们或许涉及的是最简单类型的集体运动态. 然而,按照这种看法,即使对能级非常靠近的那种激发来说,辐射跃迁几率也不会和在较低的 γ 射线能级的事例中有多大的不同,而直到物质粒子逸出的几率变得可以和辐射几率相比时为止,能级宽度的实质性增大是不会出现的.

现在,在关于高速中子对重核的撞击的实验中,散射的有效截面通常是比俘获截面大若干倍的. 由此我们必须得出结论说,在这一事例中,中子从复合体系中逸出的几率大于辐射跃迁的几率,从而半稳定态的能级就是比普通的 γ 射线能级要宽一些. 这一情况,以及相邻能级间距在这一能量区域中的迅速减小,确实很可能造成这样的结果:在这儿,这样的能级可能根本并不互相分离,正像俘获现象的表观非选择性的解释所要求的那样. 然而,对于入射中子的渐低速度来说,中子从复合体系中逸出的可能性将迅速变小,这是和体系之多余能量在一个特定中子上的必要集中的几率的减小相对应的. 因此,一旦自由中子的动能变成小于中间态中的总激发能,中间态能级的细锐度就必须被预料为接近 γ 射线能级的细锐度.

对这些考虑的最有趣的支持,是由速度很小的中子的选择俘获的惊人现象提供出来的. 让中子注通过含氢物质的厚层,就能得到具有热速度的中子;如所周知,用这种中子来进行工作,费米及其合作者们得出了中子俘获的有效截面的一些值,它们是以一种最迷离扑朔的方式从一种元素到另一种元素而变化的. 对于多数元素来说,这些值和普通的核截面同数量级或比它大不了多少,但是在某些不规则地分布着的元素或同位素中,却得到大了几千倍的值. 这些初看起来令人吃惊的效应,显然必须认为是起源于一个事实:对于这么慢的中子来说,德布罗意波长是远远大于核线度的,从而无论如何对高速中子撞击是可以近似适用的路径和碰撞之类的简单概念,在这儿就是完全不能应用的了.

也曾经作出了一些有教益的尝试,想要把选择俘获现象解释成一种量子力学的共振现象,这种共振现象的出现,是由于中子在核内的某些几乎稳定的定态的能量和中子及核的初态能量之和密切重合④. 然而,这些把中子在核内的运动态当作一个粒子在一个保守力场中的运动态来处理的理论,却无法说明这样一件事实，即在已经考察过的所有选择吸收的元素中，中子散射截面都比俘获截面要小得多. 诚然，描述中子在核中的行为的那些波的很大反射几率(这是因为它们在这儿的波长远小于适用于中子的自由运动的波长)，就意味着可以说中子停留在核中的那段平均时间是远大于按照这种模型看来一个中子通过核时所用去的那段时间的. 不过，按照这种方法却发现，甚至在完全共振的事例中，中子逸出的几率也还是大于辐射发射的几率的. 然而，根据高速中子俘获的解释所要求的那种中子和核之间更加密切得多的相互作用来看，甚慢电子之选择散射的这种引人注目的缺失，正是我们针对小的多余能量所应预料的，因为这时中子逸出的几率和辐射跃迁的几率相比是小得不足挂齿的.

155

此外，在最近几个月中，费米和别人[5]的实验已经揭示了中子的选择俘获现象对中子速度的微小变化而言的极端敏感性，这就要求有一种和上述的核模型完全不相容的共振度. 事实上，通过用不同的选择吸收元素的薄片来对低速中子注进行过滤，已经得到了选择俘获截面的很大改变，这就表明共振是局限在一些很窄的中子能量区域中的，各该区域在不同的选择吸收物中有不同的位置. 为了对比，使用了中子在轻元素中导致 α 粒子之放出的那种俘获，这时选择性要更加不明显得多——而从普遍的量子力学论点来看，这时必须预料有关能量区域中的俘获几率是反比于中子速度的；这样，甚至已经能够得出结论说，在某些选择吸收元素中，共振能量区域是限制在若干分之一伏特之内的[6].

根据由低速中子俘获所形成的复合体系的能级的这种微小宽度，我们通过关于选择俘获在较重元素中的出现的一种简单的统计考虑，估计了在这些现象所涉及的那种激发下的相邻能级间距，其值约为十伏特. 这不仅仅和我们通过讨论高速中子之非选择俘获而得到的关于高激发核的密集能级分布的结论充分相符，而且我们在中子之选择俘获现象中所涉及的那些能级的极端细锐性，也给我们关于中子碰撞中的中间态的长寿命的初始假设提供了最有兴趣的支持. 事实上，复合体系能级的狭窄性，以一种突出的方式证明了核中辐射跃迁几率的极端微小性，并且引向了关于高速中子和核之间一次相遇的持续时间的估计，即等于中子简单地通过核时所用的时间的一百万倍.

严格说来，高速中子撞击中的选择性的缺乏，只关系到中子被核俘获并从核中放出一个物质粒子的那种几率. 然而，这些现象的详细进程，一般却将本质地依赖于最后形成的那个核的能级体系. 事实上，在碰撞过程之后，这个体系必然处于某一定态中，而如果入射中子的动能并不很大，可供选择的态就将全都是位于普通的分立 γ 射线能级的区域之内的. 于是，如果射在一个重核上的中子的动能小于这个核的最低受激能级，则从复合体系逸出的任何中子都将必然具有入射中子的同一能量.然而,在较高能量的中子撞击中,显然就存在一个几率,即在中子以一个较小的能量逸出以后,核可能被留在一个受激态中.事实上,过程采取这样一种进程的几率,也许常常比不留下激发的中子逸出几率要大得多,因为这种进程意味着复合体系的多余能量在逸出粒子上的较小集中.另外,看来关于在中子碰撞中出现核激发的实验证据也是存在的,那就是关于高速中子在穿过高原子量物质时的能量损失的观察[7],这时可以预期中子和核之间的平动能量的直接交换是微不足道的.

正如以前所提到的那样,高速中子和小原子序数元素的核之间的碰撞,在多数事例中都将导致一个 α 射线或一个质子的放出.在这儿,我们也可以根据有着这种效应的碰撞的很大截面得出结论说,碰撞首先导致一个有着连续能级区域的半稳定复合体系的形成.即使这个体系的寿命可以比重核的 γ 射线态的寿命短得多,我们也还是必须意识到,α 射线或质子的随后逸出,需要多余能量的一个单独的集中过程,而且特别说来,我们并不能根据这些现象得出关于这种粒子在处于正常条件下的核中的存在的任何决定性的结论.例如,正如已经指出的那样,和中子从复合体系中的逸出相比,α 射线发射的很大几率倒是必须用该发射过程所涉及的较小的能量集中程度来解释的.至于带电粒子的发射,我们当然也必须照顾到来自核的其余部分的斥力,特别是照顾到一个带电粒子在通过核周围的势垒时所经受到的比一个具有相同末动能的不带电粒子所将经受的更大的困难.

正如曾常常指出的那样,上述情况提供了一种简单的解释,不但解释了由高速中子撞击所引起的 α 粒子输出和质子输出随着核电荷的增大而迅速减小,而且解释了这两种带电不同的粒子的发射几率之比随着中子能量的增大而递减.核在发射这些粒子之后将处于正常态或受激态中的几率,在每一事例中都依赖于末体系的能级分布(通常这种分布对轻核来说比对重核来说更加分散一些),也依赖于两个方面之间的平衡:一方面是高速粒子比低速粒子更容易穿透势垒,另一方面是前一事例比后一事例要求更大程度的能量集中.同样的考虑也将适用于普通 α 射线蜕变的更精致的细节,例如长程 α 粒子的较小的组,以及较强 α 射线谱线的精细结构.

156

在由带电粒子的撞击所引起的核嬗变以及由 γ 射线所引起的核蜕变的事例中,一个中间性的半稳定复合体系的形成也似乎是对解释现象的巨大多样性有着决定意义的.如所周知,除了由快 α 射线引起的中子和质子的放射之类的非选择性效应以外,我们还遇到对慢 α 射线的撞击而言的明显的共振效应,而在人为加速的质子在轻核中被俘获的现象中也是如此.然而,由于中间态的寿命在这些事例中是短得多的,在这里得到的共振程度比在重核对中子的选择俘获中要小得多.在这方面,指出一点也许是不无好处的,那就是,在这些效应的普通讨论中使用的关于α射线能级或质子能级之类的建筑在激发能对单一核粒子的归属上的种种说法,按照此处所采用的关于激发能的观点看来是不再有任何意义的.事实上,核反应的本质特色,不论反应是由碰撞还是由辐射所引起的,可以说是从复合体之半稳定中间态出发所能进行的一切不同的物质粒子释放过程和辐射跃迁过程之间的一种自由竞争.

从这一观点出发来对关于自发的和被激的核嬗变的现有实验资料进行的一种详细讨论,不久将在和F·卡耳卡尔的合作下予以发表[8],而卡耳卡尔在追索此处所展示的普遍论点的推论方面曾经给我以最可贵的协助.在那种讨论中,我们也将讨论这一论点在很轻的例如氘核的事例中的局限性;在那些核中,对重核的反应来说如此重要的能量在核中的储存机制和粒子的释放机制之间的区别,将逐渐失去其重要意义.然而,在这儿,我还想简单地谈谈,即使对重核来说,如果中间态的能量大大超过正常态的能量,则应该预期以上这些考虑将有什么样的修订.即使我们能够用能量超过一百兆伏特的中子或质子来做实验,我们仍然将预期,当这种粒子进入一个质量不太小的核时,它们的多余能量将首先在各个核粒子中分配开来,结果,这些粒子中任何一个粒子的释放,都将需要一次随后的能量集中.然而,在这样的事例中,我们所预期的可以不是核反应的普通进程而是这样一种情况:作为一次碰撞的结果,通常将不是有一个而是有好几个带电的或不带电的粒子终于离核而去.对于更猛烈的、粒子能量约为一千兆伏特的撞击来说,我们甚至应该对碰撞将导致整个核的爆炸一事有所准备.当然,这样的能量目前在实验中还远远不能达到,而且也用不着强调,这样的效应也几乎不能使我们离一个问题的解决更近一点,那就是讨论得很多的为了实用的目的而释放核能量的问题.事实上,我们关于核反应的知识越前进,这个目标却似乎变得越加遥远了.

在结束这次演讲时我只愿意指出,尽管核构造问题确实缺少作为原子结构之特征的那种力学方面的特殊简单性,而那种简单性大大方便了各元素在它们普通的物理性质和化学性质方面的相互关系的阐明,但是,正如我已经力图指明的那样,核构造问题却允许我们在一种在原子之力学行为中没有简单类例的程度上把核反应分成明确划分的阶段,而这就为各个核的特征性质的一种综合诠释提供了独特的方便.

① J. Chadwick, *Proc. Roy. Soc.*, **A**,**142**,1(1933).

② E. Fermi, and others,*Proc. Roy. Soc.*,**A**,**146**,483(1934); **149**,522(1935).

③ 参阅 N. Bohr, Faraday Lecture, *J. Chem. Soc.*, 349(1932),以及 W. Heisenberg,"Zeeman Verhandelingen", p. 108.

④ Fermi, and others, *Proc. Roy. Soc.*, **A, 149**, 522(1935). Perrin and Elsasser, *J. Phys.*, **6**, 195 (1935). Béthe, *Phys. Rev.*, **47**, 747(1935).

⑤ Fermi and Amaldi, *La Ricercio Scientifica*, **A, 6**, 544(1935), Szilard, NATURE, **136**, 849(1935). Frisch, Hevesy and McKay, NATURE, **137**, 149(1936).

⑥ R. Frisch and G. Placzek, NATURE, **137**, 357(1936).

⑦ W. Ehrenberg, NATURE, **136**, 870(1935).

⑧ N. Bohr and F. Kalckar, *Kgl. Dan. Vid. Selsk. Math-fys. Medd.* (排印中).

Ⅻ. 中子俘获和核构造[2]

Nature **137**(1936)351

1936 年 2 月 11 日在伦敦的大学学院
向化学会和物理学会发表的演讲

报　　道

见本编《引言》第 2 节注㊳.

新闻和看法

中子俘获和核构造

尼耳斯·玻尔教授在一篇发表在本刊本期上的演讲词中提出的关于核结构和中子俘获所涉及的过程的新看法，由他在2月11日在伦敦的大学学院向化学会和物理学会发表的演讲中进行了阐述，并且用此处重印的两幅插图进行了例示. 第一幅图是想表示关于由中子和核的碰撞所引起的那些事件的一种想法. 设想有一个浅盘子，里边装了一些台球，如图所示. 假如盘子是空的，则当从外边打进一个球时，它将沿着一面的斜坡掉下去，然后以原有的速度从对面的斜坡上再出来. 但是当盘子里有一些别的球时，就不会有这样的自由通过了. 打进来的球将首先把它的能量分给盘中的某一个球，而这两个球又将同样地把它们的能量分给其他的球，如此等等，直到原有的动能分配到所有的球上时为止. 如果盘子和球都被看成完全光滑和完全弹性的，则碰撞将继续下去，直到动能又偶然集中到靠近边沿的一个球上时为止. 于是这个球就会从盘中逸出，而其余的球则剩了一些较少的总能量，不足以使它们中的任何一个再爬上斜坡了. 因此这幅图就表明，“入射中子的多余能量将迅速地在所有核粒子中进行分配，结果在随后的一段时间内就没有任何一个单独的粒子会有足以离开核的动能”.

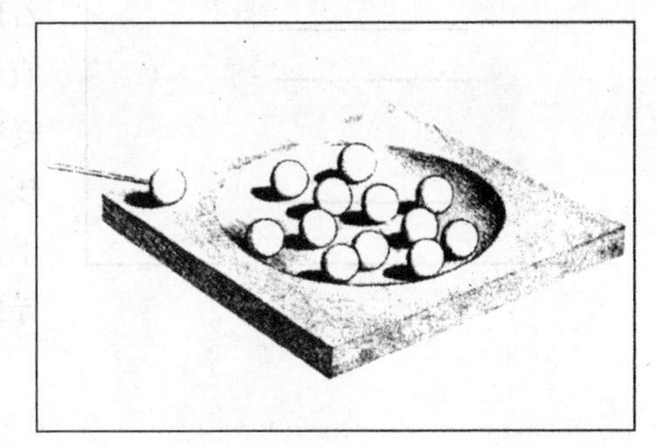

图1

核能级

第二幅图表示的是一个原子量不太小的核的能级分布的特点. 最低的几条线代表其激发能和普通的受激 γ 射线态同数量级的那些能级. 按照在玻尔教授的演讲中发展起来的看法，随着激发能的增大，能级将迅速地变得彼此更加靠近，而且在对应于一个核和一个高速中子的碰撞的大约15兆电子伏特的激发能

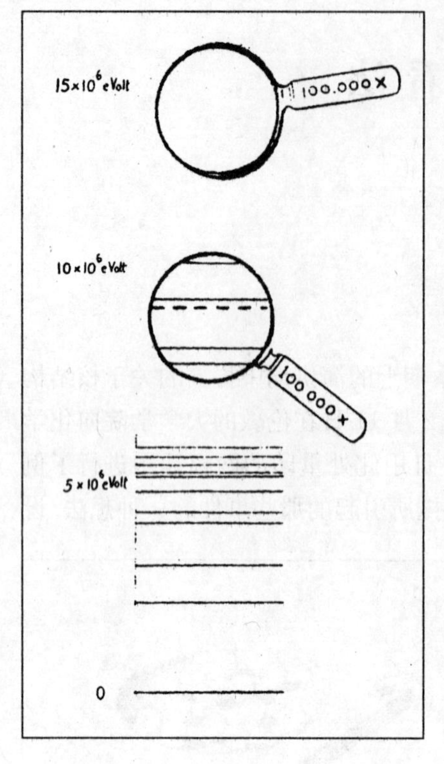

图 2

下，能级将是连续分布的，而在大约 10 兆电子伏特的较小的多余能量的区域中则仍然是明确分开的.这种情况用图中放在上述两个区域中的能级图上的两个高倍数放大镜来表示.下面一个放大镜的视场中部的虚线，代表零多余能量，而有一条线很靠近(距离约为 1/2 伏特)该虚线这一事实，则对应于甚慢中子的选择俘获的可能性.按照出现选择俘获的统计结果来估计，这一能量区域中的相邻能级的平均间距约为十伏特.图中没有画出能级的上限，实际上这些能级是扩展到了很高的能量值的.假若能够用能量在一百兆伏特以上的中子或质子来做实验，则作为一次碰撞的结果，最终将有若干个带电的或不带电的粒子离开核；而且，玻尔教授又说，“用了能量约为一千兆伏特的粒子，我们甚至应该对碰撞将导致整个核的爆炸一事有所准备”.

XIII. 原子核的性质

ATOMKERNERNES EGENSKABER

Nordiska(19. skandinaviska)naturforskarmötet i Helsingfors den 11—15 augusti 1936, Helsinki-Helsingfors 1936, pp. 73—81

1936年8月12日在赫尔辛基/赫尔辛格的
北欧科学家会议上发表的演讲

(原书载丹麦文原文(原第163—171页)和
英译本,中译本据英译本.)

见本编《引言》第3节注㉗.

这篇演讲词也刊载于 *Fysisk Tidsskrift* **34**(1936)186—194. 除了改正了一处印刷错误(“硫同位素$^{32}_{16}$S”——会议报告集第 76 页)以外,玻尔只作了一些较小的文字润色.

Pohjoismainen (19. skandinaavinen) luonnontutkijain kokous Helsingissä 1936.
Nordiska (19. skandinaviska) naturforskarmötet i Helsingfors 1936.
Eripainos. — Särtryck.

ATOMKERNERNES EGENSKABER

AV

NIELS BOHR

HELSINKI — HELSINGFORS 1936

172

原子核的性质①

演讲开始时简略地回顾了导致有关原子成分的知识的那种物理学发展；那种发展是从世纪交替时期电子的发现开始的，而且在1911年卢瑟福勋爵的发现中得到了暂时的完成——卢瑟福发现，每一个原子都含有一个核，其线度甚小，而且核中集中了原子质量的绝大部分，而在核的周围则分布着一些轻得多的带负电的电子. 这种简单的原子图景就使得清楚地区分物质的两种性质成为可能：一种是起源于原子核的内部结构的，而另一种则是起源于核外电子体系的结构的. 物质的通常的物理性质和化学性质是和外部电子体系的变化有关的，而某些元素的放射性现象则是由核本身中的过程引起的. 大约同一时期内关于同位素之存在的发现，进一步强调了这两组性质之间的区别，因为存在一些在其他方面有着完全相同的物理性质和化学性质的元素，而它们却具有不同的原子量乃至往往具有不同的放射性质.

然后就讨论了，原子稳定性和通常力学模型的行为之间的那种奇特的矛盾，是怎样在普朗克作用量子的发现中得到了解释的. 出现在日常尺度的模型的描述中的作用量是很大的，以致人们可以忽视作用量子的存在，但是对原子来说情况就不同了，从而我们在这里就发现了一些全新的规律. 例如我们发现，原子的态的任何变化，都可以描述成一种个体性的过程，在这种过程中，原子从一个所谓的定态过渡到另一个定态；而特别说来，已经能够用一条假设在很大范围内来说明光学光谱和 X 射线谱的规律，其假设就是，任何一条谱线都是由这样一次跃迁而通过一个光量子的发射来引起的. 在随后的年代中，这些想法的逐步数学表述被一种合理化量子力学的创立带到了一次暂时的完成中，那种量子力学形173成了经典力学的一种合理的推广. 任何和作用量子的存在能够相容的测量，都是由被测对象和测量仪器之间的一种不可控制的相互作用所伴随着的；这种认识也已经带来了整个观察问题的一种根本性的修正，而这种修正就导致了包括在基本上是统计性的量子力学描述中的那些表观佯谬的一种彻底澄清.

然而，尽管有这一切的新特色，原子结构问题却保留了一种非凡的简单性；

---

① 这是一篇演讲的内容总结；那篇演讲是更加不拘形式地辅之以许多幻灯片而发表的.

这种简单性最主要地是起源于电子体系的那种开阔的结构，这种结构导致了一种结果：每一单个电子的束缚情况，在初级近似下可以借助于在一切细节上说明了元素周期系中那些规律的一种分类法来独立于其他电子而加以描述. 另一方面，在核的结构和性质的问题中，人们却面临着一种全新的局势，因为核中的粒子是堆积得很密集的，从而人们必须预料在这儿将遇到一些和适用于原子中电子束缚情况的规律大不相同的规律. 然而在近几年来，核物理学中的一些伟大实验发现却已经提供了大量的资料，这些资料现在已经开辟了自洽地描述原子核的性质的可能性.

整个这一发展的基础是由 1919 年卢瑟福那著名的第一个核蜕变实验奠定了的，在那个实验中，他做到了通过用 α 粒子轰击氮原子来打出质子. 反应可以写成下列形式：

$$ {}^{14}_{7}\mathrm{N}+{}^{4}_{2}\mathrm{He}\longrightarrow{}^{17}_{8}\mathrm{O}+{}^{1}_{1}\mathrm{H}, $$

式中的上标和下标分别代表原子量和核电荷. 这一开创性的工作很快地就引起了整整一系列的关于核嬗变的实验，而第二个决定性的步骤就在于用人为加速的质子而不是用以前所用的天然出现的 α 射线来轰击物质. 例如，考克若夫特和瓦耳登在 1932 年做到了通过质子轰击来使锂按照下列方式而分裂成两个 α 粒子：

$$ {}^{7}_{3}\mathrm{Li}+{}^{1}_{1}\mathrm{H}\longrightarrow{}^{4}_{2}\mathrm{He}+{}^{4}_{2}\mathrm{He}. $$

这种反应是特别有兴趣的，因为在轰击中使用的质子有一种很低的能量，以致按照经典物理学的观点看来它们是不能克服那种直到很小的距离处还作用在核间的电斥力的. 然而，在量子理论中，这样一种反应却有一个有限的几率，正如伽莫夫在此以前已经联系到他那种美妙的关于 α 粒子从放射性物质的发射过程的量子理论解释而证明了的那样；在那种发射中，人们涉及的也是粒子在按照经典物理学它们是无法到达的那种区域中的类似通过. 最后，上述这种过程是引人注目的，因为人们在这儿可以借助于爱因斯坦的质量-能量等价关系式来充分详细地说明在过程中释放出来的动能(约 16 MeV)，其理由是所有参加反应的粒子的质量都是根据阿斯登的质谱测量而很精确地已知的. 174

我们关于原子核的知识，由于查德威克在 1932 年发现所谓中子而在一种非凡的程度上得到了进一步的充实；所谓中子是中性粒子，其质量和质子质量很相近，而这种粒子最初是在 α 粒子对铍的轰击中被观察到的. 这时的反应可以写成

$$ {}^{9}_{4}\mathrm{Be}+{}^{4}_{2}\mathrm{He}\longrightarrow{}^{12}_{6}\mathrm{C}+{}^{1}_{0}\mathrm{n}. $$

不久就发现,这种中子能够出现在许多不同的核反应中,从而很自然地就会被看成一切核的一种基本成分,正如海森伯所特别强调的那样.因此,每一个核就应该只含有质子和中子,它们的总数表示着原子量,而质子的数目则决定着核电荷.人们用这种观点来消除了由关于核本身中存在电子的假设引起的量子理论中的困难;按照这种观点,在β放射转变中发射出来的电子必须被看成是在转变本身中被创生出来的,正如光量子在原子定态间的跃迁中被创生出来一样.

在一年以后,核物理学中的一个全部的时代就已经通过居里-约里奥夫妇的发现而被引入了;他们发现,某些由α粒子轰击所产生的新同位素具有β放射性,并且在一定的寿命下通过发射普通的负电子或在某些事例中通过发射正电子而进行转变.这些所谓的正电子必须被看成新的基本粒子,它们的存在曾被狄喇克的相对论式量子理论所预见,而且它们在不久以前已由安德孙和布拉开特在研究宇宙射线所造成的次级效应时发现了.产生这种所谓人为放射性的第一个例子是下面的反应:

$$^{27}_{13}\mathrm{Al}+^{4}_{2}\mathrm{He}\longrightarrow ^{30}_{15}\mathrm{P}+^{1}_{0}\mathrm{n},$$

175 在这里,中子发射留下了磷的一种放射性同位素$^{30}_{15}\mathrm{P}$,它又会以一个 3 分钟的半衰期而转变为硅同位素$^{30}_{14}\mathrm{Si}$,同时会发射一个正电子.

特别是在费米证实了中子在和核碰撞时引起嬗变的巨大能力以后,我们在最近几年内已经知道了为数甚大的一些新的放射性同位素.中子的这种能力起源于一件事实:中子不会引起电离,因为它们没有电荷,从而它们在通过物质时并不会像α粒子那样地损失能量,而只有在和核的碰撞中才会损失能量,它们可以进入核内而不受核电场的阻碍.作为由中子引起的核嬗变的一个例子,我们可以举出:

$$^{32}_{16}\mathrm{S}+^{1}_{0}\mathrm{n}\longrightarrow ^{32}_{15}\mathrm{P}+^{1}_{1}\mathrm{H},$$

这里得到的磷同位素是放射性的,并将随着负电子的发射而转变成硫同位素$^{32}_{16}\mathrm{S}$,其半衰期约为 14 天.正是这个特别长的半衰期,就使人们可以用希维思的放射性示踪方法来对硫在化学过程和生物学过程中的传递进行许多重要的探索,而人为放射性的发现也就给希维思的方法提供了一个异常广阔和异常有意义的用武之地.

以上提到的一切核反应都涉及物质粒子的发射,而费米及其合作者们的探索则也使我们熟悉了一组特殊的中子反应;在这种反应中,入射中子简单地被核所俘获,而其多余能量以电磁辐射(γ射线)的形式被放出.一个典型的例子就是下一反应:

$$^{127}_{53}\mathrm{I}+^{1}_{0}\mathrm{n}\longrightarrow ^{128}_{53}\mathrm{I}+\gamma,$$

此处得出的新的放射性碘同位素具有 26 分钟的半衰期. 这种类型的过程是有特殊兴趣的,因为它们使我们能够对核反应的机制得到一种新的洞察. 事实上,人们可以根据对放射性物质之 γ 射线谱的较详细研究得出结论说,一个受激核在发射电磁辐射中所需要的时间,比起中子简单地通过原子核所将用去的时间来是很长的. 这就表明,为了得到一个不太小的中子俘获几率,中子和原有核的碰撞必须导致一个中间产物的形成,而这个中间产物只有在一段较长的时间以后才会蜕变. 这是和上面提到的核中粒子的巨大密度有关的;作为这种密度的一个结果,入射中子的能量立刻就会分给所有其他的核粒子,于是就没有任何一个粒子有足够的能量来立刻离开核. 因此,其中一个粒子在后来的可能逸出,就要求能量在该粒子上的一次偶然集中,而对一个重核来说,由于粒子数很大,这在一般情况就会要求很长的时间,于是在此期间就有发射辐射的一个相当的几率了. 176

在演讲中,这种局势是用一张幻灯片来演示的,现在把这张幻灯片复制在图 1 中. 图中显示了一块板上的一个圆形凹槽,槽中有一些台球. 如果把一个球从外边打入没放其他球的槽中,这个球就会越过对面的边沿而以原有的速率继续前进. 由于其他球的存在,入射的球将把它的能量很快地分给别的球,而这些别的球,假设运动是无摩擦的,就将在槽中来回运动并且频繁地互相碰撞,直到靠近边沿的某一个球通过碰撞而偶然得到了足以逸出的能量时为止. 然而,如果在各球之间以及球和板之间哪怕有一点小小的摩擦,或是存在球的动能在碰撞中转变为热的可能性,那就非常可能任何一个球都永远不会再离开这个槽,而这是和带有辐射之发射的那种中子俘获完全类似的.

图 1

能量在核中各粒子之间进行分配的非凡容易性,意味着核的性质和基本上只依赖于外电子体系的那些原子性质之间的一种根本的区别. 这首先表现在核的和电子体系的可能态的非常不同的能量值分布中. 在电子体系的事例中,原子能量的任何改变一般都可以归因于单独一个电子的量子数的改变,而核的能级却是由核中所有粒子的集体运动的可能形式来确定的. 图 2 表示了一个核的所谓能级的分布的大意,核的原子量和碘的原子量相近. 这里那些最低的能级对应于确定着放射性物质之 γ 射线谱的那些态,而各能级的平均间距为几十万电子伏特. 随着激发能的增大,能级将迅速地互相靠拢,而当我们到达了和高速中子俘获的中间态相对应的那些能量时,能级就不再能够清楚地互相区分了. 为了求 177

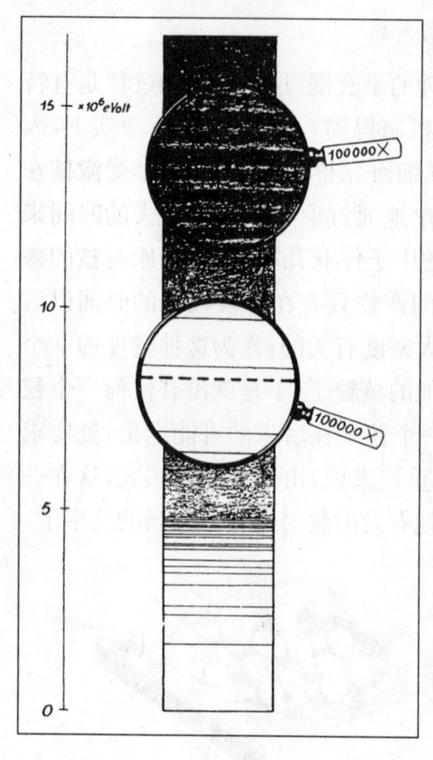

图 2

得这些态的激发能，我们必须在中子的动能（几 MeV）上再加上中子在核中的结合能（约为 9 MeV），这种结合能是由距离很近的核粒子之间很强的吸引力引起的. 图中用上部的一个放大镜表示了所讨论的那些能级的大致位置；这个放大镜表明，这一区域中的能级靠得是那样地近，以致即使在 100,000 倍的放大倍数下也很难分辨它们. 通过放大镜看到的那些模模糊糊的线条，是想进一步表明甚至不能指望这一区域中的能级会因为有关的态具有有限的寿命而清楚地互相分开，而这种有限的寿命在本质上是起源于中子从核中逸出的可能性的. 对于更低的激发能来说，能级就变得清楚一些，因为这时态的寿命只受到辐射过程之可能的限制. 这一点是用第二个放大镜来演示的，这个放大镜被放得盖住了和一个原始核加上一个静止的中子的情况相对应的能量区域. 这个能量值用放大镜视场中的虚线来表示，而那些实线则是要表示某些邻近能级的位置.

178

关于细锐能级在这一区域中的这样一种密集分布的可靠证据，已经通过研究核对一些中子的俘获而得出，那些中子的速率对应于一电子伏特的若干分之一. 正如费米所最先证实的那样，当使通常的快中子通过石蜡或其他含氢物质的厚层时，就能得到这样的慢中子. 这是因为，当和包含在这些物质中的质子相碰时，中子将把它们的动能分给质子，直到中子和它们所通过的物质达到热平衡时为止. 不同于快中子和原子量相差不太大的核的那些反应之间的很大相似性，已经发现具有热速度的中子和核的碰撞效应是以一种表观上最难捉摸的方式而从一种元素到另一种元素变化的. 尽管多数物质对慢中子并不表现特定的效应，另一些物质却有一种和这种中子发生反应的异乎寻常的能力. 我们在这儿涉及的是一种典型的量子力学共振现象；当入射中子的动能和原始核的基态能量之和偶然和由中子俘获所形成的那个核的一个受激态的能量相重合时，就应该预期出现这种共振现象. 因此，这些现象就能提供有关所讨论的区域中的能级分布和能级细锐度的直接信息，而且更加详细的研究已经证明，各能级的平均间距约为 10 伏特，而它们的宽度则只有一伏特的若干分之一，正如在图中用适当放大镜中的形象所显示出来的那样.

尽管许多核反应常常因为带电粒子之间那种很强的电斥力而显示一些比中子和核的碰撞更加复杂得多的行为,但是却已经发现,作为一切核反应之公共特色的是,它们的进程可以描述成按两个分离的阶段来进行;其中第一个阶段是两个碰撞的粒子暂时熔接成一个或多或少稳定的中间产物,而第二个阶段则是中间产物通过发射物质粒子或辐射来进行后来的蜕变,以保证其最后的稳定性.因此,核反应的结果既取决于中间产物的可能的态,又取决于这些态可能给出的各种蜕变过程和辐射过程的相对几率.尽管比起有关的原子问题来,核的力学图景是非常复杂的,但是这种把核反应分成两个明确分开的阶段的可能性,恰恰就代表了一种奇特的简化,它大大方便了迅速增长着的关于原子核性质的那些实验资料的综合考察.

XIV. 慢中子的选择俘获

未发表稿

[1936]

见本编《引言》第 3 节注⑰.

本稿共有两页打字稿，有玻尔用钢笔所加的改正和卡耳卡尔用铅笔写的一段补充．稿子是用英文写的．还有第 1 页的一份复写纸打字本，上面有玻尔和卡耳卡尔写上去的改正（此处未采用）．我们重印了主要的（改正后的）正文和补充．

本稿见缩微胶片 Bohr MSS no. 14.

181

慢中子的选择俘获

如所周知,某些元素显示异常大的慢中子俘获截面这一事实,是用一个复合体系的半稳定的定态的存在来说明的;该复合体系由中子和这些元素的核所组成,并且具有和自由中子及这个核的能量之和密切重合的能量.此外,联系到近来发展起来的关于原子核的构造和反应的普遍看法,也解释了可以怎样用中子从复合体系之中间态中逸出的很小几率来说明同样大的慢中子散射截面的不存在——和辐射从这一体系中发出而造成中子之最终俘获的几率相比,中子逸出的几率是很小的.然而我们却愿意在此简单地指出,不用任何关于俘获机制的详细理论,也可以根据对俘获截面及其随中子速度的变化的直接测量来估计这些过程的几率的绝对值.

事实上,从简单的波动力学考虑可以得出,在入射中子的德布罗意波长远远大于核线度的那种区域中,俘获截面将永远由一个公式来给出,该公式在类型上和贝忒利用简化的核模型导出的那个公式相同.设 v 是自由中子的速度,a 是辐射跃迁的几率而 b 是中子逸出的几率,则这一截面就将由下列公式给出*

对镉来说,热速度中子的俘获截面约为 $10^{-20}\,\mathrm{cm}^2$,而选择吸收实际上是限制在一伏特的几分之一的中子速度范围之内的;把上述公式应用到镉上,我们就得到 a 和 b 的值分别是 $10^{-11}\,\mathrm{sec}^{-1}$ 和 $10^{-13}\,\mathrm{sec}^{-1}$.

[稿第 2 页]按照所提到的关于核构造的看法来对这些结果作出的一种更仔细的讨论,将和有关核反应的现有实验资料的普遍讨论一起,在别的地方给出**.

---

* [公式原缺.]

** [正文中没有任何迹象表明注 1 和注 2 的所在,而且所有三条小注都付阙如.]

XV. 论 α 射线引起的铝的蜕变

未发表稿

[1936]

见本编《引言》第 3 节注⑥1.

归入“原子核的蜕变[Ⅱ]”[1937]中的这份稿子共有 8 页复写纸打字稿，上面有卡耳卡尔用钢笔加上的少数几处改正. 稿子是用英文写的.

除了编号为(1)的反应式的左端以外，各方程都付阙如.

本稿见缩微胶片 Bohr MSS no. 14.

论α射线引起的铝的蜕变

185

由α粒子的撞击所引起的铝的蜕变，已经受到了为数甚多的实验考察，而且已经发现，这种蜕变显示出许多有很大理论兴趣的性质. 早在他们的原始实验中，卢瑟福和查德威克就已经在

$$^{27}_{13}\mathrm{Al}+^{4}_{2}\mathrm{He} \qquad (1)^{*}$$

这个过程中发现了两个不同质子组的出现，它们的能量相差几兆伏特. 而且，通过后来的泡斯的实验以及查德威克和康斯塔布的实验，发现两组质子的产量都在间隔为几十万伏特的一系列α射线能量值上显示非常尖锐的极大值. 后来，邓坎孙和密勒，以及哈克塞耳，又在铝的蜕变中发现了另外两组质子，而哈克塞耳的更晚一些的实验则揭示了所有这四个质子组的相对强度的一种随α射线能量的很有趣的变化. 这在那些最高的α射线能量处尤其显著，那时最慢质子组的产量将最为突出地增大. 如所周知，由α射线引起的铝的蜕变也可以按照下列过程而引起中子的发射[中译者按：此下原文留有空白.]

在这里，正如约里奥-居里所发现的那样，所形成的磷同位素是放射性的，它将以一个3分钟的寿命而通过发射正电子来发生衰变. 中子发射随α射线速度的变化，近来曾由法伦布喇赫进行了详细的研究；他已经证明，中子产量和质子发射在相同的α射线能量值上显示极大值，而且在哈克塞耳发现中子产量上升得如此异常的最大的α射线能量值处发现了中子产量下降的有趣迹象.

[稿第2页]在以前的解释这些效应特别是解释质子产量在某些α射线能量值处的极大值的那些尝试中，曾经假设入射的α粒子在初级近似下是在核中的一个保守力场中运动的. 因此，这一运动的量子化就应该显示一些或多或少明确定义的定态，而且，按照最初由哥尔内提出的想法，α粒子对核周围的势垒的穿透，当粒子的能量和其中一个定态相对应时就会由于一种量子力学共振而特别

186

* [此式没写完，而以下各式均原缺.]

容易. 在这种图景中,按照伽莫夫的理论,一个质子的放出,特别是若干不同质子组的出现,应该进一步和一种过程相对应,通过这种过程,α 粒子将从它的原有能级落到一个较低的 α 射线能级,而一个质子则同时从它在核内的正常能级被提升到一个高得足以使它逸出的能量.

在这样一种核模型中,核中的 α 粒子和质子被假设为是像原子中的电子那样近似相互独立地在一个静态场中运动着的;然而,利用这样的核模型,却很难解释一些和所讨论的过程有关的实验结果. 最重要的是,正如莫特所指出的那样,按照这种模型,在由泡斯显示得如此明显的一件事实和特别尖锐的共振效应在某些较小的 α 射线能量值的出现之间就会出现明确的矛盾——泡斯发现事实是,几乎任何一个穿越势垒而进入核中的高速 α 粒子都会逐出一个质子. 事实上,高速 α 粒子的很高的质子产量将意味着粒子和质子在核内的一种耦合的存在,而这种耦合将阻止任何所讨论的这种共振在那样一些 α 射线能量值处的发展;[稿第 3 页]在那些地方,α 粒子的进入基本上是被势垒阻止了的,而质子却还可以不受阻碍地越过势垒的顶峰. 此外,按照这种办法,看来也完全无法解释哈克塞耳的较后的观察结果,即有慢中子被放出的那种过程的相对几率将随着 α 射线能量的增大而显著地增大.

然而,一旦我们把紧密堆积的核粒子之间的能量交换的方便性考虑在内,所有这些困难就全都不见了,而正如在一篇近期文章中已经指出的那样,这种方便性就是原子反应和核反应之间那种特征性的差异的原因所在. 于是,α 粒子和铝核之间的接触首先将导致一个中间性的复合体系的形成;在那个体系中,能量可以说是在所有的成分粒子中间分布得很均匀,以致在随后的一段时间之内,其中任何一个粒子都没有足以使它逸出核外的能量. 因此,这个中间体系的任何蜕变,不论它是导致一个质子或一个中子的发射还是甚至导致一个 α 粒子的重新发射,都要求能量在某一个这种基本粒子或复合粒子上的一次随后的、可以说是偶然的集中.

从这种观点看来,共振效应将会出现,如果自由 α 粒子和 Al 核的能量之和碰巧和中间体系的一个定态相重合,而这个定态则对应于所有成分粒子的某种量子化的集体式的运动,而却和蜕变机制没有任何直接联系. 然而,这些定态的细锐性,从而还有共振效应的尖锐性,却依赖于这一中间体系所能经历的并且是确定着它的寿命的那些各式各样可能的蜕变过程的几率之和. [稿第 4 页]现在,在我们的事例中,复合体系的最可几的蜕变类型就是一个质子的发射,无论如何对高速 α 射线来说是如此;但是,即使总能量大得足以使一个质子毫无困难地通过势垒而逸出,复合体系的寿命也会由于必要的预先能量集中而比入射 α 粒子或所发射质子在通过一个具有核线度的区域时所花的时间更长得多. 这不仅和这一能量区域中的共振的存在是符合的,而且它也可以解释所讨论的共振能级

187

的宽度为什么只随着 α 射线能量的增大而发生很小的变化. 这是和在一种假设下所应预料的情况明显相反的一个事实,那假设就是,有关的定态的寿命主要由 α 射线通过势垒的容易程度来确定.

关于蜕变机制的最发人深思的证据,是由质子组的存在及其相对强度随入射 α 射线能量而变化的那种方式进一步给出的. 这些质子组的存在,再也不能说成是起源于一个固定核场中的某些特定 α 射线能级的存在,而却必须认为它们是起源于 Si 核中集体运动的一些定态的存在,这个核是在一个质子从中间性复合体系中逸出以后被留下来的. 这个剩余核处于这些态的一个较高的或较低的态中的相对几率,现在不但将依赖于质子通过势垒时的较大或较小的困难程度,而且也将依赖于出现质子多余能量之较大或较小的必要集中的几率. [稿第 5 页]事实上,逸出质子的能量越小,对于能量集中的要求显然就越低,于是我们立刻就得到低能质子组的显著存在的解释: 一旦它们的能量绝对值大得允许这些质子不受阻碍地通过势垒,它们的发射就会显著地出现了.

在这些问题的更仔细的分析中,也可能必须把所涉及的核的定态的自旋考虑在内,而正如伽莫夫所特别强调了的那样,这些自旋在确定核反应的几率方面常常是起重要作用的,但是,在由快 α 射线引起的 Al 蜕变这一特殊事例中,入射 α 粒子的和所发射的质子组的德布罗意波长都足够小,从而自旋效应就只是次要的了.

迄今观察到的快 α 粒子和 Al 核的碰撞的不同进程,可以用下列的简图来表示: [中译者按: 此下原文留有空白.] 188

画在第一阶段所形成的复合体系周围的那个圆圈儿,表明这个在正常态中代表一种普通的稳定磷同位素的体系,在这儿是处于一个异常高的受激态中的. 事实上,它的激发能要由 α 射线的动能 ϵ 和 α 粒子在 ${}^{31}_{15}\mathrm{P}$ 这个核中的结合能之和来给出,该结合能在 8 到 10 MeV 之间.

[稿第 6 页]从复合体系出发的前四个箭头,代表四个观察到的质子组,它们把剩下来的 Si 核留在它的正常态和三个渐增的受激态中. 核符号上所附方括号中的数字,分别表示由邓坎孙和密勒观察到的这一激发能和所发质子的能量的近似值,单位为兆电子伏特.

其次的那些箭头指示复合体系通过发射一个质子而进行的蜕变,以及一种放射性磷同位素的形成;这种磷同位素在这儿是被认为留在它的正常态中的,它的相对于 Si 核来说的能量值,可以由正电子谱以及由中子和质子的已知质量差推出.在这一事例中,共振极大值是在引起质子输出极大值的同样那些 α 射线能量值处观察到的.然而,迄今为止,在不同的能量组中没有观察到中子的任何分解.不过,对于足够大的 α 射线能量来说,还是必须预期这样的组会存在的,而且它们或许就是法伦布喇赫在大约 7 MeV 的 α 射线能量处观察到的中子输出的显著极大值的原因所在.输出在更高能量处的陡然下降,或许是和质子发射相竞争的结果;正和已经提到的那样,质子发射在这一能量区域是那么显著地增大的.

最后,复合体系变成一个 Al 核和一个 α 粒子的那种可能的蜕变,用图中的最后一个箭头来表示.这一过程当然不能和 Al 核对 α 射线的普通散射截然分开;但是,在所谓反常散射效应的详细研究中,这种过程或许是至关重要的.[稿第 7 页]在这儿,我们也应该针对足够大的能量值来预期一些 α 射线组的出现,它们具有和 Al 核的几个受激态相对应的不同能量.由于势垒对这种类型的蜕变的巨大影响,过程的这样一种进程可以首先被预料在特别高的 α 射线能量下具有相当大的几率.

关于各种不同类型的蜕变的相对几率,可以在此进一步指出,关于把剩余核

189 留在它的正常态中的那种蜕变进程,必须针对三种类型的蜕变来预期它们有数量级相同的几率,如果总能量大得足以使有关的粒子以一个可以自由通过势垒的能量而逸出的话.事实上,所有这些过程都将要求一种有着类似品格的能量集中.由于对能量集中的要求相对地小得多,剩余核被留在一个受激态中的那种蜕变将往往是更可能发生的,正如已经解释过的那样;而且,一切可能过程之间的竞争,一般将依赖于相应核的能级分布.然而,对于能级分布实际上是连续的那种足够高的能量来说,结合能较小的粒子从复合体系中的放出将永远是更加可几的.在我们的事例中这就意味着,在这样的能量下,质子的输出将越来越超过 α 粒子的再发射,而 α 粒子的再发射则将越来越超过中子的输出.[稿第 8 页]和关于由碰撞引起的共振的普通观点相反,此处所论述的观点的一个直接推论就是,复合体系的任何一个蜕变过程的逆过程都将引起共振效应,如果入射质子或入射中子的相对于所涉及的核而言的能量,和在用 α 粒子轰击铝 27 而得出共振极大值的事例中所发射的最高能量组的粒子能量具有相同的值的话.正如伽莫夫在最近一篇短文中所指出的那样,由快中子的撞击所引起的这种 α 共振,初看起来可能显得是和一件事相抵触的,那就是,用快中子对较重的核进行的轰击一般并不显示任何共振效应.在以前的一篇文章中,这一事实是用所涉及的复合核在一个能量区域中的那种十分密集的乃至无法清楚分辨的能级分布来解释的,那个能量区域对应于导致俘获的核和中子的碰撞.然而,正如在该文中强调了的那样,我们将预料,相同激发能下的能级密度将随着原子量的减小而迅速地

减低.

在一篇不久即将发表并包含着有关核反应的现有资料的一种普遍讨论的论文中,将给出沿着此处指出的路线进行的一种更详细的量子力学处理,而特别说来是即将证明,在为了说明核反应的一些典型例子而要求的所有核粒子之间的密切相互作用的情况下,一些关于共振现象的公式也是成立的;这些公式和近来由布来特和维格纳导出的公式类型相同,而他们是特别联系到慢中子选择俘获的解释并通过在任何两个核粒子之间都引入一种微弱的耦合来导出了他们的公式的.

XVI. 原子核的激发和辐射

未发表稿

[1936]

见本编《引言》第3节注㊽和原第38页.

卷宗“激发和辐射”，[1936]，包括各种的文稿和算草.

一份标题为《原子核的激发和辐射》的稿子共有 3 页英文打字稿. 缺少公式和某些符号，而且稿中有一处空白. 此稿有一份复写纸打字本，上面有几处罗森菲耳德用铅笔作出的改正. 这里重印的就是这份稿本.

第二份稿子是同一篇论文的一份草稿，共有编了号的 7 页，是卡耳卡尔用铅笔写成的英文稿. 多数的页上所标日期为 10/9. 还有两页丹麦文稿，标题为“Til Indledning(拟引言)”，所标日期为 8/11 和 11/11.

最后还有 3 张算草和草图，或用铅笔或用钢笔，是玻尔和卡耳卡尔的笔迹. 一张纸上标有日期 11/9－36.

稿见缩微胶片 Bohr MSS no. 14.

193

原子核的激发和辐射

在近来发表在《自然》上的一篇文章中，曾经证明了核反应的典型特色是由核中堆积得很紧的那些粒子之间能量交换的非凡容易性来确定的，而且，这种能量交换对于核激发的机制以及和这种激发相对应的能级体系也是有着决定作用的.

如所周知，通过假设核由中子和质子所构成，特别是通过在一对对的质子和中子之间引入海森伯所建议的那种类型的交换力，已经能够说明原子核的结合能随质量数和电荷数而变化的那种一般方式了.在这一问题的讨论中，为了简单起见，人们通常假设所有的核粒子在初级近似下是像原子中的电子那样相互独立地在一个保守场中运动的，从而每一个质子或中子的束缚态在初级近似下是按照通常的方式由一组量子数来确定的.由于支配着原子中各电子之量子数正常分布的泡利不相容原理被假设为对于质子以及对于中子也成立，这种近似方法所给出的核在正常态中的结合能是和有关各个粒子的结合情况的假设大体上无关的.[稿第 2 页]事实上，人们永远会看到，在这个态中，每一个粒子的平均动能都和那样一个粒子的平均动能同数量级，该粒子的运动被局限在核内的一个单独的格子中，格子的体积等于总核体积除以粒子数.这个动能在一切核中都大约是 20 兆伏特每粒子.然而，一旦我们考虑原子核的受激态，就必须照顾到在紧密堆积的核粒子之间进行能量交换的极端容易性了，而正如在《自然》上的一篇近期文章中所指明的那样，这种容易性对于碰撞中的核反应的典型特色是有决定意义的，而这些特色在若干方面是同普通的原子级粒子和迅速运动的带电粒子之间的碰撞的那些众所周知的特色形成鲜明的对照的.特别说来，核的激发不能像在通常的处理中那样被归因于单一核粒子的一个提高了的量子态，就像原子的一个普通的受激态那样，而却必须把它归因于所有核粒子的某种量子化的集体式的运动，就像一个液滴或一个弹性固体的振动或脉动那样.正如在上述文章中指明的那样，这种看法可以解释在核反应中被涉及的那些受激态的能级图，也可以解释这样一些态的辐射性质.然而，在现在这一场合下，我愿意更加详细

194 一些地谈谈这一问题的定量的一面，这一问题近来曾在本刊上受到有趣的讨论(贝忒和布劳赫).

首先我愿意指出，可以怎样通过和上述这些宏观模型的性质的简单对比，来对核的最低激发能的数量级得出一种更加定量的估计. 事实上，一个液滴在表面张力下的简单振动的频率，以及一个弹性球的最简单的脉动的频率，将分别由下列公式给出*：

$$V=$$

[稿第 3 页] $$V=$$

以及 $$V=$$

式中 m 是物体的总质量，而 O 和 N 分别是表面张力系数和弹性系数**.

至于辐射，特别是通过内转换的研究已经发现，核态的辐射性质一般并不是和振动偶极子的而是和振动四极子或更高次极子的辐射性质相对应的；这是可以***和一种观点相调和的，那就是，激发应该主要起源于一个质子或一个中子[也许是一个 α 粒子]相对于核的其余部分的运动. 然而，一旦我们把一个受激核的运动和一种均匀带电的均匀物质的振动相对比，情况就完全不同了. 事实上，在任何这样的振动中，电心当然和重心一起保持静止，从而任何振动偶极矩都是不会出现的.

* [公式和某些符号原缺.]

** [如上所述，稿中在此处有一段空白.]

*** [原意大概是要说“这是不可能”.]

195

XVII. 原子核中的自旋交换

未发表稿

[1936]

见本编《引言》第3节注⑥5.

卷宗“原子核中的自旋交换”,[1936],包括各种的草稿和计算.

一份标题为《原子核中的自旋交换》的稿子共有 2 页复写纸打字稿(编有页码)和第三页打字稿,全都是用的英文.上面有卡耳卡尔和玻尔用铅笔和钢笔加的几处改正和增补.这份稿子现在重印在这里.另外一页较早文本的复写纸打字稿上有卡耳卡尔写的补注,这意味着这一页是打算接在第 2 页后面的.

第二份稿子标题为《核粒子之间的自旋交换》,它共有 2 页英文打字稿(有复写纸打字稿).稿上有罗森菲耳德用铅笔加的一些改正.

卷宗中还有 10 页草稿和计算,有英文也有丹麦文,是罗森菲耳德、卡耳卡尔和一个不知是谁的笔迹.其中一页标有日期 7/4-36.

最后还有一页狄喇克用钢笔进行的计算,背面有用铅笔进行的计算.

所有这些计算似乎都和各稿的课题没有关系.

稿见缩微胶片 Bohr MSS no. 14.

197

原子核的自旋交换

在《自然》上的一篇近期文章中,曾经给出了一些论据,它们似乎可以证明原子核中的粒子甚至在初级近似下也不能被看成是像原子中的电子那样沿着单独的量子化轨道在运动,而是核中所有的运动都由于个体核粒子之间的迅速的能量交换而属于一种本质上是集体性的类型,而且是应该作为这样的运动而被量子化的.这些考虑是建筑在关于由碰撞引起的核反应的实验证据上的.然而我愿意指出,关于核和原子在力学方面的根本区别,还可以从有关核在正常态中的自旋性质的资料得出更多的论据,这种资料是通过研究光谱的精细结构而得到的.

这些精细结构的分析曾经首先揭示了两条联系着核的自旋及其质量数和电荷数的普遍定则.按照第一条定则,分别具有偶质量数或奇质量数的任何一个核的自旋,是 $h/4\pi$ 这个单位的偶数倍或奇数倍.第二条定则表明,既有偶质量数又有偶电荷数的每一个核,在它的正常态中将具有等于零的自旋值.

正如人们常常说到的那样,第一条定则是量子力学的一条直接推论,如果我们认为所有的核都由质子和中子所构成并给其中每一个粒子都指定上一个自旋值 $h/4\pi$ 的话.特别说来,这条定则是和适用于原子中电子组态总自旋的定则十分类似的,而在原子中,每一个电子都是以在众所周知的方式下由泡利不相容原理支配着的量子化的角动量在运动的.[稿第2页]然而,在类似的基础上说明核自旋的许多有趣的尝试,都没有能够对第二条定则所表示的自旋在核的正常态中比在电子组态中那种更常见的不存在作出一种合理的解释.

这条定则事实上意味着,核中的质子以及中子,有一种结合成具有相反自旋值的粒子对的显著倾向,而这一倾向比原子中电子成对的倾向要大得多.这种差别显然是和核中同样那种紧密堆积相联系着的,而该种紧密堆积也就是核粒子之间的能量交换在碰撞现象中所起的那种主导作用的起因.核中的各质子和各中子之间这种成对结合的根源,也可以到电荷相同而自旋相反的两个粒子之间的一种自旋交换中去找;这种交换和核中每一中子-质子对中的电荷交换相类似,而这种电荷交换是海森伯为了解释似乎把每一个这样的粒子对中的各个粒子束缚在一起的那些很强的力而提出的.

198

[稿第3页]此外,核粒子之间强取向耦合的存在就意味着,我们不能按照不

相容原理的通常应用所要求的那种意义来把核中的质子和中子看成力学的个体. 只有在初级近似下,这些粒子对才能看成这样的个体,从而它们的相对运动才能像一种气体或液体中的无自旋的原子那样地加以处理. 按照在上述文章中提出的那些关于核构造的普遍看法,这种运动事实上可能即使在高度激发的核中也只对核粒子的平均结合状况有很小的影响.

现在,总自旋在由偶数个质子和偶数个中子组成的核的正常态中的不出现,就可以通过假设集体运动的总角动量在这一态中等于零来简单地加以解释了. 事实上,正常态中的这种核的全部动能都可以被认为属于整个体系的简正振动,而由于这些振动的频率将随着核质量的增大而减小,从而对于重核来说,这一能量将在总核能量及其由核蜕变而来的变化的估计中只有很小的影响.

199

XVIII. 论由质子撞击引起的锂的嬗变

未发表稿

[1936]

见本编《引言》第3节注⑯.

这份稿子包括重印在这里的主要部分,和另外一些有关文字修改的补充页.这些都是用英文写成的.

主要部分共有 4 页复写纸打字稿,上面有玻尔用钢笔加上的一些小的修改.第 1 页的一部分还有一份较早的稿子.正如已经标明的那样,参考文献都是由本书编者补上去的.

还有另外两页是由卡耳卡尔用钢笔写成的,另外两部分是从复写本上裁下来的,上面有用钢笔作出的删改.

稿见缩微胶片 Bobr MSS no. 14.

201

论由质子撞击引起的锂的嬗变

由人为加速质子的撞击引起的锂的嬗变，显示了许多不同的现象，而这些现象已经提出了一些很有兴趣的问题.

在考克若夫特和瓦耳登[①]的原始实验中观察到的高速 α 射线，被他们指定给了下列过程

$$^{7}_{3}\mathrm{Li}+^{1}_{1}\mathrm{H}\longrightarrow ^{4}_{2}\mathrm{He}+^{4}_{2}\mathrm{He} \tag{1}$$

而且这种诠释得到了有关这一过程中的能量守恒和动量守恒的那种考虑的有力支持. 事实上，人们发现，α 射线是成对出现的，它们具有几乎相反的方向和相等的动能，而约为 17 MV 的动能之和是和在过程中释放出来的能量密切对应的，后一能量是根据阿斯登和本布瑞治对有关核粒子的质量所作的测量来估计的.

在这样的碰撞中观察到的较慢的粒子，被金西、奥立凡特和卢瑟福[②]指定给了下列过程

$$^{6}_{3}\mathrm{Li}+^{1}_{1}\mathrm{H}\longrightarrow ^{4}_{2}\mathrm{He}+^{3}_{2}\mathrm{He} \tag{2}$$

而这种诠释的正确性通过奥立凡特、歇尔和克若瑟[③]的分离两种锂同位素的后继实验而得到了证明. 经发现，在过程(2)中被释放的动能约为 3 MV，此值和同位素$^{3}_{2}\mathrm{He}$ 的质量相对应，而且和当由两个氘核相碰而形成该同位素时得到的结果密切相符.

按照克瑞恩和劳瑞特森[④]的观察，质子对 Li 的轰击也是和能量介于 4 到 16 MV之间的穿透性 γ 射线的发射相伴随的，而在这一区间内显然可以探测到一些分离的谱线. 这些 γ 射线的较大的极大值能量，显然表明它们起源于对$^{7}_{3}\mathrm{Li}$

① [J. D. Cockcroft and E. T. S. Walton, *Experiments with High-Velocity Positive Ions II. The Disintegration of Elements by High-Velocity Protons*, Proc. Roy. Soc. **A137**(1923)229—242.]

② [M. L. Oliphant, B. B. Kinsey and Lord Rutherford. *The Transmutation of Lithium by Protons and by Ions of the Heavy Isotope of Hydrogen*, Proc. Roy. Soc. **A141**(1933)722—733.]

③ [M. L. Oliphant, E. S. Shire and B. M. Crowther, *Separation of the Isotopes of Lithium and some Nuclear Transformations Observed with them*, Proc. Roy. Soc. **A146**(1934)922—929.]

④ [H. R. Crane, L. A. Delsasso, W. A. Fowler and C. C. Lauritsen, *Cloud Chamber Studies of the Gamma-Radiation from Lithium Bombarded with Protons*, Phys. Rev. **48** (1935) 125—133.]

的轰击，而且克瑞恩和劳瑞特森还建议说，它们是起源于像(1)那样的一种蜕变的；在这种蜕变中，有一个 α 粒子在蜕变之后不是处于它的正常态中而是处于一个受激态中，而在分离之后，这个 α 粒子就从这个受激态回到它的正常态，并发射 γ 辐射. 202

然而，从在一篇近期文章⑤中发展起来的那些关于核反应的普遍论点来看，却将看到所谈到的 γ 射线似乎更有可能是由在过程

$$ {}^{7}_{3}\mathrm{Li}+{}^{1}_{1}\mathrm{H}\longrightarrow{}^{8}_{4}\mathrm{Be} \tag{3}$$

中形成的一种受激 Be 同位素所发射的.［稿第 2 页］按照这些论点，由核间的碰撞引起的任何反应的第一个阶段都是一个中间性的复合体系的形成，在这个体系中，能量被分配给所有的成分粒子，使得其中任何一个粒子都无法反抗作用在近距离处的核粒子之间的那种吸引力而立即逸出. 因此，碰撞的下一步进程就是复合体系所能经历的各种不同的蜕变过程和辐射过程的互相竞争的结果，而这些过程的相对几率则将既依赖于这一体系的总能量也依赖于它的自旋，但是并不依赖于它的形成方式. 在重核中，辐射过程的几率在许多反应中是和蜕变过程的几率同数量级的，而对轻核来说后一种过程却通常是比前一种过程更加可几得多的.

然而，在这方面，由一个质子和一个 ${}^{7}_{3}\mathrm{Li}$ 核所构成的复合体系却形成一个特例，因为，正如白克⑥所指出的那样，量子力学的对称性条件意味着，一个 ${}^{8}_{4}\mathrm{Be}$ 型的核不能蜕变成两个 α 粒子，除非它的自旋等于 $h/2\pi$ 这个单位的偶数倍. 现在，在这个单位下，${}^{7}_{3}\mathrm{Li}$ 的自旋等于 3/2，而质子的自旋等于 1/2，而且，既然对于所讨论的这种较慢的质子来说，来自轨道角动量的一种对复合体系之自旋的贡献是不太可能的，那么主要应该考虑到的这一体系的总自旋的值就是 1 和 2. 后一个值对应于过程(1)，而前一个值的出现则可能引起强度相当大的 γ 辐射的发射.

认为克瑞恩和劳瑞特森所观察到的 γ 射线是如此起源的这一假设，也得到了一件事实的有力支持，那就是，他们在大约 7/2 MV 的入射质子能量处发现了辐射强度的一个明显的极大值⑦，这是和蜕变过程(1)及(2)的产量随质子能量 203

⑤ ［N. Bohr, *Neutron Capture and Nuclear Constitution*, Nature **137** (1936) 344—348. 重印于本卷原第 151 页.］

⑥ ［G. Beck, 见 *Handbuch der Radiologie*, 第 2 版, **6**(1933)390.］

⑦ ［H. R. Crane, L. A. Delsasso, W. A. Fowler and C. C. Lauritsen, *High-Energy Gamma-Rays from Lithium and Fluorine Bombarded with Protons*, Phys. Rev. **46**(1934)531—533, 并见 C. C. Lauritsen and H. R. Crane, *Evidence of an Excited State in the Alpha-Particle*, *ibid.*, **46**(1934)537—538.］

的增大而持续增大的情况相反的.这种递增的情况和关于质子穿透 Li 核周围的势垒的几率的理论预料密切适应,而 γ 射线强度的极大值则显然是由复合体系的一个半稳定的定态的存在所引起的一种共振效应,该定态的寿命比在过程(1)和(2)中所涉及的寿命要长得多.

然而,这样长的一个寿命却是很难和一种看法相容的;那看法就是,γ 辐射起源于由(1)型的过程形成的 α 粒子中某一个粒子的激发能.诚然,约为 16 MV 的一个 α 粒子激发能将剩下很少的动能可供在蜕变中加以释放,这就使得这种过程成为可能性很小的了,但是,按照这种看法,克瑞恩和劳瑞特森所观察到的光谱分布却将意味着,[稿第 3 页]一个 α 粒子除了在大约 16 MV 处有一个定态以外,还有另外一些激发能量低得多的定态,这些定态更加容易得多地直接通过复合体系的蜕变来形成,同时将释放很大数量的动能.因此,这些蜕变过程应该和过程(1)及(2)具有同数量级的几率,这是和共振效应所要求的长寿命相矛盾的.

排除了有着 α 射线激发能的任何蜕变过程,唯一和自旋为 1 的 $^{8}_{4}$Be 核的中间态中的辐射跃迁相竞争的就只是一个质子的逸出了;但是,由于所释放的能量很小,这一过程的几率将是比较小的,因此,辐射过程就将在这一竞争中有一个相当大的机遇.因此,看来可以很自然地假设,克瑞恩和劳瑞特森所观察到的 γ 辐射,是由通过过程(3)而形成的一个自旋为 1 的高激发 $^{8}_{4}$Be 核发射的,而这种辐射可以在表观上被分析而成的那些谱线则是这个 Be 同位素的 γ 射线谱的一个不可分割的部分.至于这一射线谱在高达 16 MV 的激发能处含有明显分离的能级,这是和重元素的核能级在小得多的激发能处的密集分布毫无矛盾的,因为必须预料能级间距是随着核质量的增大而迅速减小的.

锂-质子反应的另一种屡经讨论的特色就是这样一件事实:在同样的条件下,过程(1)的几率约为过程(2)的几率的 1/30.例如高耳德哈勃⑧所提出的那种解释是建筑在这样一条假设上的:核中个体质子和中子的自旋方向的任何变化,在核反应中是不太可能发生的.然而,考虑到密接的核碰撞中那种极其迅速的能量交换乃至或许还有自旋交换,这种解释是几乎不可能成立的.而且,假如企图把这种论证方式应用于在有关的核反应中被涉及的那个中间性复合体系的行为,那就将意味着从自旋为 2 的 $^{8}_{4}$Be 核中发射 α 射线的几率甚至会小于质子逸出的几率,而这就又会意味着我们是和一种显著的共振现象在打交道,而这是和过程(1)与(2)在不同质子能量下的表观上不变的产量比值相矛盾的.

204

⑧ [M. Goldhaber,讨论发言,见 *International Conference on Physics, London 1934*, Camb. Univ. Press (代物理学会出版),1935,Vol. Ⅰ,*Nuclear Physics*,pp. 163—168.]

为了解释这一比值的微小性，也不一定要假设自旋为 2 的复合体系$^{8}_{4}Be$ 的蜕变几率非常之小，而这一效应却是起源于形成这一体系的几率的微小性；[稿第 4 页]这种微小性是该体系的蜕变的极端迅速性的结果，而这种微小性就阻止了共振. 事实上，我们在这儿所遇到的是一个量子力学效应，它类似于用单色光照射原子而引起光谱激发的那一光学问题，而如所周知，在那一问题中，只有当对应的辐射跃迁并不会使受激原子态的寿命显著缩短时，受激辐射的强度才是随着跃迁几率而增大的. 因此，此处讨论的这种核蜕变的产量将有一个极大值，如果复合体系的寿命和一个寿命具有相同的数量级，该寿命只和质子的逸出相对应而且将正比于这一体系的寿命(如果它很小的话)而递减. 因此，过程(1)的和过程(2)的产量相比的很小产量，就可以用过程(1)中由于释放的动能大得多而导致的复合体系的小得多的寿命来简单地加以解释了.

205

XIX. 原子核的嬗变

Science **86**(1937)161—165

见本编《引言》第 3 节注㊳.

原子核的嬗变[①]

207

在一个较早的场合[②]下有人指出，为了理解由物质粒子的撞击所引起的核嬗变的典型特色，必须假设任何一次这种碰撞的第一个阶段就是由原有核和入射粒子组成的一个中间性的半稳定体系的形成．在这个态中，必须假设多余的能量是暂时储存在复合体系之所有粒子的某些复杂的运动中的，而从这种观点看来，复合体系的随后的可能破裂和某一基本的或复合的核粒子的放出，可以认为是和碰撞过程的第一阶段并无直接联系的一个单独事件．因此，碰撞的最后结果，就可以说依赖于从复合体系开始的所有和守恒定律相容的各式各样蜕变过程和辐射过程之间的竞争．

可以阐明核碰撞的这些特色的一个简单的力学模型如图 1 所示，图中表示的是一个浅盘子，盘中有一些台球．假如盘子是空的，则一个打进来的球将沿着一个斜坡下去，并以原来的速度而从对面的斜坡上走出．然而，当盘中还有另外一些球时，入射的球就将不能自

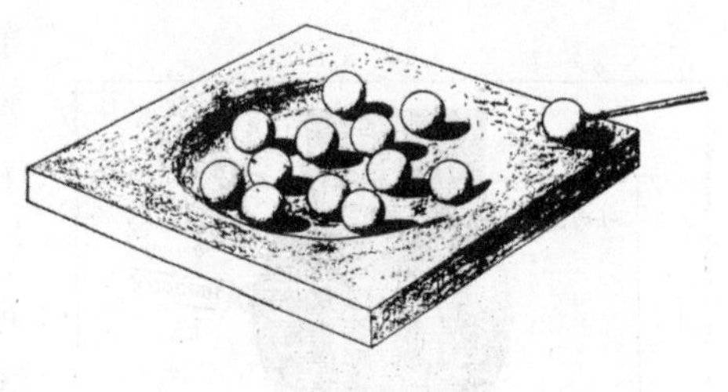

图 1

由地通过，而是首先要把它的能量分给其中的某一个球，而这两个球又把它们的能量分给别的球，依此类推，直到原有的动能在所有的球中分配开来为止．假如 208 盘子和球都可以看成是完全光滑的和完全弹性的，碰撞就将继续下去，直到足够大的一部分动能偶然又集中到靠近边沿的一个球上时为止．于是这个球就将从盘中逸出，而且如果入射球的能量并不很大，则留给其余那些球的能量就将不足以使其中任何一个球爬上斜坡．然而，如果各球和盘子之间存在哪怕是很小的一点摩擦，或者如果各个球并不是完全弹性的，那就很有可能在由于摩擦生热而损失了许多动能以致总能量已经不足以使其中任何一个球逸出之前，哪一个球也

① 本文是 1937 年春季在美国各大学中发表的演讲的摘要．插图是在那些演讲中出示了的三张幻灯片的复制品．

② N. Bohr, *Nature*, 137：344, 1936.

没有逸出的机会.

这样一种对比,可以很恰当地表明当一个快中子打中一个重核时发生的情况.由于在这一事例中构成复合体系的那些粒子为数很多,又由于它们之间有着很强的相互作用,我们事实上就必须根据这一简单的力学类例来作出预言说,中间性的核的寿命比起一个快中子在穿过核时所用的时间来是很长的.这首先就解释了一个情况,那就是,虽然一个重核在这样一段时间内发射电磁辐射的几率是极其微小的,但是由于复合核的寿命很长,从而还是存在一个不能完全忽视的几率,使得体系不是释放一个中子而是以电磁辐射的形式而发射它的多余能量.根据这一图景很容易理解的另一个实验事实就是非弹性碰撞的意外地大的几率,这种碰撞造成一个中子的放出,其能量远小于入射中子的能量.事实上,从以上的考虑可以清楚地看出,要求单一粒子上的较少能量集中的一种复合体系的蜕变过程,是比所有多余能量都必须集中在逸出粒子上的那种蜕变更容易发生得多的.

初看起来,这样一些简单的力学考虑似乎是和一件通过放射性 γ 射线谱的研究而确立得如此之好的事实相矛盾的,那就是,核和原子一样,也具有分立分布的能级.因为,在上述的考虑中,至关重要的一点就是在实际上是在任意的入射中子能量下都会有复合体系被形成.然而我们必须意识到,在高速中子的撞击中,我们遇到的是复合体系的一种远大于普通 γ 射线能级激发能的激发能.后者最多不过是很少的几兆伏特,而前一事例中的激发能则将在相当的程度上超过在把一个中子从核的正常态中完全取掉时所需要的能量,而根据质量亏损的测量结果来估计,这个能量约为八兆电子伏特.

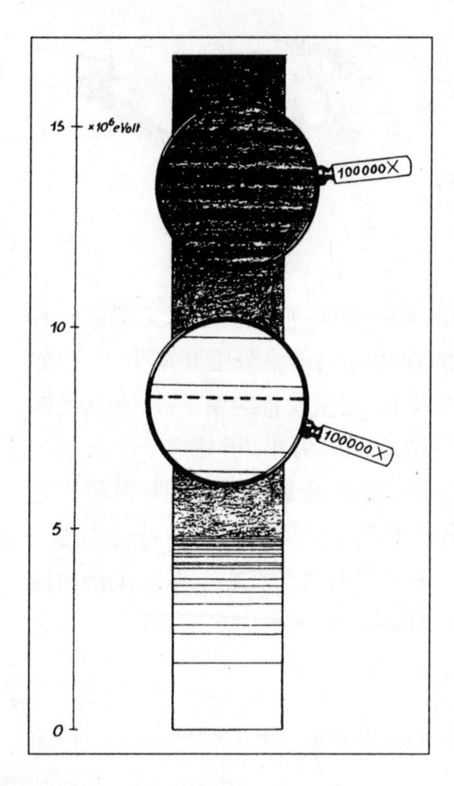

图 2

于是,图 2 就可以示意式地表示一个重核的能级分布的一般情况.下部的能级有一个几十万伏特的平均能量差;这些能级对应于在放射性核中求得到的 γ 射线能级.随着激发能的增加,能级将迅速地互相靠拢,而在对应于核和高速中子之间的碰撞的一个约为 15 兆伏特的激发能下,能级就或许是完全连续地分布着的了.能级图的上部的品格，用放在能级图上的两个高倍数的放大镜来表示；其中一个放大镜放在上面提到的连续能量分布的区域中，而另一个放大镜则放在和当把一个很慢的中子加在原有核上而形成的复合体系时所将得到的激发能相对应的区域中. 下面一个放大镜的视场中部的虚线，代表当入射中子的动能正好等于零时的复合核的激发能，从而从这条虚线到基态能级的距离恰恰就是中子在复合体系中的结合能.

209

关于这条虚线附近的能量区域中的能级分布，可以从有关能量为几分之一伏特的甚慢中子的俘获的实验中得出一些信息. 例如，如果入射中子的动能恰好和复合体系的一个定态的能量相对应，则量子力学共振效应将会出现，而这种效应可能给出比普通的核截面大几千倍的有效截面. 这样的选择效应已经针对一些元素在实际上被找到了，而且已经进一步发现，共振区域的宽度在所有这些事例中都是一伏特的一个很小的分数③. 根据选择俘获在较重元素中间的相对发生率和共振的尖锐性，可以估计到这一能量区域中的平均能级间距大约具有10—100电子伏特的数量级. 在图2的下面一个放大镜的视场中，画出了几条这样的能级，而其中一条能级和虚线靠得很近这一情况，就对应于这一特例中的甚慢中子的选择俘获的可能性.

图2所示的能级分布，和我们在普通的原子问题中所熟知的能级分布具有很不相同的品格；在原子问题中，由于束缚在核周围的场中的那些个体电子之间的耦合很小，原子的激发一般可以认为起源于单独一个粒子的升高了的量子态. 然而，核能级的分布却恰恰属于针对一个弹性体所应预期的那种类型；在那个弹性体中，能量是储存在整个体系的振动中的. 因为，由于这种运动的固有频率的组合可能性将随体系总能量的增大而大大增多，相邻能级的间距就将随激发的增高而迅速地减小. 事实上，上面这种性质的考虑，在关于低温固体的比热的讨论中是众所周知的.

热力学的类比也可以很有成果地应用在关于复合体系通过释放一个物质粒子而发生的那种蜕变的讨论中. 特别说来，在中子的发射中，没有任何力会扩展到真正核大小的范围以外，而这种发射就显示了和一个液滴或一个固体在低温下的蒸发的一种发人深思的类似性. 事实上，曾经能够根据有关核在低激发下的能级体系的近似知识来估计复合体系的导致一些中子蒸发可能性的“温度”，而

---

③ 和光学共振显示出一种有趣的形式类似性的慢中子选择俘获现象，特别是曾经在G·布来特和E·维格纳的一篇论文(*Phys. Rev.*, 49:642,1936)中加以研究. 根据实验资料作出的关于能级宽度的估计，是由O·R·弗瑞什和G·普拉才克(*Nature*, 137:357,1936)首先给出的，而且已经由H·贝忒和G·普拉才克在一篇近期论文(*Phys. Rev.*,51:450,1937)中进行了详细的讨论.

估计的结果是和由实验的分析导出的复合体系在快中子碰撞中的寿命相容的④.

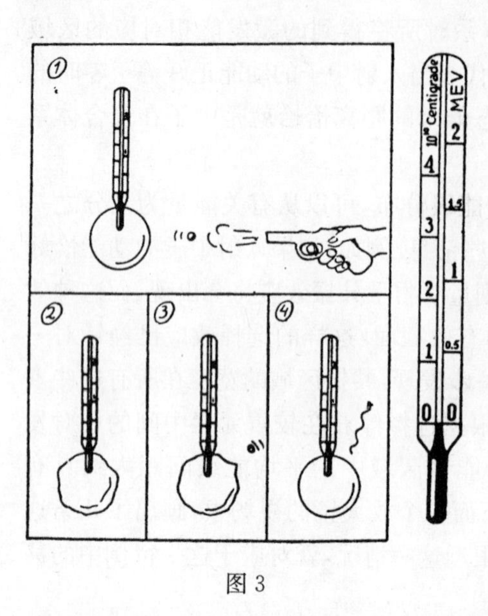

图 3

图 3 表示一个快中子和一个重核的碰撞过程. 为了适应简单的说理方式,有一个假想的温度计被插到了核中. 如图所示,温度计是以十亿摄氏度为一格而进行刻度的,但是为了得到热能量的一种更熟悉的量度,我们在温度计上又加上了另一种刻度,以兆电子伏特为单位来表示温度. 图中给出了碰撞过程的不同阶段. 在开始时,原有核处于它的正常态中,而温度为零. 在核已经被动能约为 10 兆伏特的一个中子所击中以后,一个能量为 18 兆伏特的复合核就形成了,而温度就从零升到了大约 1 兆伏特. 核的不规则的边界线表示和在该温度下被激发了的不同振动相对应的那些形状振动. 其次一个图表示一个中子怎样从体系中逸出和激发(从而还有温度)怎样有一定程度的降低. 在过程的最后阶段中,能量的剩余部分以电磁辐射的形式被放出,而温度则降到零.

如果入射中子的能量较大,以上描绘的这种碰撞过程就是最可几的过程,但是对于中子的较低能量来说,逸出几率和辐射几率将变成具有相同的数量级,而这就会引起一个相当大的俘获几率的出现. 如果我们最后进而考虑很慢的中子的区域,则在实验上已经知道辐射几率甚至会比逸出几率大得多. 然而也很清楚,在这一事例中,中子逸出和蒸发的类比将是十分不妥当的,因为这时逸出的机制正像复合体系的形成那样将包括一些特定的量子力学特色,它们是不能用这样一种简单的办法来加以分析的.

210

事实上,只有在复合体系的激发能远远大于取走单独一个中子所需的能量时,普通蒸发和中子逸出之间的定量对比才能贯彻到底,因为只有在这种情况下,中子逸出后留下来的剩余核的激发能才会像在通常的蒸发现象中所假设的那样近似地等于复合体系的激发能——在普通的蒸发现象中,所涉及各物体的

④　把通常的蒸发公式应用到中子从复合核逸出的几率上的想法,是由 J · 弗伦开耳首先提出的(*Sow. Phys.*,9:533,1936). 建筑在普遍的统计力学上的一种更细致的考察,将由 V · 外斯考普在一篇论文中给出(*Phys. Rev.*,在印刷中).

热含量在单独一个气体分子的逸出中的变化是微不足道的. 因此,只有当从图 3 中的第二阶段到第三阶段的温度变化比较小时,以上这些考虑才能在这样简单的形式下加以应用.

虽然在迄今做过的有关快中子撞击的实验中应用蒸发类比的条件一般并不是严格满足的,但是却有许多更加定性的推论可以从这一类比中推导出来,而这些推论在这些碰撞过程的讨论中是很有用的. 例如,前面提到的在快中子和核的碰撞中损失能量的很大几率正好就对应于一件事实,即在普通的蒸发中被释放的那些分子并不是带走热物体的全部能量,而是一般只带走小得多的和蒸发体的温度相对应的每自由度的能量. 由热力学类比还应该预料,被释放的粒子应该在这一平均值附近有一种和麦克斯韦分布相对应的能量分布. 如果入射中子的能量比每粒子的结合能大若干倍,那就又可以预料,不是单独一个粒子而是若干个粒子将在逐次的分别蜕变的过程中离开复合体系,而每一个粒子所带走的能量都比入射粒子的能量小得多. 这种类型的核反应确实已在实验上被发现是出现在一些事例中的.

以上这些考虑也适用于质子和 α 粒子之类的带电粒子从复合体中的逸出,但是必须记得,在这种事例中,蒸发潜热并不仅仅是带电粒子的结合能,而且还应包括由逸出粒子和剩余核之间的相互斥力所引起的静电能量. 而且,这种斥力还有在粒子从核逸出后对粒子加速的效应,从而带电粒子的平均能量就会比中子的平均能量多出一个和这种斥力相对应的数量. 因此我们必须预料,所发射粒子的最可能的能量将近似地等于温度能量和静电斥力能量之和,而能量更大的带电粒子的发射几率将像中子事例中一样按照麦克斯韦分布而指数地降低. 粒子只带走可用能量的一部分而把剩余核留在一个受激态中,对这种核反应的偏向,事实上正是有质子或 α 粒子从复合体系中被射出的许多反应的最突出特色之一.

到此为止,我们主要考虑了由中子撞击引发的核过程. 然而,关于一个中间态之形成的类似考虑也将适用于带电粒子和核之间的碰撞;但是在这种事例中必须注意到,作用在带正电的核之间的电斥力在较小的入射粒子能量下常常会阻止或妨害形成复合核时所需要的那种接触. 核粒子在大距离处的这种静电斥力和它们在小距离处的强吸引力,这二者的联合作用事实上可以用一种说法来简单描述,那就是说,核是被一个所谓的"势垒"包围着的,而入射带电粒子必须穿过这个势垒才能和核发生接触. 正如根据支配着放射性核之 α 射线蜕变的那些定律的解释已经了解得很清楚的那样,在量子力学中,带电粒子可以有一个穿透这样一个势垒的几率,即使当按照经典力学粒子由于能量不够而将被势垒挡住时也是如此. 这种量子力学效应也给一个实验事实提供了一种熟知的解释,那事实就是,已经发现,当击中不太重的核时,慢质子也有一个相当大的引发核蜕变的几率,即使当能量不够,以致经典地看来粒子将受到电斥力的阻止而无法和所轰击的核发生接触时也是如此.

211

带电粒子和较轻核之间的碰撞的另一个有趣的特色,就是针对由质子和 α 粒子的撞击所引起的蜕变而发现了的那些引人注目的共振效应. 正如在慢中子之选择效应的事例中一样,必须认为这样的共振起源于两个能量的重合:一个是入射粒子和原有核的能量之和,另一个是复合体系的一个对应于所有成分粒子之某种量子化集体式运动的定态[的能量][5]. 特别是在 α 粒子撞击的事例中,已经由这样的共振效应得出了许多有关较轻核中高激发能级的分布的信息. 和在较重核中得到的密集的能级分布相反,这一事例中的能级间距在激发能比十兆伏特高出许多时也达到几十万伏特. 然而,这一结果很容易理解,如果人们意识到那些最低的激发能级对轻核来说是比对重核来说彼此相隔更远的,从而这些能级的可能组合数在第一种事例中是比在第二种事例中小得多的.

不仅仅共振能级的间距,而且连同它们的半值宽度一般也是在较轻核中比在较重核中大得多的,这就表明复合体系的寿命在第一种事例中比在第二种事例中要短得多. 这首先是起源于这样一种情况:在重核中,只有对很慢的粒子才能看到共振,这时逸出几率非常小,从而复合体系的寿命只受电磁辐射的发射几率的限制,而在较轻的核中,寿命却一般是完全由释放较快粒子的几率来确定的. 然而,完全抛开这一点不谈,我们也应该预料一个重核的寿命(即使核被高度激发而可以发射快粒子)将比一个轻核的寿命长得多,因为在给定的激发能下指定给重核的温度比指定给较轻核的温度要低.

事实上,此处概述了的这些十分简单的考虑,似乎就使我们能够以一种普遍的方式来说明由碰撞引起的核反应的那些独特的特色. 同样,看来也可能利用一些类似的考虑来解释核的辐射性质和原子的辐射性质之间那些典型的区别,而这些考虑在本质上也是根据的这一情况:和原子中每一个电子的近似独立的束缚情况相比,在紧密堆积的核粒子之间进行能量交换是极其方便的. 然而,这一类问题的更细致的讨论,却要求一些更详细的考虑,而这些考虑是超出于现在这篇简短报告的范围之外的[6].

---

⑤　正如人们常常指出的那样,除了复合体系的总能量以外,它的自旋和别的对称性质也可能是对分析共振现象有重要性的. 这些考虑可以怎样和此处所提出的核反应的一般图景联系起来,由 F · 卡耳卡尔、J · R · 奥本海默和 R · 塞尔伯在一篇不久将刊载在《物理评论》上的论文中加以讨论.

⑥　关于此处所述这些想法的发展的一种更全面的说明,不久将由 F · 卡耳卡尔先生和作者发表在哥本哈根科学院的《院报》上.

XX. 论原子核的嬗变

OM SPALTNING AF ATOMKERNER

5. nordiske Elektroteknikermøde, J. H. Schultz
Bogtrykkeri, Copenhagen 1937, pp. 21—23

1937 年 8 月 27 日在北欧电气工程师会议上的演讲

（原书载丹麦文原文（原第 215—217 页）
和英译本，中译本据英译本.）

见本编《引言》第 3 节注⑳.

218

论原子核的嬗变[①]

演讲在开始时简单回顾了导致目前我们关于原子的结构及其特征性质的知识的那种物理学发展. 那是从世纪交替时期电子的发现开始的,而且特别是在1911年卢瑟福发现所谓的原子核以后蓬勃进行的. 如所周知,这些发现导致了一种想法,即每一个原子都有一个极小的带正电的核,核内集中了原子质量的绝大部分,而在核的周围则排列着一些轻得多的带负电的电子. 这种简单的原子图景就使得明确区分物质的两种性质成为可能:一种是依赖于核的本身结构的,而另一种则是起源于核外电子体系的. 例如物质的普通的物理性质和化学性质都依赖于各电子被束缚在原子中的那种方式,从而实际上将只由核的电荷来确定,而只在极小的程度上和它的质量及内部结构有关. 另一方面,某些元素中的放射性现象却起源于核本身随着高能带电粒子即所谓α射线和β射线的发射而发生变化的那种过程. 这两组性质之间的区别,通过一些物质即所谓同位素的发现而特别清楚地得到了强调;这些在其他方面有着完全相同的物理性质和化学性质的同位素,具有不同的原子量,而且往往具有不同的放射性质.

核外电子体系之结构的仔细研究带来了出人意料的困难,因为事实证明经典力学的规律当被用到有核原子上时是不能解释原子体系所特有的稳定性的. 然而,在普朗克作用量子的发现中却找到了解决这些困难的一种基础;按照普朗克的发现,只有在一切有关的作用量和单一量子相比是极端地大的那种包括我们的日常经验在内的领域中,经典力学定律才有它们的充分适用性. 一段很长的发展一步一步地在我们的正常物理概念中导致了越来越远的变化,在此以后,一种新的和更加概括性的力学即所谓量子力学的发展,就在近几年内在这种基础
219 上达成了. 这种力学可以用一种充分自洽的方式来描述和核外电子体系之结构及反应有关的一切规律. 然而,尽管在原子结构问题中出现了许多新特色,这一问题却由于电子体系的开阔结构而保留了一种非凡的简单性;这种开阔性使我们有可能在初级近似下互相独立地描述各个电子的行为. 另一方面,在核的结构和性质的问题中,由于各粒子在核中的极紧密的堆积,人们却遇到一个种类全新

① 一篇演讲的内容总结;那篇演讲是更加不拘形式地辅之以许多幻灯片而发表的.

的局势，从而人们就在这儿遇到一些和适用于原子中的电子组建的那些规律大不相同的规律. 然而，在过去的不多几年中，原子物理学中的一些伟大的实验发现已经创造了大量的资料，而这些资料在今天已经为有关核的那些最重要性质的一种整体看法提供了可能性.

整个这一发展的基础是由1919年卢瑟福的著名实验奠定了的；在那个实验中，他做到了用从放射性核发出的α粒子作为炮弹来使氮核随着氢核的射出而裂开. 这一开创性的工作很快地就引起了整整一系列的关于核嬗变的实验，而其次一个决定性的步骤就在于用人为加速的氢核而不是用以前所用的天然α射线来轰击物质. 随后的年月带来了核物理学中一些动人的发现. 例如，查德威克在1932年发现了所谓中子，这是一种中性的粒子，其质量和氢核的质量大体相同. 人们发现，中子在许多不同的核过程中都会出现，而这种新的核成分又可以用作轰击核的炮弹. 由于它没有电荷，它就比以前所用的带电的核炮弹有一个大得多的穿透物质的能力，因此，借助于中子，就有可能引发为数甚多的新形式的核嬗变.

核物理学中的一个新阶段是在1933年开始的，当时约里奥-居里夫妇已经能够证明，在人为核嬗变中产生的许多同位素是β放射性的，它们在一定的寿命下通过发射负电子或在某些事例中通过发射正电子而进行嬗变. 这种必须被看成一种新型基本粒子的所谓正电子，实际上早在一年以前就已经由安德孙和布拉开特在研究宇宙辐射的效应时发现了. 引起放射性终末产品之出现的那些核反应，分析起来是特别简单的，因为借助于一种给定物质所发射的辐射，人们就能很容易地研究该物质的化学性质并从而确定嬗变的进程，而在此以前人们要做到这一点就必须依靠往往很困难的关于所发射粒子的本性的研究. 联系到这一点，我也应该提到通过应用新的放射性同位素作为化学过程和生物学过程的示踪物而带来的那些很大的可能性. 在生物学领域中，这一类研究特别是由希维思教授在和一些丹麦生物学家的合作中在哥本哈根这里完成的. 220

近几年来在核物理学领域中得出的大量的实验资料，也已经对阐明核嬗变本身进程的某些典型特色作出了贡献. 例如已经发现，任何这样的反应都是分两个阶段来进行的；其中第一个阶段就是入射粒子和原有核的暂时融合，而第二个阶段则是这一中间产物随着带电粒子或中性粒子的发射而发生蜕变. 中间产物的较大稳定性起源于这样一件事实：在碰撞中，由于核粒子很密集，能量将立即在所有各粒子之间进行分配，从而没有任何一个粒子会接受到足以立即离开核的能量. 因此，其中一个粒子可能的事后离开，就要求能量在该粒子上的一次可以说是偶然的集中，其情况正和一个分子从一个液滴中蒸发出来时要求液滴热能的一定数量作为动能而集中在该分子上的情况完全类似. 借助于这种简单的热力学类例,确实曾经能够说明了人为核嬗变中物质粒子之放出方面的一些最有特征性的规律.

曾经这样给我们提供了一种关于原子核之本性的洞察的大量实验结果,只是通过现代电工学所创造的那些奇妙实验手段的应用才成为可能的.主要是弱电流技术,它曾经给我们提供了一些放大装置,使我们得以记录或计数在核反应中被发射出来的单个粒子,不论人们对付的是来自人为放射性物质的β粒子还是在原子蜕变中被发射出来的氢核或α粒子.而且,在原子嬗变中作为炮弹来使用的氢核的加速,归根结底也是一种纯电工的任务.1932年考可若夫特和瓦耳登在剑桥的卢瑟福的实验室中完成的那些最初的实验,使用了一个放电管;在那个放电管中,有由接在一些整流器上的一套变压器产生的一个大约1/2兆伏特的电势差,而氢核在通过这个电势差时就可以获得足以穿透到较轻原子核中去的速率.由范·德·格喇夫在马萨诸塞理工学院引用了的另一种高压装置,是建筑在早已知道的感应起电机作用原理的大胆应用上的.

221　对于永远有较高电荷的重核的蜕变实验来说,人为加速的炮弹必须有很高的速率才能克服阻止它们进入核内的静电斥力.然而,既然在一个高压设备中把电压提高到1或2兆伏特以上会遇到严重的困难和要求很大的尺寸,美国人E·O·劳伦斯在建造一个电磁加速器或称"回旋加速器"方面的得以成功就是极其重要的了;在这种加速器中,人们借助于一个高频的交变电场来使氢离子在一个强磁场中沿着闭合轨道而运动,而这个交变电场就可以逐次地给离子以一系列的加速.虽然每一次单独的加速只是在几千伏特的电势差下进行的,但是末速率却可以大得就像离子曾经通过了一个10兆伏特的电势差一样.

上述这两种类型的装置都已经在核物理学的研究中得到了广泛的应用,而且全世界到处都在建造这些装置.令人高兴的是,在丹麦,在大学的理论物理学研究所中,已经开始了建造一个高压装置和一个回旋加速器的工作,这多亏来自卡尔斯伯基金会、洛克菲勒基金会以及汤马斯·B·特里格基金会(Thomas B. Thrige Foundation)的慷慨支持——后一基金会曾向研究所提供了一个在欧登塞的特里格工厂中专门制造的很大的电磁铁.

XXI. 论由物质粒子撞击引起的原子核的嬗变

I. 普遍的理论论述

（和 F · 卡耳卡尔合撰）

Mat. -Fys. Medd. Dan. Vidensk.
Selsk. **14**, no. 10(1937)

见本编《引言》第 3 节注⑯.

Det Kgl. Danske Videnskabernes Selskab.
Mathematisk-fysiske Meddelelser. **XIV**, 10.

ON THE TRANSMUTATION OF ATOMIC NUCLEI BY IMPACT OF MATERIAL PARTICLES

I. GENERAL THEORETICAL REMARKS

BY

N. BOHR AND F. KALCKAR

KØBENHAVN
LEVIN & MUNKSGAARD
EJNAR MUNKSGAARD
1937

序　　言

正如标题所表明的那样，这篇论文本打算形成一篇论著的第一部分；该论著共分三部分，即将在本刊逐次刊出. 第二部分准备在此处所讨论的一般思路的基础上成为核碰撞理论的一种更详细的阐述. 而第三部分则应该包括沿着这种思路对关于核嬗变的现有实验资料的一种分析. 然而，由于作者们曾去访问美国各大学以便参加讨论核问题的一些会议，早在 1937 年 1 月间就已付排的这篇论文的发表被推迟了，而其他各部分的完成也被耽搁了. 在此期间，由于最近几个月来若干重要论文的发表，这个研究课题曾经发展很快. 此外，H·贝忒已经在《近代物理评论》，**9**，69(1937)上发表了一篇关于核动力学现状的很精彩的全面报道，那里包括了对此处提出的某些考虑的详细评述，所根据的是作者们在 1937 年 2 月间在华盛顿的一次会议上的口头报告. 在这些情况下，发表一篇更全面的论著的计划已经暂时地被放弃了，而为了使现在这篇论文能够跟得上时代，我们增加了一篇在 1937 年 10 月间写成的附录，附录中包括了参考文献以及关于一些对课题最重要的最近贡献的简略评述.

目　录

§1. 基本想法

229

在一篇最近的论文[①]中曾经指出,在原子核中紧密堆积的粒子之间进行能量交换的极端容易性,在确定由物质粒子的撞击引起的核嬗变的进程方面是起着决定性作用的. 事实上,这种碰撞的通常处理所依据的那条假设,即嬗变在本质上就是从入射粒子向原有核中某一其他粒子直接传递能量而导致它的被放出,是不能成立的. 相反地我们必须意识到,每一次核嬗变都包括一个中间阶段,而在这一阶段中能量是暂时地储存在由核和入射粒子所形成的复合体系中所有各粒子的某种密切耦合的运动中的. 由于任何两个物质粒子在所讨论的近距离处的强力的作用,这个复合体系的各粒子之间的耦合事实上是那样地密切,以致该体系的最终蜕变——不论是通过像质子或中子那样的"基本"粒子的发射还是通过像氘核或 α 射线那样的"复杂"粒子的发射——必须被看成独立于碰撞过程之第一阶段的一个单独的事件. 于是,碰撞的最后结果就可以说依赖于复合体系的所有和普遍守恒定律相容的各式各样蜕变过程和辐射过程之间的一种自由竞争.

230

从这种观点看来,由碰撞引起的核嬗变的处理,首先就意味着对于在那个半稳定中间体系的形成和蜕变中被涉及的各个过程之间的平衡的一种分析. 尽管简单的力学类比(A,p. 351)是很有启发性的,这一问题的讨论却显然要求真正量子理论的考虑. 事实上,不但复合体系那些可能的能态一般是受到量子力学定律的限制的,而且这一体系的形成和蜕变也常常会涉及一些典型的量子力学效应,也就是在由康顿和哥尔内得出的,特别是由伽莫夫得出的关于放射性衰变定律的成功解释中已经众所周知的那种效应. 然而,由于此处所假设的核中各粒子的运动之间的密切耦合,这种问题的通常处理是需要相当的修订的;那种处理依据了一条假设,即入射粒子在初级近似下是在一个确定的力场中在核内运动的.

---

① N. Bohr, Neutron capture and nuclear constitution, Nature **137**,344 及 351,(1936),以后引用时简称为(A).

加在校样上的注:在一篇更近期的文章(Science **86**,161,1937)中,对本文所提出的看法的较晚发展作出了一种简短的说明. 一种更充分的更详细地涉及了有关这一课题的以前文献的论述,也包括在一篇在1937年10月间的巴黎国际物理学会议上发表的演讲中,演讲词将印在会议报告中.

不过我们即将看到,这种耦合的极端彻底性事实上却带来了某些简化,这些简化
231 使我们能够得出一些关于核反应的带有概括性的简单结论.

如所周知,通过把原子核当作完全由中子和质子构成的量子力学体系来处理,已经得出了关于这些核的构造的一些很有趣的结果.这种处理不仅给带光谱的研究和线系光谱超精细结构的研究所揭示出的一件事实提供了一种解释,而那事实就是,任何同位素核的内禀自旋,按照该核的质量数的为奇或为偶而是$h/4\pi$这一单位的奇数倍或偶数倍,而且,这种处理也使我们能够对核的稳定性(从而还有各同位素的出现及其质量亏损值)随质量数和电荷数而变化的那种方式有一个普遍的理解.联系到这一点可以特别指出,由海森伯及其合作者们用这种办法得出的关于相距很近的核粒子之间的力的信息,主要是依靠对这些粒子在核的正常态中的平均动能的估计.既然质子和中子都同样是服从泡利不相容原理的,这一能量事实上就将接近于和所假设的核粒子运动情况无关,而且它在数量级上将永远可以和当假设粒子在核内各分离的格胞中运动时所将得到的结果相近.

通常的办法是,每一个核粒子都像原子中的核外电子那样在初级近似下被假设为在一个保守力场中独立地运动;然而,任何按照这种办法对原子核的构造进行的更仔细的分析,都由于核粒子之间更加密切得多的耦合而不能被预期为将会给出可以和核的实际性质相比较的结果.尽管有那些更严格地处理甚轻核
232 的构造的很有希望的尝试,我们目前却必须满足于把原子核看成一种有着极大的密度和带电程度的物质态,而它的性质则只能通过分析有关核反应的实验资料来加以探索.不过,我们即将看到,在普通核嬗变实验中所涉及的激发能远小于把核的所有成分粒子完全分开时所需要的总能量这一事实,却允许我们在核物质的许多性质和普通的液态物质或固态物质的性质之间进行一种简单的对比.

§2. 核能级分布

正如在(A)中所证明了的那样,受激核的能级分布,显得是和按照通常的假设所将预期的分布大不相同的;通常的假设就是,激发能起源于单独一个核粒子的异常高的能量态.例如,关于重核俘获快中子或慢中子并发射辐射的实验证据表明,这种核的能级间距随着激发能的增大而迅速地减小,结果,甚至对于还远不足以使复合体系的半稳定品格有什么重大变化(尽管已经足以使一个中子以很大的动能逸出)的激发能来说,能级分布已经在实际上变成连续的了.即使在连续分布区域中,复合体系的平均寿命或许也还比一个快中子在通过一个核大
233 小的区域时所用去的那段时间大十万倍.然而,如果我们意识到核的定态必然和

核中所有成分粒子的某种量子化的集体式的运动相对应,核能级分布的典型特色就是很容易理解的了. 事实上,相邻核能级随着能量的增大而迅速地互相靠拢,这是和可以由一些独立的量形成的线性组合总集的特征很相像的(参阅 A p. 346;并见附录Ⅰ). 因此,核能级的分布就具有和一个固体的量子态的分布很相像的特点,而固体的量子态的分布是根据低温下比热的理论(见附录Ⅱ)而已经了解得很清楚的.

这一类比使我们想到核的激发和弹性物质的振动之间的一种更加直接的对比;这种对比由于一个情况而大为简化,那就是,除了那些最轻的核以外,一切核中的物质密度和能量密度在实际上都是相同的. 用 N 来代表这样一个核中的质子和中子的总数,则事实上核的体积可以近似地写成

$$V = N\delta^3, \tag{1}$$

式中 δ 约为 3×10^{-13},可以看成每一个核粒子所占格胞的直径. 此外,这种核中每一个粒子的平均动能可以由下列简单公式来近似地给出:

$$K = \frac{h^2}{8\delta^2\mu}, \tag{2}$$

式中 h 是普朗克恒量,μ 是一个质子或一个中子的接近相等的质量. 这样得出的 K 近似地等于 20 MeV,而且,根据质量亏损实验,得到的一个中子或一个质子在核中的平均结合能近似地等于 10 MeV,从而每一个核粒子的平均势能损失就变成 30 MeV. 正如 δ 可以看成核问题中所特有的一个长度单位一样,这种问题中的一个适当的时间单位可以由一个动能为 K 的基本粒子用来通过距离 δ 的那段时间 τ 来给出. 这个时间间隔近似地由下式给出: 234

$$\tau = 2\,\frac{\mu\delta^2}{h}, \tag{3}$$

其数量级为 10^{-22} 秒.

现在,较重核的激发能永远比核的正常态中的总动能 NK 小得多这一事实,就诱使我们把核激发比喻为一个球体在一个弹性系数 ε 或表面张力系数 ω 的影响下进行的体积振动和形状振动,各该系数由形式如下的表示式来给出:

$$\varepsilon = C_\varepsilon K\delta^{-3}; \qquad \omega = C_\omega K\delta^{-2}, \tag{4}$$

式中的无量纲因子 C_ε 和 C_ω 必须被预料对所有的核都近似地是常数,那些最轻的核除外. 于是,体积为 V 而密度为 σ 的一个球体的那些品格最简单的振动的频率 ν_ε 和 ν_ω,就由熟悉的公式来给出

$$\nu_\varepsilon \approx \varepsilon^{1/2}V^{-1/3}\sigma^{-1/2}; \qquad \nu_\omega \approx \omega^{1/2}V^{-1/2}\sigma^{-1/2}, \tag{5}$$

这些公式是很容易通过量纲分析来加以检验的. 令 $\sigma = \mu\delta^{-3}$，我们利用(1)，(2)
235 和(4)就由(5)得到和这些振动相对应的核的相邻量子态的能量差

$$\Delta_\varepsilon E = h\nu_\varepsilon \approx \sqrt{8C_\varepsilon} N^{-1/3} K;$$
$$\Delta_\omega E = h\nu_\omega \approx \sqrt{8C_\omega} N^{-1/2} K. \tag{6}$$

由于很难估计常数 C_ε 和 C_ω 的数值，这些公式的主要兴趣就在于能量差随 N 的变化. 例如，核的较低激发态之间的能量差变化得肯定比 $N^{-1/3}$ 要快而且甚至比 $N^{-1/2}$ 还要快一点，而这一事实就表明，至少对较重的核来说，和 $\Delta_\varepsilon E$ 相对应的那些简单的弹性振动并不是那些最低激发态的起因，而是只有在较高的激发下才有可能出现的. 然而，$\Delta_\omega E$ 更密切地和较低能级间距随 N 而变的方式相对应这一事实，却暗示了表面振动和导致能级分布之主要特色的那些基本的核激发模式之间的一种更直接的对比. 不过，当把从质量亏损曲线②估计出来的核的固有表面能代入(4)和(6)中时，就得到甚至重核的 $\Delta_\omega E$ 都将超过一兆伏特，而重核在那儿的平均能级间距离却肯定不会大于几十万伏特；这一事实就表明，在这种对比中是包含了很大的困难的(参阅附录Ⅲ).

显然，任何这样的简单考虑，最多只能作为有关核激发之可能起源的一种初步推测. 在这一问题的更仔细的讨论中，需要根据稳定性来对个体核粒子间的相
236 互作用的特定品格进行更细致的考虑，也需要对核的激发机制进行更细致的考虑. 事实上，这一点不但已由质量亏损曲线上的那些众所周知的周期性指示了出来，而且也由针对质量数和电荷数是奇数和是偶数的那些核而观察到的基态能级和受激态能级的间距方面的显著差别指示了出来. 这些效应显然必须归因于各对核粒子之间的力的饱和程度的不同，那种饱和程度是由于泡利原理在所涉及的多体体系的更严格量子力学处理中蕴涵了的那些限制而可以达到的. 然而，由于核粒子运动的密切耦合，看来目前还难以判明，当依据的是粒子之间有着弱耦合的那种核模型时，关于特定核力的交换性或自旋依赖性的结论在多大程度上是可靠的.

特别说来，任何通过赋予各个体粒子以轨道动量矩来说明自旋值的尝试，都显得是十分没有根据的. 我们事实上必须假设，任何轨道动量矩都是由核的一切成分粒子所分享的，就如一个固体的转动为其一切粒子所分享那样. 用 J 代表转动惯量，我们就可以求得

$$\Delta_r E = \frac{h^2}{8\pi^2 J} \approx N^{-5/8} K \tag{7}$$

② 参阅 C. F. v. Weizsäcker, Die Atomkerne, Leipzig 1937. [中译者按：此文小注原分页编号，今改为统一编号.]

来作为这种转动的各最低量子态之间的能量差的一种估计. 对于重核,(7)式给出一些远小于平均能级间距的值,从而这或许就可以解释针对这种核的许多能级而观察到的那种精细结构. 然而,这种精细结构的一部分,而且或许还有较低能级分布的结构的许多典型特色,都可能被归因于各个核粒子内禀自旋在彼此之间的相对取向以及它们对核运动总角动量的取向(参阅附录Ⅳ). 237

§3. 核的辐射性质

正如 γ 射线的所谓内转换的研究第一次揭示了的那样,从受激核发出的辐射往往显示出一些极性,它们是和含有一个处于异常高量子态中的电子的受激原子的辐射极性根本不同的. 在原子事例中,强辐射永远是偶极子型的,但是对应于更高阶多极子的核辐射却被发现是比较强的. 诚然,如果核可以看成是完全由有着相同的电荷和相同的质量的例如 α 粒子之类的成分所构成的,这种现象就恰恰是所应预料的,因为,在这种情况下电心将永远和重心相重合,并从而排除任何偶极矩的出现③. 然而,在更普遍的事例中,当必须认为核是由质子和中子所组成时,偶极距的出现就必须被预料为会出现——这完全不依赖于粒子间力的品格如何,如果耦合被假设为很小,以致核的态可以通过给每一个粒子指定上明确定义的量子态来加以描述的话. [中译者按:此句原文略有重复处(多一个“出现”),今照译,不妄改.]

相反地,如果个体粒子的运动之间的耦合被假设为如此地密切,以致我们只须考虑整个核的集体量子化的态,局势就显然会很不相同了. 事实上,除非激发高得使相邻粒子的相对位置受到了重大的影响,不然就必须预料核的辐射性质将和一个实际上均匀带电的转动物体或振动物体的辐射性质很相似,而且,由于电心和质心接近重合,偶极矩就将在这样的条件下并不出现或无论如何将受到大大的压制. 这样一种对比也使得导致中子俘获的那些辐射过程的几率的定量估计成为可能. 事实上,对于核物质的一种频率为 ν 而振幅为 α 的振动来说,单位时间内发射出去的四极辐射将近似地是 238

$$R \approx (2\pi\nu)^6 \frac{E^2}{c^5} \alpha^2 d^4, \tag{8}$$

式中 $E = Ze$ 是总电荷,而 $d = \delta N^{1/3}$ 是核的直径. 再者,对于一个低量子态,我们有

$$h\nu \approx (2\pi\nu)^2 \alpha^2 d^2 M, \tag{9}$$

③ 参阅 N. BOHR, Journ. Chem. Soc. p. 381(1932).

式中 $M = N\mu$ 是核的总质量. 从(8)和(9)中消去 α,我们就得到单位时间内的辐射跃迁的几率

$$\Gamma_r = \frac{R}{h\nu} \approx \tau^{-1}(2\pi\nu)^4 \frac{e^2}{hc} \frac{Z^2\delta^4}{N^{1/3}c^4}. \tag{10}$$

现在,由慢中子对重核的撞击而形成的受激核态的寿命,对应于一个大约为 $\tau^{-1}10^{-7}$ 的 Γ_r 值,而这和(10)相符,如果最可几辐射跃迁的 $h\nu$ 是像看来和一般实验证据相一致的那样具有兆伏特的数量级的话.

239　公式(10)当然只有在跃迁确实和一种四极辐射相伴随的事例中才能成立. 然而,对于和径向脉动或简单转动相对应的核激发来说,甚至四极矩也将不存在,而辐射跃迁也将变得可能性更小④. 关于受激核的任何两个能级之间的辐射跃迁问题,也必须指出,通常并不能指望各种可能类型的振动是互相独立的. 事实上,利用(9)来对这些振幅作出的估计表明,即使是对重核来说,这些振幅也只有在一些最低的量子态中才是远小于核线度的. 因此,一般说来将存在不同类型弹性振动之间的密切耦合的几率,这就可以解释来自受激核的较硬辐射的时常出现,这种辐射是对应于距离较远的核能级之间的跃迁的⑤. 在这方面可以希望,关于由受激核发射出来的辐射的,以及关于由 γ 射线引起的核蜕变的进一步实验,将有助于弄清楚核的激发机制的问题(见附录Ⅴ).

240　§4. 中子从受激核中的逸出

正如在§1中已经提到的那样,核嬗变中所涉及的那个复合体系的蜕变,必须看成是只依赖于这一体系的态而不依赖于它的形成方式的一个事件. 这样的蜕变,事实上要求相当一部分能量在所放出的个体粒子上的一次不妨说是偶然的集中,而那些能量本来是暂时地储存在核物质的内在运动中的. 核动力学的这些典型的特色,特别清楚地出现在引起中子逸出的复合体系的蜕变中. 事实上,在放出带电粒子的事例中,延伸到真正核力的范围以外的电斥力,在某些情况下可以对蜕变几率有相当大的影响,从而正如我们在§6中即将看到的那样,这种本质上的量子力学效应并不是永远可以从关于粒子由核物质中的释放的运动学

---

④　C. F. v. Weizsäcker, Naturwiss, **24**, 813, (1936)近来曾经建议,所谓的同质异能素在人为放射性元素中的出现,或者可以用按照任何核模型来看都极其微小的跃迁几率来加以解释,那就是有着等于 $h/2\pi$ 的若干倍的角动量改变量的辐射跃迁几率. 在这方面提请人们注意到一点或许是有趣的,那就是,紧密堆积的核物质的电荷均匀性,也有使辐射跃迁的几率以及其他各对核粒子之间的内转换过程的几率成为极其微小的可能性.

⑤　特别参阅 S. Kikuchi, K. Husimi and H. Aoki, Nature **137**, 992, (1936).

考虑中无歧义地分离出来的. 甚至在中子碰撞的事例中,经典力学的考虑也并不能无歧义地应用到中子在核外的运动上去,除非德布罗意波长

$$\lambda = \frac{h}{\mu\nu} \tag{11}$$

小于核线度或起码是可以和核线度相比. 严格说来,我们并不能谈论自由中子和核中某粒子之间的相互作用的一种确切的建立,除非 λ 可以和 δ 相比. 在这样的条件下几乎在每一个事例中都会通过入射粒子和核表面的接触而导致一个半稳定复合体系的形成,而这种形成事实上是和一个蒸气分子在液体表面或固体表面上的吸附过程十分相像的. 相反地,复合体系通过中子的释放而蜕变,就和液态或固态物质在低温下的蒸发显示出一种发人深思的类似性. 241

这种类似性曾由弗仑开耳在一篇近期论文⑥中强调过,他在那篇论文中通过和众所周知的蒸发公式相对比而导出了关于中子从受激核中逸出的几率的表示式,而在我们的符号下,该式可以写成

$$\Gamma_n = N^{2/3}\tau^{-1}e^{-W/(kT)}, \tag{12}$$

式中 W 是从核物质中释放一个中子时所需要的功,T 是有效温度,而 k 是玻耳兹曼因子. 通过假设激发能按照普朗克公式而分布在许多振子上,而振子数则等于由 N 个粒子组成的体系的内禀自由度数,弗仑开耳估计了这个温度能量. 如果 U 是核的总激发能,则这种分布给出

$$U = \sum_i \frac{h\nu_i}{\exp[h\nu_i/kT]-1}, \tag{13}$$

式中的求和遍及所有的振子. 再假设这些振动的频率都可以和从受激核发射出来的辐射的最低频率相比,他就得到了通过中子和重核之间的碰撞而形成的复合体系的 kT 值,其值为几十万电子伏特. 代入(12)中,得到的 Γ_n 值比根据实验估计出来的中子逸出几率要小很多. 然而,既然 W 约为 10 MeV,这个公式就是对 T 的估计很敏感的,而如果我们照顾到核物质的可能振动具有从由(7)之类公式给出的到和 K/h 同数量级的一些很不相同的频率值,确实就可以得到和实验值符合得好得多的结果. 242

因此,实际上所有的复合体系的激发能,都是储存在核物质的少数几种频率最小的振动中的,从而由(13)式算出的核的温度将比弗仑开耳所估计的高若干倍,而变得足以在公式(12)可望合理准确的事例中保证和观察到的蜕变几率达到近似的符合. 事实上,普通的蒸发和中子从复合体系中的逸出之间的一种定量

⑥ J. Frenkel, Sow. Phys. **9**, 533,(1936).

对比，不但受到该体系有效温度之准确估计所涉及的那种困难的限制，而且也受到另一种情况的限制，那就是，中子逸出后留下来的剩余核的激发能一般将远小于复合体系的激发能，这是和通常的蒸发过程很不相同的，因为在蒸发过程中，所涉及物体的热能在单独一个蒸气分子的逸出期间的改变量是小得可以忽略不计的. 因此，像(12)这样的一个公式，只有当剩余核的平均激发能尽管小于复合体系的激发能但却还是和它同数量级时才能指望给出近似正确的结果(见附录Ⅵ).

243

在这样的事例中，中子从复合体系中的逸出和普通的蒸发之间的对比，也能给导致剩余核之不同激发态的那些不同蜕变过程的相对几率提供一种简单的解释. 事实上，公式(12)主要给出的是关于那样一些蜕变过程的几率的估计，在那些过程中，逸出中子的能量和在所考虑的温度下的一个气体分子的能量近似相同，而中子以较高速度逸出的相对几率则必须被预料为较小，这是和气体分子的麦克斯韦速度分布定律近似地符合的. 事实上，这样一种对比给一种观察结果提供了简单的解释；那结果就是，在导致中子释放的核反应中，一个中子带着全部可用的能量而离开核的几率一般是很小的，如果该能量远远大于温度能量的话(见附录Ⅶ).

类似的考虑也和观察到的核和一些中子的碰撞中的较大能量传递几率定性地相符，那些中子的动能大于核的正常态和最低激发态之间的能量差. 尽管这一效应和关于核碰撞的通常概念形成那么强烈的对照，它却很容易用那种较小的要求来加以解释(参阅(A)，p. 347)；就是说，在复合体系的这种蜕变中，中子逸出而把剩余核留在一个激发态中，这时对于储存在核物质中的能量的集中的要求，将比把剩余核留在它的正常态中时的要求更小一些. 在很剧烈的碰撞中，当复合体系的能量可以和 K 相比乃至大于 K 时，我们就应该进一步预料将有若干个粒子在一些相继的分别的蜕变过程中离开这个体系⑦. 如果这样一次蜕变过程导致一个中子的逸出，则中子的最可几能量将是和复合体系的温度能量同数量级的，而如果放出的是一个带电的粒子，则由于有电斥力在核表面以外的附加效应，粒子的最可几能量将会更高一些；在这样的一个事例中，电斥力对释放过程本身只有次要的影响.

244

§5. 慢中子碰撞

正如已经提到的那样，在核和中子之间的碰撞事例中，当中子的动能很小，以致德布罗意波长远大于核线度时，我们就不能以一种无歧义的方式谈论中子

⑦　核碰撞中多于一个的中子的逸出，近来已在快中子碰撞中被观察到，见 F. Heyn，Nature **138**，723，(1936).

和核之间的接触了.因此,这时复合体系之形成或蜕变的普通力学描述的每一种简单的基础显然都已不存在了.这一点,也由慢中子的俘获这一引人注目的现象最为突出地显示了出来,对于这种俘获来说,曾经求得了等于简单核截面的几千倍的有效截面.在这些高度选择性的现象中,我们显然是在和一种典型的量子力学共振效应在打交道,在这种效应中,虽然碰撞过程仍然可以分成明确的阶段,但是相继阶段的几率却不能相互独立地来加以估计了. 245

在解释这种共振之出现的一些最早的尝试中,中子被假设为在核中是在一个形成所谓势穴(potential hole)的固定场中运动的.由于势的巨大降落,中子在穴中的势能事实上就将很大,以致它的波长变得小于穴的直径,尽管它在穴外的波长是大得多的.因此,波长的这种巨大变化就造成中子波在穴的内壁上的一种几乎完全的反射,从而就使得在适当的中子能量值下构造一种强度相当大的驻波成为可能.由于中子在核内的运动的这样一种半稳定的态的存在,对于这些能量值来说就会既出现一种和中子从该态的再发射相对应的异常大的散射效应,又出现一个相当大的中子俘获几率,这种俘获起源于势穴内的到达较低能态的辐射跃迁.虽然这种图景以一种发人深省的方式阐明了共振效应的本质特色,但是人们很快就发现,这种图景是完全不足以说明所观察到的现象细节的.特别说来,关于这种简单碰撞过程中的辐射效应的几率的估计表明,散射几率将永远大于俘获几率或可以和俘获几率相比;这是和实验结果相反的,因为按照实验结果,人们发现常常大得出奇的慢中子俘获几率在任何事例中都不是和一种特别大的散射效应相伴随的.

为了克服这个困难,G·布来特和E·维格纳[⑧]曾经给慢中子碰撞中那些共振效应的解释提出了一种修订的形式;按照这种形式,在中间态中,在入射中子在核场中被束缚在能量低得使它不能立即逸出的某一定态中的同时,有另外一个核粒子通过和入射中子的相互作用而从它的正常态被提升到了一个较高的定态.事实上,正如他们证明了的那样,由于入射的中子波有一个小小的透入到具有核线度的势穴中去的本领,甚至一个较小的从中子向束缚在核中的另一粒子传递能量的几率,就足以使这种碰撞中的散射过程和辐射过程之间的轻重关系颠倒过来了.不过,正如在(A)中已经指出的那样,观察到的共振现象的异常尖锐性以及现象的较频繁的出现,却要求比在个体粒子间只有弱耦合的任何核模型所能给出的更长得多的中间体系寿命和更密集得多的能级分布. 246

然而,在布来特和维格纳对共振问题的处理中,决定性的进步却在于建立了关于中子散射截面和中子俘获截面在共振区域中的变化的普遍公式,这在实验资料的分析方面是很有价值的.用 Γ_n 和 Γ_r 分别代表复合体系的中子蜕变几率

⑧ Breit and Wigner, Phys. Rev. **49**, 519, (1936).

和辐射跃迁几率,这些截面公式可以写成

247

$$\sigma_{sc}=\frac{\lambda^2}{4\pi}\times\frac{\Gamma_n^2}{(E-E_0)^2h^{-2}+\frac{1}{4}(\Gamma_n+\Gamma_r)^2} \tag{14}$$

和

$$\sigma_r=\frac{\lambda^2}{4\pi}\frac{\Gamma_n\Gamma_r}{(E-E_0)^2h^{-2}+\frac{1}{4}(\Gamma_n+\Gamma_r)^2}, \tag{15}$$

式中λ和E分别是入射中子的波长和动能,而E_0是应该指定给复合体系之半稳定的定态的能量值.

(14)、(15)二式和众所周知的光学色散公式的显著相似性是最为发人深省的;而且,特别说来,这种相似性也显示了在共振碰撞中简单区分复合体系形成几率和这一体系的互相竞争着的蜕变过程及辐射过程的几率的那些困难. 尽管后一些几率的比值总是只确定散射和俘获的相对产量,我们从这些产量绝对值对Γ_n和Γ_r的依赖关系却能看到这些几率怎样也影响所能得到的共振程度,并从而也影响复合体系的形成几率.

至于利用(14)和(15)来对实验资料进行讨论,特别重要的就是这样一个情况:根据共振区域宽度

$$\beta=h(\Gamma_n+\Gamma_r) \tag{16}$$

和最大俘获截面

$$\sigma_r^{\max}=\frac{\lambda^2}{\pi}\frac{\Gamma_n\Gamma_r}{(\Gamma_n+\Gamma_r)^2} \tag{17}$$

的测量结果,可以既确定Γ_n又确定Γ_r. 现象的进一步分析表明,对于较重的元素来说,Γ_r具有10^{14}秒$^{-1}$的数量级,而对于具有温度速度的中子来说,Γ_r和Γ_n之比约为10^3. 尽管必须预料Γ_r在一个相当大的能量区域中只是很慢地随能量而变,从十分简单的量子力学论据却可以看出,在中子波长远大于核线度的能量区域中,Γ_n是和入射中子的速度成正比的,因为在这样的一个事例中各种过程的轻重关系将只依赖于一个中子在核附近的出现几率⑨. 因此我们将预料,对于大

248

⑨　正如在O. R. Frisch and G. Placzek, Nature **137**, 357, (1936)和P. Weekes, M. Livingstone and H. Bethe, Phys. Rev. **49**, 471, (1936)所指出的那样,这样的简单论据提供了规定小的中子速度的直接方法. 事实上,由慢中子的撞击所引发并导致快α射线的放出的那种核蜕变的截面,将在很大的能量区域中在很高的近似程度上和中子速度成反比,因为在这种事例中复合体系的寿命将很短,而所有的典型共振效应都将像公式(15)所证明的那样不复存在,如果由(16)式给出的β在所考虑的整个区域中都远远大于入射中子的能量的话.

约为 10^5 伏特的中子能量来说,Γ_n 和 Γ_r 将有相同的数量级. 对于更高的能量来说,必须预料 Γ_n 将更快地增大并将很快地变得比 Γ_r 大得多,这是和有关快中子碰撞的实验证据相一致的⑩.

在公式(14)和(15)中曾经预设,只有复合体系的一个半稳定的态是对俘获和散射的截面的反常变化负责的. 然而,正如在光学色散的事例中一样,也可能说明若干共振能级的组合效应,只要每一能级的宽度都小于相邻能级的间距就行了. 如果复合体系在所涉及的能量区域中有一种连续的能级分布,则这样一种分析是不能无歧义地进行的,但是——如果入射中子的波长在这一区域中仍然远大于核线度——这时散射和俘获的截面将由简单的表示式(17)来给出,如果把各个 Γ 看成复合体系的蜕变和辐射的缓慢变化的几率的话. 事实上,和快中子碰撞的事例相反,各截面在这一区域中将取决于复合体系的形成过程和蜕变过程之间的平衡,这种平衡是和完全共振中的情况十分相像的(附录Ⅷ). 249

§6. 带电粒子从核中的放出

正如由放射性核的 α 射线蜕变的量子力学解释已经知道得很清楚的那样,一个带电粒子可以从核中逸出,即使它在恰好在核表面外面的区域中的势能大于它在远距离处的动能. 事实上,通过把这些蜕变比拟为一个粒子穿透核周围的一个固定势垒而逸出(该势垒由核粒子在小距离处的吸引力和它们在这些力程以外的静电斥力的联合作用来形成),已经对 α 射线从放射性核中被逐出时的能量和这些核的平均寿命之间的特征关系作出了一种最为发人深省的解释. 正如由伽莫夫理论了解得很清楚的那样,我们用这种办法就得到单位时间内的蜕变几率 250

$$\Gamma_\alpha \approx \tau^{-1} e^{-4\pi/h \int_a^b \sqrt{2m(P(r)-E)}\,\mathrm{d}r}, \tag{18}$$

式中 m 和 E 是粒子的质量和它被逐出时的能量,$P(r)$是粒子在距核中心 r 处的势能,a 是这一势垒的内半径,而 b 是经典的最短接近距离.

特别说来,公式(18)曾被用作由已知蜕变恒量来估计放射性核的半径的依据. 然而,关于个体核粒子之间的能量交换对粒子从核碰撞所形成的复合体系中

---

⑩ 在一篇近期论文 H. Bethe and G. Placzek, Phys. Rev. **51**, 450, (1937)中,对有关慢中子碰撞的实验资料进行了细致的讨论. 在这篇论文中,发展了其类型比(14)和(15)更普遍一些的公式,式中明显照顾了所涉及的核的自旋性质对共振现象的影响.

逸出的几率将有决定影响的那一认识，却提出了这种估计可靠到什么程度的问题. 事实上我们必须考虑到，α 粒子在逸出之前绝不是在一个固定的势穴中自由运动，而是它的从核中逸出必须认为是由两个或多或少明确分开的步骤组成，其中第一步就是 α 粒子从核物质中的释放，而第二步则是它作为一个自由粒子而穿透势垒. 把这一过程中的第一步和快中子从高度激发的核中的逸出相比较，贝忒[11]曾经在一篇近期论文中得出结论说 α 粒子势垒的可穿透性想必比迄今所假设的要大许多倍，从而就得出了一些核半径的值，它们是比普通承认的值要大得

251 多的，而且它们要求在关于核外电力在带电粒子反应中的效应的一切估计方面都作出重大的改变.

然而，关于这样一种论证必须记得，尽管势垒的外侧陡度是完全由大距离处的核粒子间的电斥力来决定的，它的内侧上升却是在本质上由小距离处的特殊核力所引起的. 因此，在完全除去势垒以后所将剩下来的那个假想核的蜕变，将不会像带电粒子从实在核中的逸出那样地受到核力的反抗，而且，势垒的顶端比逸出粒子的能量越高，这样两种过程之间的差别显然就越大. 当放射性核处于它们的正常态中时，α 射线势垒的高度是和 K 同数量级的；于是，在这种特例中，除掉这一势垒后剩下来的核体系似乎就将具有很大的非稳定性，以致核的蜕变几率实际上将只由势垒效应来决定. 因此，尽管不对各种可能类型的核反应进行较细致的区分而对核半径作出的一切估计都有其内在歧义性，但是，利用(18)这种类型的公式来对放射性核的半径作出的估计，看来却几乎不可能由于把问题的多体面貌考虑在内而有很大的改变(参阅附录Ⅸ).

252 和正常态中的放射性核的 α 射线衰变相比，斥力以及个体核粒子之间的能量交换对蜕变几率的相对影响，在由碰撞所形成的高度激发的复合核中是完全颠倒过来的；在这种复合核中，正如在§4 中已经谈到的那样，斥力的直接效应往往只是对从核物质中蒸发出来的带电粒子进行随后的加速而已. 在由 α 射线对轻核的撞击所引发并导致高速质子的释放的那种研究得很多的核嬗变中，这一效应显示得尤其清楚. 记着中子从受激核中逸出时的那些情况，我们就发现，一旦能量够大了，核在放出质子以后就更加可能被留在它的一个激发态中而不是被留在它的正常态中. 事实上，出现在这种嬗变中的不同质子组的相对丰度和各对应中子组的相对丰度之间的唯一差别就在于，由于有斥力，甚至那些最慢的质子也将具有显著地高于复合核的温度[能量]的能量. 不过，谈到利用(12)型的蒸发公式来对蜕变几率绝对值进行估计的问题，那却必须记住，蒸发潜热并不能简单地和从复合核的正常态中把一个质子送到无限远时所需要

---

[11] H. Bethe, Phys. Rev. **50**, 977(1936).

的能量等同起来，而是在这个能量上还要加上质子刚刚达到核表面外面时的势能.

§7. 带电粒子和核之间的碰撞

在由带电粒子的撞击所引发的核嬗变中，如果这些粒子的能量足够大，我们就可以像在快中子碰撞中那样把复合体系的形成看成入射粒子和原有核之间的接触的一种直接后果. 然而，在带电粒子的事例中，能量当然必须足够地大，以致即使在穿过了核周围的静电斥力场以后，入射粒子的波长也仍然远小于核线度. 253 对于高速 α 粒子对较轻核的撞击来说，这些关于简单处理复合体系之形成的条件的近似满足是被一个事实所证明了的，那就是，蜕变过程的总产量近似地不依赖于入射粒子的速度. 这一点在某些事例中显示得特别清楚；在那些事例中，质子和中子可以作为碰撞的结果而以可以相比的丰度被放出，而且已经发现，质子产量和中子产量之和在一个很大的 α 射线能量区域之内将显著地保持不变，即使它们的相对丰度在这一区域中可以变化颇大[12]. 同时，这种观察极其突出地表明，在这样的碰撞中，我们遇到的并不是被逐出的个体质子及个体中子和入射 α 粒子之间的任何直接耦合，而质子和中子的释放却代表的是复合核的一些互相竞争着的蜕变过程[13].

在能量较小的 α 射线撞击中，我们遇到一种更加复杂的局势，这部分地是由于复合体系的能级不再是连续分布的而是或多或少分离的，而部分地是由于入射粒子和原有核之间的接触的建立本身就提出了一个典型的量子力学问题. 254 关于后一问题已经了解得很清楚的是，在由 α 射线撞击引发的核蜕变的许多事例中，可以用伽莫夫的核周围势垒穿透理论来满意地说明输出随递增 α 射线能量的变化. 然而也很显然，在导致高速质子的放出的若干核蜕变中观察到的某些 α 射线能量处的显著极大值，并不能用通常的方法来加以解释；就是说，并不能认为这些极大值的出现是由于势垒内存在入射 α 粒子的一种半稳定的量子态，而 α 粒子可以从这个态降落到某一较低的量子态，同时质子则从它在核内的正常能级上升到高得足以使它逸出的一个能级. 事实上，共振效应的任何这样的解释（即在初级近似下假设 α 粒子和质子都是在固定的核场中运动着的那种解释），都是不能和由快 α 粒子撞击引起质子发射的巨大几率互相调和的，因为 α 粒子

[12] 见 O. Haxel, Z. f. Phys. **93**, 400, (1935).

[13] 加在校样上的小注. 这一点近来也在 W. D. Harkins, Proc. Nat. Acad. of Sci. **23**, 120, (1937) 上得到了强调，该文作者在几年以前就在不曾更加详细讨论核反应的机制问题的情况下提出了这样一种看法：核嬗变永远是由一个复合体系的形成所引起的.

是可以被假设为很容易透入到核内去的.其实,正如莫特[14]在几年以前就已经偶然提到的那样,这一事件蕴涵了 α 粒子和质子之间的一种耦合,而这种耦合过于密切,以致使得共振即使在较低的 α 射线能量下也无法形成;在那种能量下,α 粒子在核中的穿透被假设为只受到势垒的重大影响,但是多余的能量却仍然足以使质子不受任何阻挡地从势垒顶上越过.

所讨论的共振效应,显然必须归因于自由 α 粒子及原有核的总能量和复合体系的一个定态能量的重合;该定态对应于该体系之一切成分粒子的一种量子化的集体式的运动.这些态的细锐性,从而还有共振效应的尖锐性,将依赖于复合体系的寿命,而这个寿命又由该体系的各种互相竞争着的蜕变过程的几率之和来确定.除了一些特殊情况以外,质子的释放将是更加可几得多的,而且正如由§6中提到的被发射质子的速度分布所清楚地证明了的那样,质子的释放也将依赖于核物质的一种蒸发式的过程,而这种过程只会间接地受到核外斥力的存在的影响.这不仅和共振在质子能够毫无困难地从势垒逸出的那种能量区域中的存在相一致,而且这也可以解释这样一件事实:对于不太快的 α 射线来说,各共振能级的宽度只随着 α 射线能量的增大而缓慢地变化,尽管一个 α 粒子穿透势垒的容易程度应该随着 α 射线能量的增大而迅速地增大.

在关于由 α 射线撞击所引发的核嬗变的更细致的讨论中,还应该照顾到这样一个情况:即使在共振区域中,α 粒子的波长一般也是和核线度同数量级的,从而就必须特别注意它那些相对于核而言的不同角动量值的可能性,以及这些值对蜕变过程的有效截面绝对值的影响.特别说来,这一情况将影响关于势垒和核内能量交换对所讨论的区域中的 α 粒子释放几率的估计.联系到这一点,指出一个情况也是很有兴趣的,那就是,密切核碰撞中 α 粒子的所谓反常散射这种现象,并不能像在通常的处理中那样完全归因于 α 射线在一个固定力场中的偏转,而是可以受到一个 α 粒子暂时被复合体系所收容然后又通过一次单独的蜕变过程而被放出的那种可能性的重大影响的.

在人为加速的质子所引发的核嬗变中,由于入射粒子的能量较小,斥力将对整个的现象有一种占优势的影响.这一点,也可以由一种巨大的准确性来证明,就是说,除了特别尖锐的共振事例以外,输出随中子能量的相对改变量是由伽莫夫理论很准确地给出的.然而,质子穿透势垒的几率的简单计算,却不能解释由对不同核的撞击所引起的各种核嬗变的输出绝对值之间往往大得惊人的那些差别.这些特殊的效应,事实上以一种突出的方式显示了那种巨大的程度,就是说,

[14] N. F. Mott, Proc. Roy. Soc. **133**, 228, (1931).

在真正量子力学的区域中，复合体系的形成几率可以在很大的程度上依赖于这一体系本身的各个蜕变过程的几率，而这些几率又可以大大地依赖于原有核的和蜕变产物的自旋性质⑮.

在某些轻核对慢质子的高度选择性俘获这一特例中，我们在俘获截面对质子逸出几率和辐射跃迁几率的依赖方式方面遇到一种特别发人深省的和慢中子俘获的类似性，尽管这两种现象在力学方面是显示着极大的不同的. 事实上，质子俘获截面和共振区域宽度显然可以用和(15)及(16)类型相同的普遍公式来表示，但是，尽管中子释放几率 Γ_n 只依赖于核物质内部的能量交换，而对应的质子逸出几率 Γ_p 却也将大大地依赖于核外的斥力. 不过，由于复合体系的激发程度很高，这里的局势还是和在第 6 节中讨论了的放射性核在它们的正常态中的 α 射线蜕变大不相同的，而且在这儿，中子从核物质中被释放的机制对 Γ_p 的影响将是可以和势垒[的影响]相比的. 257

一些本质性的新特色在由氘核碰撞所引发的核嬗变中显示了出来；在这些嬗变中，在较大的能量区域内，输出往往比根据具有氘核电荷和氘核质量的一个质点到达核表面上的量子力学几率所作出的估计要大得多. 然而，正如奥本海默和菲利普斯⑯所指出的那样，我们在这儿必须照顾到，由于氘核的体积较大而稳定性较小，它在碰撞中可能破裂，结果中子就被核所俘获，而质子则被核外场所排开. 对于最小的氘核速度来说，这种看法似乎确实给实验资料提供了一种令人满意的解释. 然而，对于较大的氘核速度来说，当能量还太小而不足以使一个带电质点有很大的几率穿入核的内部时，那却必须假设，即使应该指定给分别构成核和氘核的各个基本粒子的那些区域有一种部分的重叠，也可能导致两个体系完全融合成半稳定的复合体系. 258

由于氘核的弱结合能，这儿的复合核的激发能将高达由一个中子或质子的撞击所造成的激发能的两倍. 不过，除了因为总能量过于接近两个自由质子和两个自由中子的能量而不允许一个足够稳定的中间态出现的那种氘核互相碰撞的极端事例以外，复合体系的激发能还将是比它的粒子的总结合能小得多，以致也像在其他的核嬗变中一样，碰撞可以分成两个明确定义的阶段. 事实上，正是由于氘核碰撞中的高激发能而成为可能的那些复合核蜕变过程的多样性，就提供了许多有关对核反应之最后结果负责的那种竞争的发人深省的例子.

---

⑮ 参阅 M. Goldhaber, Proc. Camb. Phil. Soc. **30**, 361, (1934); L. R. Hafstad, N. P. Heydenburg and M. A. Tuve, Phys. Rev. **50**, 504, (1936). (并参阅附录Ⅳ.)

⑯ J. R. Oppenheimer and M. Phillips, Phys. Rev. **48**, 500, (1935).

附　录

Ⅰ. 按照每一能级都代表接近等距分布的一些量的组合这一简化的假设，高激发下的核能级密度可以利用任一整数可以写成较小正整数之和的可能方式数的渐近公式 $p(n)$ 来简单地加以估计；这一公式已由 G·H·哈第和 S·喇曼努延导出(Proc. London Math. Soc. (2)XLII,75,1918)，而且它在最近引起了我们的注意. 对于大 n 值，这个公式可以近似地写成

259

$$p(n)=\frac{1}{4\sqrt{3}n}e^{\pi\sqrt{(2/3)n}}.$$

现在，如果我们采用一个近似对应于重核之最低能级的平均间距的能量值 2×10^5 eV 来作为单位，我们就得到利用一个激发能 8×10^6 eV 所能求得的组合数 $p(40)\approx2\times10^4$，这就意味着一个约为 10 eV 的平均能级间距，这是和根据慢中子碰撞估计出来的能级分布密度大致相符的.

Ⅱ. H·贝忒曾经对核能级分布的典型特色作出了更细致的理论讨论(Phys. Rev. **50**,332,1936;Rev. Mod. Phys. **9**,69,1937)；他根据联系着热力学体系的熵和平均能量的统计力学普遍定理，针对核激发的两种不同的简化模型来估计了高度受激核的能级密度. 在第一种模型中，为了简单，完全忽略了个体粒子的运动之间的耦合，而激发能则被比拟成了所谓低温费米气体的能量. 在第二种模型中，耦合被假设为很密切，而激发能则被假设为完全起源于核物质的在正文中所简略讨论过的那种类型的毛细振动. 虽然其中任何一种模型都不能被假设为可以正确地重现核中的实际状况，但是贝忒的计算却提供了一些发人深省的例子，显示了核的能级体制的典型特点可以由一条假设推知的那些方式，而其假设就是，激发能是按照一种和热平衡相对应的方式而分配给各个核粒子的.

260

对这一问题的另外一些有兴趣的贡献曾由 L·朗道(Sow. Phys. **11**,556,1937)和 V·外斯考普(Phys. Rev. **52**,295,1937)给出，他们曾经在不引用任何有关核激发之起源的特定假设的情况下利用热力学方法计算了核能级的密度，这时所用的假设是，一个重核的激发能的平均值正比于它的绝对温度的平方. 在贝忒讨论的两个特例的第一个中也得到满足的这一条件，确实就意味着核中运动的各个基频振模具有接近等距的能量值. 因此，指出一点就是有趣的，那就是，如果我们把 n 这个数字理解为以各最低能级之间的能量差为单位的总能量之值，由热力学类比导出的能级密度公式实际上就和附录Ⅰ中的 $p(n)$ 表示式相等同——至少在对核的总激发能的指数依赖性方面是等同的.

Ⅲ. 核激发的起源问题包括着一些巨大的困难，这不仅是由于我们对特定的核力所知甚少，而且也由于有关的量子力学问题相当繁复. 因此，正文中那些简单说法的目的，首先就在于讨论一种简化的半经验的处理方法的某些可能性. 在这方面，一种直截了当的对应论证就向人们暗示了核的准弹性振动的存在，然而，这样的论证能否合理地应用到核激发和毛细振动的一种类比上，那却是很可 261 怀疑的. 事实上，有鉴于各个核粒子的运动之间的密切耦合，这一类比所包含的那种和非黏滞性流体的对比是很难成立的. 此外，这样一种对比——正如派尔斯教授在哥本哈根的一次近期讨论中所亲切指出的那样——将迫使我们也考虑其他类型的内在核运动，而特别说来，这就将是和正文中所提到的那种核内转动和刚体转动的对比不能相容的.

Ⅳ. 核粒子的轨道角动量和自旋矢量之间的相互作用问题常常被人们论及，这不仅是联系到核的自旋值来加以讨论，而且也在试图说明不同核嬗变的那些引人注目的选择定则时加以讨论. 通常这些效应是被认为起源于个体粒子的轨道角动量和它们的自旋矢量之间的一种弱耦合，就像原子中的那种耦合一样. 然而，在 F·卡耳卡尔、J·R·奥本海默和 R·塞尔伯的一篇近期论文(Phys. Rev. **52**, 279, 1937)中却已证明，似乎只通过一条假设，就能解释这些定则了，而那假设就是，核粒子的总角动量和合内禀自旋是很松地耦合着的，这种耦合松得使我们可以对它们的相对取向作出明确的量子力学叙述.

Ⅴ. 和此处所讨论的关于核激发及核辐射的看法相一致的一种对于核光效应的处理，由 F·卡耳卡尔、J·R·奥本海默和 R·塞尔伯在一篇近期论文 262 (Phys. Rev. **52**, 273, 1937)中进行了尝试. 特别说来，文中指明了可以怎样根据 W·玻特和 W·根特诺用高能 γ 射线作的那些引人注目的实验(Naturwiss., 25, 90, 126, 191, 1937)，来估计核从各个激发态到正常态的辐射跃迁几率. 对于具有中等原子量和 17 MeV 激发能的核来说，这些几率在某些事例中被发现具有 $\tau^{-1}\times10^{-9}$秒$^{-1}$的数量级，就是说约为这种核的最可几辐射几率的 1/100. 这种远距离跃迁的较大几率和另一些几率形成突出的对照，那些几率初看起来是根据受激核的辐射和温度约为每自由度一兆伏特的一个黑体的辐射之间的简单对比所应预期的(见 L. Landau, Sow. Phys. **11**, 556, 1937；并见 §4). 不过也可以指出，由于核辐射的多极性和正文中提到的不同激发振模之间的密切耦合，这样一种对比是有困难的. 此外，核光效应的产量从一种元素到另一种元素的那种表观上难以捉摸的变化方式，也使我们想到，在从这些高激发核态到正常态的跃迁中，我们遇到的是辐射机制的某些奇特的特色，它们或许是和偶极矩的出现相联系着的.

Ⅵ. 关于通常类型的蒸发公式对核蜕变问题的适用条件，V·外斯考普在附录Ⅱ所引用的那篇近期论文中作出了更细致的分析. 在那里，在统计力学的普遍方法的基础上，不但详细讨论了由于所论体系的自由度较少而给核问题中的简单热力学类比带来的局限，而且也详细讨论了这种问题的恰当处理所要求的那些对通常热力学方法的推广.

263

Ⅶ. 从高度受激核中逸出的那些中子的能量分布，在用 α 射线轰击的铍这种常用中子源的事例中研究得特别仔细. 在这儿，人们发现快中子的分布是和理论的预期密切符合的，但是能量远低于所估计的复合核温度的那些中子的相对丰度却显示了一种表观上的偏差. 然而，这种表观困难将不复存在，如果我们假设所讨论的慢中子是像P·奥日所首先提出的那样(Journ. de Physique，**4**，719，1933)起源于一种更复杂的过程的话；这个过程的第一阶段就是一个 α 射线从复合体系中逸出并留下一个处于激发态中的铍核，而其第二阶段则是这个核分裂开来而变成两个 α 粒子和一个慢中子. 这一看法得到了由T·比耶尔基作出的一种近期实验研究(Proc. Roy. Soc.，在排印中)的进一步的有力支持.

Ⅷ. 连续能级分布事例中的量子力学共振效应问题，近来曾由F·卡耳卡尔、J·R·奥本海默和R·塞尔伯在附录Ⅴ所引用的关于核光效应的论文中更仔细地讨论过，这个问题显示出一些独特的特色，和由慢粒子的撞击所引发的核嬗变问题相类似. 核反应的一种更全面的量子力学处理将由F·卡耳卡尔在一篇不久即将问世的论文中进一步给出，文中将特别尝试展开一些和原子辐射问题的对应处理相仿的普遍论证.

264

Ⅸ. 通过分析放射性核的 α 射线蜕变而导出关于核半径的恰当估计的问题，由贝忒在他近来关于核动力学的论文(Rev. of Mod. Phys.，**9**，69，1937)中作了进一步的讨论；他在论文中广泛使用了这种半径的一些增大了的值，那是他在第26页[本书原第250页]上所引用的论文中提出的. 在这方面，贝忒也评论了针对在正文中给出并在华盛顿会议上提出的这种估计核半径方法而提出的批评(见本文《序言》). 同时，对这一问题的一种重要贡献已由L·朗道在附录Ⅱ所引用的他的论文中作出，他在文中曾经做到从很普遍的论据出发来推出一个概括性的公式，以表示核在释放带电粒子时的蜕变几率对核外斥力以及对核在所考虑能量区域中的能级分布密度的依赖关系. 在能级分得很开的放射性衰变的事例中，朗道的公式给出一些核半径值，它们和由普通的势垒公式得出的值相差很小，但和贝忒所建议的值却相差很大. 朗道的处理和在正文中给出的论证之间的更密切的联系，将在以上提到的卡耳卡尔即将问世的论文中加以讨论.

XXII. 核 力 学 [1]

MÉCANIQUE NUCLÉAIRE

Actualités scientifiques et
industrielles: Réunion internationale
de physique-chimie-biologie,
Congrès du Palais de la découverte, Paris,
Octobre 1937, Hermann et Cie, Paris 1938;
II - Physique nucléaire, pp. 81—82

在 1937 年 9 月 30 日到 10 月 7 日在巴黎召开的
物理学、化学和生物学国际会议上发表的演讲.

(原书载法文本(原第 267—268 页)和
英译本,中译本据英译本)

见本编《引言》第 3 节注⑦.

这次会议的一篇报道见 Nature **140**(1937)710—714. 在 711 页上有关于玻尔演讲的总结.

核 力 学

这篇演讲的目的就是要指出存在于核的动力学性质和原子体系的动力学性质之间的那些本质的区别，并指出这种区别在诠释核反应方面引起的主要后果. 这些区别起源于这样一个事实：和在原子的事例中相比，构成核的那些粒子是集中在小得多的区域中的. 由此首先就可以推知，确定着原子的结构的那些力，是和可以通过研究自由粒子而推出的那些力相同的，而核结构却是由一些只在很小的距离上起作用的力来确定的；于是，原子结构的解释就是建筑在了解得很清楚的相互作用定律上的，而核结构问题却不能同样地和核力定律的形式问题划分开来. 此外，原子中各成分粒子的运动在初级近似下可以作为相互独立的运动来处理，这正是元素周期系的解释所依据的那种具体特色，而另一方面，在核中，粒子之间的耦合却强得使任何这种近似都成为不可能的了.

为了理解由碰撞所引起的核嬗变的规律，很重要的就是要照顾到这一事态. 我们被引导着具体设想，作为这种反应的一个中间态的是一个"复合体系"的形成，在这种体系中，总能量是在所有的成分粒子中间分配开来的，而且这个体系是只有当足够的能量被集中在某一个成分粒子上时才是可以蜕变的. 因此，反应的最后结果就取决于各种可能的蜕变模式和辐射从复合体系中的发射之间的一种竞争.

从这种观点看来，快粒子的俘获和发射可以仿照蒸发现象来加以处理. 我们被引导着定义复合体系的一个确定所发射粒子的速度的"温度". 在带电粒子的事例中，人们还必须照顾到很强的静电斥力. 然而，在中子的事例中，这些力是不存在的，从而人们就可以研究由甚慢中子的碰撞所引起的复合体系的形成，这是一种导致很有趣的共振效应并显出和光学色散的密切类似性的现象. 根据这些效应，人们已经能够推知和复合体系之能级密度有关的以及和各种蜕变过程之几率有关的细节信息，这种信息是和关于作为本演讲之目的的核力学的普遍概念完全一致的.

271

XXIII. 核 力 学 [2]

未发表稿

1937

见本编《引言》第 3 节注⑫.

卷宗“核力学”,1937,包括各种不同的用英文、丹麦文和法文写成的草稿和笔记,它们都和玻尔在1937年9月30日至10月7日的巴黎国际物理学、化学和生物学会议上发表的演讲有关(见文XXII).除特别指出者外,各件都是罗森菲耳德的笔迹. 272

有1页法文复写稿,包括玻尔在会议开幕式和闭幕式上发表的两篇简短的讲话.

有2页用铅笔写的英文稿或许是在演讲时记的笔记.然而它们和发表了的演讲词却很少有共同之处.

有4页由罗森菲耳德和雅科布森用铅笔写的丹麦文稿显然是演讲时放映的幻灯片的提纲和目录.

有7页编了号的手写英文稿显然是演讲或后继论文的一份详细提纲.

有1页用铅笔写的标题为《核力学》的英文稿似乎是演讲提纲的一份早期草稿.

有1页用钢笔写的丹麦文稿(德文标题为《核和原子》)似乎代表早期提纲的开头部分.

有1页英文打字稿,上面有铅笔改正,标题为《核力学》,可能是想作为待发表论文的一部分.此稿标有日期8月31日.

有1页用铅笔写的丹麦文稿标有日期1937年10月3日,这似乎是一份简单的提纲.

有5页用铅笔写的丹麦文稿所标日期是1937年11月15—17日,可能是拟发表的演讲词的笔记或是一篇论文的计划.这里有两份文本,标题为《核力学》和《核力学——新计划》.

有4页英文手写稿,包含了各种的改动和补充.它们是用铅笔和钢笔写的,是卡耳卡尔和罗森菲耳德的笔迹.

最后还有5份或多或少完备的英文论文稿(一份丹麦文的附录),全都标题为《核力学》.

稿1:10页打字稿(其中两页错标为第4页).这份稿子有一份复写纸打字本,其中缺少第二个第4页,有几页用铅笔重新改编了页码.

稿2:稿1的复写纸打字本,有罗森菲耳德和卡耳卡尔用铅笔写的许多修订.最后几页的页码用铅笔改过.另外还有3页用铅笔写的英文稿和丹麦文稿,其中两页是罗森菲耳德的笔迹，一页是卡耳卡尔的笔迹，它们代表了进一步的修改. 这就是作为"稿 A"印在这里的稿子. 我们印了改正过的正文，省略了第 1 页上和第 2 页开头处的一段，因为这似乎是打算删去的(无论如何其内容是出现在以下所描述的"稿 B"中的). 第 2 页上的最后一段在重新起草中被删去了，但是新稿没有完成，因此我们还是把这一段按它的原位置印了下来. 第 2 页中前一段的最后部分曾被换成手写的一页，这一页显然是打算放在原有稿本之前的. 然而，标明为第 3 页改正本的另外一页却没有被采用，因为打字稿似乎更能说明问题. 卡耳卡尔写的一页没被采用，因为它在性质上是关于修订的笔记而不是一段修订好的正文. 最后还有 4 页手写稿或许代表进一步的修订，这些也没有包括在下面重印的稿子中. 这几页上标的日期是 11 月 29 日和 12 月 1 日.

273

稿 3：共 3 页. 第一页是复写稿，所标日期是 1937 年 12 月 1 日；后两页是打字稿.

稿 4：5 页复写纸打字稿，所标日期为 1937 年 12 月 3 日，有少量手写的改动. 这里采用了稿 3 的开头部分，经过很大的补充.

稿 5：6 页打字稿，所标日期为 1937 年 12 月 3 日. 它代表稿 4 的重新打印，包括了前 4 页上的改动. 另外加了一页. 这份稿子印在这儿作为"稿 B".

各稿均见缩微胶片 Bohr MSS no. 14.

[稿 A]

274

核 力 学

在原子核中,我们遇到的是极度集中的物质,从而我们面临的就是原子力学中的一些本质上新的问题,它们涉及的是可以把核看成由更基本的粒子所构成的体系的那种程度,以及处理这种体系的适当方法的发展.

[稿第 2 页]对于核构造问题来说带有根本性的当然是这样一种发现:不仅核的电荷当用基元电荷为单位来量度时是整数,而且任何核的质量也在很高的近似下是最轻的核即质子的质量的整数倍.然而,由这些事实所暗示的把核看成由质子和电子构成的体系的那种早期尝试,立刻就遇到了理解核的巨大稳定性和巨大紧密性的不可能性.另外,这种体系的对称性质和自旋性质之间的分歧以及针对实际核而观察到的这些性质对质量及电荷的依赖关系,也意味着一些困难,而这些困难显然是不能通过在很小距离上对带电粒子之间的力定律的任何简单修订来加以消除的.不仅在量子力学构架中无法理解含有电子之类的轻粒子的体系何以能够具有核的稳定性和紧密性,而且另一种观察结果也是和这样一种核构造图景直接矛盾的.那种结果就是,一切具有偶质量数或奇质量数的核都分别具有偶自旋值或奇自旋值,而和电荷数的奇偶性完全无关.因此,电子在许多放射性蜕变中的从核中被释放,必须看成这些电子作为力学客体而被产生出来的一种过程.

因此,在这种局势下,中子的发现是至关重要的,因为,当假设中子和质子具有相同的自旋性质并也满足不相容原理时,立刻就很清楚地看到,由适当数目的质子和中子构成的核的模型将绝不会显示任何和实验证据不相容的对称性质及自旋性质.[稿第 3 页]在把核当作由质子和中子组成的体系来处理的方面,一个很大的进步是由海森伯得出的,他证明了量子力学表述形式可以怎样被扩充得把质子和中子间的一些力包括在内,那些力和构成原子间的同极价键的力具有一些相仿的饱和性质.甚至天然放射性物体以及人工造成的核当由于正电荷过大或过小而不稳定时的那种发射正电子或负电子的自发蜕变,也都可以通过由费米提出的一种引人注目的理论而和质子-中子模型联系起来.按照费米的基本

275

假设,一种从中子到质子的转变,以及相反的转变,可以在核中发生,并且是分别

和一个负电子或一个正电子，以及一个中微子的创生相伴随的；所谓中微子就是静止质量很小乃至为零的并和电子具有相同的自旋的一种中性粒子.［稿第4页］正如泡利所首先指出的那样，为了至少是在形式上说明过程中自旋的守恒以及更重要的是能量的守恒，这种粒子的假设是必要的，因为，正如β射线蜕变的能谱所显示出来的那样，电子可以携带转变的初态和末态之间明确定义的能量差的一个任意部分.

海森伯理论和费米理论的另一个重要推论就是，按照量子力学的普遍形式，这些理论在原理上建立了刚刚考虑的那些过程的几率和质子及中子间的力的量值之间的一个关系，而几率的数量级则可以由关于β射线蜕变的寿命的经验数据来给出.然而，由于和量子力学的通常微扰方法的发散性相联系着的那些数学困难，这方面的任何严格结论都是无法在当前的理论阶段中被得出的，但是这样一个关系的必要性本身就使人们想起轻粒子在核构造和核反应中所起作用这一困难问题的目前处理方法的那些最有希望的特色之一.

完全抛开刚刚讨论了的理论重要性不谈，对于核构造问题来说，中子特别是在费米及其合作者们的手中已被证实为一种引发核反应的最强有力的工具，而且对由此所得结果的分析已经导致了关于核反应机制和核结构典型特色的更加确切的洞察.［稿第5页*］特别是导致中子的俘获和物质粒子或电磁辐射的放出的那种高速中子和核之间的碰撞过程，在提供有关中子和核之间的碰撞机制的直接信息的来源方面是有重要意义的.事实上，正如在一个较早的场合下所指出的那样，这种过程的频繁出现和它们的巨大多样性，完全超出了原子碰撞过程之通常处理方法的范围，在那种处理中，由于一切有关的各粒子之间的相互作用被认为很弱，入射粒子可以在初级近似下被认为是在一个固定的力场中独立于其他成分粒子而运动的.相反地，我们必须意识到，每一次核嬗变都将包括一个中间阶段，那时能量是暂时地储存在由核和入射粒子形成的复合体系各粒子的某种密切耦合着的运动中的.由于在所谈到的这种小距离处将会出现在任何两个物质粒子之间的那些很强的力，这一复合体系的各粒子之间的耦合事实上是那样地紧密，以致某一粒子或γ射线的放出必须看成独立于碰撞过程之第一阶段的一个单独的事件.于是，碰撞的最后结果，就可以说依赖于复合体系的所有和普遍守恒定律相容的不同蜕变过程和辐射过程之间的一种自由竞争.

276

另外，由于核粒子之间的紧密耦合，核的能级分布就和普通原子体系的能级分布大不相同，［稿第6页］而却将和针对能量储存在整个体系的振动中的那种

* ［页码曾用铅笔改正.］

弹性体所应预料的情况相仿. 这种运动的固有频率的组合可能性将随着总能量值的增大而大大增多，结果，相邻能级的间距就将随着激发的增高而迅速地减小. 事实上，这是和一些普遍的实验证据相一致的，那些实验证据涉及了由慢中子和快中子对重核的撞击而形成的高激发复合核的能级分布.

对于和这种高激发核体系的性质特别是和它们放出物质粒子的蜕变有关的细致讨论来说，一种和低温下液体或固体的蒸发现象的启发性类比曾被证实为极有成果. 事实上，利用关于核在低激发下的能级分布的近似知识，已经能够通过关于一组谐振子的普朗克公式的应用来对复合核的“温度”作出估计，由这种估计推出的中子蒸发几率和由分析实验得出的快中子碰撞中的复合体系的寿命并不矛盾.

然而必须指出，只有当复合体系的激发能远远大于取走单独一个中子所需要的能量时，普通蒸发和中子逸出之间的一种定量对比才能进行到底，因为只有在这种情况下，中子逸出以后留下来的剩余核的激发能才会近似地等于复合体系的激发能，[稿第7页]就像在通常的蒸发现象中所假设的那样——在通常的蒸发现象中，物体热含量在单独一个分子的逸出中的改变是微不足道的. 应用蒸发类比的另一个必要条件就是，任何打中真正核表面的入射粒子都应引起一个复合体系的形成，这个条件只有当入射粒子快得使它的德布罗意波长近于或小于核线度时才能成立. 在这种事例中，碰撞过程事实上是可以在足够的近似下按照纯经典的考虑来加以描述的.　277

在迄今做过的快中子撞击实验中，应用蒸发类比的条件通常并不是严格地得到满足的；尽管如此，却还是有许多更加定性的推论可以从这种类比中推出来，而这些推论在这种碰撞过程的讨论中是很有用的. 例如，在快中子和核的碰撞中观察到的能量损失的巨大几率，恰恰对应于这样一件事实：在普通的蒸发中被放出的那些分子，并不取走热物体的全部能量，而它们通常却是带着小得多的和蒸发体温度相对应的每自由度的能量而离去的. 此外也应由热力学类比预料到，被释放的粒子将在这一平均能量附近有一个能量分布，而这种分布是和麦克斯韦分布相对应的. 如果入射中子的能量比每个粒子的结合能大若干倍，那就又可以预料. [稿第8页]不是一个粒子而是若干个粒子将在相继的各个蜕变过程中离开复合体系，而每一个粒子离开时的能量都小于入射粒子的能量. 这种类型的核反应确实已经在实验上被发现是出现在一些事例中的.

以上的考虑也可以应用于质子或 α 粒子之类的带电粒子从复合体系的放出，但是必须记住，在这种事例中，蒸发潜热并不仅仅是带电粒子的结合能，而是必须在这个结合能上再加上由逸出粒子和剩余核之间的相互斥力所引起的静电能量. 另外，这种斥力还有使粒子在从核逸出以后被加速的效应，从而带电粒子的平均动能就比中子的平均动能大一个和这种斥力相对应的能量. 因此我们必须预料,被发射粒子的最可几的能量将近似地等于温度能量和静电斥力能量之和,而且带电粒子以更大能量而被发射的几率也将像在中子的事例中那样按照一种麦克斯韦分布而指数地减小. 逸出粒子只带走可用能量的一部分而把剩余核留在一个受激态中,对这种核过程的偏向事实上是许多反应的最突出特色之一,在那些反应中有一些质子或 α 粒子从复合体系中被发射出来. [稿第 9 页]当278 我们现在转而考虑和有着大于核线度的波长的慢粒子的碰撞时,我们必须预料复合体系的形成和蜕变将涉及特定的量子力学特色. 这一点在关于甚慢中子的辐射俘获的实验中显示得最为突出;在那种实验中,针对某些元素,发现了比普通的核截面大一千多倍的异常大的截面. 虽然这种选择俘获现象的出现可以按一种简单的方式被解释成由中子波在任一适当的吸引力场中的衍射所引起的一种量子力学共振效应,但是,在这一事例中,观察到的过程的一切特色的进一步理解也只有当我们在本质上照顾到核粒子之间的强耦合时才能得到,而这种耦合就排除了建筑在一条简单假设上的任何处理,其假设就是,中子是或多或少地独立于其他核成分而在核中运动着的. 事实上,尽管各有关过程的一种完备处理在目前还由于所涉及的力学问题太复杂而是不可能的,但是和光学色散理论相仿的一种普遍的表述形式却是可以求得的,这种表述形式可以给出各种过程的截面对入射粒子能量的普遍依赖关系.

另一种有趣的共振效应曾经针对由质子或 α 粒子对轻核的撞击所引起的蜕变而被得出. 正如在慢中子的选择吸收的事例中一样,这样的共振必须被认为是起源于一种重合,即入射粒子能量与原有核能量之和,和复合体系的一个定态相重合,该定态对应于复合体系之一切成分粒子的某种量子化的集体式的运动.

[稿第 10 页]个体核粒子之间的强耦合不但对核的力学性质来说是有本质重要性的,而且对电磁辐射被发射的方式也会有强烈的影响. 在通常的原子体系中,辐射过程是和单一粒子从一个量子态到另一个量子态的跃迁相对应的;在这种事例中,最强的辐射将永远是偶极型的,但是在核的事例中却发现对应于较高阶多极子的辐射是比较强的. 这一点事实上很容易通过一种理解来加以解释;其理解就是,在核激发所特有的那种复杂的集体式的运动中,电荷或许在核上分布得很均匀,以致质心和电心将几乎是重合的,从而偶极矩将是不存在的或无论如何是受到大大压制的. 这样一些想法也使得定量地估计和中子俘获有关的那些辐射过程的几率成为可能,而且事实上是给出了和一般的实验资料符合得很好的结果的. 然而,如果我们试图说明辐射过程的更精致的细节,例如所发射的 γ 279 射线的谱成分,我们就会遇到这样一个很大的困难:由于我们的关于个体核粒子之间的力的知识还很不够,我们并不能预测核中那些基频振模的本性. 因此,由

于核运动和固体物质或液体物质的振动有着根本不同的动力学条件和静力学条件,这两种运动的任何对比都将显得是没有什么根据的.在这方面可以希望,关于较低核能级的分布以及它们的辐射性质的那些迅速增多着的实验资料,可能会给仍然悬而未决的一些核结构问题带来某种光明.

[稿 B]

3.12.37

核　力　学

卢瑟福发现,原子的全部电荷和质量,除了由电子所携带的以外,都集中在一个和整个原子相比是十分微小的核中;这种发现给我们的原子结构图景带来了极大的简单性,因为它使我们可以把原子当作一个力学体系来进行详尽无遗的描述,而该体系是由分离的原子级粒子即核和核外电子的简单特征来定义的.事实上,原子构造问题的整个量子力学处理,就是建筑在这一基本特色上的,而这种处理的进一步发展则曾经大大得力于一种可能性,那就是在初级近似下把原子中的每一个电子看成独立地被束缚在一个力场中的可能性,该力场代表着核的吸引力和其他电子的平均斥力.如所周知,正是允许我们利用量子数来对电子的束缚情况进行习见的分类的这样一种近似方法的可能性,就曾经对元素周期系作出了如此完备的一种解释,而特别说来就是揭示了泡利不相容原理.

然而,在核内构造方面,却出现了本质上新的原子力学问题;这些问题涉及了在多大程度上可以把核和由更基本的粒子构成的体系等同看待,也涉及了处理这种体系之力学性质的适当方法的发展.事实上,不仅是核的稳定性和紧密性的解释显然要求一些在核线度数量级的距离上作用在各个原子级粒子之间的特殊的力,[稿第 2 页]而且人们甚至已经逐渐地认识到,不可能把在天然放射过程或人为放射过程中从核放出的一切物质粒子都看成真正的核成分.特别说来,像电子这样的轻粒子,是不能在量子力学的构架之内被看成束缚在具有核线度的区域之中的,因此我们就不得不把正电子或负电子从放射性核中的被放出,看成这些粒子作为力学客体的一种产生.如所周知,为了说明这种过程中的能量和动量的守恒,甚至有必要假设还有一个很轻的中性粒子和电子一起被产生出来.虽然这些想法的发展,特别是由泡利、海森伯和费米所作出的那些发展,已经为处理原子理论的基本问题开辟了很有希望的前景,但是它们在核构造问题方面得 280

出的更直接的推论,却是这样一种认识:必须把核看成完全由重粒子组成的力学体系.

实现这种纲领的一个基础,当然是由中子的发现提供出来的.事实上,作为质子和中子的一个系集的核模型,不但可以对核的电荷数和质量数作出直截了当的诠释,而且,假设了中子具有和质子相同的自旋性质并和质子一样满足不相容原理,核的一般的对称性质和自旋性质就将在任何事例中都不是和实验证据不相容的.另外,这种模型还给核稳定性随着质量数和电荷数的奇偶性而有所不同的那种引人注目的变化暗示了一种简单的解释,那种变化是由哈金斯特别强调了的.[稿第 3 页]很有趣的是回想起,联系到这一点,关于一种作为核成分的重中性粒子假说,早在中子作为孤立粒子而被发现以前并在含有电子的核模型的自旋性质和实在核的自旋性质之间的矛盾被清楚地认识到以前,就已经被人们讨论过了.然而,质子-中子模型的一种更细致的处理,是由海森伯首先开始的.他指出,量子力学的表述形式可以合理地加以推广,以便把中子和质子之间的一些新型的力包括在内,而这些新型的力就能够以一种普遍的方式说明各个核的取决于它们的质量数和电荷数的那种特有的稳定性质.不过,在这样的紧密体系中,任何在原子的核外电子组态的探索中得到如此成功应用的那种简单近似方法都是不能应用的,因此,由于这种体系的定量处理过于复杂,现在还不能按照这种办法来得出关于核粒子之间的力定律的带有唯一性品格的结论.然而,可以预期,通过近来那些很有希望的关于自由质子和自由中子之间的切近碰撞的实验的继续进行,将得出关于这些定律的更直接的信息.

尽管核构造问题本身就有这些根深蒂固的困难,但是却已经能够根据量子力学普遍原理来在颇大的程度上对有关核的性质的实验资料开展一种分析,那些性质是核在它们和物质粒子以及和辐射的反应中显示出来的.沿着这个方向迈出的决定性的第一步,就是由哥尔内和康顿以及由伽莫夫独立提出的关于放射性核的 α 射线发射的著名理论.[稿第 4 页]在这种理论中,核的其余部分对 α 粒子的作用被比拟为一个固定的势场的作用,该势场代表着数量级为核线度的距离处的吸引力以及大距离处的普通静电斥力.尽管按照普通的力学来看这样的场将代表一个为具有所观察到的能量的 α 粒子所无法穿透的势垒,但是量子力学的一个典型特色却是,对于一个具有任何正能量的 α 粒子来说,都存在一定的在给定时间内通过势垒而逸出的几率.这些简单的想法,确实就足以得出一种最为发人深思的解释,那就是关于放射性衰变之基本规律的解释,以及关于放射性核的寿命和所发射 α 射线的能量之间那种特征性经验关系的解释.如所周知,利用本质上相同的量子力学效应也可以说明用能量小于核表面处的势能的 α 射线来撞击较轻的核以引起核蜕变的那种可能性,特别是可以定量地分析由速度

281

较小的质子的撞击所引发的蜕变，而从经典力学的观点看来这种蜕变却是一个如此难以理解的现象.

然而，利用这样一种简单的模型来说明这些现象的本质特色，其可能性却是由于这样一种情况：由于势垒效应具有主导的影响，这些特色只在次要的程度上依赖于近距离处的核粒子之间的相互作用机制. 特别说来必须提到，一方面是长射程的 α 粒子和 α 射线谱的精细结构，另一方面是 γ 射线谱的分析所揭示的核的分立受激态的存在，由伽莫夫指出的这二者之间那种引人注目的联系，只是普遍量子公设的直接推论，而并不能证明 α 粒子在核内有任何独立的运动态，甚至也不能证明它们在核内的单独存在*. [稿第 5 页]关于 α 射线碰撞和质子碰撞中典型共振效应的表观上如此成功的简单量子力学处理，更进一步的分析也表明，正如我们即将看到的那样，在初级近似下把粒子假设为在一个固定力场中独立运动的任何核模型都是在本质上有不足之处的. 首先，近年来关于由中子撞击(在这种撞击中，由于不存在静电斥力，情况是比带电粒子撞击中的情况简单得多的)所引发的核嬗变的研究，已经明白揭示了核内各紧密堆积粒子之间的能量交换的巨大方便性在确定一切核反应的进程方面所起的决定性作用. 282

最重要的是，人们观察到，高速中子和重核之间的碰撞过程往往导致入射中子的被俘获和电磁辐射的被发射，而这种观察结果就表明，和中子在一个具有核线度的区域中的简单通过所需要的时间相比，这种碰撞过程的持续时间是极长的. [稿第 6 页]事实上，正如在较早的一个场合下所指出的那样，这就迫使我们假设，这样的碰撞过程包括一个中间态，而该态的能量是暂时地储存在由原始核和入射中子形成的复合体系中一切粒子的某种密切耦合的运动中的. 在这个阶段中，任何粒子都不会具有足以把自己从其他核粒子的强吸引力中解放出来的动能，从而复合体系的任何后继的蜕变过程，都将要求可用的能量在被放出粒子上的一种可以说是偶然的集中. 因此，这样一次蜕变必须被看成完全独立于碰撞过程之第一阶段的一个单独事件，而中子和核之间的碰撞的最后进程就可以说是依赖于复合体系的各种可能的蜕变过程和辐射过程之间的自由竞争.

这样一些考虑也可以提供一种直截了当的解释，既能解释由中子撞击轻核来引起核蜕变的那种巨大的容易性，也能解释这种蜕变的巨大多样性，而这种多样性的说明是完全超出于原子碰撞之通常处理的范围之外的.

* [此处在下一段的前面删去了一节.]

283

XXIV. 关于(n, 2n)反应的未发表的笔记[1937—1938?]

属于划归[1935—1937]的卷宗"杂记"

见本编《引言》第3节注⑦.

划归[1935—1937]的卷宗“杂记”,包括一些英文草稿和一些计算.

有 3 页编了号的稿子和一个作为前三页之总结的第 4 页,是由卡耳卡尔用铅笔写成的.这就是印在这里的这一部分稿子.

还有 1 页的两份复写本,标题为《中子和核之间的相互作用》,这可能是同一课题的另一篇论文的开头部分.其中一份稿本上有卡耳卡尔用铅笔写上的几处改动.

最后还有 6 页用铅笔写的算草,和文稿没有关系.这似乎是罗森菲耳德的、卡耳卡尔的以及可能还有玻尔的笔迹.

稿见缩微胶片 Bohr MSS no. 14.

285　一般说来，核将从这样一个受激态通过发射辐射而回到正常态，因为激发能将不足以释放另一个物质粒子. 然而，正如在文章中指出的那样，假如我们能够用能量够大的中子来做实验，我们就将预料会有若干个粒子由于撞击的原故而离开核，[稿第 2 页]因为过程的这样一种进程将比一个具有总的多余能量的中子的逸出或比有一部分能量作为电磁辐射而被发射的过程具有更大的几率. 现在(这种类型的过程似乎在普通的高速中子和很重的核的碰撞中确实已经出现；在很重的核中，正如阿斯顿关于同位素的质量差的测量结果所证实的那样，中子的结合能是比较小的)*，迈特纳和哈恩关于用中子轰击铀以产生新的放射族的美好的近期实验似乎确实可以证明，[稿第 3 页]这种类型的过程是出现在普通的高速中子和很重的核的碰撞中的. 事实上，这两位作者根据实验得出结论说，在某些事例中，中子和铀核的碰撞不是导致中子附着在核上而形成一种更重的铀同位素，而是导致从核中剥离中子而形成一种更轻的同位素.

[稿中的附加页]迈特纳和哈恩关于通过中子对铀的轰击而产生的新放射族的美好的近期发现，已经揭示了核反应的一种新的特色，它表明，中子和重核的一次碰撞可以并不是造成中子的俘获和一种重同位素的形成，而是在某些情况下也造成中子的附加. [中译者按：这句话似乎不太清楚；也可能这里的“附加(attachment)”是“分离(detachment)”之误.]

* [这一部分在稿中被划掉了.]

XXV. 论核反应(摘要)

287

OM ATOMKERNEREAKTIONER
Overs. Dan. Vidensk. Selsk. Virks.
Juni 1937—Maj 1938, p. 32

1937 年 11 月 19 日对丹麦皇家
科学院的科学报告

摘　要

(原书载丹麦文原文和英译本,中译本据英译本.)

在 Nature **141**(1938)91 的报道中,这篇摘要(在《核反应的机制》的标题下)被压缩成了一句话:"关于热力学类比在分析核反应方面的应用的一种论述." 288

见本编《引言》第 3 节注⑬.

289 **尼耳斯·玻尔**提出了一份报告:论核反应.

由于原子核中各粒子的紧密堆积和作用在核的各成分之间的很强的力,核反应显示出各式各样的典型特色,它们是和普通原子反应的特色相差很大的.在以前的一篇报告中,这些情况是利用定性的考虑来讨论的,而在这篇演讲中却将说明可以怎样用热力学类比来得出核反应过程的一种更加定量的分析.

XXVI. 核的激发和同质异能态

未发表稿

1937

见本编《引言》第 3 节注⑭.

卷宗“核的激发和同质异能态”,1937,包括 3 页英文打字稿和第 4 页的上半页英文打字稿,现将它们和一页普拉才克用钢笔写的丹麦文数据一起印在这里.稿上标有日期 1937 年 12 月 7 日.小注原缺.

另外还有一份复写纸打字本,上面有用铅笔加上的几处改动,或许是罗森菲耳德的手笔.

稿见缩微胶片 Bohr MSS no. 14.

核的激发和同质异能态

由于核中紧密堆积的粒子之间的强耦合，我们在核的激发中所遇到的不是像受激原子中那样的一个或少数几个粒子的异常高的量子态，而是和所有核粒子之本质上是集体型的运动相对应的某一较高的定态.[①]很容易想到的最简单的对比就是和一个固体的弹性振动的对比，而按照量子力学，这种振动事实上将造成和核的能级分布相似的能级分布，其典型特色就是相邻能级的间距随着激发能的增大而迅速地减小.按照这种对比，高的核激发一般就对应于频率和能量子都较小的许许多多基频振模的一些组合.不过，我们也将预期某些态的出现，而它们是对应于少数几个乃至单独一个具有大能量子的振模的激发的.喏，能量大约相同的这样两种不同的激发模式，显然将对应于十分不同的辐射性质.在前一事例中，我们事实上必须预料核的辐射和一个黑体的辐射密切相似，该黑体的温度要按照众所周知的固体比热理论来进行估计，而在第二个极端事例中，我们却将和单独一个辐射量子的发射打交道.另外我们也可以预料，由两种不同形式的激发所引起的辐射过程，将导致核的大不相同的末态.[稿第 2 页]例如，在单一振模激发的事例中，辐射将直接导致核回到正常态，而由多振模激发所引起的级联式的辐射过程则可以有导致激发能较低的某一亚稳核态的一个颇大的几率，正如同质异能放射性核的发现所揭示的那样.

完全抛开这种亚稳核态的量子力学描述这一仍然悬而未决的有趣问题不谈[②]，上面这种想法也将给一个重要的观察结果[③]提供一种简单的诠释；那种观察结果就是，某些放射性的核同质异能素只是通过具有确定速度的中子的俘获而产生的，而另外一些则是由速度很不相同的中子的撞击而引起的.事实上，这将得到解释，如果我们在前一事例中所涉及的是导致新放射产物之正常态的那种单振模激发，而在后一些事例中则涉及的是实际上永远通过级联式过程而导致该产物之某些较高亚稳态的多振模激发.迄今为止，我们一直为了简单而应用

294

① [此处所引文献或许是本卷原第 151 页上的那篇论文.]

②③[小注原缺.]

了一个假设,即我们在核激发中所涉及的只是纯弹性的振动;但是这种假设对我们的论点来说并不是不可缺少的;如果除了这样的振动以外,我们还照顾到用不同自旋值来标示的核转动的可能性,我们的论点也同样是可以应用的. 特别说来可以看到,级联辐射过程同样可以导致初态和末态间的很大自旋差的可能出现,[稿第 3 页]这就将给已由外札克尔指出过的亚稳性提供一种简单的诠释. 也几乎用不着强调的是,认为导致回到正常态的很大几率的激发过程只涉及单独一个振模的这条假设,也不应太死板地加以理解,因为对于涉及一个或几个特别大的振动量子的多振模激发来说,论点也将是成立的.

所讨论的这些不同类型的受激态的一种说明,当然只有在核能级或多或少是明确分开的那种区域中才能无歧义地适用. 在连续能级分布的区域中,我们确实必须照顾到这样一个可能性:在比由可能的蜕变过程或辐射过程来确定的那些有关能态的平均寿命小得多的时间间隔中,可能发生从一种形式的振动到另一种形式的振动的跃迁. 不过,在这一区域中,关于由高频辐射引发的核蜕变的实验似乎也指示了出现在某些特殊条件下的特定激发模的一定程度的稳定性. 事实上,甚至对于重元素和对于能量足以把核提高到连续能级分布区域中的辐射量子来说,这些效应的选择性也是很显著的,而除了假设过程的第一步就是限制在分立能级间隔中的单一振模的激发以外,这种选择性是几乎无法理解的. 为了解释这些间隔的比较大的长度,我们必须假设这种类型的激发的持续时间比受激核的平均寿命要短许多倍. [稿第 4 页]与此同时,这种持续时间却又似乎长得完全足以说明由实验效应的量子力学讨论所揭示的这样一件事实:使核从受激态回到正常态的辐射跃迁的几率很大,而如果我们所涉及的是像我们一直假设的那种导致黑体型辐射的激发(那种激发中的不同振模是像在一种热力学平衡中那样被表示的),这样大的几率就是无法解释的.

295

[数据附页,原用丹麦文写成]

同质导能素

1) 溴,2 种稳定同位素$^{79}_{35}$Br 和$^{81}_{35}$Br.

慢中子给出三个周期:18 分、5 小时和 36 小时.

γ射线也给出三个周期:6 分、18 分和 5 小时.

因此，　6 分……$= {}^{78}Br$

18 分和 5 小时……$= {}^{80}Br$　　两种同质异能素

36 小时……$= {}^{82}Br$

296

2) 铑,两种稳定同位素${}^{101}_{45}Rh$(只有 0.08%!)和${}^{103}_{45}Rh$.

慢中子:两个强周期:40 秒和 4 分.

二者对共振显示精确相同的行为.

实际上可以肯定${}^{104}_{45}Rh$具有两种同质异能素.

3) 铟,2 种稳定同位素${}^{113}_{49}In$(5%)和${}^{115}_{49}In$.

慢中子:三个周期:13 秒、1 小时和 4 小时.

γ射线:一个新周期:1 分.

或许有
- 1 分　${}^{112}In$
- 4 小时　${}^{114}In$
- 13 秒和 1 小时 ${}^{116}In$　两种同质异能素

4) 铀

慢中子:共有 3 族. 其中一个族显示明显的共振俘获,而另外两个族则连共振俘获的痕迹也没有. 由此可见,${}^{239}_{92}U$有三种同质异能素,而其中两种的派生元素中则包括几种β发射剂.

XXⅧ. 核光效应

Nature **141**(1938) 326—327

见本编《引言》第 4 节注⑲.

给编者的信

298

编者本人对来信中所表示的见解概不负责. 本刊本栏及其他各栏之来稿,如不采用,编者不负退稿或和作者通信之责. 不署名之来稿概不受理.

关于本期所刊某些来信中的论点的评注,见本刊 p. 334. 希望其他来信者处理与此相似的综述.

核光效应

玻特和根特诺① 关于用能量约为 17 M. v. 的起源于质子对锂的撞击的 γ 射线来从较重的核中打出中子的美好实验,曾经揭示了这些核光效应的一种引人注目的选择性. 例如有少数几种在表观上是不规则地分布着的元素,已被发现对这样的效应具有数量级为 $10^{-26}\,\mathrm{cm}^2$ 的截面,而对于大多数已考察过的元素来说却迄今没有观测到任何可觉察的效应. 初看起来,正如从不同的方面指出的那样,这种选择性可能显得和一些关于核反应机制的看法很难调和,而人们是通过研究中子撞击所引起的效应才被引导到这些看法的②. 事实上必须预料,对于所有较重的元素来说,在这种碰撞中形成的复合核的能级分布在大约为10 M. v. 的激发能处就在实际上是连续的了,而核光效应则显然要求一种对限制在明确分离的能量区域中的更高得多的激发能而言的特殊敏感性.

然而,如果我们意识到一个情况,这种表观矛盾就不复存在了;那情况就是,在由碰撞引发的核转变中形成一个中间阶段的那种复合核的能级分布,代表一些定态的总集,各该定态对应于核的一些或多或少耦合着的振模,而对光效应的响应则主要取决于某些有着奇异辐射性质的特殊振动. 例如,在由高频辐射引发的核转变中,我们所遇到的并不是一个明确定义的中间态的那些蜕变几率和辐射几率的简单竞争,而却是辐射过程和一种耦合效应之间的平衡,而后者就是核的对应特殊振动和其他可能的核振模之间的耦合效应. 这种耦合将趋于使初始激发类型的任何独特的特色都迅速消失而代之以受激核的一个更加稳定的态,在那个态中,能量是像低温下固体的热运动那样在一切振模中被分配开来的.一旦核激发的这样一个态被建立起来,光效应的进程就在实际上确定下来了.事实上,在这个态中,核的辐射性质将和温度为几兆伏特的一个黑体的辐射性质相近似,从而整个能量都作为单独一个 17 M.v. 的辐射量子而被发射出去的几率就是微乎其微的.另外,对于所涉及的高激发来说,核的所有辐射过程的总几率和它的蜕变几率相比也将是小得多的,该蜕变几率是像在通常的蒸发过程中那样随着温度而指数增大的.

这种论证就意味着,在所考虑的能量区域中,核光效应的截面将由一个公式来给出,那个公式的类型是根据光学选择吸收的理论而知道得很清楚的:

$$\sigma=\frac{\lambda^2}{4\pi}\sum_i\frac{\Gamma_R\Gamma_C}{(\nu-\nu_i)^2+\frac{1}{4}(\Gamma_R+\Gamma_C)^2}$$

式中 λ 和 ν 分别是 γ 射线的波长和频率,而 ν_i 是对应于最大共振的这种频率的序列之一.另外,Γ_R 和 Γ_C 分别是单位时间内一个量子 $h\nu$ 从核的初始特定激发态被重新发射的几率以及这一过渡态转化为同能量的普通核激发态的几率.可以看到,后一过程是和高压气体中碰撞使光的吸收共振减低的那种效应密切对应的.

现有的实验证据并没有针对任何给定的元素而直接揭示出选择性光效应截面随 γ 射线频率的变化情况.不过,根据对 $h\nu=17$ M.v. 的射线而言的这种截面在各元素中间的变化情况来看,这一能量区域中各共振极峰之间的间距似乎是几兆伏特,而其中每一个共振极峰的宽度似乎可以和由谱线自然宽度以及质子-锂碰撞中的多普勒效应所引起的入射 γ 射线中的 $h\nu$ 的变化相比,后一效应的大小大约是 50 000 伏特.再者,如果所观察到的最大截面被假设为和最大共振相对应,我们由以上的公式就得到 Γ_R 和 Γ_C 的值分别约为每秒 10^{15} 和每秒 10^{19}.看来这两个值都是相当合理的.事实上,由于所考虑的 γ 射线的频率很高,我们应该预料 Γ_R 比核嬗变中普通 γ 射线的发射几率大若干倍,而根据中子俘获来估计的后一几率约为 10^{14} 秒$^{-1}$.另外,Γ_C 比入射 γ 射线的频率每秒 10^{21} 小得多,而却比受激核的蜕变几率大得多,这一蜕变几率按照蒸发类比来估计将是在约为 17 M.v. 的能量下具有每秒 10^{16} 的数量级.

于是,对于 17 M.v. 的能量来说,初始过渡态的持续时间和受激核的整个寿命之比就或许是 10^{-3};对于更小的能量,这个比值还应该更小,因为不同振模之间的耦合可能比中子逸出的几率减小得更慢得多.同时,一个量子 $h\nu$ 从初激发态被重新发射的机遇和从受激核的更稳定态被重新发射的机遇之比,也将迅速地减小.不过,在 17 M.v. 处是极其巨大的这个比值,在我们已经肯定地进入分立核能级的能量区域以前还是几乎不会趋于1的. 因此,甚至到了这个区域的上部,我们也还必须准备看到核光效应的一种选择性,和在连续能量区域中看到的选择性相类似;但是在用足够单频的 γ 射线来做的实验中,这里的每一个共振极峰都将分解成由一些对应于分立能级的吸收谱线构成的细谱带. 然而,随着初激发态对辐射过程的支配作用的消失,这种选择性也将迅速消失而变成一种通常类型的线吸收光谱,而当然只有当 $h\nu$ 大得足以引起核的一次蜕变时,这才会是和一种核光效应相伴随的.

299

这些问题的一种更详细的论述,将在一篇即将刊载在哥本哈根科学院院报上的论文中给出;在这些问题的讨论中,我很感谢理论物理学研究所中的合作者们特别是弗里兹·卡耳卡尔先生给予的宝贵协助,而卡耳卡尔先生在几周以前的突然逝世对我们大家都意味着一个最可惜的损失的*.

N·玻尔

于理论物理学研究所,哥本哈根,

1月31日.

① Bothe, W., and Gentner, W., *Z. Phys.*, **106**, 236(1937).

② 参阅 Bohr, N., Nature, **137**, 344(1936);并参阅 Bohr, N. and Kalckar, F., *Math. Phys. Comm.*, Copenhagen Acad. Sci., **14**, 10(1937).

* 参阅本刊本期 p. 319.

301

XXⅧ. 作用量子和原子核

WIRKUNGSQUANTUM UND ATOMKERN

Ann. d. Phys. **32**(1938)5—19

[原书载德文原文(原第 303—317 页)和英译本.
中译本据英译本.]

见本编《引言》第 3 节注⑮.

这篇论文有一份丹麦文本，“Virkningskvantum og Atomkerne”，发表在 Fys. Tidsskr. **36**(1938)69—84 上.

虽然丹麦文本在总体上是密切追随了德文本的，但它在许多地方是改换了说法的；这或许反映了课题的迅速发展，也反映了这样一个事实：玻尔显然必须考虑德文本的截止日期，以便该文可以收入《普朗克庆寿专号》中.

若想详细校勘，请读者参阅原刊. 然而在这里可以指出，德文本中的“大约只有 10 伏特”(原刊 p. 13 倒数第 10 行)在丹麦文本中改成了“只有……不多的几伏特”，而“约 1 MV”(原刊 p. 15 第 8 行)则改成了“不多的几 MeV”，而且文中的倒数第三段(pp. 17—18)也进行了全面的修订.

除了据《庆寿专号》作出的若干篇摘要以外，论文有一篇英文摘要，见 Nature **141**(1938)981—982.

318

作用量子和原子核

人们很难设想物理学中的两种决定性的成就能够在性质上和起源上比普朗克基元作用量子的发现和卢瑟福原子核的发现更加不同. 前者代表在热力学普遍原理的基础上对热辐射定律进行分析的最后结果，这种定律早已由基尔霍夫认识到是完全不依赖于各物质体的一切特定性质的，而后者则意味着物质原子构造的详细表示的完成，这种表示多亏了我们时代中实验技巧之奇妙发展所开辟的完全新的经验领域. 我们在最近一个世代中所经历的，也正是我们的物理理解的这样两种如此根本不同的扩充的相互充实，而这也就是原子现象的探索的迅速繁荣的背景.

作用量子为令人迷惑的原子稳定性的阐明提供一种何等不可缺少的线索，只有参照结合在有核原子模型中的关于物质组分的经验才是完全清楚地被显示了出来的，而有核原子模型则使我们能够在普通的物理规律性和化学规律性的起源方面，特别是在关于各元素之间的关系及其不可变化性的起源方面得到了一种如此深入的洞察. 事实上，这种模型的非凡简单性，就揭示了寻求原子稳定性的一种新依据并放弃原子所发辐射之本性和电子之任何特定运动之间的任何直接联系的那种必要性. 因此，它就既给了我们以动机又给了我们以自由，以通过关于定态的存在以及关于和跃迁过程相伴随的辐射的基元性的假设，来正确对待个体性，而这种个体性就是依赖于作用量子并超出于自然的经典描述之外的一种特色. 这些所谓的量子公设概括了光电效应的爱因斯坦诠释，而且很快就通过弗朗克和赫兹的碰撞实验而获得了直接的证实；这些公设不但可以对光谱规律作出一种简单的诠释，而且同时也给了我们一种借助于原子模型来合理地定出光谱学结果之值的可能性.

这一发展的第一步，是受到了这样一条公设的指引的：在所涉及的总作用
319
量远远大于单独一个量子的那种极限下，处理方式必须趋近于经典的描述. 这种所谓对应公式的适用性，决定性地依赖于一种可能性，就是说，由于核的大小远远小于整个原子的大小，在很好的近似下保留点电荷之间的普通的力定律是可能的. 有核原子的这种松散结构，使得我们能够在很大程度上把原子中每一个电子的束缚情况看成和其他电子无关，而那些其他电子的存在只在初级近似下造

成核电荷的一种部分的屏蔽；这样也就有助于增进我们的理解. 借助于不断增多的关于光谱学数据的知识以及特别是由索末菲发展了的关于原子态之量子数分类的知识，人们就逐步利用对应关系得到了关于原子中每一个电子的束缚情况的描述，并从而得到了表示在周期系中的各元素之间在其物理性质和化学性质方面的关系的一种描述，而这种描述至少在其主要特色方面是完备的.

虽然不久以后乌冷贝克和高德斯密关于电子之自旋性质的认识，特别是泡利关于电子对量子态的填充的不相容原理的建立，曾为原始的对应关系方法提供了一种暂时的完工，但是，经典力学概念的继续使用，即使是有限制使用的不适当性却越来越多地被感觉到了，特别是在说明原子中各电子之相互作用的较细致特色方面被感觉到了. 如所周知，原子构造理论的量子理论特色和经典特色的一种谐和的融合，只有通过合理化量子力学方法的发展才被达成；关于这种发展，我们一方面要感谢爱因斯坦、德布罗意和薛定谔的光量子和物质波这两个新颖的直觉概念的幸运引用，另一方面应该感谢通过克喇摩斯的论文而由海森伯、玻恩、约尔丹和狄喇克使之达到光辉的完善程度的对于对应处理方式的不断加工. 这一发展的高峰或许是狄喇克的相对论式电子理论；这一理论不但能够严格地解释光谱的精细结构，而且包含了关于辐射能量转化为正负电子偶的可能性的预见，而这种预见是得到了实验的证实的.

为了我们的目的，只要简略地回忆一个事实也就够了；那事实就是，量子力学不但使个体原子的性质的描述能够达到某种最后阶段，而且它也提供了一些全新的和富有成果的观点，用来理解分子中各种类型的化学键，用来解释固体的特别是金属的许多典型的性质，而这些都是人们在以前完全无法理解的. 这绝不仅仅是一个原子物理学的理论方法的完善问题，而是我们描述自然的概念方法的一种如此深入的再表述的问题，这种再表述的深入程度甚至使观察这一概念本身也必须加以深刻的修正了. 最首要的是，由作用量子引起的所讨论的原子客体和定义现象所要求的测量仪器之间的那种不可避免的相互作用，就意味着在不同的实验条件下得到的那些结果并不能按照建筑在客体的独立行为这一想法上的通常的描述方式来加以组合，而却是彼此处于一种新颖的、互补的关系之中的. 表示在海森伯测不准关系式中的那种量子力学的基本统计的品格，确实并不是原子事件之分析的一种暂时的限制，而是以一种适当的方式和互补观点相对应着的，而互补观念则比因果性这一理想更有概括性，而且在说明依赖于作用量子之存在的那些丰富经验方面也是必不可少的.

320

当我们现在从这些引论性的说法转入我们的特殊主题即作用量子在原子核的构造和稳定性方面的意义时，我们将立即注意到，这里的基本问题恰好就是我们在处理上述那些原子问题时所遇到问题的逆问题①. 在那里,我们可以从有关原子组分和它们之间的相互作用力的广泛知识开始,而立即可以清楚地看出的却是,核的高密度和强结合就要求核粒子之间的一些作用力,它们是只在具有核线度数量级的距离上起作用的,但是它们的精确定律却在事先是完全未知的. 另外也很快就已证实,由于作用量子的存在,甚至不可能假设所有在天然的或人为的核蜕变过程中被放出的物质粒子都是实际的核组分.

阿斯顿发现,不仅核的电荷是基元电荷的整数倍,而且每一种核的质量也是最轻核即质子的质量的整数倍;由这一发现引发的把核看成由质子和电子组成的体系的一些最初尝试,就已经遇到了根本的矛盾. 除了试图在这种基础上解释核的稳定性时所遇到的那些困难以外,在这种体系的自旋性质及对称性质和有关核的性质对原子序数及质量数的依赖关系的光谱学结果之间也出现了矛盾. 另外,进一步的研究表明,不论关于在核内部起作用的力的假设是什么,在量子力学的构架之内都是不可能给像电子那样轻的粒子指定一种在核体积内部的实际存在的. 因此,正电子和负电子在核的放射性衰变中的发射,必须看成这些粒子作为力学单位的产生,正如光量子被原子所发射时那样. 我们知道,为了在放射性 β 衰变中保留能量和动量的守恒定律,甚至有必要假设除了电子以外还发射了一个中性的、迄今没有观察到的轻粒子. 虽然特别是由泡利、费米和海森伯作出的这些观点的发展还没有达到一种令人满意的结论,但是它却开辟了处理原子理论之基本问题的一些新的很有希望的可能性,而最重要的是已经揭示了把核看成只由重粒子组成的力学体系的必要性.

321

如所周知,查德威克的中子发现为这一纲领的实施提供了一个基础. 确实,一种只包括质子和中子的核模型不仅可以为核的电荷数和质量数提供一种直截了当的诠释,而且,在中子具有和质子相同的自旋并和质子一样服从不相容原理的假设下,模型所预见的一般对称性质也在一切事例中都和观察结果相一致. 此外,这样一种模型也为核稳定性对电荷数和质量数之奇偶性的奇特依赖关系提供了一种简单的解释,而那种依赖关系是很早就由哈金斯指出了的. 可以很有趣地回想到,在这方面,关于一种重的中性核成分的假设,在探测到中子的几年以前就被人讨论过,而且这甚至是在量子理论已经引导人们对实在核的性质和任何含有电子的核模型的性质之间的矛盾有了清楚的认识以前.

---

① 关于原子结构理论的发展的一种详细的论述,可以在作者的《法拉第演讲》(J. Chem. Soc., 1932, p. 381)中找到,那里也指出了此处所强调的原子问题和核问题之间的差别. 下面引用的用来解释核反应之典型特征的这些观点,最初是发表在 Nature **137**(1936)344 和 Naturwiss. **24** (1936)241 上的一篇文章中发展起来的. 这些观点的进一步扩充,包括在 N. Bohr and F. Kalckar (Mat.-Fys. Medd. Dan. Vidensk. Selsk. **14**, no. 10, 1937)中,该文也给出了广泛的参考文献. 本文末尾提到的核光效应,近来在一篇发表在 Nature **141**(1938)326 上的短文中进行了讨论.

在核的质子-中子模型的处理中，一个决定性的步骤是由海森伯得出的；他证明了量子力学表述形式怎样通过简单的推广而使引用质子和中子之间的新型的力成为可能，这种力就像化学化合物中的价力那样具有饱和性，而且它的存在对解释核的质量亏损随其质量数的典型变化来说似乎是必要的. 在最近几年内，曾经进行过许多尝试来更仔细地探索这些关于核力的假设的推论，但是，除了那些最轻核的很有希望的处理以外，这种处理方式是很困难的，因为个体粒子的运动之间的强耦合排除了所有在研究原子中电子的束缚方面带来了很大方便的那些近似方法的应用. 完全抛开力定律的问题不谈，也不应该忘记的就是，核可以浸渐地分解成中子和质子这一事实，并不能保证它们的性质——和普通原子体系的性质相似——的细致描述可以只借助于迄今用来表征孤立粒子的那些变量来进行. 322

原子结构的和核结构的研究问题之间在出发点和手段方面的差异，也特别清楚地由一种诠释以逐渐进展的那种方式表现了出来，那就是关于核反应的那些迅速积累着的实验资料的诠释. 这一发展的出发点，就是放射性衰变定律的那种只有在量子力学的基础上才成为可能的解释，而那种定律自从被卢瑟福和索迪表述出来以后就一直是清理放射性这一很大领域的一种无往而不利的指南. 虽然爱因斯坦在他那著名的普朗克辐射定律的简单推导中就已经强调了放射性衰变和原子中辐射过程之间的类似性，但是衰变定律却在一段长时间内一直是一个奥秘，特别是在卢瑟福已经指出核和所发射 α 粒子之间的斥力能量通常要比该粒子的动能大得多以后. 如所周知，在量子力学的原理被表述出来以后不久，哥尔内和康顿，以及伽莫夫，就独立地证明了，我们在这里处理的恰恰是普通力学概念之失效的一个特别有教育意义的例子. 确实，在量子力学中，在空间上受到限制的一个力场，即使对于动能小于最大势能的粒子来说也并不代表一个绝对的障碍，而且甚至 α 粒子和核之间的力定律与一个球对称势垒的简单比较，就已经适于用来对放射性元素的寿命和所放 α 粒子的动能之间的众所周知的盖革-努塔耳关系式给出一个直截了当的解释了.

这一伟大的成功，就是一种最丰产的发展的开端，那种发展导致了天然的和人为的核嬗变以及相与俱来的电磁辐射现象的一种综合的说明. 在这儿，首先应该提到 α 射线谱的精细结构的伽莫夫解释，这种解释以光谱的诠释作为模型而为有关核的分立量子态的一种更详细的知识奠定了基础. 在起初，这只包括——和利用对应关系的原子光谱的分析相反——经典守恒定律和量子公设的适当运用. 特别说来，核场作为粒子近似独立地在其内部运动的一个势阱的那种示意式的表示，被逐渐认识到是不适于用来解释核反应的细节的，特别是不适于用来解释常常和核反应相伴随的那些特征性共振现象的. 正如我们即将看到的 323

那样，事实已经证明，和原子反应正好相反，核反应的典型特色恰恰就在于核中个体粒子的运动之间的那种比原子外层区域中电子运动之间的耦合要紧密得多的耦合，以及由此引起的那种在个体核粒子之间进行能量交换的非凡容易性.

特别说来，这种事态通过由中子撞击所引起的嬗变的详细研究而得到了演示；这种研究受到了居里-约里奥夫妇的人为放射性发现的激励. 由于在正式的核区域以外不存在斥力，中子碰撞比质子和 α 粒子之类带正电粒子对核的撞击要更加容易研究得多，因为在后一种撞击中势垒的存在常常具有压倒的影响. 确实，快中子和重核之间的非弹性碰撞截面和核直径同数量级这一事实，立即会导致一个结论：入射中子和核中各粒子之间的耦合一定是很紧密的. 更多的结论可以从费米首先演示了的一个事实得出，那个事实就是，这样的撞击将以可观的几率导致中子的俘获和一个新的稳定核的形成，这个核常常是 β 放射性的，但是它的平均寿命却永远和碰撞过程中所涉及的时间具有很不相同的数量级. 这是意义重大的，因为这样的一次中子俘获必然涉及多余能量的辐射发射；因此，根据观察到的这样一种碰撞过程进程的几率，就可以得出结论说，和中子简单地通过核体积所需的时间相比，碰撞的持续时间是极长的. 甚至核的电荷和线度加在 γ 发射率上的上限，确实就意味着碰撞持续时间和上一时间之比必将具有一兆的数量级.

因此，适用于快电子和原子之间的碰撞的那种在初级近似下利用静力场中的运动来处理碰撞的正常的方法，在描述中子和核之间的碰撞时就是完全失败的. 我们倒是必须设想，中子在核中的透入将立即导致中子和核成分的能量交换，结果能量就很快地分散到由中子和靶核形成的那一复合体系的所有粒子上去，而且分散得如此均匀，以致在短时间内任何粒子都不会有足够的能量来克服体系附近的吸引力而从核中逸出. 这一中间态的存在就进一步意味着，碰撞的最后结果，取决于复合体系之一切可能的蜕变过程和辐射过程之间的自由竞争，而这就可以给核嬗变现象的惊人多样性提供一种直截了当的解释，在那些现象中，几乎所有和能量守恒定律相容的过程都会出现. 正是由于这种原因，在卢瑟福关于用 α 粒子引起核蜕变的那些最初实验的不久以后，核嬗变中的一个中间态这一想法就在不同的场合下受到了讨论；然而，在中子实验以前，不但估计势垒效应的影响是困难的，而且人们也完全没有估计中间态的寿命和更详细地确定其性质的任何根据.

324

关于由中子撞击所引起的核嬗变的讨论，还有另一个特别发人深省的结果就是揭示了核中的和原子中的能级分布之间的根本差异. 一个长寿命中间态在核和具有任何够高能量的中子之间的碰撞中的形成，确实就要求复合核的一个宽广的连续能谱，而这在起初却显得是和由 γ 射线谱的分析而得出的关于核中的分立能级的证据直接矛盾的. 然而我们必须记得，在这样的碰撞中，我们是和复合核的一些激发能在打交道，它们比和通常的 γ 射线现象有关的那些受激态要高得多. 我们在后一事例中遇到的激发能最多是几 MeV，而在前一事例中遇到的则是入射中子的动能和一个中子在复合核的正常态中的结合能之和，这个能量在中等质量数的情况下就已经接近于 10 MeV. 实际上，对于这样的质量数来说，连续能谱只在大约为 12 MeV 的激发能处才开始，而且它是从分立核能级的区域开始一直向上延续的，而在最低态处具有 1 MeV 数量级的相邻能级的间距则是随着能量的增大而迅速减小的.

关于高度受激核的极端密集的能级分布的直接知识，曾由甚慢中子的俘获实验得出，这种实验——和快中子的实验相反——针对在电荷数和质量数上只有很小差别的核给出了明显的差别. 这种选择性显然是一种量子力学的共振现象，而且是由于一个中子在其被俘获后形成的新核中的结合能偶然和该核的一个量子态相重合而造成的. 根据共振的尖锐性和选择性在不同元素之间的出现，事实上就可以借助于简单的统计考虑来得出结论说，中等质量数的核的能级间距在约为 10 MeV 的激发能下大约只有 10 eV. 总的看来，出现在慢中子的撞击中的共振现象是最有兴趣的；最重要的是，截面在某些事例中达到核的几何截面的一千多倍，而这种观察结果就提供了一个突出的例子，表明关于轨道的经典概念在小于德布罗意波长的区域中是完全失效的. 事实上，在这种情况下，碰撞问题显得很像声学共振现象和光学共振现象；特别说来，正如最初由布来特和维格纳而后又更详细地由贝忒和普拉才克所证明了的那样，核的散射截面和俘获截面随中子能量而变化的那种方式，可以用一个在类型上和光学中众所周知的色散公式十分相似的公式来表示.

325

这些结论是建筑在一些很普遍的考虑上的，而核能级的能量分布的解释以及确定着反应之进程的那些个体蜕变过程和辐射过程的几率的估计，却要求更加细致地研究有关的力学问题. 在目前，这些问题的严格处理似乎还是难以做到的，不过，核的许多只由核粒子之紧密耦合来支配的特征性质，却可以通过和众所周知的固体及液体的性质相对比在很大程度上得到阐明. 最重要的是，原子和核的受激能级分布之间的典型差异，可以用一种说法来直截了当地加以解释，那说法就是，在一个受激原子中，我们通常是处理的单独一个电子的量子态的变化，而核激发所涉及的却是所有粒子的运动的量子化，而那种运动使我们联想到一个固体的转动和振动. 确实，如果我们首先不考虑转动，则一个弹性固体的所有能级将由和它的简正振模相对应的那些量子态的所有可能的组合来给出；由于组合的可能性是随着能量而极快地增多的，这种能谱就和核的能级谱具有恰好相同的一般品格. 这种对比甚至可以定量地给出核能级分布的一个近似正确的图景.已经发现,根据间距约为 1 MeV 的一些近似等距排列的本征值的组合,我们在 10 MeV 处已经可以得到一个能级密度,它在数量级上和由用慢中子做的实验推得的能级密度相同.

核激发的这一图景,显然和一个固体在低温下的热运动颇为类似,而且在这种意义上,我们可以说核物质通过一个复合核在碰撞中的形成而被加热了.尽管对应的温度按通常的温标来看是非常高的(数量级为 10^{11} 度),但是按核的标准来看它却是很低的,因为通常在和一个并非极快的中子的碰撞中只会有比较少的几个振动自由度受到激发.按照比热的量子理论而针对中等的质量数所作出的估计表明,在普通的碰撞实验中,复合核的温度约为 1 MeV.对很快的撞击来说,温度当然高一些,但是它只会缓慢地增高,因为受激自由度的数目是迅速增大的,从而即使在核和能量为 100 MeV 的粒子的碰撞中,温度也会只有不多的几 MeV.这种核温度概念不但对于表征核激发来说是很方便的,而且最重要的是它曾经大大有助于描述在核嬗变中被涉及的那些蜕变过程和辐射过程,而在这一图景中,那些过程是和蒸发及热辐射密切类似的.

首先,正如弗伦开耳所最初指出的那样,高度受激核对中子的发射在许多方面使人们联想到普通的蒸发;对于这种蒸发来说,给出蒸发率对温度和潜热的依赖关系的那一众所周知的反应动力学公式至少是近似地适用的.这种对比也可以给一件事实提供一种直截了当的解释,其事实就是,在核反应中被释放的中子一般并不带走全部的多余能量,而是显示一种能量分布,而这种能量分布突出地使人们想起对应核温度下的麦克斯韦分布.快中子碰撞并不是造成俘获而是造成一个或几个中子的射出,这一事实可以很自然地理解为复合核的一种分阶段的衰变,这种衰变对于越来越高的激发能将变得越来越像一个液滴的逐渐蒸发.然而,在较低的激发下,人们必须比较小心地应用这种对比,因为,在碰撞实验中,复合核的激发能通常是和一个中子的结合能同数量级的——和通常的蒸发过程中的情况相反,因为那里的物体的热含量比起释放单独一个分子所需要的能量来是大得多的.然而,正如特别是由朗道和外斯考普所证明的那样,人们也可以用统计力学的方法来处理这种过程,那种方法形成纯热力学推理的一种自洽的推广.

甚至当入射粒子或射出粒子是带电粒子时,嬗变也是分阶段进行的;在这种嬗变中,首先是形成一个复合核,其能量分布和一个热物体的能量分布相似,然后就是和蒸发相似的衰变过程.然而,在这样的事例中,斥力可能既对复合核的形成几率又对它的衰变几率都会有很大的影响,特别是当粒子的能量较低时.在这儿,人们不但应该照顾到量子力学的势垒效应,而且,即使是对高于核表面附近的势能值的粒子能量来说,在估计中间态的温度和确定着衰变几率的蒸发热时,从总能中减去这一势能也是十分必要的.斥力的另一种简单后果就是,一个被射出的带电粒子的动能通常大于一个中性粒子的动能,因为在前一事例中势能必须再被加在真正的热能上.如果入射粒子的动能不足以把复合核带入连续的能量区域中,就会出现对带电粒子的典型共振现象,正如在慢中子的碰撞中那样.这样的共振常常是在可以使粒子自由地通过势垒的那种入射能量下出现的,而这一事实就很清楚地指示了较早诠释的失败;按照那种诠释,这里涉及的是粒子在势垒里边的一个准定态.相反地,我们处理的却是总能量和各个核粒子之集体运动的一个量子能级的互相重合,而这一点是由玻特及其合作者们的新观察结果很突出地演示了的;那些结果表明,在核和电荷不同的粒子的导致相同复合核的碰撞中,共振是在确切相同的总能值下出现的.

核粒子的运动之间很强的耦合对碰撞中的核反应是有决定作用的,它也导致核的一些和原子的性质很不相同的辐射性质.原子的辐射通常对应于只有一个电子的束缚状况发生变化的并和偶极子振动相对应的那种跃迁;由核发出的辐射通常是四极子类型的——正如关于由 γ 射线在同一原子的较外电子云中引起的那种光效应的研究所证明的那样.我们的核激发图景使得这一点立即成为可理解的了,因为这种类型的辐射的发射可以和一个弹性体的振动相对比,该弹性体具有近似均匀的质量分布和电荷分布.在这样的振动中,偶极振动在初级近似下是并不出现的,因为电心将永远和质心相重合.在核线度和量子化核振幅的基础上对有关的四极矩作出的估计,导致了和辐射过程几率的近似符合,该几率是根据慢中子俘获中的共振的尖锐性来估计的.关于由高度受激核发出的辐射的强度分布,我们应该预期它和对应温度的热辐射有些相仿.然而,由于较高极性的辐射的发射几率是随着频率而迅速增大的,这里较大的量子跃迁将有较大的几率,这在轻核的激发中将表现得特别显著;在某些事例中,这种情况甚至会使和直接到达核基态的跃迁相对应的那一辐射成分线成为主要的成分线.在这方面,由质子对锂的撞击所引起的辐射是特别有兴趣的;这种辐射几乎只包含一条成分线,其能量接近于 17 MeV.很偶然的是,这种辐射的较大强度起源于这样一个事实:在这样的碰撞中,我们遇到的是一种显著的共振,其中所涉及的复合核的态由于普遍量子力学的对称性要求而不能衰变成两个 α 粒子,因此辐射过程只和一个较慢质子的发射相竞争,而该质子并不能很容易地穿透势垒. 328

现在,玻特和根特诺关于用上述的质子-锂 γ 射线来轰击重核以释放中子的美好研究,有可能给出关于核的辐射性质的另一些有趣的线索.在这样的轰击下,不同的元素在核光效应方面表现出很不相同的行为,而这种结果初看起来似乎是很难和由碰撞引起的各种嬗变使我们想到的那些关于核激发的一般想法互相调和的.按照这些想法,所涉及的一切元素甚至在比 17 MeV 低很多的激发能下就应该有一种连续能谱，从而我们就不能期望有任何的普通共振效应. 然而我们必须意识到，由碰撞引起的和由辐射引起的核嬗变的条件是完全不同的. 在碰撞事例中，过程的进行方式基本上是由长寿命中间态那些可能的蜕变几率和辐射几率之间的竞争来决定的；另一方面，光效应的进程却将依赖于辐射场和核的各个对应的特定振模的耦合与这些振模和其他可能类型的振动的耦合之比. 后一种类型的耦合的存在具有这样的效应：能量将像在一个被加热的物体中那样很快地分散到一切振动上去，从而激发能在单位时间内以单一量子的形式而被发射出去的几率，就将从它在激发的第一阶段中的值很快地减小到一个和热辐射相对应的小得多的值. 于是，核光效应在连续能量区域中也将显示一种选择性的频率依赖关系，如果这种变化并不是快得足以把初始激发类型对总的量子再发射几率的影响完全压制掉的话. 按照这种诠释，由上述那些实验所暗示了的核光效应在连续区域中的选择，就和固体的细锐红外吸收谱带在通常温度下的出现密切类似，而这种诠释显然就将开辟根据光效应来确定核振动之间的耦合强度的可能性. 既然核物质的量子力学零点能量会比在晶体的事例中具有大得多的影响，这种耦合的性能就是很难在理论上加以判断的，从而我们必须抱着很大的兴趣等待这些实验的继续进行.

329

我们也将简单地提到可能提供有关核激发机制的新知识的另一种现象：所谓核的同质异能素的发现. 有一些长寿命的产物，它们具有相同的电荷数和质量数，但却具有不同的放射性质. 在最近几年内，这种核同质异能性的存在已经在许多元素的嬗变中被发现了，而特别说来，哈恩和迈特纳关于由中子对铀的撞击所产生的新放射族的研究，已经得出了一些很有趣的例子. 外札克尔是第一个指出下述情况的人：受激核的很长寿命的存在，可以用一条假设来解释，那就是，有关的核态具有特别大的角动量，从而和到达基态的跃迁相对应的那些辐射过程就具有极其微小的几率. 使我们想起某些原子态的亚稳性的这种诠释，是很吸引人的；然而，目前还很难判断这是否已经足以解释出现各种核同质异能素时的那些特殊条件，或者说是否有一些迄今未知的作为核过程之特征的选择定则在起作用.

这篇简短的论述主要是想使大家对一个新的研究领域的奇妙富饶性得到一个印象，那个研究领域是从普朗克的基本发现和卢瑟福的基本发现的交相为用中升起的；在结束我们的论述时，几乎用不着强调的是，在正式的核物理学中，我们还仅仅处于它的发展的开端. 然而，通过表征着这一领域中的研究的那种实验探索和理论探索之间的密切联系，我们受到鼓舞来对更大的进步抱有很大的希望.

于理论物理学研究所，哥本哈根

（1938 年 2 月 27 日收到）

XXIX. 核光效应中的共振

Nature **141**(1938)1096—1097

见本编《引言》第 4 节注㊿.

核光效应中的共振

联系到由实验指明的重元素核光效应的引人注目的选择性，在近来发表在《自然》上的一篇短文[①]中曾经指出，这样的光效应可能提供一种手段，以考察原子核的激发机制的某些特色，而这些特色是关于由碰撞引起的核反应的普通经验所不曾揭示的. 事实上，核被单频辐射所激发的几率，依赖于核物质的具有给定频率的受迫振动可以在多大程度上被引起，从而关于核光效应产量随辐射频率的变化情况的实验就或许使我们有可能直接估计一些不同振模之间的耦合的强度，那就是核粒子的集体运动可以被近似地分解成的一些不同的振模.

然而，注意到实验资料还很不完全，我却愿意强调指出在上述短文中所尝试过的任何一种这样的估计的初步性，并同时把注意力指向对有关把光效应的进程分成一些相继阶段的那种论点的一种可能的误解. 这种划分成某一振模的初始激发和该振模由于耦合而随后被淬灭的作法，在严格单频辐射的事例中当然是无法进行的. 不过，一旦我们考虑一种有限时间内的照射和对应的频率不准量所引起的效应，我们就可以给这种论点联系上一种明确的意义了.

特别说来，由这样一种处理可以推出，只要我们考虑的只是在比能级间距宽得多的能量区域中计算的光效应的产量平均值，所有的典型共振就都将基本上相同，不论能级分布是分立的还是连续的. 另外也可以推出，和上述短文中的一个论断相反，选择性完全不依赖于全部能量作为单独一个辐射量子而在激发过程的初始阶段中和在后继阶段中被重新发射的机遇之比. 所有这些结论，事实上都是和沿着单频辐射的普通色散理论而进行的处理相协调的，按照那种理论，选择现象将被归因于从某一能量区域到正常态的一个异常地大的辐射跃迁几率.

关于这些问题的澄清，我很感谢和派尔斯教授及普拉才克教授进行的讨论；在他们的合作下，我们正在准备一篇特别注意上述各论点的关于核共振现象的论文，并将在哥本哈根科学院的院报上发表.

N·玻尔

于理论物理学研究所，哥本哈根

5 月 28 日

---

① 参阅 Bohr, N., Nature **141**, 326(1938).

XXX. 核物理学报告会开幕词(摘要)

333

1938年8月18日在大英科学
促进协会上的演讲

摘 要

Brit. Ass. Adv. Sci. Report of the Annual
Meeting, 1938(108th Year), Cambridge,
August 17—24, London 1938, p. 381

报 告

Nature (Suppl.) **142**(1938)520—521

根据《自然》关于报告会的报道方式,并不能很清楚地看出关于玻尔发言的报道是在什么地方结束的.

334

见本编《引言》第4节注㉛.

分组报告

A 组
数学科学和物理科学

星期四,8月18日

核物理学报告会

N·玻尔教授——开幕词

由于在原子核中各个紧密堆积的粒子之间进行能量交换是极其容易的,核反应显示出一些和普通原子反应的特色显著不同的特色.特别说来,由重粒子的碰撞所引发的核嬗变是按两个明确区分的阶段进行的;在第一个阶段中,一个半稳定的复合核被形成,而激发能则按照和在被加热物体中的方式相似的方式在各个核粒子中间进行分配;在第二个阶段中,这个体系进行后继的蜕变或通过辐射的发射而失去活性,这时显示出分别和蒸发或和热辐射的一种发人深思的类似性.同样,由辐射引起的导致重粒子放射的核的激发,使人想到可以把它和众所周知的固态物质或液态物质对红外辐射的选择吸收相对比.讲话中指明了,这些看法和量子理论的简单论证结合在一起,就可以怎样按一种综合的方式来说明有关这些核现象的实验资料.

《自然》增刊,1938 年 9 月 17 日

核 物 理 学

安排在 8 月 18 日在 A 组(数学科学和物理科学组)举行的关于核物理学的讨论,由哥本哈根的尼耳斯·玻尔教授致开幕词.他对核理论中的新想法进行了论述,那些想法是在最近几年中在他的指导下发展起来的.旧的核理论企图通过按照和核外电子体系理论中的思路颇为相近的思路来考虑单个粒子在核内的行为,以解释核和快粒子的相互作用.这种图景对带电粒子在轻核中的透入作出了满意的说明,但是在说明许多[别的]现象方面却失败了,特别说来,在说明相对于弹性散射几率而言是很大的慢中子俘获几率方面是失败了.这些困难已被一种认识所消除;那种认识就是,由于核内各粒子的紧密堆积,在各粒子之间进行能量交换是有很大的容易性的.结果,当一个粒子进入一个核中时,它的能量就会很快地分配给所有的粒子,而造成“核温度”的普遍上升.于是核就停留在受激态中,直到足以引起“蒸发”或逸出的一个能量又集中在一个粒子上时为止.另外,受激态也可以通过辐射的发射而发生衰变,但是由于电荷分布的高度对称性,偶极辐射通常是不太可能的,从而衰变周期是很长的.于是“中间核”就会在一段时间内继续存在,而这段时间和入射粒子自由地通过体系所将需要的时间相比是很长的.

这一中间核的性质的研究,它的受激态和衰变率的研究,就是当前核物理学中最有兴趣的问题.玻尔教授指明了根据简单的力学模型可以得出那么多的关于核的性质的指南.例如,体系在许多方面表现得有如一个液滴,而各个受激态就可以比拟为液滴在弹性力和表面张力的影响下进行的体积振动和形状振动.在实验上已经确定,受激能级的间距是随着激发能的增大而迅速地减小的.这种结果也使我们想到,核频率可以通过少数一些基频的线性组合来构成.因此能级分布就和一个固体的量了态的分布具有相似的品格,而一些引人深思的类比也就出现在固体中红外辐射的吸收和核对高能 γ 射线的吸收之间了.按照这种办法,玻特教授关于这种 γ 射线引起不同元素之蜕变的广泛效率差别的结果,就有

可能得到解释.

各个定态的能量,可以根据P·I·狄先生和W·玻特教授所描述的那种类型的实验来求得. 曾经观察到,许多核过程都显示共振效应,就是说,它们在某一特定的入射粒子能量区域内显示强度极大值. 这种共振用和复合核的一个定态能量相重合的入射粒子和原有核的能量之和来解释. 复合核可以通过带电粒子的、中子的或γ射线的发射来发生衰变,从而这些辐射的发射强度就将随着轰击粒子的能量的变化而显示共振极大值. 卡文迪许实验室的实验测定了当铍、硼、碳、氯受到质子轰击时所发射的γ射线的强度和能量. 观察到的铍的共振极大值出现在350和670千伏特处;硼的共振极大值出现在180,650,850和950千伏特处;质量数为12的碳同位素的共振极大值出现在480千伏特处;质量数为13的碳同位素的共振极大值出现在570千伏特处;而氯的共振极大值则出现在330,470,590,670,860,920千伏特处. 氯的实验是特别有兴趣的;当激发到13.5兆伏特时,它可以显示^{20}Ne的能级的密集性. 另一个有趣之点就是不同核态的"宽度". 当态的寿命很长也就是说当衰变几率很小时,明确定义的能态和尖锐的共振就会出现. 在以上这些事例中,共振之所以出现是由于受激核很少可能通过粒子的发射而进行衰变. 由于入射粒子的能量有一个散布范围(约20千伏特),实验只能测定态的宽度的一个上限.

337

玻特教授的实验测量了来自相同的中间核的α粒子、中子和γ射线的发射强度. 他发现,虽然某些共振能级是针对所有的这些辐射被观察到的,另外一些共振能级却是只针对一种衰变类型而出现的;这一结果给一种看法带来了某种困难,那种看法认为不同的辐射是从同一核态开始的一些互相竞争着的衰变方式.

另一种测定核的能级的方法依赖于当受激核回复稳定性时所发射的不同粒子组的能量观测. 例如,当氯受到氘核的轰击时,复合核^{21}Ne就发射四组α粒子;能量最高的一组出现在到达^{17}O的基态的跃迁中,其他各组出现在到达^{17}O的一些受激态的跃迁中. 这样就在0.83,2.95,3.77和4.49兆伏特处得到了^{17}O的受激态. 其中一个态是已经知道当氧受到氘核的轰击时就会产生的,两个态已经按照吉耳伯特的和玻特的关于由中子引起氖的蜕变的实验而被定出. 于是形成核的不同方法通常是显示相同的受激态的.

在某些核反应中,剩余核可能被留在一个亚稳的受激态中,而它在这个态中只有很小的机遇来通过γ射线的发射而发生衰变. 当亚稳态的角动量和基态的角动量差了若干个$h/2\pi$单位时,就可能出现这种情况. 这时我们就会有两种核,它们的质量和电荷都相同,但是性质[中译者按:指"辐射性质"]却不相同.

XXXI. 原子核的反应(摘要)

摘　要

OM ATOMKERNERNES REAKTIONER
Overs. Dan. Vidensk. Selsk. Virks.
Juni 1938—Maj 1939, p. 25

REACTIONS OF ATOMIC NUCLEI
Nature **143**(1939)215[*]

1938 年 10 月 21 日在丹麦皇家科学院
宣读的研究报告

[*] 见本编《引言》第 4 节注⑧.

哥 本 哈 根

丹麦皇家科学-文学院

10 月 21 日

尼耳斯·玻尔:《原子核的反应》. 联系到和 G·普拉才克及 R·派尔斯合撰的一篇论文的提出,对简单的力学概念和热力学类比在解释核反应之若干典型特色方面的应用作出了一般的综述.

XXXII．重核的蜕变[1]

Nature **143**(1939)330

见本编《引言》第 5 节注⑨.

给编者的信

342

编者本人对来信中所表示的见解概不负责.本刊本栏及其他各栏之来稿,如不采用,编者不负退稿或和作者通信之责.不署名之来稿概不受理.

关于本期所刊某些来信中的论点的评注,见本刊 p. 337. 希望其他来信者处理与此相似的综述.

重核的蜕变

感谢迈特纳教授和弗瑞什博士的盛情,把他们最近给《自然》编者的信①的内容通知了我.在第一封信中,作者们提出了一种诠释,即把哈恩和斯特拉斯曼的引人注目的发现看成重核的一种新型蜕变的指示,这种蜕变就是重核分裂成具有近似相等的质量和电荷的两个部分,并释放巨大的能量.在第二封信中,弗瑞什描述了一些实验,在那些实验中,这些分裂出来的部分通过它们产生的很大的电离而被直接探测到了.由于这一发现的极大重要性,我愿意从一些普遍想法的观点来对裂变过程的机制作一些评述,这些想法是在近几年中发展起来的,目的是为了说明迄今观察到的那些核反应的主要特色.

按照这些看法,由碰撞或辐射所引发的任何核反应,都作为一个中间阶段而涉及一个复合核的形成;在这个复合核中,激发能在不同的自由度间进行分配,其方式和固体或液体中的热骚动[的分配方式]相仿.因此,反应的各种不同可能的进程的相对几率,就取决于这一能量或是作为辐射而被放出或是转变成适于引起复合核蜕变的一种形式时的那种容易性.在蜕变就是单一粒子的逸出的那种普通反应的事例中,这种转变就意味着一大部分能量集中到核表面上的某个粒子上,从而就是和一个分子从一个液滴中蒸发出来的情况相仿的.然而,在可

---

① [Nature, **143**, 239 and 275 (1839)].

以和一个液滴分成两个小滴相对比的那种蜕变的事例中，显然就要求能量的准热分布(quasi-thermal distribution)在大体上转变到复合核的某一特殊的涉及核表面之颇大形变的振模.

于是在这两种事例中都可以说蜕变的进程是由能量在体系各自由度间的统计分布的一种涨落引起的，该涨落的发生几率在本质上取决于需要集中在所考虑的特定运动类型上的能量以及和核激发相对应的"温度". 因此，既然对不同速度的中子来说裂变现象的有效截面似乎和普通核反应的截面具有相同的数量级，我们就可以得出结论说，对于最重的核来说，足以引起裂变的形变能量和使单一核粒子逸出的必要能量具有相同的数量级. 然而，对迄今只观察到它们的蒸发式蜕变的那些更轻一点的核来说，却必须认为前一能量比一个粒子的结合能要大得多.

这些情况都在迈特纳和弗瑞什所强调了的一件事实中找到了直截了当的解释，那就是，对于高度带电的核来说，各电荷之间的相互斥力将在很大的程度上抵消核粒子间短程力的那种阻止核变形的效应. 所涉及的核问题确实在很多方面使我们想起一个带电液滴的稳定性问题，而特别说来，核的大得足以引起裂变的任何形变都可以近似地当作一个经典力学问题来处理，因为和量子力学的零点振动相比，对应振幅显然必将是很大的. 正是这个条件，似乎就可以使我们适当理解重核在其正常态或较低受激态中的那种惊人稳定性，尽管这种核的一次可以想象的分割将释放很大的能量.

关于这种新型核蜕变的实验的继续进行，而首先是对于发生这种蜕变的条件的进一步考察，肯定将带来有关核激发机制的最宝贵的信息.

N·玻尔

于高级研究所，普林斯顿，N. J.

1月20日

XXXⅢ. 铀蜕变和钍蜕变中的共振和核裂变现象

Phys. Rev. **55**(1939)418—419

见本编《引言》第 5 节注⑬.

铀蜕变和钍蜕变中的共振和核裂变现象

344

关于由中子轰击而在铀和钍中引起的核嬗变的研究，是由费米及其合作者所倡始，并由迈特纳、哈恩和斯特拉斯曼以及居里和萨维赤所继续了的；这种研究已经揭示了一些最有趣的现象. 最重要的是，正如迈特纳和弗瑞什① 所指出的那样，哈恩和斯特拉斯曼关于一种放射性钡同位素作为这种嬗变之产物而出现的近期发现，为一种新型的核反应提供了证据，而在这种反应中，随着超过一百兆电子伏特的能量的释放，核将分成电荷和质量较小的两个核. 出现这种所谓核裂变的直接证明，是由弗瑞什② 通过观察高速核碎片在一种气体中引起的很强的电离而既针对铀又针对钍给出了的.

在评论迈特纳和弗瑞什为了解释裂变现象而提出的那些巧妙建议的一篇近期短文③ 中，笔者曾经强调指出，正如普通核反应的进程一样，新型核反应的进程也可以被认为是分两个明确区分的阶段来进行的. 其中第一个阶段就是一个复合核的形成，而能量则按照和一个液体或固体中的热运动相仿的方式被储存在这个复合核中；第二个阶段或者是这一能量以辐射的形式而被放出，或者是这一能量转变成适于引起复合核的蜕变的一种形式. 在导致质子、中子或 α 粒子从这个核中被放出的普通反应的事例中，我们遇到的是激发能的一个颇大部分在核表面上的某一粒子上的集中，这一部分能量足以使粒子逸出，就像一个分子从一个液滴中蒸发出来那样. 在裂变现象的事例中，能量必须大部分转变成整个核的某种特殊类型的运动，这种运动引起核表面的一种很大的形变，以致足以导致核的一次破裂，这可以比拟为一个液滴分裂成两个小滴. 根据一些和适用于蒸发式核蜕变的考虑相类似的统计力学的考虑确实就可以推知，当所涉及的形变能量随着核电荷的增大而减小到和单一粒子逸出时所需要的能量同数量级的值时，裂变的发生几率就会变得可以和普通核反应的发生几率相比.

在这里我愿意指出，这样一些考虑似乎可以怎样提供一种简单的诠释，以说明迈特纳、哈恩和斯特拉斯曼④ 所观察到的铀和针的不同嬗变过程的截面随中子速度而变的那种奇特变化情况. 在新发现的启示下，所得到的无法按照关于核蜕变的普通想法来加以清理的那许许多多的过程，似乎可以按照迈特纳和弗瑞什的看法而归结为只有两种类型的嬗变. 其中一种就是普通的入射中子的辐射性俘获,这就导致复合核的正常态的形成,而随后这个复合核又通过β射线发射而嬗变成一个稳定的核. 另一种就是受激复合核的裂变,这种过程可以按许多不同的方式来进行,从而就会出现碎片的质量数和电荷数的广阔变化范围. 这种情况使得人们不对碎片的统计分布进行更细致的研究就无法把一种具有给定的化学性质和放射性周期的产物追溯到它在原有元素的某一特定同位素中的根源,而我们即将看到,这种情况对于理解铀事例中的某些很突出的特点来说是有着特殊的重要性的.

针对导致周期分别为 24 分和 33 分的铀同位素和钍同位素的俘获过程,迈特纳、哈恩和斯特拉斯曼发现了关于速度较小的中子的共振现象的证据. 铀中的现象研究得更加完全,在那里,他们发现能量约为 25 伏特的中子的俘获截面至少比热中子的俘获截面大 30 倍. 正如他们指出的那样,既然在这一能量区域中截面约为 10^{-21}厘米^2,那么,根据色散理论的简单论点,显然就应该认为现象是起源于质量数为 238 的大丰度铀同位素的. 事实上,不论是在铀中还是在钍中,

345 共振俘获都并不和裂变过程的很大截面增量相伴随,而我们由这一事实就可以进一步得出结论说,在所涉及的那些受激态中,复合核的辐射几率要比裂变几率大得多,从而这些核的正常态除了它们的β射线放射性以外是基本上稳定的.

关于所有其他那些现在必须归因于裂变的嬗变过程,在迈特纳、哈恩和斯特拉斯曼的研究中以及在弗瑞什的直接实验中都发现了铀和钍之间的显著差别. 利用快中子,针对铀和钍得出了数量级相同的裂变截面,但是利用具有热速度的中子,却观察到了铀的裂变截面的很大增加,而钍的情况则并非如此. 关于快中子的结果,可以在以上概述的核过程之一般图景的基础上简单地加以解释;按照这种图景,我们必须预料裂变几率比辐射几率更迅速地随着激发能而增大,而且在所涉及的复合核的高激发下将变得比辐射几率大得多. 然而,铀中对慢中子而言的奇特效应却显然不能和以上这些考虑相调和,假如这种效应被归因于质量数为 239 的复合核的形成的话;但是,既然正如已经指出的那样,各种最常见的放射性碎片的周期应该不依赖于正在进行裂变的那种同位素,我们就有可能把所涉及的效应归因于质量数为 236 的受激核的裂变,这个核是通过中子撞击质量数为 235 的小丰度同位素而形成的.

事实上,当质量数为偶数时,一个中子在具有偶电荷数的核中的结合能将比质量数为奇数时大许多,而我们根据这一事实就确实应该预料到,对于给定的中子速度来说,复合核 236 的激发将高于复合核 239 的激发,因此,在前一事例中就比在后一事例中有一种密集得多的共振能级分布和一个大得多的裂变几率. 因此,即使在由慢中子的撞击所造成的激发下,我们也可以预期核 236 的裂变几

率将大于辐射性俘获的几率;而且,由于能级的相应展宽,236 在这一区域中的能级分布甚至可能是连续的. 无论如何,如果裂变几率是够大的,我们在小的中子能量下就将预料截面和速度成反比,而这就使我们既能说明观察到的对热中子而言的过程的产量,又能说明在中子的速度更高一些时任何可觉察的效应的不存在. 对于快中子,截面当然绝不会超过核的大小,从而由于所涉及的同位素的丰度太小,它的裂变产量就远小于由中子撞击大丰度同位素而得出的产量.

这样看来,一切已知的实验事实似乎都可以得到简单的解释,而用不着关于特殊能级之奇特性的任何假设. 以前人们一直认为这样一些假设在说明这些现象时是必要的,而事实上它们却似乎很难和关于核激发的普遍想法相调和. 在一篇和约翰·A·惠勒教授合撰的即将问世的论文中,将对裂变机制以及重核在它们的正常态和受激态中的稳定性作出更进一步的讨论.

N·玻尔
于高级研究所,普林斯顿,新泽西
1939 年 2 月 7 日

① L. Meitner and R. Frisch, Nature(印刷中),那里给出了以前的参考文献.

② R. Frisch, Nature(付印中). 迈特纳教授和弗瑞什博士很可感谢地把上一短文和这一短文的底稿给我看过. 按照我从其他友好的通知所了解到的,在此期间,关于裂变现象的另一些最有兴趣的资料也已经在美洲和欧洲的若干实验室中被得到了.

③ N. Bohr, Nature(付印中).

④ L. Meitner, O. Hahn and F. Strassmann, Zeits. f. Physik **106**, 249(1937); **109**, 538(1938).

347

XXXIV. 关于裂变的总结

没有标题的底稿

(1939)

[原书载丹麦文原文和英译本,中译本据英译本.]

348

这是2页丹麦文的复写纸打印稿,是在一部没有丹麦字母的打字机上打成的,上面有罗森菲耳德用钢笔加的一些补充.

还有两份(各3页)同稿的复写纸打印本,包括了补充部分,是用有丹麦字母的打字机打成的.我们这里采用的就是这种稿本,页码也是按这种稿本标的.

这些稿子还没有摄制缩微胶片.

见本编《引言》第5节注⑯.

按照在 Nature 上和 Phys. Rev. * 上那些短文中发展起来的看法，裂变产量只取决于核的中子蒸发(几率 Γ_N)、辐射发射(几率 Γ_S)和裂变(几率 Γ_F)之间的竞争. 351

对于铀(复合核 239)和钍(复合核 233)，Γ_N，Γ_S，Γ_F 将像图 1 所示的那样随入射中子的能量而变. 这种变化解释了下述情况：这些核在热中子和 C+D 中子作用下并不发生任何裂变，而只有在 D+D 中子和 α+Be 中子的作用下才会发生裂变；而且也解释了这一事实：5 MeV 的氘核并不引起任何裂变，或者至少是几率极其微小，因为，既然质子要带走能量，就将只出现复合核的一种低激发，也许这对热中子来说都是太低的.

重要的是预先研究：针对不同的速度，铀中以及钍中的裂变截面和非弹性散射截面之比；或者其次，也许更容易些的是研究铀和钍的裂变截面之比随中子速度的变化情况.

对铀(复合核 236)来说，必须预期各条几率曲线的相对变化情况如图 2 所示；这就可以解释，在这一事例中，甚至对于慢中子也很少发现中子俘获；另外也可以解释，在截面应该按 $1/v$ 而变化的情况下，裂变对小的中子速度显示得特别明显，正如在哥伦比亚[大学]用 B 吸收演示的那样——这一点将在 3 月 1 日 Phys. Rev. 上的一篇短文中加以论述**. 这些曲线也表明，在铀 235 中，中子俘获是很少可能的；然而，最有兴趣的却似乎是，这样一种俘获能否通过一种具有新周期的弱放射性来被找到，因为这将对低中子速度下的 Γ_F 和 Γ_S 之比作出定量的确定. 352

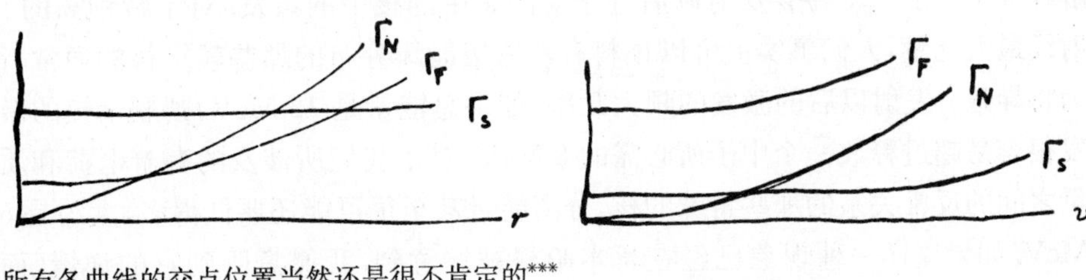

所有各曲线的交点位置当然还是很不肯定的***

图 1　　图 2

---

* [见本编《引言》注⑲和注⑮.]

** [见本编《引言》注⑩.]

*** [这句话是加在用有丹麦字母的打字机打成的稿本上的.]

[稿第 2 页]

这种关于两种铀同位素在裂变现象中所起作用的解释的正确性问题，正在从各方面被起劲地争论着. 有人争论说，如果解释是正确的，人们就应该针对快中子和慢中子预期产物的很不相同的统计分布. 然而，在我根据简单的理论考虑看来，关于很大差别的假设似乎是一种夸大，而人们只应该预期很小的统计分布上的差别. 如果这个问题可以进一步得到考察，特别是如果人们能够得出产生有着很高的或特别低的电荷数的那些裂变产物的几率差，那就将是很重要的. 事实上，甚至在同一种同位素中，人们也应该针对不同的中子能量而在这方面得出一些小的差别，因为激发程度可能影响产物的分布. 关于这个问题，人们甚至必须对发现一种情况有所准备，那就是，用慢中子在铀(复合核 236)中得出的分布，可能介于用 1 MeV 的和 3 MeV 的中子在钍(复合核 239)中得出的分布之间，那些中子是在 D－D 碰撞以后沿着不同的方向发射的. 如果人们能够用新钍做一次裂变实验，那将是对于理论讨论具有最高的重要意义的；在新钍中，人们大概只能在很高的中子能量下期望裂变. 这种实验当然是困难的，而且可能是很费钱的，但是如果它毕竟是可以做成的，那就将是有决定的重要性的，因为除了铀和钍以外，人们很不幸地在所讨论的关键区域中没有其他的核可供运用.

353

[稿第 3 页]发表在 2 月 16 日的 Phys. Rev. 上和 1 月 30 日的 Comptes Rendus 上的那些不同的短文，也许在研究所中已经被看到了.

我已经听说在伯克利和哥伦比亚做了一个美国的实验，但是这还没有发表在 Phys. Rev. 上；在那个实验中，他们曾经拍了裂变产物径迹的一些漂亮的云室照片，但是我还没有看到这些照片. 我也已经听说，人们在华盛顿已经发现，中子是在裂变以后以大约 20 秒的延迟时间而从裂变产物中被放出的. 为了听到有关这些研究结果的更多的东西，我已经写信给图维；我相信这些结果可以简单地解释成中子从一个在 β 发射以后处于受激态中的核中的蒸发. 对于特别高的 β 射线最大能量，人们事实上可以预料有着密集能级分布的那些较重核的通常行为将导致 β 发射以后的激发的颇大几率. 如果总能量是 12 MeV，则剩余核的激发很容易超过释放一个中子所必需的 8 MeV. 对于我们所涉及的有着电荷和质量之间的反常关系的那些特殊的核，分离能量甚至很可能还要低得多，大约是 5 MeV. 如果这样一种现象已经在哥本哈根被注意到，我愿意听到它的详情，而且，如果日程允许的话，若能在任何事例中证实图维的观察结果并特别研究中子延迟的细节就将是很好的，因为这很容易涉及一些有着不同周期的不同裂变产物，甚至涉及各产物的一些相继的 β 射线嬗变；但这也许是不那么容易的，因为中子发射将减小以后的 β 射线的能量差.

XXXV. 重核在β射线发射后的剩余激发

未发表稿

采自卷宗"玻尔在普林斯顿停留期间的笔记",1939

见本编《引言》第5节注⑬.

卷宗“玻尔在普林斯顿停留期间的笔记”，1939，包括各种草稿和演讲笔记.除特别声明者外，各件都是罗森菲耳德的笔迹.

这里印了一份标题为《重核在β射线发射后的剩余激发》的稿子.此稿共2页，是用钢笔写成的英文稿.许多地方都被划掉，并改换了说法，但没有改变实质.我们印的是改正本.

另有8页用英文和丹麦文写成的演讲笔记，日期是1939年3月20日和3月27日.这些是用钢笔写成的，有几处玻尔加上的增补.

4页用铅笔写成的英文和丹麦文稿是关于核物理学的包括自旋在内的各个方面的散稿.

最后还有一页是用钢笔写的数字，上面有艾里克·玻尔加的(丹麦文)标题：“具有大介电恒量的一块平板中的共振”.

稿见缩微胶片 Bohr MSS no. 16.

重核在β射线发射后的剩余激发

关于铀裂变过程以后的中子发射有若干秒的延迟的观察结果[①]，使我们想到重的核碎片有一个相当大的几率在β射线蜕变之后被留在一个受激态中，其激发能足以使一个中子随后逸出. 这种现象的出现应该和核碎片的质重与电荷之间的特别大的比值联系起来，该比值比在具有相似的电荷数和质量数的稳定同位素中要大得多. 这事实上就意味着，对于这些碎片来说，可以用于β射线过程的总能量是特别大的，从而最终产物的中子结合能就是反常地低的. 例如，根据建筑在关于核能对质量数及电荷数之依赖关系的众所周知的半经验公式上的一种简单估计可知，可以用于该过程的总能量很可能具有 10 MeV 的数量级，而中子结合能则可以低到 5 MeV.

此外，释放的能量低得足以使中子随后逸出的那种β射线发射的一个比较大的几率，事实上正是可以根据这种重核的能级分布密度随激发能而迅速增加这一事实来加以预料的. [稿第 2 页]事实上，如果我们暂时假设，正如和关于只包括着到达终末核之正常态或较低受激态的跃迁的那种通常β射线过程的经验公式进行简单的对比就将想到的那样，某一β射线过程的相对几率是按照所放能量的五次幂而增大的，我们就将预期所得激发的统计分布由下式给出：

$$W(E)\mathrm{d}E \propto (E_0 - E)^5 D(E)\mathrm{d}E,$$

式中E_0是可用的总能量，而$D(E)$是激发能E处的能级分布密度. 现在，对于重核，我们近似地有

$$D(E) \propto \mathrm{e}^{-\sqrt{E/\theta}},$$

式中θ具有兆伏特的数量级. 于是$W(E)$的极大值就将是

[中译者按：原稿在此处中止.]

---

① [此处的文献或许是 R. B. Roberts, R. C. Meyer and P. Wang, *Further Observations on the Splitting of Uranium and Thorium*, Phys. Rev. **55**(1939)510—511(1939 年 2 月 18 日交稿，1939 年 3 月 1 日刊出).]

359

XXXⅥ. 核裂变的机制[1]

（和 J·A·惠勒合撰）

Phys. Rev. **55**(1939)1124

在 1939 年 4 月 27—29 日在华盛顿召开的美国物理学会
第 227 届例会上提交的论文的摘要

360 1939 年 6 月 23 日，在哈恩在伦敦的英国科学知识普及会（Royal Institution）发表了一篇演讲以后的讨论中，玻尔也报道了这一工作. 见 Nature **144**(1939)46.

见本编《引言》第 5 节注⑫.

71. 核裂变的机制 N·玻尔(高级研究所)和约翰·A·惠勒(普林斯顿大学)——关于把钍和铀的核分成质量及电荷都相差不大的两个或多个部分时所需能量的一种估计已经结论性地表明,裂变过程不能归因于和从重核基态出发的 α 粒子发射相类似的一种量子力学效应,而我们所遇到的却是起源于受激复合核之较大形变的可能性的一种本质上是经典性的效应*. 事实上,对于较重的核来说,核粒子的静电斥力接近于补偿短程力在阻止这种形变方面的效应,而简单的计算表明,临界形变所要求的能量是和中子结合能同数量级的. 按照在单分子反应理论中已经熟知的论点,当用能量 E 来激发时,体系的蜕变恒量由 $N^{*}(E-E_{c})/h\rho(E)$ 来给出,式中 ρ 是受激核在原始态中的能级密度,E_{c} 是临界态中的形变势能,而 $N^{*}(E^{*})$ 是那个态中能量小于 E^{*} 的能级数. 按照这种思路,估计了裂变几率对能量的依赖关系,以及碎片按大小和质量的统计分布以及它们的初始激发.

---

* L. Meitner and R. Frisch, Nature **143**, 239(1939). 并参阅 N. Bohr, Nature **143**, 330(1939)及 Phys. Rev. **55**, 418(1939).

363

XXXⅦ. 核裂变的机制[2]

(和J·A·惠勒合撰)

Phys. Rev. **56**(1939)426—450

364

表III中有一处差错,正如文中手写小注所指明的那样;该小注或许是S·海耳曼女士(玻尔的秘书)的手笔.

见本编《引言》第5节注⑫.

核裂变的机制

尼耳斯·玻尔
(丹麦,哥本哈根,哥本哈根大学;新泽西,普林斯顿,高级研究所)
及
约翰·阿契巴耳德·惠勒
(新泽西,普林斯顿,普林斯顿大学)

(1939年6月28日收到)

在原子核的液滴模型的基础上,对核裂变的机制作出了说明. 特别说来,关于裂变所要求的临界能量从一种核到另一种核的变化情况,以及关于给定核的裂变截面对激发物能量的依赖关系,都得出了一些结论. 在理论考虑的基础上,对观测结果进行了详细的讨论. 理论和实验相当符合,足以给出一种令人满意的核裂变图景.

引 论

费米及其合作者们关于中子可被重核俘获而形成新的放射性同位素的发现,特别在铀的事例中导致了关于质量数和电荷数都比迄今所知的值为高的核的有趣发现. 这些探索的继续进行,特别是通过迈特纳、哈恩和斯特拉斯曼的工作以及居里和萨维赤的工作,揭示了若干意外的和惊人的结果,并终于把哈恩和斯特拉斯曼[①]引到了这样的发现: 由铀开始,也会形成一些原子量和电荷都小得多的元素.

这样发现的新型核反应已由迈特纳和弗瑞什[②]命名为"裂变",他们在核的液滴模型的基础上强调了所涉及的过程和一个液体球由于外来干扰所引起的形

① O. Hahn and F. Strassmann, Naturwiss. **27**, 11(1939),并见 P. Abelson, Phys. Rev. **55**, 418 (1939).

② L. Meitner and O. R. Frisch, Nature **143**, 239(1939).

变而划分成两个较小液滴的那种分裂之间的类似性.在这方面,他们也使人们注意到了一个事实,即正是在这些最重的核中,电荷间的相互斥力将在很大程度上削弱短程核力那种和表面张力的效应相似的阻止核的形状发生变化的效应.因此,为了引起一个临界形变,就只要求一个较小的能量,而在核的随后分裂中则将有一个很大的能量被释放出来.

如所周知,正是裂变过程中释放的巨大能量,就使得直接观察这些过程成为可能,这部分地是首先由弗瑞什③而不久以后又由另外一些人们独立地通过核碎片的巨大电离本领来进行观察的,部分地是通过这些碎片的穿透本领来进行观察的,这种穿透本领使人们可以最有效地把通过裂变而形成的新核从铀中分离出来④.这些产物主要是由它们各自的β射线活性来表征的,这种活性使我们可以在化学上和光谱学上辨认它们.然而,此外也已经发现,裂变过程是和中子的发射相伴随的,其中有些中子似乎和裂变直接相联系着,而另一些中子则似乎和核碎片的随后β射线转变相联系着.

按照近几年发展起来的关于核反应的普遍图景,我们必须假设由碰撞或辐366照引发的任何核转变都分两步来进行;其中第一步就是一个寿命较长的高度激发的复合核的形成,而第二步则是这个复合核的蜕变或通过辐射的发射而到达一个较低受激态的跃迁.对于重核来说,复合体系那种和辐射的发射相竞争的蜕变过程就是中子的逸出以及按照新的发现来说就是核的裂变.第一个过程要求复合体系的一大部分激发能集中在核表面处的一个粒子上(激发能在起初是像一个多自由度体系中的热能那样分布着的),而第二个过程则要求这种能量的一部分转变成足以导致分裂的一种核形变的势能⑤.

裂变过程和中子的逸出过程及俘获过程之间的这样一种竞争,似乎事实上已由钍和铀的裂变截面随着入射中子的能量而变化的那种方式很突出地显示了出来.由迈特纳、哈恩和斯特拉斯曼观察到的这两种元素中的效应的巨大差别,似乎也可以按照这种思路利用几种稳定同位素在铀中的存在很容易地来加以解释,这时裂变现象的一个相当大的部分将被合理地归因于小丰度同位素U^{235},对于一个给定的中子能量来说,由这种同位素形成的复合核将比由大丰度同位素

③ O. R. Frisch, Nature **143**, 276(1939); G. K. Green and Luis W. Alvarez, Phys. Rev. **55**, 417(1939); R. D. Fowler and R. W. Dodson, Phys. Rev. **55**, 418(1939); R. B. Roberts, R. C. Meyer and L. R. Hafstad, Phys. Rev, **55**, 417(1939); W. Jentschke and F. Prankl, Naturwiss. **27**, 134(1939); H. L. Anderson, E. T. Booth, J. R. Dunning, E. Fermi, G. N. Glasoe and F. G. Slack, Phys. Rev. **55**, 511(1939).

④ F. Joliot, Comptes rendus **208**, 341(1939); L. Meitner and O. R. Frisch, Nature **143**, 471(1939); H. L. Anderson, E. T. Booth, J. R. Dunning, E. Fermi, G. N. Glasoe and F. G. Slack, Phys. Rev. **55**, 511(1939).

⑤ N. Bohr, Nature **143**, 330(1939).

形成的复合核具有更大的激发能和更小的稳定性⑥.

在现在这篇文章中,在核和液滴之间的对比的基础上发展了裂变过程及其伴随效应的机制的一种更加细致的处理. 我们把临界形变能和处于非稳定平衡态中的液滴的势能联系了起来,并且按照它对核电荷和核质量的依赖关系来估计了这一能量. 关于起初给予核的那一激发能到底怎样在不同的自由度间逐渐进行交换并终于导致一种临界形变,被证实为是一个在确定裂变几率时不必加以讨论的问题. 事实上,简单的统计考虑就能导致一种关于裂变反应率的近似表示式,该反应率只依赖于临界形变能和核能级分布的性质. 所提出的普遍理论似乎和观察结果符合得很好,而且可以对裂变现象作出一种满意的描述.

为了初步的了解和以后的考虑,我们在第 I 节中利用现有的证据来定量地估计当重核按不同方式分裂时所放出的能量,特别是不仅考虑在裂变过程本身中被释放的能量,而且也考虑中子随后从碎片中逸出时所需要的能量以及可用于 β 射线从这些碎片中的发射的能量.

在第 II 节中,将从核和液滴之间的对比的观点来更加细致地研究核形变问题,以便估计实现对裂变为必要的临界形变所需要的能量.

在第 III 节中,将更细致地考虑裂变过程的统计力学,并对裂变几率作出近似的估计. 这一几率要和辐射几率及中子逸出几率进行对比. 然后就将在关于裂变截面随能量的变化的理论基础上作出一番讨论.

在第 IV 节中,上述这些考虑将被应用到关于裂变截面的观察结果的分析上,那些裂变是由不同速度的中子在铀和钍中引起的. 特别说来即将证明,和在第 III 节中发展了的理论的一种对比,可以怎样导致一些适用于钍的和各种铀同位素的临界裂变能量的值,而这些值是和第 II 节中的考虑符合得很好的.

在第 V 节中,将考虑由裂变引起的那些核碎片按其大小的统计分布问题,并考虑这些碎片的激发问题和次级中子的起源问题.

最后,在第 VI 节中,我们将考虑在足够高的中子速度下针对除了钍和铀以外的其他元素所应预期的裂变效应,以及在氘核和质子的撞击以及辐射的激发下所应预期的钍和铀中的效应.　367

I.　核分裂所释放的能量

通过一个核分裂成更小的部分而被释放的总能量,由下式给出:

⑥ N. Bohr, Phys. Rev. **55**, 418(1939).

$$\Delta E=(M_0-\Sigma M_i)c^2, \tag{1}$$

式中 M_0 和 M_i 是原有核和产物核在静止而不受激时的质量. 例如在由铀之类的重核分裂成两个接近相等的部分时形成的那种有着反常的电荷和质量之比的核,我们并不掌握有关它们的质量的任何观测结果. 然而,如果我们暂时忽视由于奇偶交替和核结合上的较精致细节而引起的能量涨落,一个这样的碎片和质量数相同的对应稳定核的质量之差就可以按照伽莫夫的一个论点而被假设为由下式来表示:

$$M(Z,A)-M(Z_A,A)=\frac{1}{2}B_A(Z-Z_A)^2, \tag{2}$$

式中 Z 是碎片的电荷数而 Z_A 是通常并非整数的一个量. 对于 $A=100$ 到 140 的质量数来说,Z_A 这个量由图 8 中的虚线来给出,而对于更轻的和更重的质量数来说,它也可以用相似的办法来确定.

B_A 是一个还不能直接由实验定出的量,但是却可以按下述方式来加以估计. 例如我们可以假设,质量数为 A 的一个核的能量,将近似地按照下列公式而变化:

$$M(Z,A)=C_A+\frac{1}{2}B'_A\left(Z-\frac{1}{2}A\right)^2+\left(Z-\frac{1}{2}A\right)(M_p-M_n)$$
$$+3Z^2e^2/5r_0A^{1/3}. \tag{3}$$

此处的第二项给出了各同量异位素的对比质量而忽略了包括在第三项中的质子质量和中子质量之差 M_p-M_n 的影响以及由第四项给出的纯静电能量的影响. 在后一项中,作出了通常的假设,即核的有效半径等于 $r_0A^{1/3}$,而按照 α 射线蜕变理论来估计,r_0 是 1.48×10^{-13}. 把由表示式(2)和(3)给出的相对质量值等同起来,我们就得到

$$B'_A=(M_p-M_n+6Z_Ae^2/5r_0A^{1/3})\bigg/\left(\frac{1}{2}A-Z_A\right) \tag{4}$$

以及

$$B_A=B'_A+6e^2/5r_0A^{1/3}$$
$$=(M_p-M_n+3A^{2/3}e^2/5r_0)\bigg/\left(\frac{1}{2}A-Z_A\right) \tag{5}$$

由最后一个关系式得出的不同核的 B_A 值列于表 I 中.

在刚刚讨论了的基础上,我们将能够借助于已知核的敛集率来估计核 (Z,A) 的质量. 例如我们可以写出

表 I. 出现在(6)和(7)式中的各量的值，对核质量数 A 的不同值进行的估计. B_A 和 δ_A 都以 MeV 计

A	Z_A	B_A	δ_A	A	Z_A	B_A	δ_A
50	23.0	$3._5$	$2._8$	150	62.5	1.2	$1._5$
60	27.5	$3._3$	$2._8$	160	65.4	1.1	$1._3$
70	31.2	$2._5$	$2._7$	170	69.1	1.1	$1._2$
80	35.0	$2._2$	$2._7$	180	72.9	1.0	$1._2$
90	39.4	$2._0$	$2._7$	190	76.4	1.0	$1._1$
100	44.0	$2._0$	$2._6$	200	80.0	0.9_5	$1._1$
110	47.7	1.7	$2._4$	210	83.5	0.9_2	$1._1$
120	50.8	1.5	$2._1$	220	87.0	0.8_8	$1._1$
130	53.9	1.3	$1._9$	230	$90._6$	0.8_6	$1._0$
140	58.0	1.2	$1._8$	240	$93._9$	0.8_3	$1._0$

$$M(Z,A)=A(1+f_A)+\frac{1}{2}B_A(Z-Z_A)^2\begin{cases}+0 & A\text{奇}\\ -\frac{1}{2}\delta_A & A\text{偶}, Z\text{偶}\\ +\frac{1}{2}\delta_A & A\text{偶}, Z\text{奇}\end{cases}\tag{6}$$

式中 f_A 应被看成在原子量的一个小范围内求出的敛集率的平均值，而最后一项则照顾到了按照中子数和质子数的奇偶性而出现在各核之间的结合能的典型差值. 在应用丹普斯特的敛集率测量结果时，我们必须认识到(6)中第二项的平均值已经包括在这样的测量结果中了⑦. 然而，正如可以在图 8 上读出的那样，这个改正量实际上是被第三项的影响所抵消了的，因为在质谱仪上研究了的大多数核都属于偶-偶类型.

我们由(6)就求得对一种 β 射线转变为不稳定的核在电子发射或电子吸收中所涉及的能量释放　368

$$E_\beta=B_A\left\{|Z_A-Z|-\frac{1}{2}\right\}\begin{cases}+0 & A\text{奇}\\ -\delta_A & A\text{偶},Z\text{偶}\\ +\delta_A & A\text{偶},Z\text{奇}\end{cases}\tag{7}$$

⑦ A. J. Dempster, Phys. Rev. **53**, 869(1938).

这一结果提供了一种可能性,即可以通过对偶核同量异位素的稳定性进行分析来估计 δ_A. 事实上,如果一个偶-偶核是稳定的或不稳定的,则 δ_A 分别是大于或小于 $B_A\left\{|Z_A-Z|-\frac{1}{2}\right\}$ 的. 对于中等原子量的核来说,这个条件就很密切地限定了 δ_A;另一方面,在很高质量数的区域中,我们却可以直接根据相继 β 射线转变

$$\mathrm{UX_I} \rightarrow (\mathrm{UX_{II}},\ \mathrm{UZ}) \rightarrow \mathrm{U_{II}},$$

$$\mathrm{MsTh_I} \rightarrow \mathrm{MsTh_{II}} \rightarrow \mathrm{RaTh},\ \mathrm{RaD} \rightarrow \mathrm{RaE} \rightarrow \mathrm{RaF}$$

中的能量释放之差来估计 δ_A. 估计出来的 δ_A 值已列在表 I 中.

应用了按上述考虑修补过的关于核质量的测量结果,我们对一个核分裂成近似相等的两个部分时的能量释放作出了如表 II 所示的典型估计⑧.

表 II. 第三栏中给出的是典型核分裂成两个碎片时的能量释放的估计值. 第四栏给出的是和各次后继 β 射线转变相联系的能量释放总和的估计值. 能量以 MeV 计

原有核	两种产物	分裂	后继
$_{28}Ni^{61}$	$_{14}Si^{30,\ 31}$	−11	2
$_{50}Sn^{117}$	$_{25}Mn^{58,\ 59}$	10	12
$_{68}Er^{167}$	$_{34}Se^{83,\ 84}$	94	13
$_{82}Pb^{206}$	$_{41}Nb^{103,\ 103}$	120	32
$_{92}U^{239}$	$_{46}Pb^{119,\ 120}$	200	31

在 A~100 的质量数以下,核在能量上对分裂来说是稳定的;在这个界限以上,能量上对分裂成两个近似相等的部分而言的不稳定性就开始出现,这特别是由于和分离相联系着的静电能量的减小过度抵消了由于暴露的核表面较大而造成的核力的退饱和作用. 核 U^{239} 分裂成具有任何给定的电荷数和质量数的两个碎片时所放出的能量,在图 1 中表示了出来. 可以看到,有一个很大的原子质量区域,在那里,释放的能量几乎达到了可能达到的最大值 200 MeV;但是,对于一个碎片的给定大小来说,就只有一个很小的电荷数区域是和接近最大值的能量

⑧ 尽管不存在核分裂成多于两个的可以相比的部分的实际裂变过程,但是指出一点也可能是有兴趣的,那就是,在许多事例中,这样的分裂也将和能量的释放相伴随. 例如,质量数大于 $A=110$ 的核对于分裂成三个接近相等的部分来说是不稳定的. 对铀来说,对应的总能量释放将~210 MeV,从而比分裂成两部分时的释放甚至还要大一些. 然而 U^{239} 分裂成四个可比较的部分时的能量释放却将大约是 150 MeV,而当分裂成 15 个之多的可比较的部分时就将是吸能的了.

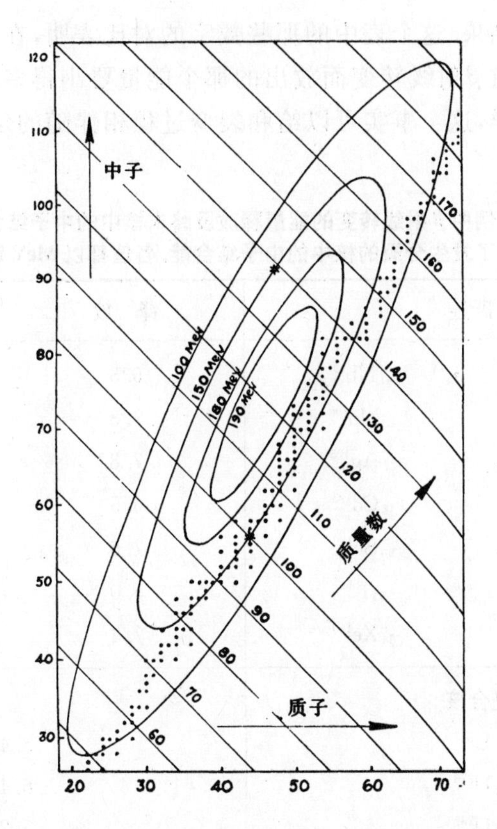

图 1　正常态中的核$_{92}U^{239}$和可能碎片核$_{44}Ru^{100}$及$_{48}Cd^{139}$(图中用叉号标明)之间的能量差,估计应是 150 MeV,如对应的围线所示. 同样,从 U^{239} 到其他可能碎片的分裂中的能量释放估计值可以由图上读出. 可以看到,图中和最大能量释放相联系着的区域和稳定核的区域(用点号标明)有一个距离,这对应于三到五个β射线的发射.

释放相对应的了. 例如,按照能量上最有利的方式来由铀的分裂而形成的碎片,在图 1 中位于一个狭长地带中,该地带离开稳定核的区域有一个距离,该距离对应于和三个到六个β粒子的发射相联系着的核电荷改变量.

369

碎片核在产生以后在β射线转变中放出的能量,可以利用表 I 中的恒量而从方程(7)中估计得出. 这样求得的β蜕变的典型链中的能量释放,在图 8 中用箭头标出.

可以用于典型碎片核之β射线发射的能量,并不和这些核对自发中子发射而言的稳定性相抵触;这一点从一个事实就可以立即看出,那事实就是,和核电荷的增加一个单位相联系着的能量改变量,由一个质子和一个中子的结合能之差加上中子-质子质量差来给出. 根据方程(6)而对位于最大能量释放带(图 1)内的那些典型核碎片中的中子结合能进行的估计,给出了列在表 III

的最后一栏中的结果. 这个表中的那些数字的对比表明，在某些事例中，中子结合能比可以通过β射线转变而放出的那个能量要小得多. 正如我们将在第V节中看到的那样，这个事实可以给和裂变过程相伴随的延迟中子发射提供一个合理的解释.

表 III. 典型事例中β射线转变的能量释放及终末核中的中子结合能的估计值；也估计了发生分裂的核中的中子结合能. 各值都以 MeV 计

β跃迁		释 放	结 合
$_{40}Zr^{99}$	$_{41}Nb^{99}$	6.3	8.2
$_{41}Nb^{100}$	$_{42}Mo^{100}$	7.8	8.6
$_{46}Pd^{125}$	$_{47}Ag^{125}$	7.8	6.7
$_{47}Ag^{125}$	$_{48}Cd^{125}$	6.5	5.0
$_{49}In^{130}$	$_{50}Sn^{130}$	7.6	7.1
$_{52}Te^{140}$	$_{53}I^{140}$	5.0	3.5
$_{53}I^{140}$	$_{54}Xe^{140}$	7.4	5.9
复合核			
$_{92}U^{235}$		5.4	
$_{92}U^{236}$		6.4	
$_{92}U^{239}$		5.2	
$_{90}Th^{233}$		5.2	
$_{91}Pa^{232}$		6.4*	

*［原书此处有手写的改正，将 6.4 改成 5.4，并加注：C. P. Bohr and Wheeler, Phys. Rev. **56**, 7065(1939).］

II.　对形变而言的核稳定性

按照原子核的液滴模型，必须预期核的激发能引起核物质的一些振模，和一个液体球在表面张力影响下的振动相仿⑨. 然而，对于重核来说，很高的核电荷将引起一种效应，它将在很大程度上抵消由作为核物质表面张力之起因的短程吸引力所造成的回复力. 这种效应对裂变现象来说的重要性，是由弗瑞什和迈特纳强调了的. 在本节中，这种效应将受到更仔细的考察；我们将考察核对不同类

⑨　N. Bohr, Nature **137**, 344 及 351(1936)；N. Bohr and F. Kalckar, Kgl. Danske Vid. Selskab., Math. Phys. Medd. **14**, No. 10(1937).

型的微小形变⑩而言的稳定性，也将考察它对可以实际地预料会发生分裂的那种大形变的稳定性.

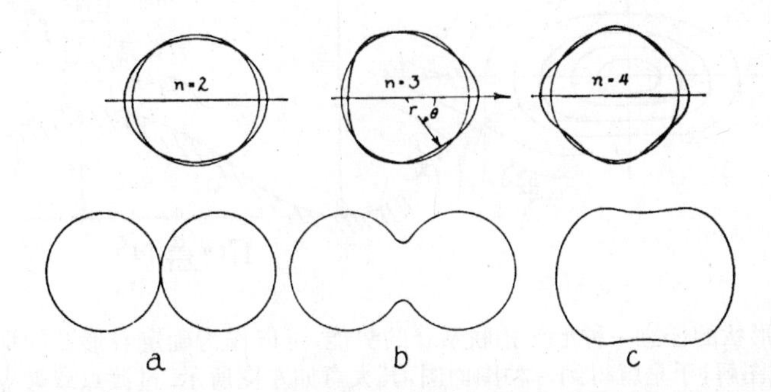

图 2　$\delta r(\theta)=\alpha_n P_n(\cos\theta)$ 型的液滴微小形变(图的上部)导致液体在球形稳定平衡位置附近进行特征振动，即使当液体均匀带电时也是如此. 然而，如果电荷达到临界值(10×表面张力×体积)$^{1/2}$，球形就变得甚至对 $n=2$ 型的形变也是不稳定的了. 另一方面，对于稍小一点的电荷，就需要一个有限的形变(c)才能导致非稳平衡的位形，而随着电荷密度的越来越小，临界形状就将逐步经历(c, b, a)而达到这样一种位形：两个不带电的球，相距一个无限小的距离(a).

试考虑我们把核与之对比的那个液滴的一种任意的微小形变，设从球心到球面上余纬角为 θ(见图 2)的一点的距离，由它的原值 R 变成下列的值：

$$r(\theta)=R[1+\alpha_0+\alpha_2 P_2(\cos\theta)+\alpha_3 P_3(\cos\theta)+\cdots], \tag{8}$$

370

式中 α_n 是一些小量. 于是，一种直接的计算就表明，对比液滴的表面能加静电能，就将增大到

$$\begin{aligned}E_{S+E}=&4\pi(r_0A^{\frac{1}{3}})^2O[1+2\alpha_2^2/5+5\alpha_3^2/7+\cdots\\&+(n-1)(n+2)\alpha_n^2/2(2n+1)+\cdots]\\&+3(Ze)^2/5r_0A^{\frac{1}{3}}[1-\alpha_2^2/5-10\alpha_3^2/49-\cdots\\&-5(n-1)\alpha_n^2/(2n+1)^2-\cdots],\end{aligned}\tag{9}$$

这里我们曾经假设，液滴是由不可压缩的液体构成的，它的体积是 $(4\pi/3)R^3=(4\pi/3)r_0{}^3A$，均匀地带有电荷 Ze，并具有一个表面张力 O. 在上面这种形变能的表示式中，α_2^2 的系数是

⑩ 在以下所给出的公式被导出以后，和核的球面振动相联系的势能的表示式已由 E. Feenberg (Phys. Rev. **55**, 504(1939))和 F. Weizsäcker(Naturwiss. **27**, 133(1939))发表了. 另外，列宁格勒的弗伦开耳教授曾经很可感谢地寄给我们一篇更全面论文的一份底稿；该文讨论了裂变问题的各个方面，当时即将在苏联的"物理纪事"上发表；文中包括下文关于核对任意微小形变而言的稳定性的方程(9)的推导，也包括和下文的说法(方程(14))相类似的一些关于和非稳平衡相对应的液滴形状的说法. 后来，这篇论文的简短摘要曾经发表在 Phys. Rev. **55**, 987(1939)上.

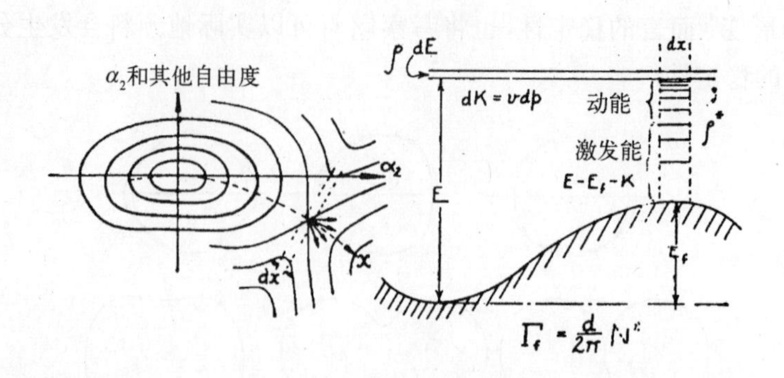

图 3　和核形状的任意一种形变相联系着的势能，可以作为确定着形变的那些参量的函数而画成图解，于是就得到一种围面图，其大意如左图所示. 过渡点或鞍点对应于非稳平衡的临界形变. 按照我们可以应用经典术语的那种程度，裂变过程的进程可以用位于原点处的(球形)空腔中的一个球来代表，这个球受到了一个冲击(中子俘获)，使它在平衡位置附近描绘出一种振动的复杂利萨如图形. 如果能量够大，它在时间进程中就会碰巧沿恰当的方向而运动着通过鞍点(在此以后，裂变就会发生)，除非它损失了能量(辐射或中子再发射). 右图是通过裂变势垒而取出的一个截面，它表示着正文中关于在单位时间内发生裂变的几率的计算.

$$4\pi r_0^2 O A^{2/3}(2/5)\{1-(Z^2/A)\times[e^2/10(4\pi/3)r_0^3 O]\}\tag{10}$$

这一系数的分析表明，随着比值 Z^2/A 的增大，我们最后将到达一个极限值

$$(Z^2/A)_{极限}=10(4\pi/3)r_0^3 O/e^2,\tag{11}$$

超过了这个值，核就不再对最简单类型的形变是稳定的了. 各个数字因子的实际值，可以借助于由贝忒给出的半经验公式来计算；该公式表示的是静电力和长程力对核结合能的各自贡献，而后者的影响则被分成体积效应和表面效应. 对贝忒公式中的各恒量的一种修正，曾由菲因伯[11]适当作出，于是就和丹普斯特的质量亏损值求得了最好的符合. 他发现

$$r_0\approx 1.4\times 10^{-13}\ \text{cm},\quad 4\pi r_0^2 O\approx 14\ \text{Mev}.\tag{12}$$

由这些值求得了比值 Z^2/A 的一个极限，它比表征 U^{238} 的比值 $(92)^2/238$ 大 17%. 于是我们就可以得出结论说，铀和钍之类的核，确实是接近了由静电力效应和短程力效应之确切抵消所限定的那个稳定性极限的. 另一方面，我们并不能依靠由表面能和静电能之比的半经验的和间接的测定结果得来这一极限的确切值，从而我们在下面将考察一种根据裂变现象本身的研究来得出这一极限的方法.

虽然 Z^2/A 值稍小于极限值(11)的那些核对任意的微小形变而言是稳定

---

⑪　E. Feenberg, Phys. Rev. **55**, 504(1939).

的，但是一种较大的形变却将使长程斥力比造成表面张力的短程吸引力更占优势，从而当一个核受到适当的变形时就有可能自发地裂开. 特别重要的将是使核刚好就要分裂的那一临界形变. 这时液滴将具有一种和非稳平衡相对应的形状：产生离开这一平衡位形的任意微小形变所需要的功，在初级近似下为零. 为了更细致地检查这一点，让我们考虑当把任意形变的势能看成确定着形变之形式及大小的那些参量的函数来作图时得到的那个曲面. 这时我们必须认识到一件事实，那就是，阻止分裂的势垒，必须比拟为这一曲面上连接着两个势谷的一个鞍点. 能量关系的大意如图 3 所示；在该图中，我们当然只能表示出描述体系形状所必须用到的那许多参量中的两个参量. 和鞍点相对应的那些参量给出液滴的临界形状，而产生这种形变时所需要的势能就叫做裂变的临界能量 E_f. 如果我们考虑液滴形状的一种连续的变化，从原有的球变成相距无限远的两个二分之一大小的球，则我们对之感兴趣的那个临界能量，就是我们通过适当选择这一形状序列所能得到的从一个位形变到另一位形时的一切必要能量中的最低能量. 371

简单的量纲分析表明，和一个具有给定电荷数及给定质量数的核相对应的液滴的临界形变能，可以写成表面能乘以荷质比的一个无量纲函数而求得的乘积：

$$E_f = 4\pi r_0^2 O A^{2/3} f\{(Z^2/A)/(Z^2/A)_{极限}\} \tag{13}$$

如果我们知道核在临界态中的形状，就能定出 E_f；这将由一个众所周知的方程的解来给出，该方程表示的是在一个表面张力 O 和一种用势 φ 来描述的体积力作用下处于平衡的一个表面的形状：

$$\kappa O + \varphi = 恒量, \tag{14}$$

式中 κ 是曲面的总法向曲率. 然而，由于处理大形变时的巨大数学困难，我们只能针对变量的下述一些特殊值来计算临界曲面和(13)中的无量纲函数 f 如下：(1) 如果(14)中的体积势完全不存在，则我们由(14)可以看出非稳平衡的曲面具有恒定的曲率；我们事实上必须处理液体分裂成小球的问题. 例如，当完全不存在有助于裂变的任何静电力时，分裂成两个相等碎片的临界能就将正好等于在分离过程中反抗表面张力而作的总功，就是说：

$$E_f = 2.4\pi r_0^2 O (A/2)^{2/3} - 4\pi r_0^2 O A^{2/3}. \tag{15}$$

由此即得

$$f(0) = 2^{1/3} - 1 = 0.260. \tag{16}$$

(2) 如果液滴上的电荷并不是零，但却仍然很小，则临界形状将和两个相切的球差别很小. 事实上只会存在一个液体细颈，连接在图形的两个部分之间，其半径 r_n 将造成平衡的建立；在初级近似下，我们有

$$2\pi r_n O=(Ze/2)^2(2r_0(A/2)^{1/3})^2 \tag{17}$$

或

$$r_n/r_0 A^{1/3}=0.66\left(\frac{Z^2}{A}\right)\Big/\left(\frac{Z^2}{A}\right)_{\text{极限}}. \tag{18}$$

为了把临界能量的计算进行到 Z^2/A 的一次项，我们可以认为颈部的影响只在能量中引起二级的改变而把它忽略掉. 于是我们就只需把原有核的表面能和静电能之和与两个二分之一大小的相互接触着的球形核的相应能量进行比较. 我们发现

$$\begin{aligned}E_f=&2.4\pi r_0^2 O(A/2)^{2/3}-4\pi r_0^2 OA^{2/3}\\&+2.3(Ze/2)^2/5r_0(A/2)^{1/3}\\&+(Ze/2)^2/2r_0(A/2)^{1/3}-3(Ze)^2/5r_0A^{1/3},\end{aligned} \tag{19}$$

由此就得到

$$E_f/4\pi r_0{}^2 OA^{2/3}\equiv f(x)=0.260-0.215x, \tag{20}$$

如果

$$x=\left(\frac{Z^2}{A}\right)\Big/\left(\frac{Z^2}{A}\right)_{\text{极限}}=(\text{电荷})^2/(\text{表面张力}\times\text{体积}\times 10) \tag{21}$$

是一个小量的话. (3) 在具有最大实际兴趣的即 Z^2/A 和临界值很接近的那种事例中，为了达到临界态，只需要离开球形的一个很小的形变. 按照方程(9)，得到一个无限小的形变所要求的势能将按照振幅的平方而递增，而且将针对形如 $P_2(\cos\theta)$的一种形变而具有最小的可能值. 为了求得势能已经达到一个极大值而即将开始减小的那种形变，我们必须进行一种更加精确的计算. 我们得到准确到 α_2 的四次幂的形变能表示式如下：

372

$$\begin{aligned}\Delta E_{S+E}=&4\pi r_0^2 OA^{2/3}[2\alpha_2^2/5+116\alpha_2^3/105\\&+101\alpha_2^4/35+2\alpha_2^2\alpha_4/35+\alpha_4^2]\\&-3(Ze)^2/5r_0A^{1/3}[\alpha_2^2/5+64\alpha_2^3/105\\&+58\alpha_2^4/35+8\alpha_2^2\alpha_4/35+5\alpha_4^2/27],\end{aligned} \tag{22}$$

这里可以注意到，我们必须把含 α_4^2 的项包括进来，因为对于可觉察的振幅来说，在第二级和第四级振模之间将出现耦合. 于是，对 α_4 求势能的极小值，我们就得到

$$\alpha_4=-(243/595)\alpha_2^2 \tag{23}$$

这是和一件事实相一致的，那就是，当临界形状随着 Z^2/A 的减小而变得更加细长时，它就必将也在赤道附近发育一定的凹陷，以便随着核电荷的变化而连续地

导致上节所讨论的那种哑铃式的图形.

借助于(23),我们得到只作为 α_2 的函数的形变能. 然后,通过直接的计算,我们就能作为 α_2 的函数来求得它的极大值,于是就能针对接近非稳定性极限的 Z^2/A 值来定出产生一种即将导致裂变的畸变时所要求的能量:

$$E_f/4\pi r_0^2 OA^{2/3} = f(x) = 98(1-x)^3/135 - 11\,368(1-x)^4/34\,425 + \cdots \tag{24}$$

在我们已经求得的临界裂变能的两个极限值之间进行合理的内插,我们就得到图 4 中的 f 曲线,这时把它看成了核的电荷数平方和质量数的比值的一个函数. 在图的上部画出了经过放大的曲线的有趣部分,右方所标的是建筑在方程(12)的表面张力估计上的能值标度,而所用的核质量为 $A=235$. 和因子 $f(x)$ 的改变量相比,因子 $4\pi r_0^2 OA^{2/3}$ 在各种钍同位素和铀同位素之间的微小变化可以略去不计.

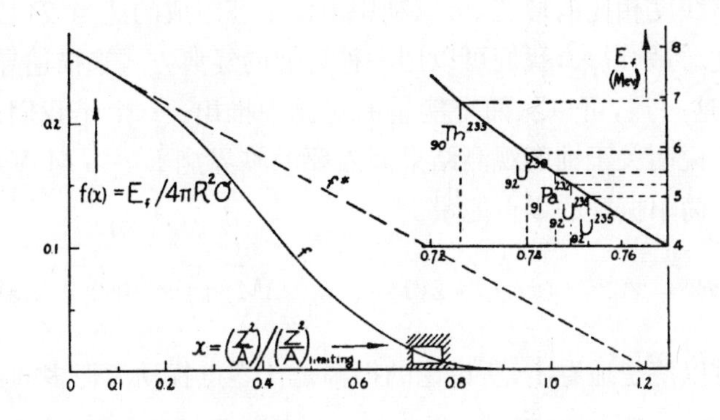

图 4 产生导致裂变的临界形变所需要的能量 E_f 除以表面能 $4\pi R^2 O$,得到量 $x=$(电荷)^2/(10×体积×表面张力)的一个无量纲的函数. 在正文中,针对 $x=0$ 和 $x=1$ 计算了函数 $f(x)$ 的变化情况,图中用一条平滑曲线把这些值连接了起来. 为了对比,曲线 $f^*(x)$ 确定了使核变形而成为两个互相接触的球时所需要的能量. 在所考虑的曲线上针对最重的核而用影线标出的区域中,表面能只有很小的变化. 取它的值为 530 MeV,我们就得到图的上部所示的能量标度. 在第 IV 节中,我们根据观测结果针对 U^{239} 估计到一个值是 $E_f \sim 6$ MeV. 于是我们利用此图就能求得 $(Z^2/A)_{极限}=47.8$,并且可以像所指示的那样估计其他核的裂变势垒.

在第 IV 节中,我们根据观测结果估计到 U^{239} 的临界裂变能和 6 MeV 相差不大. 按照图 4,这就和一个值 $x=0.74$ 相对应,而由此我们就可以断定 $(Z^2/A)_{极限}=(92)^2/(239\times 0.74)=47.8$. 这一结果使我们能够估计其他同位素的临界能,正如图上所指示的那样. 由此看到,作为裂变实验的一个课题,镤将是特别有兴趣的.

作为一种副产品,我们也可以根据方程(12)而用核的表面能来把核半径表示出来;采用菲因伯的 $4\pi r_0^2 O = 14$ MeV 这个值,我们得到 $r_0 = 1.47 \times 10^{-13}$ 厘米;这就给菲因伯根据敛集率曲线来对核半径作出的测定提供了一种满意的和完全独立的检验.

到此为止,所有的考虑都是纯经典的,而任何实际的运动态则当然必须用量子力学的概念来加以描述.在某种程度上应用经典图景的可能性,要求所考虑类型的振动的零点振幅和核半径之比应该很小.简单的计算表明,这一比值的平方是

373

$$\langle \alpha_n^2 \rangle_{\text{平均,零点}} = A^{-7/6} \{ (\hbar^2 / 12 M_p r_0^2) / 4\pi r_0^2 O \}^{1/2} \times n^{1/2} (2n+1)^{3/2} \{ (n-1)(n+2)(2n+1) - 20(n-1)x \}^{-1/2}. \tag{25}$$

既然 $\{ (\hbar^2/12M_p r_0^2)/4\pi r_0^2 O \}^{1/2} \approx \frac{1}{3}$,这个比值就确实是一个小量,从而就得到,大小可以和核线度相比的形变,可以利用由量子态组成的适当波包来近似地、经典地加以描述.特别说来,我们可以用一种近似的经典方式来描述导致裂变的那种临界形变.这一点,可以从两个能量的对比中推出:一个是我们即将在第 IV 节中看到为了说明关于铀的观测结果而需要的临界能 $E_f \sim 6$ MeV,而另一个是毛细振动的最简单振模的零点能量

$$\frac{1}{2} \hbar \omega_2 = A^{-1/2} \{ 4\pi r_0^2 O \cdot 2(1-x) \hbar^2 / 3 M_p r_0^2 \}^{1/2} \sim 0.4 \text{ MeV}; \tag{26}$$

由这种对比可以清楚地看出,所讨论的振幅是比零点扰动大得多的:

$$\langle \alpha_2^2 \rangle_{\text{平均}} / \langle \alpha_2^2 \rangle_{\text{平均,零点}} \approx E_f \bigg/ \left(\frac{1}{2} \hbar \omega_2 \right) \sim 15. \tag{27}$$

我们把核与之对比的那个液滴,在临界态中也将能够进行非稳平衡形状附近的微小振动.如果我们研究这些特征振动的频率分布,我们就必须预期在高频范围内发现一种频谱,它在定性的方面是和稳定平衡形状附近的简正振模的频谱相差不大的.所讨论的振动在图 3 中将用位形空间中体系代表点的运动来符号地表示,该运动的方向和导致裂变的方向相垂直.存在的体系能量在这种运动模式和导致裂变的运动模式之间的分布,将对裂变几率有决定性的作用,如果体系是在临界态附近的话.这一问题的统计力学将在第 III 节中加以考虑.在这儿我们只想指出,从实际的观点看来,裂变过程是一种接近不可逆的过程.事实上,如果我们设想由裂变得来的那些碎片核受到反射而不损失能量,并且互相正对面地运动过来,则二核间的静电斥力通常会阻止它们互相接触.例如,相对于原始核来说,二分之一大小的两个球形核的能量由方程(19)来给出,而且是和图 4 中用

虚线标出的那些 $f^*(x)$ 值相对应的. 为了比较这种能量和原有裂变过程所需要的能量(图中表示 $f(x)$ 的实曲线), 我们指出, 对于最重的核来说, 表面能 $4\pi r_0^2 O A^{2/3}$ 具有 500 MeV 的数量级. 于是我们就必须处理当一个重核恰好可以进行裂变时所能利用的能量和使两个球形碎片互相接触时所需要的能量之间的一个差值~0.05×500 MeV. 当两个碎片被弄得接触上时, 当然会存在潮汐力, 而简单的估计表明, 这将使刚刚提到的能量差别大约减小 10 MeV, 这并不足以改变我们的结论. 然而, 关于这里并未涉及任何佯谬一事, 是可以从下述事实看出的: 裂变过程实际上是针对一个位形而发生的, 在那个位形中, 表面能和静电能之和有一个比和互相接触着的两个刚体球乃至两个潮汐畸变球相对应的能量之和要小得多的值; 就是说, 通过适当安排, 使得包围着原始核的表面在分裂过程中并不破裂, 直到两个新生核之间的相互静电能量已经被减小到比和两个分离的球相对应的值小得多的值时为止, 那么就会存在足够的静电能, 可以提供撕破表面所需要的功, 而这个能量的总值当然会增加得比适用于两个球的值更大一些. 于是就很清楚, 通过分裂过程而形成的两个碎片, 将具有内部的激发能. 因此, 如果我们想使裂变过程逆转, 我们就必须注意使两个碎片在足够畸变的情况下再来到一起, 而事实上是要使它们的畸变安排得适当, 以便两个表面上的突起部分可以互相接触, 于是表面张力就开始把它们拉在一起, 而两个部分的有效电心之间的静电斥力则还不是过分地大. 两个原子核在任何实际的相遇中将适当地被激发并具有合适的周相关系而可能结合成一个复合体系的几率, 将是极其微小的. 只有当我们可以利用的动能比在我们所关心的裂变过程中释放出来的能量大得多时, 才能预期这样一种作为裂变之逆转的结合过程会发生在未受激的核之间.

374

以上这些建筑在核的性质和液滴的性质之间的对比上的关于裂变过程的考虑, 应该用一种说法来补充, 那就是, 导致裂变的那种畸变虽然是和较大的有效质量及较低的量子频率相联系, 从而是比核的任何级次更高的振动频率更加接近于经典描述的可能性的, 但是它却仍然将是由某些特定的量子力学的性质来表征的. 例如, 在临界裂变能的定义中将有一个不确定量, 其数量级和零点能量 $\hbar\omega_2/2$ 相同; 但是正如我们在以上已经看到的那样, 这只是一个比较小的量. 从核稳定性的观点看来更加重要的将是量子力学隧道效应的可能性, 这种效应将使一个核即使在它的基态中也有可能通过经历位形空间的一个部分而发生分裂, 而经典地看来它在那个地域中的动能却是负的.

关于一个重核在基态中对裂变而言的稳定性的一种精确估计, 当然将涉及一个很复杂的数学问题. 在众所周知的 α 衰变理论的自然推广中, 我们在原理上应该用公式

$$\lambda_f(=\Gamma_f/\hbar)=5(\omega_f/2\pi)$$
$$\times\exp\left[-2\int_{P_1}^{P_2}\{2(V-E)\sum_i m_i(\mathrm{d}x_i/\mathrm{d}\alpha)^2\}^{1/2}\mathrm{d}\alpha/\hbar\right]. \tag{28}$$

来确定一个裂变过程的每单位时间的几率 λ_f. 因子 5 代表导致非稳性的那种振动的简并度. 按照(26),表征着这种振动的能量子是 $\hbar\omega\sim 0.8$ MeV. 指数中的积分在单一粒子的事例中导致伽莫夫穿透因子. 同理,在现有的问题中,积分是在位形空间中从稳定平衡点 P_1 越过一个裂变鞍点 S(如图 3 中的虚线所示)并经过一段最陡下降路径而达到点 P_2,而在点 P_2 上,动能 $E-V$ 的经典值又变为零. 沿着这条路径,我们可以用某一参量 α 来把每一个基本粒子 m_i 的坐标 x_i 表示出来. 既然积分相对于参量的取法来说是不变的,为了方便,我们就可以取两个新核的重心之间的距离来作为参量 α. 在液滴模型的基础上来对(28)中的积分进行精确的计算将是十分繁复的,因此我们将通过一种假设来估计结果,而其假设就是,按照它是和这一或那一新核相联系,每一个基本粒子将沿着直线向右或向左移动一个距离 $\frac{1}{2}\alpha$. 另外我们将认为 $V-E$ 和裂变能量 E_f 具有相同的数量级. 于是我们就近似地得到(28)中的指数为

$$(2ME_f)^{1/2}\alpha/\hbar. \tag{29}$$

于是,取 $M=239\times1.66\times10^{-24}$, $E_f\sim 6\text{ MeV}=10^{-5}$ 尔格,并取分离距离介于核直径和核半径之间,例如其数量级为 $\sim1.3\times10^{-13}$ 厘米,我们就发现对裂变而言的平均寿命在基态中等于

$$1/\lambda_f\sim10^{-21}\exp[(2\times4\times10^{-22}\times10^{-5})^{1/2}1.3$$
$$\times10^{-12}/10^{-27}]\sim10^{30}\text{ 秒}\sim10^{22}\text{ 年}. \tag{30}$$

可以看到,这样估计出来的寿命,不但比在由中子撞击引发的实际裂变过程中所涉及的数量级为 10^{-15} 秒的那段时间大得难以想象,而且它甚至和铀及钍对 α 射线衰变而言的寿命相比也是很大的. 正如已经看到的那样,重核对裂变而言的这种引人注目的稳定性,是由于涉及了很大的质量;这一点,在以上所引的迈特纳和弗瑞什的文章中已经指出,而该文正是强调了裂变效应的本质特征的.

375

III.　作为一种单分子反应的复合体系分裂

为了确定裂变几率,我们考虑一个由核构成的微正则系综,所有的核都具有介于 E 和 $E+\mathrm{d}E$ 之间的激发能. 核的数目将取得恰好等于这一能量间隔中的能级数 $\rho(E)\mathrm{d}E$,从而在每一个态中都有一个核. 于是,按照我们所定义的 Γ_f,单位

时间内发生分裂的核数就将是 $\rho(E)\mathrm{d}E\Gamma_f/\hbar$. 这个数目应该等于处于过渡态中的单位时间内从里向外越过裂变势垒的核的数目[11a]. 在沿着裂变方向测出的一个单位距离上,将有微正则系综的 $(\mathrm{d}p/\hbar)\rho^*(E-E_f-K)\mathrm{d}E$ 个量子态,它们的动量以及和裂变畸变相联系着的动能分别具有介于 $\mathrm{d}p$ 中和 $\mathrm{d}K=v\mathrm{d}p$ 中的值. 这里的 ρ^* 是过渡态中的复合核的那样一些能级的密度,各该能级起源于除了裂变本身以外的所有其他自由度的激发. 在初时刻,我们在每一个所讨论的量子态中有一个核,从而单位时间内的裂变数将是

$$\mathrm{d}E\int v(\mathrm{d}p/h)\rho^*(E-E_f-K)=\mathrm{d}EN^*/h, \tag{31}$$

式中 N^* 是对所给激发为可用的那个过渡态中的能级数. 和我们原来的这个能级数的表示式相比较,就得到

$$\Gamma_f=N^*/2\pi\rho(E)=(d/2\pi)N^* \tag{32}$$

这就是用复合核的能级密度或能级间距表示出来的裂变宽度.

刚刚给出的关于能级宽度的指导,只有当 N^* 比 1 大得多时才能成立;也就是说,只有当裂变宽度可以和能级间距相比或大于能级间距时才能成立. 这就对应于那样一些条件,在那些条件下,裂变畸变的一种对应原理的处理将成为可能. 另一方面,当激发能稍微超过临界能或降到低于 E_f 时,特殊的量子力学隧道效应就会开始变得重要起来. 在这一点上,裂变几率当然将随着激发能的减小而很快地降低,而反应率的数学表示式最终将变为穿透公式(28);正如我们在上面已经看到的那样,这就给出铀的一个微不足道的裂变几率.

在限定高激发能下的裂变产量方面如此重要的中子再发射的几率,曾由不同的作者们,特别是由外斯考普[12]根据统计的论点进行了估计. 其结果可以通过考虑以上引用的微正则系综而很简单地推导出来,只要对用在裂变过程方面的推理作几点改动就行了. 过渡态将是一个均匀厚度的球壳,正好位于核表面 $4\pi R^2$ 的外面,临界能就是中子结合能 E_n,而过渡态中的激发能级的密度 ρ^{**} 则由剩余核的能谱来给出. 位于过渡区域中而且中子的动量介于 p 和 $p+\mathrm{d}p$ 的范围内并位于立体角 $\mathrm{d}\Omega$ 中的那种微正则系综中的量子态数,将是

$$(4\pi R^2\cdot p^2\mathrm{d}p\mathrm{d}\Omega/h^3)\rho^*(E-E_n-K)\mathrm{d}E. \tag{33}$$

[11a] 关于包括在过渡态概念中的那些想法的一种普遍的讨论,请参阅 E. Wigner, Trans. Faraday Soc. **34**, part 1, 29(1938).

[12] V. Weisskopf, Phys. Rev. **52**, 295(1937).

我们用法向速度 $v\cos\theta=(\mathrm{d}K/\mathrm{d}p)\cos\theta$ 来乘此式并求积分，就得到

$$\mathrm{d}E(4\pi R^2\cdot 2\pi m/h^3)\int\rho^*(E-E_n-K)K\,\mathrm{d}K \tag{34}$$

这就是单位时间内发生的中子发射过程的次数.这一结果应该和 $\rho(E)\mathrm{d}E(\Gamma_n/\hbar)$ 等同起来.因此，关于用能量单位来表示的中子发射几率，我们就得到结果如下：

$$\begin{aligned}\Gamma_n&=(1/2\pi\rho)(2mR^2/\hbar^2)\int\rho^{**}(E-E_n-K)K\,\mathrm{d}K\\&=(d/2\pi)(A^{2/3}/K')\sum_i K_i\end{aligned} \tag{35}$$

这是和裂变宽度的表示式

$$\Gamma_f=(d/2\pi)\sum_i 1 \tag{36}$$

376

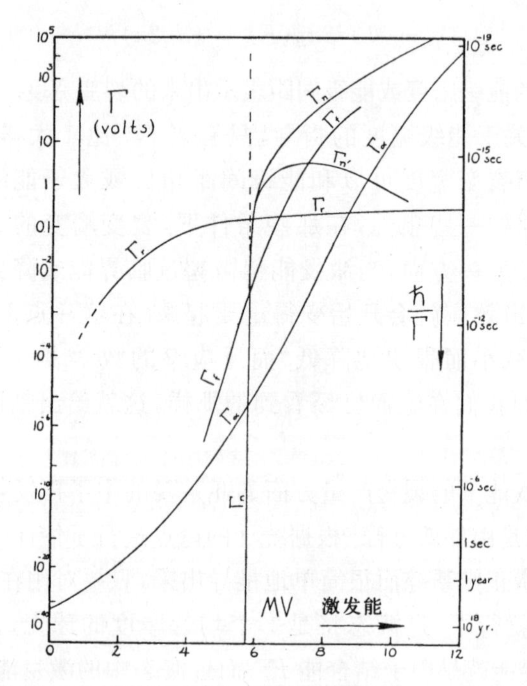

图 5　针对典型重核之不同激发能画出的部分跃迁几率(乘以 $\hbar$ 并用能量单位来表示)及其倒数(具有平均寿命的量纲)的示意图. Γ_r，Γ_f 和 Γ_α 分别属于辐射、裂变和 α 粒子发射，而 $\Gamma_{n'}$ 和 Γ_n 则分别确定将剩余核留在它的基态中或任意态中的中子发射几率.如果激发能小于中子结合能，后面这些量当然就是零.此处认为中子结合能约为 6 MeV.

完全类似的.正如后一方程中的连加式遍及过渡态中对所给激发为可用的所有能级一样，前一式中的和式也是针对剩余核的所有可用的态来求出的，K_i 代表

将会留给中子的对应动能$E-E_n-E_i$. 除了一个因子以外,K'代表核中一个基本粒子的零点动能,由$A^{2/3}\hbar^2/2mR^2$来给出;如果核半径是$A^{1/3}1.48\times10^{-13}$厘米,则这个动能将是9.3 MeV.

在(35)和(36)的推导中,没有对核的角动量作出任何限定.因此这些表示式给予我们的是按复合核的和转动量子数J之许多不同值相对应的那些态求出的能级宽度平均值,而一个正常核对能量为1或2 MeV的一个中子的实际俘获则将只导致J值的一个有限的范围.一般说来,这一点是没有多大重要性的,因为宽度对J的依赖性很小;因此,在以下的考虑中,我们将不加改正地应用上述关于Γ_f和Γ_n的那些估计.特别说来,d就代表具有给定角动量的那些能级的平均间距.然而,如果我们想要确定给出复合核在分裂中把剩余核留在基态并把全部动能传给中子的那一几率的部分宽度$\Gamma_{n'}$,我们就没有理由在(35)的和式中简单地选出对应项并把它和$\Gamma_{n'}$等同看待.事实上,当既限定微正则系综的能量又限定它的角动量时,沿着上述思路进行的一种更加细致的计算就将导致部分中子宽度的表示式如下:

$$\sum(2J+1)\Gamma_{n'}^{J}=(2s+1)(2i+1)(d/2\pi)(R^2/\lambda\!\!\!^{-2}), \tag{37}$$

式中的和式是针对那样一些J值来求的:当自旋为i的一个核受到具有所给的能量和自旋$s=1/2$的中子轰击时,这些J值就将实现.

和两个互相离开的新核的约化质量相比,中子的质量是很小的.这种微小性就意味着,在应用过渡态方法的条件得到满足以前,我们在中子的事例中将得到相对于势垒来说是很高的激发能,比在分离新核的事例中要高得多.事实上,只有当射出粒子的动能比1 MeV高了不少时,中子的约化波长$\lambda\!\!\!^{-}=\lambda/2\pi$才会远小于核半径,这时才能应用速度概念和中子从核表面出发时的方向的概念.

由中子轰击引发的各种过程的绝对产量,将依赖于中子被吸收而形成复合核的几率;这个几率将正比于一个中子发射过程的转换几率$\Gamma_{n'}/\hbar$,该过程将把剩余核留在它的基态中.对于低中子能量来说,$\Gamma_{n'}$将和速度本身一样地发生变化;按照现有的关于中等原子量的核的资料,以伏特为单位的宽度近似地等于以伏特为单位的中子能量的平方根的10^{-3}倍⑬.于是,当中子能量从热值增加到100 keV时,我们就必须预期$\Gamma_{n'}$从大约为10^{-4} eV的值增加到0.1或1 eV.对于高中子能量,我们可以利用(37)式;按照该式,除了当达到更高的激发时将由于能级间距的减小而受到补偿以外,$\Gamma_{n'}$将是和中子速度本身一样增大的.作为一种数量级的估计,我们可以认为U中的能级间距从最低能级处的100 keV减小到6 MeV(热中子的俘获)处的20 eV,而对$2\frac{1}{2}$ MeV的中子则为$\frac{1}{5}$ eV.取

377

$d=\frac{1}{5}\,\mathrm{eV}$，我们就针对来自 D + D 反应的中子得到 $\Gamma_{n'}=(1/2\pi\times$

239

$5)(239^{2/3}/10)2\frac{1}{2}\approx\frac{1}{2}\,\mathrm{eV}$. 在任何的能量处，部分中子宽度将不会超过具有这一数量级的值，因为在更高的能量处能级间距的减小将是主导因素. [13]

复合核一旦形成，裂变、中子发射和辐射的可能性之间的竞争的结果就将取决于 Γ_f、Γ_n 和对应辐射宽度 Γ_r 的相对量值. 根据我们关于可以和钍及铀相比的那些核的知识，我们可以得出结论说辐射宽度 Γ_r 将不会超过 1 eV 左右，而且它在由中子吸收所造成的激发能的范围内将近似地保持不变(见图 5). 裂变宽度在低于临界能 E_f 的激发能下是极其微小的，但是在此点以上 Γ_f 就将变得可以觉察；它很快就会超过辐射宽度，而在更高能量处则几乎是指数上升的. 因此，如果裂变所需要的临界能量 E_f 可以和由中子俘获所引起的激发能相比或大于该激发能，我们就将预期辐射会比裂变有更大的可能性；但是，如果势垒高度比中子结合能的值要小一点，或者无论如何我们用能量够高的中子来进行照射，辐射性的俘获就永远比裂变可能性更加小. 然而，当轰击中子的速率越来越大时，我们却不能预期裂变产量会无限地增大，因为输出将受到复合体系中裂变可能性和中子发射可能性之间的竞争的控制. 给出后一过程之几率的宽度 Γ_n 对于约小于 100 keV 的能量来说将等于把剩余核留在基态中的那种发射的部分几率 $\Gamma_{n'}$，因为产物核的激发将是在能量上不可能的. 然而，在更高的中子能量下，剩余核中可用能级的数目却将迅速地增大，而几乎随能量而指数增大的 Γ_n 就将比 $\Gamma_{n'}$ 大得多了.

在复合核的能级是明确分开的那种能量区域中，支配着以上所考虑的各过程的产量的那些截面可以通过布来特和维格纳[14]的色散理论的直接应用来求得. 在共振事例中，入射中子的能量 E 和表征着一个孤立的复合体系能级的特定值 E_0 很接近；在这种事例中，关于裂变截面和辐射截面，我们将有

$$\sigma_f=\pi\lambda^2\frac{2J+1}{(2s+1)(2i+1)}\frac{\Gamma_{n'}\Gamma_f}{(E-E_0)^2+(\Gamma/2)^2}\tag{38}$$

以及

$$\sigma_r=\pi\lambda^2\frac{2J+1}{(2s+1)(2i+1)}\frac{\Gamma_{n'}\Gamma_r}{(E-E_0)^2+(\Gamma/2)^2},\tag{39}$$

---

[13] H. A. Bethe, Rev. Mod. Phys. **9**, 150(1937).

[14] G. Breit and E. Wigner, Phys. Rev. **49**, 519(1936). 并参阅 H. Bethe and G. Placzek, Phys. Rev. **51**, 450(1937).

在这里，$\lambda = \hbar/p = \hbar/(2mE)^{1/2}$ 是除以 2π 后的中子波长，i 和 J 是原有核和复合核的转动量子数，$s = 1/2$，而 $\Gamma = \Gamma_n + \Gamma_r + \Gamma_f$ 是半极峰高度处的共振能级的总宽度.

在复合核有许多能级而各能级的间距 d 可以和总宽度相比或小于总宽度的那种能量区域中，由于不同能级的贡献之间存在周相关系，色散理论是不能直接应用的. 然而，更细致的考虑⑮却表明，在裂变和辐射性俘获之类的事例中，截面将通过对形如(38)或(39)的许多项的求和来得出. 如果中子波长是远远大于核线度的，则只有复合核的那些可以通过一个角动量为零的中子的俘获来实现的态才会对和式有贡献，于是我们就将得到 378

$$\sigma_f = \pi\lambda^2 \Gamma_{n'} (\Gamma_f/\Gamma)(2\pi/d) \times \begin{cases} 1 & \text{如果 } i = 0 \\ \dfrac{1}{2} & \text{如果 } i > 0 \end{cases}, \tag{40}$$

$$\sigma_r = \pi\lambda^2 \Gamma_{n'} (\Gamma_r/\Gamma)(2\pi/d) \times \begin{cases} 1 & \text{如果 } i = 0 \\ \dfrac{1}{2} & \text{如果 } i > 0 \end{cases}. \tag{41}$$

另一方面，如果λ变得远小于核半径 R(中子能量超过 1 兆伏特的情况)，求和的结果就将是

$$\sigma_f = \frac{\pi\lambda^2 \sum (2J+1)\Gamma_{n'}}{(2s+1)(2i+1)} (\Gamma_f/\Gamma)(2\pi/d) = \pi R^2 \Gamma_f/\Gamma, \tag{42}$$

$$\sigma_r = \pi R^2 \Gamma_r/\Gamma. \tag{43}$$

通过应用上文推出的关于 $\Gamma_{n'}$ 的方程(37)而求得的这种结果的简单形式，当然是一个事实的直接后果，那事实就是：对快中子来说，任何给定过程的截面，由核的投影面积和一个比值的乘积来给出，而后者就是复合体系在单位时间内按所给方式发生反应的几率和一切反应的总几率之比. 对于极高的轰击能量来说，当然不能再在中子发射和裂变之间作出任何简单的区分；蒸发将和分裂过程本身同时进行；从而这时我们一般就必须预期，作为反应的最终结果的将是许多大小不等的碎片的产生.

IV.　观察结果的讨论

A. 共振俘获过程

迈特纳、哈恩和斯特拉斯曼⑯观察到，能量为几伏特的中子，会在铀中产生一

⑮ N. Bohr, R. Peierls and G. Placzek, Nature(在排印中).

⑯ L. Meitner, O. Hahn and F. Strassmann, Zeits. f. Physik **106**, 249(1937).

种半衰期为23分钟的β射线活性,其化学和铀本身的化学相同.另外,这种能量的中子不会引起任何可注意的周期多重性,那种多重性可以通过用热中子或快中子来照射铀而产生,而且现在已知它是由从裂变过程得出的那些碎片的β非稳性所引起的.因此,这种活性的起源,必须认为是在其他的核中观察到的那种普通类型的辐射性俘获;正如这种过程一样,它也具有一种共振的品格.共振能级的有效能量E_0,是通过比较引起活性的中子和具有热速度的中子在硼中的吸收来测定的:

$$E_0 = (\pi k T/4)[\mu_{热}(B)/\mu_{共振}(B)]^2$$
$$= 25 \pm 10 \text{ eV}. \tag{44}$$

经发现,引起活性的中子在铀本身中的吸收系数是3厘米²/克,和一个3厘米²/克×238×1.66×10^{-24}克=1.2×10^{-21}厘米²的有效截面相对应.如果我们认为吸收是起源于单独一个没有显著多普勒展宽的共振能级,则确切共振时的截面将是这个值的两倍,即2.4×10^{-21}厘米²;另一方面,如果和多普勒展宽

$$\Delta = 2(E_0 k T/238)^{1/2} = 0.12 \text{ eV}$$

相比真实宽度Γ应该很小,则关于确切共振时的真实截面就应有$2.7 \times 10^{-21} \Delta/\Gamma$,它甚至还会更大一些⑰.如果活性实际上是由若干个可以相比的共振能级造成的,我们显然就将在确切共振时关于每一能级的截面都得到同样的结果.

按照尼尔⑱的研究,U^{235}和U^{234}相对于U^{238}而言的丰度是1/139和1/17,000;因此,如果共振吸收是由二者中任何一种同位素引起的,共振时的截面就将必须至少是139×2.4×10^{-21}厘米²,或者说是3.3×10^{-19}厘米².然而,正如迈特纳、哈恩和斯特拉斯曼所指出的那样,这是被排除了的(参阅方程(39)),因为它在数量级上将大于中子波长的平方,事实上,对于25伏特的中子来说,$\pi \lambda^2$只是25×10^{-21}厘米².因此我们必须认为俘获是起源于$U^{238} \rightarrow U^{239}$,这是自旋从$i=0$变为$J=1/2$的一个过程.我们应用一下共振公式(39),就得到

379

$$25 \times 10^{-21} \times 4\Gamma_{n'}\Gamma_r/\Gamma^2 = 2.7 \times 10^{-21}(\Delta/\Gamma) \text{ 或 } 2.4 \times 10^{-21}, \tag{45}$$

全看能级宽度$\Gamma = \Gamma_{n'} + \Gamma_r$是否远小于多普勒展宽而定.无论如何,我们根据有关其他核的经验可知⑬,对于可以相比的中子能量来说,应有$\Gamma_{n'} \ll \Gamma_r$;这个条件就使得(45)的解成为唯一的了.如果总宽度大于$\Delta = 0.12$ eV,我们就得到$\Gamma_{n'} = \Gamma_r/40$;而如果总宽度小于$\Delta$,我们就得到$\Gamma_{n'} = 0.003$ eV.于是,不论在哪一种事例中,中子宽度都小于0.003 eV.和有关中等原子量元素的观察结果

⑰ 此处所用的多普勒展宽的处理,见H. Bethe and G. Placzek, Phys. Rev. **51**, 450(1937).

⑱ A. O. Nier, Phys. Rev. **55**, 150(1939).

进行的比较将引导我们预期一个 $0.001\times(25)^{1/2}=0.005$ eV 的中子宽度；而且，毫无疑问，铀的 $\Gamma_{n'}$ 不能大于这个值，因为能级间距很小，或者换句话说，因为在这样一个大核中足够的能量集中在单独一个粒子上而使它能够逸出的几率是很小的. 因此我们就得出结论说，对于 25 伏特的中子，$\Gamma_{n'}$ 近似地是 0.003 eV.

我们的结果意味着，U^{239} 共振能级的辐射宽度不能超过～0.12 eV；它可以小一些，但不能小得太多，因为第一，对于中等原子量的核中的 Γ_r，曾经观察到达到 1 伏特乃至更大的值，第二，在放射性元素的个体能级之间的跃迁中曾经观察到 1 毫伏特或更大的值，而对于我们所关心的激发来说，可用的较低能级是很多的，而对应的辐射频率也是较高的⑬. 一个合理的 Γ_r 估计值将是 0.1 eV；当然，关于由能量在共振能级附近连续分布着的中子引起的激活产量的直接测量，将给出辐射宽度的确切值.

以上这些关于俘获中子而形成 U^{239} 的考虑，是为了简单而表达得好像只有单独一个共振能级一样的，但是，如果有几个能级引起吸收，结果也只有很小的变动. 然而，共振效应对热中子辐射性俘获截面的贡献，却确实本质地依赖于能级的数目和强度. 在这种基础上，安德孙和费米已经能够证明，慢中子的辐射性俘获不可能只是由单独一个能级在低能尾部引起的⑲. 事实上，假若是那样，我们由(39)就会得到截面表示式如下：

$$\sigma_r(\text{热})=\pi\lambda^2_{\text{热}}\,\Gamma_{n'}(\text{热})\Gamma_r/E_0^2;\tag{46}$$

既然 $\Gamma_{n'}$ 和中子速度成正比，我们就应该在有效热能 $\pi kT/4=0.028$ eV 处得到：

$$\begin{aligned}\sigma_r(\text{热})&\sim 23\times10^{-18}\times0.003(0.028/25)^{1/2}0.1/(25)^2\\&\sim 0.4\times10^{-24}\ \text{厘米}^2.\end{aligned}\tag{47}$$

然而，安德孙和费米在直接测量中得到的这个截面却是 1.2×10^{-24} 厘米^2.

在 25 eV 的有效能量下，共振吸收实际上起源于多于一个的能级；这一结论提供了对 U^{239} 中的能级间距进行数量级估计的可能性，如果我们为了简单而假设各能级的贡献之间具有无规的周相关系的话. 照顾到观察结果和单能级公式结果(47)之间的因子，并回想到高于和低于热中子能量的能级都对吸收有贡献，我们就得到一个 $d=20$ eV 的能级间距，来作为所考虑的激发能下的一个合理的数字.

B. 由热中子引起的裂变

按照迈特纳、哈恩和斯特拉斯曼⑳以及另外一些人的观察，热中子对铀的照

---

⑲ H. L. Anderson and E. Fermi, Phys. Rev. **55**, 1106(1939).

⑳ L. Meitner, O. Hahn and F. Strassmann, Zeits. f. Physik **106**, 249(1937).

射确实会给出许多不同的来自裂变碎片的放射性周期. 通过直接测量,发现对热中子而言的裂变截面介于 2 到 3×10^{-24} 厘米^2 之间(在实际的同位素混合物中求了平均值),就是说约为辐射性俘获截面的两倍. 然而,这一效应不可能有任何来自同位素 U^{239} 的显著部分,因为对这种核的 ~25 伏特中子共振俘获的观察只得出 23 分钟的活性. 迈特纳、哈恩和斯特拉斯曼没有能够针对这种能量的中子得出现在已知是在裂变以后出现的那许多周期的任何迹象,这就表明,对于慢中子来说,这种核的裂变几率通常是肯定不大于辐射几率的 1/10 的. 因此,由(38)和(39)的比较可知,这种同位素的裂变截面大致不能超过 $\sigma_f(热)=(1/10)\sigma_r(热)=0.1\times10^{-24}$ 厘米^2. 正如在玻尔的一篇较早的论文中指出的那样,根据这种性质的推理可知,我们必须把实际上是所有这种针对热中子观察到的裂变都归因于铀的一种稀有同位素[21]. 如果我们认为这种裂变是属于复合核 U^{235} 的,我们就将有 $17,000\times2.5\times10^{-24}$ 或 4×10^{-20} 厘米^2 的 $\sigma_f(热)$;如果我们把它归因于 U^{236} 的分裂,σ_f 就将介于 3 到 4×10^{-22} 厘米^2 之间.

380

我们必须预料,对于慢中子来说,辐射宽度和中子宽度在不同的铀同位素之间不会有太大的差别. 因此我们将假设 $\Gamma_{n'}(热)=0.003(0.028/25)^{1/2}=10^{-4}$ eV. 然而,裂变宽度却强烈地依赖于势垒高度;而如图 4 所示,势垒高度又是核的电荷数和质量数的一个敏感的函数,而且是随着同位素原子量的减小而强烈减小的. 因此,很合理的就是,发生裂变的应该是一种较轻的同位素.

让我们首先考察由热中子引起的分裂是来自复合核 U^{235} 的那种可能性. 如果这种核的能级间距 d 是比能级宽度大得多的,则截面将主要起源于一个能级(由 $i=0$ 得来的 $J=1/2$),从而我们根据

$$\sigma_f=\pi\lambda^2\frac{2J+1}{(2s+1)(2i+1)}\frac{\Gamma_{n'}\Gamma_f}{(E-E_0)^2+(\Gamma/2)^2} \tag{38}$$

就将得到下列方程:

$$\Gamma_f/[E_0^2+\Gamma^2/4]=4\times10^{-20}/23\times10^{-18}\times10^{-4}=17(\mathrm{eV})^{-1}. \tag{48}$$

既然 $\Gamma>\Gamma_f$,这个条件就可以写成一个不等式

$$E_0^2<(\Gamma/4)(4/17-\Gamma) \tag{49}$$

由此就得到,第一,$\Gamma\leqslant4/17$ eV;第二,$|E_0|<2/17$ eV. 于是能级就将必须是很窄并和热中子能量很接近的. 但是在这种情况下,裂变截面将随着中子能量的增大而很快地减小;既然 $\lambda\propto1/v$, $E\propto v^2$, $\Gamma_{n'}\propto v$,我们根据(38)就将在中子能量超过

[21] N. Bohr, Phys. Rev. **55**, 418(1939).

大约半伏特时得到 $\sigma_f \propto 1/v^5$. 这种变化关系是和哥伦比亚小组的发现完全不能相容的;他们发现,对镉共振中子(~0.15 eV)而言的和对在硼中被吸收的中子(平均能量为几伏特)而言的裂变截面之比,是反比于对应速度之比的[22]. 因此,如果裂变是由 U^{235} 引起的,我们就必须假设能级宽度大于能级间距(许多能级起作用);但是,因为能级间距本身肯定将大于辐射宽度,我们就会遇到一种局面,即总宽度将基本上等于 Γ_f,因此我们可以把关于重叠能级的截面(40)写成

$$\sigma_f = \pi \lambda^2 \Gamma_{n'} 2\pi/d. \tag{50}$$

由此我们得到一个能级间距

$$d = 23 \times 10^{-18} \times 10^{-4} \times 2\pi/4 \times 10^{-20} = 0.4 \text{ eV} \tag{51}$$

这是小得不合情理的: 按照表 III 中的估计值,由俘获慢中子以形成 U^{235} 和 U^{239} 而得到的核激发能,分别近似地等于 5.4 MeV 和 5.2 MeV;而且,这两种核具有同样的奇偶性,从而应该具有同样的能级分布. 因此,根据这两种事例中的激发能之差 ΔE,我们可以由表示式 $\exp(\Delta E/T)$ 求出对应的能级间距之比. 此处 T 是核温度,它的一个较低估计值是 0.5 MeV,由此得出一个因子 $\exp(0.6)=2$. 根据我们在 IV-A 中得到的关于 U^{239} 中能级间距的数量级为 20 eV 的结论,我们将预料 U^{235} 中能级间距的数量级为 10 eV. 因此,方程(48)的结果就使我们看到,针对热中子观察到的裂变是不太可能起源于最稀有的铀同位素的;因此我们就认为裂变几乎完全起源于这样的反应: $U^{235} + n_{热} \longrightarrow U^{236} \longrightarrow$ 裂变.

为了说明由 U^{235} 在形成复合核 U^{236} 时给出的截面 $\sigma_f(热) \sim 3.5 \times 10^{-22}$,按照能级宽度是小于能级间距还是可以和能级间距相比,我们共有两种可能性. 在第一种事例中,我们必须认为大部分裂变都是由一个孤立的能级引起的,而通过以前用过的那种推理,我们就得出结论说,对于这一能级应有 381

$$\Gamma_f/[E_0^2 + \Gamma^2/4] = [(2s+1)(2i+1)/(2J+1)]0.15(\text{eV})^{-1} = R. \tag{52}$$

如果 U^{235} 的自旋是 3/2 或者更大,则(52)式的右端将近似地是 $0.30(\text{eV})^{-1}$;但是如果 i 低到 1/2,该式右端就将是 0.6 或 $0.2(\text{eV})^{-1}$. 由此得出的共振能量和能级宽度的上限可以总结如下:

$$\begin{array}{lll} i \geqslant \dfrac{3}{2} & i = \dfrac{1}{2}, J = 0 & i = \dfrac{1}{2}, J = 1 \\ \Gamma < 4/R = 13 & 7 & 20 \text{ eV} \\ |E_0| < 1/R = 3 & 1.7 & 5 \text{ eV}. \end{array} \tag{53}$$

[22] Anderson, Booth, Dunning, Fermi, Glasoe and Slack,注 4.

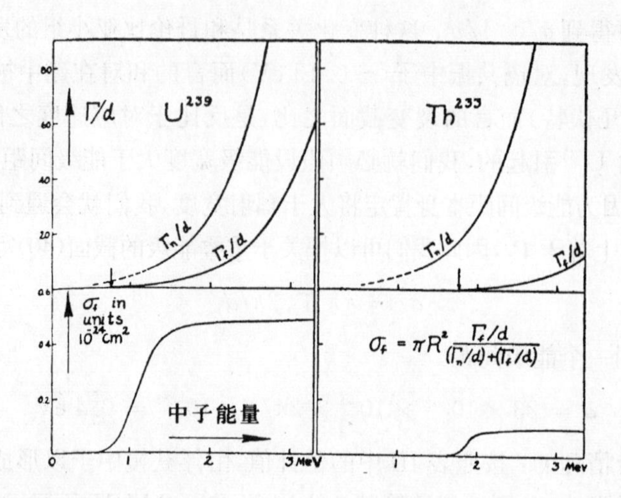

图 6　Γ_n/d 和 Γ_f/d 是中子发射几率及裂变几率(以单位时间计算并乘以 $\hbar$)对所给激发能下复合核中的平均能级间距之比. 这些比值在一切重核中都将按照接近相同的方式而随能量变化,只是整个的裂变曲线将按照临界裂变能 E_f 小于或大于中子结合能 E_n 而必须向左或向右移动而已. 由快中子引起的裂变的截面依赖于两条曲线的值的比,并且已在左边针对 $E_f-E_n=(\frac{3}{4})$ MeV 给出而在右边针对 $E_f-E_n=1\frac{3}{4}$ MeV 给出,二者分别和 U^{239} 及 Th^{233} 的事例密切对应.

另一方面,在低中子能量情况下得到的关于裂变截面的一种随速度的$(1/v)$变化的那些迹象[22],却在关于稀有铀同位素的讨论中把我们引到这样的结论:E_0 或 $\Gamma/2$ 或二者是大于几电子伏特的. 这就使我们能够也从(52)得出 Γ_f 的一个下限:

$$\Gamma_f = R[E_0^2+\Gamma^2/4] > 10 \text{ 到 } 400 \text{ eV}. \tag{54}$$

在现有的事例中,各种条件并不是彼此不相容的,从而就可能把裂变归因于单独一个共振能级的效应.

然而,通过估计复合核 U^{236} 的能级间距,我们可以走得更远一些. 按照表 III 中的那些值,中子俘获之后的激发能是比在 U^{239} 的事例中大得多,从而我们应该预期能级间距比在后一事例中估计出来的～20 eV 这个值要小得多. 另一方面,已经知道在相似的能量下偶偶核中的能级密度大于奇偶核中的能级密度. 因此,U^{236} 中的能级间距还可能达到 20 eV,但它无疑地不会更大. 于是我们由(54)就得出这样的结论:我们所遇到的或许是一种重叠共振能级的事例而不是单一吸收线的事例,尽管后一可能性并没有被现有的观察结果所完全排除.

在重叠能级的事例中，我们由方程(40)就有

$$\sigma_f = (\pi \lambda^2/2)\Gamma_{n'}(2\pi/d) \tag{55}$$

或者，由此就得到一个能级间距

$$d = (23 \times 10^{-18}/2) \times 10^{-4} \times 2\pi/3.5 \times 10^{-22} = 20 \text{ eV}; \tag{56}$$

$10^{-18}/2$

而且，既然我们认为这些能级具有未分解的结构，裂变宽度就至少是 10 eV. 能级间距和裂变宽度的这些值，就可以对由慢中子引起的裂变作出一种合理的说明.

C. 由快中子引起的裂变

根据快中子引起的裂变的理论来进行的讨论，首先由于一个事实而有所简化，那就是，和裂变几率及中子逸出几率相比，辐射几率可以忽略不计；第二，它也由于下述情况而有所简化，那就是，中子波长　$/2\pi$ 和核半径($R \sim 9 \times 10^{-13}$ 厘米)相比很小，从而我们是在连续能级分布的区域中讨论问题的. 于是，裂变截面就由下式给出：

$$\sigma_f = \pi R^2 \Gamma_f/\Gamma \sim 2.4 \times 10^{-24} \Gamma_f/(\Gamma_f + \Gamma_n), \tag{57}$$

382

或者，用宽度和能级间距之比表示出来，就有

$$\sigma_f \sim 2.4 \times 10^{-24} (\Gamma_f/d)/[(\Gamma_f/d) + (\Gamma_n/d)]. \tag{58}$$

按照第 III 节中的结果，就得到

$$\Gamma_n/d = (1/2\pi)(A^{2/3}/10 \text{ MeV}) \sum_i K_i \tag{59}$$

以及

$$\Gamma_f/d = (1/2\pi)N^*. \tag{60}$$

因此，在应用(58)时就看到，我们用不着知道复合核的能级间距，而只需知道剩余核的能级间距(方程(59))和过渡态中分裂核的可用能级的数目 N^*(方程(60)).

当看成能量的函数时，裂变宽度和能级间距之比当激发能小于临界裂变能时将是非常小的；随着激发能升高到这个值以上，方程(60)将很快地变得可以成立，从而我们将必须预料上述比值的一种迅速上升. 如果过渡态中的能级间距可以和普通重核的较低态中的能级间距(～50 到 100 keV)相比，我们在比裂变势垒高了 1 MeV 的能量处就将预料有一个值 $N^* = 10$ 到 20；但是，无论如何，Γ_f/d 的值将在大约为 1 兆伏特的一个范围内随可用的能量而几乎是线性地增加，然后它将变化得显著地更快一些，因为在那种激发能下必须预期过渡态中的核

的能级间距会变小. 对应的 Γ_f/d 的变化情况用图 6 中的曲线表示了出来. 必须指出,在临界裂变能处或在更低的地方开始出现的特殊的量子力学效应,甚至在这一能值的上方也会在一定程度上显示它们的影响,并在 Γ_f/d 曲线开头处造成一些小的摆动,这就可能使我们能够直接定出 N^*. 和刚才考虑了的比值相比,比值 Γ_n/d 如何随能量而变的问题可以更精确地加以预料. 用 K 代表中子能量,关于在剩余核(= 原有核)中可被激发的能级数目,我们有一个从 $K/0.05$ MeV到 $K/0.1$ MeV 的数字,而关于非弹性散射中子的平均动能,我们则有 $\sim K/2$,因此(59)中关于 K_i 的和式就很容易被求出,而如果用 MeV 来作为 K 的单位,得到的结果就是

$$\Gamma_n/d \sim K^2 \text{ 的 3 到 6 倍.} \tag{61}$$

这一公式事实上提供了一种初步情况,尽管还是很粗略的情况,因为当能量低于 $K = 1$ MeV 时是没有理由应用蒸发公式的(存在一个过渡过程,直到对慢中子来说 Γ_n/d 开始正比于速度时为止),而当能量高于 1 MeV 时我们就必须照顾到出现在剩余核能级间距中的逐渐减小,而这种减小就有使(61)式的右端增大的效应. 在图 6 的绘制中,曾经作了估计这种增量的尝试.

包含在快中子裂变截面(58)中的两个比值,在所有较重的核那儿都将按照相同的方式而随能量变化;各核之间唯一的不同将表现在临界裂变能量方面,它的效应将是使一条曲线相对于另一条曲线而有所移动,如图 6 的两个部分所示. 于是我们就可以推出所应预期的出现在不同的核之间的快中子截面随能量而变的情况方面的差别.

迈特纳、哈恩和斯特拉斯曼观察到,快中子也像热中子一样会在铀中造成作为核裂变之结果的多重活性,而拉登堡、坎诺、巴尔夏耳和范·乌尔伊斯则针对 2.5 MeV 的中子作了裂变截面的直接实验,得到了 0.5×10^{-24} 厘米^2 ($\pm 25\%$)㉓. 既然同位素 U^{235} 对这一截面的贡献不会超过 $\pi R^2/139 \sim 0.02 \times 10^{-24}$ 厘米^2,效应就必须被认为是属于复合核 U^{239} 的. 然而,正如我们根据有关慢中子的观察结果已经看到的那样,这种核的裂变几率在低能量下是可以忽略的. 因此我们必须得出结论说,对应截面随能量的变化在一般面貌上是和图 6a 相似的. 在这方面,我们有拉登堡等人的进一步的观察结果:截面在 2 MeV 和3 MeV之间变化很小㉓. 这就表明,U^{239} 的临界裂变能量肯定不会比中子结合能大到 2 MeV. 华盛顿小组㉔未发表的结果是,在 0.6 MeV 处 $\sigma_f = 0.003 \times 10^{-24}$,而

383

㉓ R. Ladenburg, M. H. Kanner, H. H. Barschall and C. C. van Voorhis, Phys. Rev. **56**, 168 (1939).

㉔ M·图维在 1939 年 6 月 23 日美国物理学会的普林斯顿会议上的报告.

在 1 MeV 处则是 0.012×10^{-24} 厘米^2. 利用普林斯顿的观察结果[23],我们有足够的材料可以说 U^{239} 的临界能大约比中子结合能(按照表 III 是 ~5.2 MeV)要大 $\frac{3}{4}$ MeV:

$$E_f(U^{239})\sim 6\ \text{MeV}. \tag{62}$$

我们由拉登堡等人的绝对截面值可以得出的第二条结论是,图中所示的比值(Γ_f/d)和(Γ_n/d)在大体上是对的. 这就证实了我们的预设,即分裂着的核在过渡态中的能级间距,在数量级上和正常核的低能级的间距并无不同.

Th^{232} 在 2 到 3 MeV 能量的中子作用下的裂变截面也由普林斯顿小组测量过了;他们在这一能量区域中得到了 $\sigma_f=0.1\times10^{-24}$ 厘米^2. 在图 6 所示的观察结果的基础上,我们在这一事例中得到一个比中子结合能高了 $1\frac{3}{4}$ MeV 的裂变势垒;于是,利用表 III,就得到

$$E_f(Th^{239})\sim 7\ \text{MeV}, \tag{63}^*$$

求得的裂变势垒值的无矛盾性的一种验证,由第 II 节和图 4 中所指出的一种可能性来提供,那就是,一旦我们知道了一种核的临界能,就有可能求得一切核的临界能. 取 $E_f(U^{239})=6$ MeV 作为标准,我们就得到 $E_f(Th^{232})=7$ MeV,这和(63)符合得很好.

正如在上一段中一样,我们由图 4 推出 $E_f(U^{236})=5\frac{1}{4}$ MeV,$E_f(U^{235})=5$ MeV. 两个值都**小于**在表 III 中估计出来的对应的中子结合能 $E_n(U^{236})=6.4$ MeV,$E_n(U^{235})=5.4$ MeV. 根据 E_n-E_d 的值,我们沿着图 6 的思路得出结论说,对于热中子来说,两种同位素的 Γ_f/d 分别是~5 和~1. 因此,看来在这两种事例中能级分布都将是连续的. 我们可以根据

$$\sigma_f=\pi\lambda^2\Gamma_{n'}\cdot 2\pi/d \tag{64}$$

来估计还完全没有测量过的最轻铀同位素对热中子而言的裂变截面. d 不会和类似的复合核 U^{239} 的 d 相差太大,譬如说它具有 20 eV 的数量级. 于是就有

$$\begin{aligned}\sigma_f(\text{热},U^{235})&\sim 23\times10^{-18}\times10^{-4}\times2\pi/20\\&\sim 500\ \text{到}\ 1\,000\times10^{-24}\ \text{厘米}^2,\end{aligned} \tag{65}$$

这当然在实际上就是适用于次重的复合核的那同一个数字.

估计出来的裂变势垒以及裂变宽度和中子宽度的各个值,总结在图 7 中. 对

快中子而言的能级间距 f 曾经根据它对慢中子而言的值和另一件事实来加以估计，其事实就是，按照外斯考普的意见，核能级密度看来是随着 $2(E/a)^{1/2}$ 而近似指数地增大的，此处 a 是和最低核能级的间距有关的一个量[25]，大小约为 0.1 MeV. 图7 中比较直接地得出的 Γ_n、Γ_f 和 d 的对快中子来说的相对值，将比绝对值更加可靠.

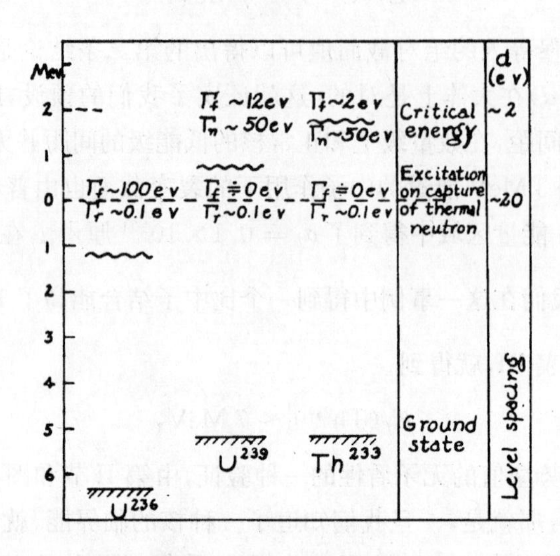

图 7　为了比较而作出的关于观察所涉及的三种核的裂变能、中子结合能、能级间距以及中子宽度和裂变宽度的估计值的总结. 对于快中子来说，Γ_f、Γ_n 和 d 的值不像它们的比值那样可靠. 顶上一行中的值是在每一事例中针对 2 MeV 的中子能量给出的.（图中第二竖行中的文字，由上至下依次是“临界能”、“热中子俘获所引起的激发能”和“基态”. 第三竖行下端的文字是“能级间距”.）

V. 延迟的和在其他情况下的中子

罗伯茨、梅耶和王[26]曾经报道了在对一个钍靶或铀靶的中子轰击停止了几秒以后出现的中子发射. 另一些观察者曾经发现了附加的中子在裂变过程以后一段极短的时间内的存在[27]. 我们在以后将回头讨论后一种中子和裂变过程机制之间的可能联系问题. 然而，延迟的中子本身却必须归因于裂变碎片在发射

384

[25] V. Weisskopf, Phys. Rev. **52**, 295(1937).

[26] R. B. Roberts, R. C. Meyer and P. Wang, Phys. Rev. **55**, 510(1939).

[27] H. L. Anderson, E. Fermi and H. B. Hanstein, Phys. Rev. **55**, 797(1939); L. Szilard and W. H. Zinn, Phys. Rev. **55**, 799(1939); H. von Halban, Jr., F. Joliot and L. Kowarski, Nature **143**, 680(1939).

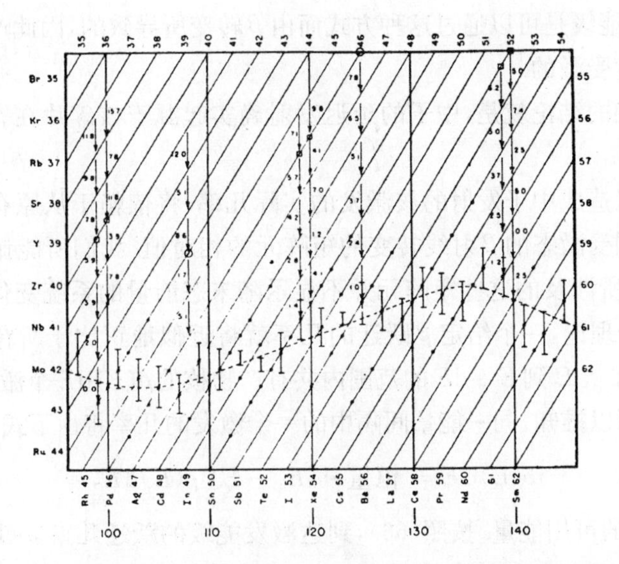

图 8 裂变碎片的导致稳定核的 β 衰变. 稳定核用小圈来代表. 例如 ${}_{50}Sn^{120}$ 正好位于标有 4.1 字样的箭头的下方;这个数字表示的是在前面的核 ${}_{49}In^{120}$ 的 β 转变中放出的以 MeV 计的能量(参阅第 I 节). 在相继转变的能量方面,可以注意到具有奇质量数的和具有偶质量数的核之间的特征差值,这有助于给不同的质量数指定活性. 按照伽莫夫的建议,虚线画得位于所指示的奇质量数核的界限之间;它的用途已在第 I 节中描述过了.

β 射线以后的一种很高的激发,其理由如下:

(1) 延迟中子被发现只是和核裂变相联系着的,正如从一个事实可以看出的那样,而那个事实就是,两种过程的产量都以相同的方式依赖于轰击中子的能量.

(2) 然而它们不可能是在裂变过程本身的时间内出现的,因为按照菲则尔[27a]的观察结果,核分裂所需要的时间肯定小于 10^{-12} 秒.

(3) 而且,一种裂变碎片在裂变过程的进行中被激发到足以在后来蒸发出一个中子的地步,也不可能是延迟中子的起因,因为即使只通过辐射,这样的激发也会在一段数量级为 10^{-13} 到 10^{-15} 秒的时间内归于消失.

(4) 裂变以后和 β 射线转变联系着的 γ 射线在源中引起相当数目的中子的可能性,已经被罗伯茨、哈夫斯塔德、梅耶和王[28]所报道的实验所排除.

(5) 然而,在一些事例中,在 β 转变中放出的能量却大得足以把产物核激发到能够放出一个中子的地步,正如已经联系到表 III 中的估计值而指出过的那样. 这种能量释放的典型值已经标在图 8 中的箭头上. 另外,产物核还会有大约

[27a] N. Feather, Nature **143**, 597(1939).

[28] R. B. Roberts, L. R. Hafstad, R. C. Meyer and P. Wang, Phys. Rev. **55**, 664(1939).

10^4 到 10^5 个能级是可以通过这种方式而由 β 转变所导致的，因此产物核就十分可能将是高度受激的.

因此我们的结论就是，中子的延迟发射确实起源于核碎片在 β 衰变以后的核激发.

出现足以造成中子发射的核激发的实际几率，将依赖于从原有核的基态到产物核的不同受激态的 β 射线转变的矩阵元的相对值. 我们所能作出的最简单的假设就是，所涉及的这些矩阵元并不显示随末态能量的系统变化. 于是，按照费米的 β 衰变理论，一个给定 β 跃迁的几率就将近似地正比于所释放能量的五次方㉙. 如果在从 E 到 $E+\mathrm{d}E$ 的范围内共有产物核的 $\rho(E)\mathrm{d}E$ 个激发能级，则由我们的假设可以推知，同一能量间隔中的一个激发的几率将由下式给出：

$$w(E)\mathrm{d}E = \text{恒量} \cdot (E_0 - E)^5 \rho(E)\mathrm{d}E, \tag{66}$$

385 式中 E_0 是总的可用能量. 按照(66)，到达激发能级的跃迁几率 $w(E)$ 在 E 附近的单位能量范围内将在能量值 $E = E_{\max}$ 处达到极大值，而 $E_{\max}$ 由下式给出：

$$E_{\max} = E_0 - 5/(\mathrm{d}\ln\rho/\mathrm{d}E)_{E_{\max}} = E_0 - 5T, \tag{67}$$

式中 T 是一个温度(以能量单位计)：为了平均来说能有一个激发能 $E_{\max}$，产物核必须加热到这个温度. 于是，β 转变时的最可几能量释放，就可以说是产物核的温度的五倍. 按照我们关于所讨论的这些核的一般知识，一个 4 MeV 的激发将对应于一个约为 0.6 MeV 的温度. 因此，根据我们的假设，为了通过 β 转变来实现一个 4 MeV 的激发，我们将要求一个约为 $4 + 5 \times 0.6 = 7$ MeV 的总的能量释放.

最低核能级的间距在中等原子量的元素那里具有 100 keV 的数量级，在数量级为 8 MeV 的激发处，能级间距减小到 10 eV 左右，而且，按照外斯考普的考虑，能级间距可以用一个能级密度表示出来，该能级密度近似地随激发能的平方根而指数地变化㉓. 在方程(66)中采用这样一个 $\rho(E)$ 表示式，我们就得到分布函数 $w(E)$ 的曲线，如图 9 所示；该函数给出的是作为一种典型裂变碎片的 β 衰变结果而得到一个激发能 E 的几率. 可以看到，如果中子结合能比可用于 β 射线转变的总能量小一些，就将存在相当的中子发射几率. 我们当然只能得到一般的结论，因为我们关于各种可能跃迁的矩阵元并不显示随能量的系统变化的那一假设是并不肯定的. 不过也很清楚的是，上述这些考虑给我们提供了一种有关布茨、邓宁和斯来克的观察结果的合理解释；他们观察到㉚，一次核裂变将引起一个中子的延迟发射的机遇大约是 1/60.

㉙ L. W. Nordheim and F. L. Yost, Phys. Rev. **51**, 942(1937).

㉚ E. T. Booth, J. R. Dunning and F. G. Slack, Phys. Rev. **55**, 876(1939).

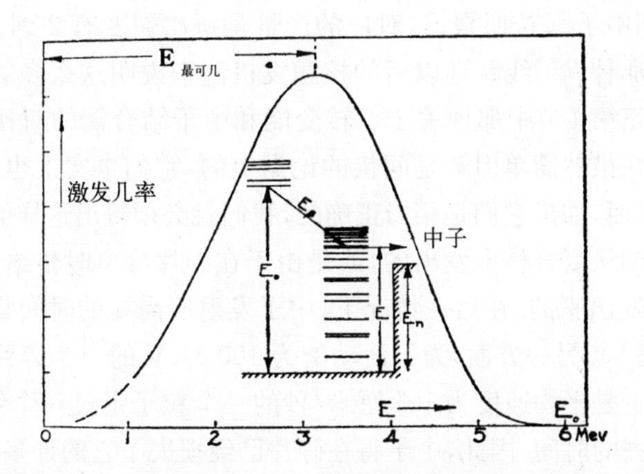

图 9　在裂变碎片的 β 衰变以后，产物核的激发的分布按照关于到达一切激发能级的各转变的可比较矩阵元的假设来进行估计. 可以看到，当可用能量 E_0 够大而中子结合能 E_n 够小时，就会有相当数目的延迟中子. 曲线表示的量是对单位激发能范围而言的几率.

到达激发能级的高跃迁几率的另一种后果将是给出一种 β 射线谱，它是许许多多基元谱的叠加. 按照贝忒、霍伊耳和派尔斯的看法，关于轻核的 β 射线谱的观察结果，指示了基元谱中的费米能量分布㉛. 采用这一结果并应用以上所讨论的关于相等矩阵元的假设，我们就得到图 10 中的曲线，它表示的是在一种典型裂变碎片的 β 衰变中所应预期的电子发射的强度分布的定性类型. 由曲线可以看出，我们必须预料大多数电子将具有其值比可用的实际转变能量小得多的那种能量. 这是和一种结果相一致的，那就是，许多观察者想要发现裂变以后的相当数目的高能电子，但是没有成功㉜.

能量为 8 MeV 的 β 射线在基元跃迁中的发射的半衰期，将是 1 到 1/10 秒左右，这可以按照第一条萨晋曲线所给出的寿命和能量之间的经验关系来看出. 既然在核碎片的事例中我们必须处理到达 10^4 个或 10^5 个激发能级的跃迁，初看起来我们就应该预期一个相对于电子发射来说的极短的寿命. 然而，这些跃迁的矩阵元方面的一种求和法则的存在，却带来了一个推论：个体矩阵元确实将远小于在 β 射线跃迁中所涉及的矩阵元，而萨晋曲线正是根据那种跃迁得出的. 因此，在原理上，理解数量级为几秒的那种寿命似乎并无任何困难，那种寿命曾经被针对裂变碎片的典型 β 衰变过程而报道过. 386

除了以上所讨论的延迟中子以外，还曾经在裂变以后的很短时间(最多不过

㉛ H. A. Bethe, F. Hoyle and R. Peierls, Nature **143**, 200(1939).

㉜ H. H. Barschall, W. T. Harris, M. H. Kanner and L. A. Turner, Phys. Rev. **55**, 989 (1939).

一秒)内观察到中子[27]. 按照报道,对应的产量是每次裂变有 2 到 3 个中子[33]. 利用以上考虑的那种 β 射线跃迁以后的核激发机制来说明这么多的中子,将要求我们激烈地修正第 I 节中那种关于 β 转变能和中子结合能的对比估计. 既然这些估计是建筑在虽然简单但却是间接的论据上的,它们事实上也可能给出让人误解的结果. 然而,如果它们是相当正确的,我们就必须得出这样的结论;中子或是在裂变的时刻从复合核中发出的,或是由于在碎片分离时传给它们的激发能而从碎片中蒸发出来的. 在后一情况下,中子发射所需要的时间将是 10^{-13} 秒或更少一些(见图 5). 另一方面,为了使动能为 100 MeV 的一个碎片停止下来,所需要的时间至少是平均速度为 10^9 厘米/秒的一个粒子走过一个约为 10^{-3} 厘米的距离时所用去的时间. 因此,中子将在碎片已经损失了它的许多平动动能之前就被蒸发出来. 碎片中每个粒子的动能既然是大约 1 MeV,一个沿着接近于向前的方向而被蒸发出来的中子就将具有一个肯定大于 1 MeV 的能量,正如西拉德所强调的那样[34]. 已经发表了的观察结果既不能证明也不能否定裂变以后的这样一种蒸发.

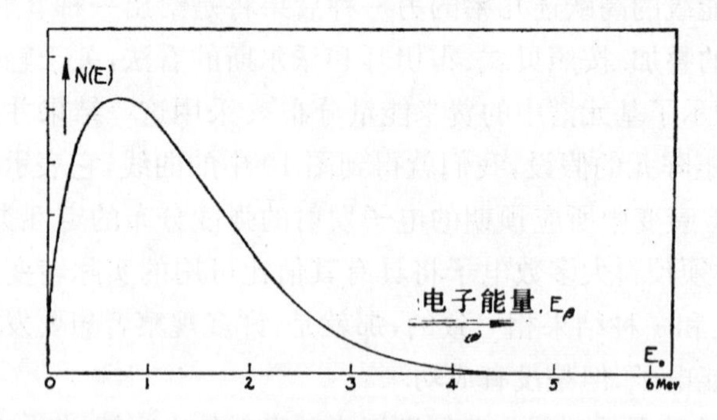

图 10　和图 9 所示的一切基元转变相对应的各 β 射线谱的叠加,给出一个复合谱,其一般类型和此处所示的相似;此处所示的复合谱是建筑在可相比矩阵元的假设和一切跃迁的简单费米分布上的. 因变量是单位能量范围中的电子数.

我们来简单地考虑一下第三种可能性,即所谈到的中子在裂变过程本身的进行期间被产生出来的可能性. 联系到这一点,我们可以注意到一些观察结果,即关于一个非稳形状的液态物体分裂成两个较小的具有较大稳定性的物体的那种分裂方式的观察结果;人们发现,在原来的包围面被撕裂的地方,通常会形成一些微小的液滴. 虽然关于分裂过程的一种动力学说明在核的事例中甚至会比

---

[33] Anderson, Fermi and Hanstein, 注[27]. Szilard and Zinn, 注[27]. H. von Halban, Jr., F. Joliot and L. Kowarski, Nature **143**, 680(1939).

[34] 1939 年 4 月 28 日在美国物理学会的华盛顿会议上的讨论发言.

在液体的事例中更加复杂,核的液滴模型却还是使我们想到,可以不无道理地预期在裂变的时刻会有中子从核中产生出来,正如微小液滴从液体中产生出来那样.

裂变碎片在大小方面的统计分布,正如中子在裂变时刻的可能产生一样,在本质上是一个裂变过程动力学的问题,而不是一个在第 II 节中考虑了的那种临界态的统计力学的问题. 事实上,只有当核的形变已经超过了临界值以后,才会出现畸变势能向内部激发能和分裂动能的迅速转化,而这种转化就导致最后的分裂过程.

对于一个经典的液滴来说,所讨论的反应的进程将通过在体系的代表点沿着裂变方向而越过势垒的那一时刻在位形空间中指定该代表点的位置和速度来完全地加以确定. 如果原有体系的能量只比临界能大一个无限小的量,体系的代表点就必将在很靠近鞍点的地方越过势垒,而且是以很小的速度越过势垒. 不过,正如图 3 所大致指明的那样,在这个多维空间中可供速度矢量采用的那种广阔的方向范围却表明,即使在很接近于裂变过程阈的能量下,也还可以预料会产生出大小很不相同的碎片来. 然而,当激发能增长到临界裂变能以上时,由第 III 节中的统计论点就可以推知体系的代表点通常会在离开鞍点有一个距离的地方越过势垒. 和代表点沿势垒脊线离开鞍点的一般位移相联系着的,是离开临界形状的非对称形变,因此,随着更多能量可供过渡态中的核所应用,我们必须预料裂变碎片的大小会有更大的差别. 另外,作为核结合的较精致细节的一种影响,也可以预期,当我们遇到的是具有偶电荷数和偶质量数的复合核的分裂时,观察到具有奇质量数的裂变碎片的相对几率将小于当我们遇到的是具有偶电荷数和奇质量的复合核的分裂时的那种相对几率㉟.

387

VI. 由氘核和质子以及由辐射照射所引起的裂变

不论用的是什么激发过程,很清楚的都是,一个显著的核裂变产量将被得到,如果激发能明确大于裂变的临界能,而复合核的裂变几率也和导致体系破裂的其他过程的几率可以相比的话. 既然中子逸出是和裂变相竞争的最重要的过程,后一条件将是满足的,如果裂变能并不比中子结合能大得很多的话,而我们已经看到,在那些最重的核那里,事实上情况正是如此. 于是,对于这些核,我们必须预期不仅是中子,而且能量够大的氘核、质子和 γ 射线也将引起可以观察到的裂变.

㉟ S·弗吕格和G·封·德罗斯特曾经提出了关于核结合之较精致细节对裂变碎片大小的统计分布的可能影响问题,见 Zeits. f. physik. Chemie **B42**, 274(1939).

A. 氘核轰击和质子轰击所引起的裂变

奥本海默和菲利普斯曾经指出，电荷数很高的核会通过一种机制而和能量不太大的氘核相反应，其机制就是中子-质子的结合在场中发生极化和离解，中子被吸收而质子则被放出[36]，新形成的核的激发能 E，由氘核的动能 E_d 减去它的离解能 I 和所损失的质子的动能 K，再加上中子在产物核中的结合能 E_n 来给出：

$$E = E_d - I - K + E_n. \tag{68}$$

质子的动能不能超过 $E_d + E_n - I$，而另一方面它也不会降到一个势能以下，那就是质子在和以相当几率发生着的氘核反应相容的尽可能大的离核距离处在库仑场中所具有的势能. 这个距离以及对应的动能 $K_{\min}$，已由贝忒算出[37]. 针对轰击能量 E_D 的很低的值，他得到了 $K_{\min} \sim 1\ \text{MeV}$；当 E_d 上升到和离解能 $I = 2.2\ \text{MeV}$ 相等时，他得到了 $K_{\min} \sim E_d$；而且甚至当轰击势达到一个和静电势垒高度相对应的值时，$K_{\min}$ 仍然是和 E_d 同数量级的，尽管在此点以后 E_d 的增大并不引起 $K_{\min}$ 的进一步上升. 既然对最重的核来说单位带电的粒子势垒高度将具有 10 MeV 的数量级，我们就可以针对普通用到的氘核轰击能量来假设 $K_{\min} \sim E_d$. 我们得出结论说，产物核的激发能超过

$$E_{\max} \sim E_n - I \tag{69}$$

388 这个值的几率是很小的. 既然这个值比估计出来的钍和铀中的势垒值要小得多，我们就必须预料，跟在所讨论的这种类型的奥本海默-菲利普斯过程后面的，一般将是辐射而不是裂变，除非氘核的动能大于 10 MeV.

特别是当氘核能量趋近于 10 MeV 时，我们还需要考虑氘核作为一个整体而被俘获的那种过程的可能性；这种过程导致一个复合核的形成，其激发具有下面这个量的数量级：

$$E_d + 2E_n - I \sim E_d + 10\ \text{MeV}. \tag{70}$$

于是就会出现裂变和中子发射的可能性之间的竞争，其结果将取决于 Γ_f 和 Γ_n 的对比值(质子发射由于静电势垒的高度而可以忽略). 和氘核俘获相联系着的电荷增大当然会减低裂变的临界能，而且，和处于相同激发能下的原有核中的情况相比，也将增大相对于中子蒸发而言的裂变几率. 如果在氘核俘获以后一个中子的蒸发确实发生了，则裂变势垒将再次相对于中子结合能而有所减低. 既然被蒸发中子的动能只将具有热中子能量的数量级(≈1 MeV)，产物核就将仍然具

[36] R. Oppenheimer and M. Phillips, Phys. Rev. **48**, 500(1935).

[37] H. A. Bethe, Phys. Rev. **53**, 39(1938).

有一个数量级和 $E_d + 3$ MeV 相同的激发能. 因此,如果我们正在处理的是 6 MeV 的氘核被铀的俘获,我们就很有可能在进行着的核反应的一两个明确的阶段中得到裂变.

刚才考虑了的这种双重反应中的裂变截面,可以通过在和中子相对应的裂变截面(42)上乘上一个因子来得出,这个因子将照顾到核的静电斥力在阻止氘核的俘获方面的效应:

$$\sigma_f \sim \pi R^2 e^{-P}\{\Gamma_f(E')/\Gamma(E') + [\Gamma_n(E')/\Gamma(E')][\Gamma_f(E'')/\Gamma(E'')]\}. \tag{71}$$

这里的 P 是适用于能量为 E 而速度为 v 的氘核的一个新的伽莫夫穿透指数[38]:

$$P = (4Ze^2/\hbar v)\{\arccos x^{1/2} - x^{1/2}(1-x)^{1/2}\}, \tag{72}$$

式中 $x = (ER/Ze^2) \cdot \pi R^2$ 是核的投影面积,E'是复合核的激发能,而 E''是通过中子发射而形成的剩余核的平均激发能. 对于 6 MeV 处的 U^{238} 的氘核轰击,我们估计出的裂变截面具有数量级

$$\pi(9\times 10^{-13})^2 \exp(-12.9) \sim 10^{-29}\ \text{厘米}^2, \tag{73}$$

如果我们作出下述的合理假设的话: 俘获以后的裂变几率具有 1 的数量级. 可以和我们的估计相对比的观察结果现在还没得到.

当轰击能量相同时,质子将比氘核更为有效,因为由(72)可见较轻粒子的 P 将较小,即差一个因子 $2^{1/2}$. 于是,对于 6 MeV 的质子,我们估计在铀中产生裂变的截面将具有数量级

$$\pi(9\times 10^{-13})^2 \exp(-12.9/2^{1/2})(\Gamma_f/\Gamma) \sim 10^{-28}\ \text{厘米}^2,$$

这应该是可以观察到的.

B. 光致裂变

按照核反应的色散理论,一个核对由波长为 $2\pi\lambda$ 而能量为 $E = \hbar\omega$ 的 γ 射线引发的裂变所显示的截面将由下式给出:

$$\sigma_f = \pi\lambda^2(2J+1)/2(2i+1)\frac{\Gamma_r\Gamma_f}{(E-E_0)^2+(\Gamma/2)^2} \tag{74}$$

如果我们遇到的是自然频率为 E_0/h 的一条孤立吸收谱线的话. 这里的 $\Gamma_r/\hbar$ 是处于受激态中的核将在单位时间内通过发射单独一个 γ 射线而损失其全部激发能的几率.

---

[38] H. A. Bethe, Rev. Mod. Phys. **9**, 163(1937).

然而，最有兴趣的却是入射辐射所提供的激发能足以把核带入重叠能级的区域中去的那种情况. 当把(74)式按平均间距为 d 的许多能级求和时，我们就得到

$$\sigma_f = \pi\lambda^2[(2J_{平均}+1)/2(2i+1)](2\pi/d)\Gamma_{r'}\Gamma_f\Gamma. \tag{75}$$

不必详细讨论出现在(75)中的各个量的数量级，我们就可以通过和不同观察者

389 所报道的光中子产量进行对比来形成有关光致裂变截面的一种估计. 所讨论的截面之比将恰好是 Γ_f/Γ_n，于是就有

$$\sigma_f = (\Gamma_f/\Gamma_n)\sigma_n. \tag{76}$$

针对 12 到 17 MeV 的 γ 射线观察到的重元素的 σ_n 值是[39] $\sigma_n \sim 10^{-26}$ 厘米^2. 因此，注意到在第 IV 节中得到的 Γ_f 和 Γ_n 的对比值，可以很合理地预期 U^{238} 的光致裂变 σ 值具有 10^{-27} 厘米^2 的数量级，而 Th^{233} 的分裂的 σ 值具有 10^{-28} 厘米^2 的数量级. 事实上，利用了由 3 微安培的 1 MeV 中子轰击锂或氟而得出的 γ 射线，罗伯茨、梅耶和哈夫斯塔德并没有发现任何的辐射裂变[40]. 前一种靶子给出较大的产量，约为每 10^{10} 质子得出 7 个量子，或者说总共是 8×10^5 个量子/分钟. 在最有利的情况下，所有这些 γ 射线都将已经通过一个铀片的那一厚度，~ 6 毫克/厘米^2，从那里裂变粒子是能够射出的. 即使那样，采用了我们已经估计出的截面，我们也还应该预期有一个大小如下的效应：

$$8\times 10^5\times 10^{-27}\times 6\times 10^{-3}\times 6.06\times 10^{23}/238$$
$$\sim 1\ 次计数\ /80\ 分钟； \tag{77}$$

这个效应太小了，是不可能被观察到的. 因此，我们现在还没有关于估计的理论截面的任何检验.

结　束　语

我们在核的液滴模型的基础上所能作出的不仅是裂变可能性的详细说明，而且是裂变截面对能量的依赖关系和临界能量从一种核到另一种核的变化情况的详细说明；这些说明似乎在其主要特色上得到了以上作出的预见和观察结果之间的对比的证实. 在核理论的当前阶段，我们还不能精确地预言核能级密度以及核中的表面能和静电能之比之类的细致量；但是，如果满足于在观察结果的基础上对它们进行近似的估计，正如我们在以上已经做了的那样，那么，其他的细节就可以合理地结合起来，以给出一种令人满意的核裂变机制图景了.

---

[39] W. Bothe and W. Gentner, Ziets. f. Physik **112**, 45(1939).

[40] R. B. Roberts, R. C. Meyer and L. R. Hafstad, Phys. Rev. **55**, 417(1939).

XXXVIII. 连续能域中的核反应

（和R·派尔斯及P·普拉才克合撰）

Nature **144**(1939)200—201

见本编《引言》第4节注㉜.

给编者的信

编者本人对来信中所表示的见解概不负责. 本刊本栏及其他各栏之来稿,如不采用,编者不负退稿或和作者通信之责. 不署名之来稿概不受理.

关于本期所刊某些来信中的论点的评注,见本刊 p. 208. 希望其他来信者处理与此相似的综述.

连续能域中的核反应*

作为由碰撞或辐射引发的核反应之典型特点的是,它们可以在很大程度上被认为是分两步进行的,那就是一个高度受激的复合核的形成,以及它随后的蜕变或到达较低受激态的辐射跃迁. 我们用 A, B,……来代表反应中的各种可能的产物,用它们的品种、内部量子态、被发射的粒子或光子和剩余核的自旋方向以及轨道角动量来表征. 另外,我们用 P_A, P_B,……来代表单位时间内从复合态分别到达 A, B,……的跃迁几率.

于是,反应 $A \longrightarrow B$ 的截面显然就是

$$\sigma_B^A = \sigma^A \frac{P_B}{P_A + P_B + \cdots\cdots}, \tag{1}$$

式中 σ^A 是一种碰撞的截面,在那种碰撞中,从态 A 出发将形成一个复合核. 这个公式当然意味着我们所处理的是复合核可以实际存在时的能量,这就是说,我们或是在一个能量值的连续区域中讨论问题的,或是在最佳共振条件下讨论问题的,如果能级是分立的话. 另外还假设了包括散射在内的一切可能的反应都是经由复合态而发生的,特别说来这时忽略了所谓"势散射"的影响;在势

* [这篇论文中有四处印刷错误,在玻尔所藏的所有抽印本上都已手写改正.]

散射中,粒子受到偏转,但并不曾实际上和原有核的成分粒子发生密切的相互作用.

在这些假设的基础上,由波动力学的一条很普遍的守恒定理① 就得出下列关系式:

$$\sigma^A = \frac{\lambda^2}{\pi}(2l+1)\frac{P_A}{P_A+P_B+\cdots\cdots}, \tag{2}$$

式中 λ 是入射粒子的波长而 l 是角动量.

在分立能级的事例中,(1)和(2)就像通常的色散公式那样给出相同的截面,如果我们对一条共振能级的中心应用该公式而忽略所有其他能级的影响的话.在这种情况下,我们针对每一条共振能级都有复合核的一个明确定义的量子态,从而复合核的性质,特别说来是几率 P_A, P_B,……就不可能依赖于它所由形成的碰撞的种类,也就是说,如果我们不是从碎片 A 开始而是从 B 或 C 或……开始的,这些性质也将是相同的.

然而,在连续区的事例中,就有许多量子态具有一些在复合核的寿命之内无法区分的能量,这时体系的实际态是若干个量子态的叠加,因此体系的性质就依赖于这些量子态的周相关系,从而也依赖于复合核所由形成的那个过程.

这种依赖关系将变得特别明显,如果我们考虑在一个包含许多能级的间隔中求出的截面平均值的公式

$$\overline{\sigma^A} = \frac{\hbar}{2}\rho\lambda^2(2l+1)P_A^0, \tag{3}$$

这个公式是由众所周知的关于细致平衡的考虑得出的.这里的 ρ 是复合核的单位能量中的能级密度(能级具有适当的角动量和对称性). P_A^0 是统计平衡中的过程 A 的几率,从而就涉及一个微正则系综,其中包含着分别由碎片 A, B,……在适当的权重下形成的那些复合态.

在分立能级的事例中,公式(3)也可以直接从色散公式推出,这时 P_A^0 就简单地是几率 P_A 按各个能级求出的平均值,而在这种事例中 P_A 是明确定义的.

在连续区中,(3)必然和(2)等同,因为截面在含有许多能级的一个能量间隔中不会有多大的变化,而这样一来,比较一下(2)和(3),就得到

$$\frac{P_A^{(A)}}{P_A^0} = \frac{\pi}{2}\hbar\rho(P_A^{(A)}+P_B^{(A)}+\cdots\cdots) = \frac{\pi}{2}\frac{\Gamma^{(A)}}{d}, \tag{4}$$

这里在出现在(1)中的那些几率上加了一个上角标 A,为的是明确地指出对

形成模式的依赖性；另外，$\Gamma^{(A)}$是所涉及的复合核的总能量宽度，而$d=\frac{1}{\rho}$是平均能级间距. 在连续区中，$\Gamma^{(A)}\gg d$，从而重新发射入射粒子而并不改变核的态的几率$P_A^{(A)}$，就将比同一过程出现在用其他方法产生的复合核中的几率要大得多.

到此为止，用到的论点都是具有很普遍的品格的，而为了讨论$P_B^{(A)}$对复合核的模式A的依赖关系，如果$A\neq B$的话，就要求对核激发的机制进行更细致的考虑.

我们可以想到一些事例，那时这样一种依赖关系显然是必须预料到的；事实上，如果一个大体系被一个快粒子所打中，激发能就或许会定域在撞击点的邻域中，而从这个邻域中发出快粒子的几率就可能大于统计平衡下的几率. 此外，假如体系具有一些耦合得很松的振模，则其中一个振模的激发，例如被辐射所激发，就不太可能导致一个由很不相同的简正振模构成的振动态，即使这个态可能是很强地表现在统计平衡中的.

然而，在实际的核中，运动并不能利用很松地耦合着的振动来加以描述，从而人们也不会预期激发能的定域化将在中等能量的核反应中有什么重要性. 于是，如果我们假设并不存在什么导致$P_B^{(A)}$对A的依赖性的其他特殊情况，一种很合理的理想化就是假设即使在连续区中所有的$P_B^{(A)}$也会等于P_B^0，当然除了$A=B$的情况以外；在$A=B$的情况，我们在(4)中已经看到，周相关系必将是有利于入射粒子的再发射的.

393

连续区中的反应的一个特例，就是由大约 17 mv 的γ射线所引起的重元素中的核光效应. 在玻特和根特诺的最初一些实验中，似乎在不同元素的截面之间存在显著的差值，但是，他们的实验的继续②却表明，这些差值可以用剩余核的不同放射性质来加以说明，而且所有重核对光效应而言的截面都具有5×10^{-26}厘米^{2}的数量级.

以前的讨论是建筑在公式(1)和(2)上的，在这些公式中，并没有清楚地认识到$P_A^{(A)}$和P_A^0之间的区别；然而，在这种讨论中却发现，说明这样大小的光效应截面是困难的. 事实上，如果把中子逸出几率P_B估计成大约是10^{17}秒$^{-1}$，则将得到P_A为10^{15}秒$^{-1}$，而只要还把这个值当成P_A^0，它就显得太大，因为它显然必须比估计为10^{15}的总的辐射几率要小得多，后一几率包括了到达除基态以外的另外许多末能级的跃迁.

然而我们现在却看到，这里是把$P_A^{(A)}$看成比P_A^0大得多的，因为所涉及的高激发能处的能级间距或许具有 1 伏特的数量级，而和上面的P_B值相对应的能级宽度则约为 100 伏特. 于是，由(4)式或更直接地由(3)式可见，P_A^0大约只是

10^{13}秒$^{-1}$,这似乎是十分合理的.

N·玻尔
R·派尔斯
P·普拉才克
于理论物理学研究所,哥本哈根
7月4日

① 本短文的这一论点及其他论点的细节,将发表在《哥本哈根科学院院报》上.
② Bothe, W., and Gentner, W., *Z. Phys.*, **106**, 236(1937); **112**, 45(1939).

395

XXXIX. 核裂变的链式反应

未 发 表 稿

1939

396

本稿共 3 页打字稿，有一份复写纸打字本，日期为 1939 年 8 月 5 日. 两份稿子上都用钢笔填写了公式和某些符号. 小注原缺.

本稿见缩微胶片 Bohr MSS no. 16.

见本编《引言》第 5 节注⑫.

核裂变的链式反应

关于有相当数量的中子会在由中子对铀核撞击而引发的裂变过程中被释放的那种发现(约里奥①),曾经引起了关于利用链式反应来大规模地释放核内能量的可能的许多讨论.然而,在这些讨论中,某些阻止着裂变链的建立的条件似乎并没有永远受到充分的注意.如所周知,铀裂变既可以由热中子(约10^{-1}E. V.)引起又可以由快中子(约10^6 E. V.)引起.然而,根据中子俘获过程比中等速度(10~100 E. V.)的中子所引起的裂变更占优势的情况来看,似乎快中子和热中子的效应是由起源于两种铀同位素U(238)和U(235)的本质上不同的过程所引起的.喏,在这两种裂变过程中,所发射的次级中子必须被预期为具有快速度(约10^6 E. V.或更高),但是这些快中子却几乎不足以直接引起链式反应,因为铀核的非弹性散射截面要比裂变截面大得多(拉登堡②).事实上,看来每次裂变过程所释放中子数大约是2,而铀对快中子而言的裂变截面则似乎小于非弹性散射截面的1/4.[稿第2页]通过后一种过程,能量将被减低到10^5 E. V.的数量级,并从而进入中子俘获大于裂变的那种区域,而且,如果这样的俘获应该不至于使链式反应中断,那就有必要通过在铀中加入一些像氢之类的轻物质来把中子速度很快地降到热速度的区域中去.如果单位体积中的铀原子数和氢原子数是N_U和N_H,则一个中子不被俘获而进入热速度区域中的几率显然将是

$$W = \exp[-nN_U\sigma_{Ui}/N_H\sigma_{Hs}],$$

式中n是充分减速所必需的和氢原子的平均碰撞数,而σ_{Ui}和σ_{Hs},是铀的俘获截面和氢的散射截面.

由于中等速度区域中的铀共振能级的分立性,求出第一个平均值的问题就 398

① [H. von Halban, Jun., F. Joliot and L. Kowarski, *Liberation of Neutrons in the Nuclear Explosion of Uranium*, Nature **143**(1939)470—471.]

② [R. Ladenburg, M. H. Kanner, H. Barschall and C. C. van Voorhis, *Study of Uranium and Thorium Fission Produced by Fast Neutrons of Nearly Homogeneous Energy*, Phys. Rev. **56**(1939) 168—170.]

是一个比较困难的问题. 如果我们暂时假设能级间距和能级宽度之比不大于 n，我们就可以应用按能量求出的一个简单的平均值而得出

$$\overline{\sigma_{\mathrm{Ui}}} = \frac{1}{D}\int \pi \lambda\!\!\!^{-}{}^2 \frac{\Gamma_{\mathrm{n}} \cdot \Gamma_{\mathrm{r}}}{(E-E_0)^2 + \frac{1}{4}(\Gamma_{\mathrm{n}} + \Gamma_{\mathrm{r}})^2} \mathrm{d}(E-E_0)$$

$$= 2\pi^2 \lambda\!\!\!^{-}{}^2 \frac{\Gamma_{\mathrm{n}} \cdot \Gamma_{\mathrm{r}}}{(\Gamma_{\mathrm{n}} + \Gamma_{\mathrm{r}})} \cdot \frac{1}{D}$$

式中 D 是能级间距，而 Γ_{n} 和 Γ_{r} 是中子逸出和辐射性俘获的分宽度. 在 10^3E. V. 的能量区域中，这个量的数量级似乎不小于 10^{-24}，而且，既然 σ_{Hs} 的数量级是 10^{-25}，而至少需要 10 次碰撞才能把 10^5 E. V. 的中子减速到低于铀中最低的共振能级（约 25 E. V.）的那种能量，看来为了使相当数量的中子进入这个区域，$N_{\mathrm{H}}/N_{\mathrm{U}}$ 必须具有 100 的数量级. ［稿第 3 页］然而，这却会同时阻止由热中子引起的裂变具有很大的几率，因为对这种速度而言的中子俘获截面是比 2×10^{-24} 大不了许多的（关于各个量的估计，见玻尔和惠勒③）. 在这方面，通过利用重氢来代替氢，情况可能会更加改善一些，但是即使这样，链式反应也是几乎不能实现的，因为 n 将至少要有二倍大小（普拉才克④）而重氢中的俘获截面似乎具有 10^{-26} 数量级，尽管这还没有被精确地测量出来. 当然，这些考虑只是针对铀的普通同位素成分来进行的. 如果有朝一日同位素的分离成为可能，从而人们可以处理纯粹的或高度富集的 U(235)，情况就会完全不同，而链式反应或许用不着掺入任何较轻的物质就能实现，因为对一切速度来说，裂变截面大概都会比辐射性俘获的截面要大得多.

---

③ ［N. Bohr and J. A. Wheeler, *The Mechanism of Nuclear Fission*, Phys. Rev. **56**(1939)426—450.］

④ ［可能是私人通信.］

XL. 镤的裂变[1]

（和 J·A·惠勒合撰）

“惠勒的最初建议”

未发表稿

1939

[1] 见本编《引言》第 5 节注⑫.

这是一份英文稿的复写纸打字本,共两页.在第一页的上端,玻尔写了“惠勒的最初建议”的字样.其中 3/4 MeV 这个数字是我们解释打印的数字的一种尝试,那个打印的数字因为经过改动而几乎无法辨认了.

本稿见缩微胶片 Bohr MSS no. 16.

镤的裂变

401

按照核的液滴模型,核裂变的机制包括两个阶段;首先是原来传给核的激发能在复合核的不同自由度之间的一次分配,随后是从这一能量的一个足够部分到导致分裂的形变势能的转变①. 在这一基础上对裂变进行的细致讨论②,导致了按照核电荷和核质量的不同而对产生一种临界形变时所要求的能量作出的估计,其中的一个可调节的恒量是按照 U^{239} 的裂变能应该和有关的观察结果相符这一条件来确定的. 在所引的论文中已经证明,这时得出的关于 U^{236} 和 Th^{233} 的裂变能的结果,再加上关于核能级密度的合理估计,就将共同给出关于由慢中子和快中子在铀和钍中引起的裂变现象的一种令人满意的说明. 同时,据估计,Pa^{232} 的临界裂变能约为 5.5 MeV,由此可以推知,中子应该在镤中引起可以相比的裂变.

格罗斯、布茨和邓宁③的近期观察,给这些定性的结论提供了一种有趣的证实,而且也使我们可以验证裂变能的预见值了. 按照文献②中的方程(6),当一个中子被俘获而形成 $_{91}Pa^{232}$ 时,所放出的能量约为 5.4 MeV(和表 III 中最后一个数字相反,而却和关于 U^{239} 的值可以相比;在 U^{239} 中,俘获也从一种具有偶中子数的同位素导致了一种具有一个未配对的中子的同位素). [稿第 2 页]因此,为了造成数量可以被观察的裂变,应该要求能量超过 $5.5-5.4=0.1(\pm约\ 0.5)$ Mev 的中子. 格罗斯、布茨和邓宁事实上发现,热中子和光中子并不引起可以探测到的裂变,而 $Be^{9}+H^{1}$ 中子(最大能量约为 2 MeV)却在镤中引起约为钍中的 30 倍的产量. 他们根据自己的观察指出,Pa 的裂变产量可以和快中子在 U 中引起的产量相比. 既然后一反应的阈值似乎位于约 3/4 MeV 处②,那就可以看到,从实验方面和理论方面所能作出的关于 Pa 的裂变能的估计,当考虑到各自的精确度时是令人满意地符合的.

402

关于镤的观察结果,可以起到强调同位素 U^{235} 的独特地位的作用;在这种同

---

① N. Bohr, Nature **143**, 330(1939).

② N. Bohr and J. A. Wheeler, Phys. Rev. **56**, 426(1939).

③ A. v. Grosse, E. T. Booth, and J. R. Dunning, Phys. Rev. **56**, 382(1939).

位素中,中子俘获也导致一种具有偶数中子的同位素.观察结果也使人们再次注意到一些理由[①、②],那些理由曾经引导我们认为由慢中子在铀中引起的裂变是起源于这种同位素的.

尼耳斯·玻尔
理论物理学研究所,哥本哈根,丹麦
约翰·A·惠勒
帕耳莫物理实验室,普林斯顿,N. J.

XLI. 镤的裂变[2]

(和J·A·惠勒合撰)

Phys. Rev. **56**(1939)1065—1066

见本编《引言》第5节注㉗.

镤的裂变

近来格罗斯、布茨和邓宁① 观察到，用能量小于 2 MeV 的中子可以在镤中引起裂变，但是用热中子却不行；联系到这种观察，我们愿意指出，这一重要发现似乎和我们在最近一篇论文② 中发展起来的关于裂变机制的理论考虑符合得很好. 这种理论是建筑在一个想法上的，那就是，正如由碰撞或辐射所引发的其他核嬗变一样，裂变也是分两个阶段来进行的. 其中第一个阶段就是一个复合核的形成，这时能量将按照和热骚动相似的方式暂时储存在各个不同的自由度中；第二个阶段就是从这一能量的一个够大的部分到足以引起分裂的复合核形变势能的转变. 因此，由给定能量的中子来引起裂变的可能性，就依赖于这样一种非稳形变的临界能 E_f 和复合核的激发能的差值，而激发能则是由所加中子的结合能 W_n 来确定的. 我们的论文中的考虑导致了在表 1 中给出的这些量的估计值.

表 1　非稳形变的临界能 E_f 和所加中子的结合能 W_n 之差的估计值，以 MeV 计

复合核	E_f	W_n	E_f-W_n
$_{92}U^{235}$	5.0	5.4	−0.4
$_{92}U^{236}$	5.3	6.4	−1.1
$_{91}Pa^{232}$	5.5	5.4*	+0.1
$_{92}U^{239}$	5.9	5.2	+0.7
$_{90}Th^{233}$	6.9	5.2	+1.7
$_{90}Io^{231}$	6.5	5.3	+1.2

* 由于不幸的差错，这个量在文献 2 的表 III 中被印成 6.4 了. 然而很显然，$_{91}Pa^{232}$ 的情况不是可以和 $_{92}U^{236}$ 而是可以和 $_{92}U^{235}$ 的情况相对比的，在这种情况下，一个中子的被取走将从一种具有奇中子数的同位数引向一种具有偶中子数的同位素.

按照这个表，而且也和格罗斯、布茨、邓宁的观察相一致，我们恰恰将预料裂变在镤中比在钍中更容易发生，但是却不如在同位素 U^{235} 中那么容易发生，而按照理论，U^{235} 正是热中子在铀中造成的那种很大裂变产量的原因所在. 尽管 E_f-W_n 估计值的精确度是大大足以得出这种定性结论的，但是它却很难使我们能够排除由热中子引起镤的裂变的可能性；然而这样一种过程的产量无论如何是会比在铀中要小得多的. 镤裂变的中子能量阈的精确测定当然将是很重要的，而且，正如在我们论文的第 IV 节第 C 段(特别参阅图 6)中所讨论了的那样，这种测定也许可以最容易地通过比较由能量已明确规定的快中子在镤、铀和钍中引起的裂变产量来求得；关于在后二种元素中的产量，例如已在拉登堡、坎诺、巴尔夏耳和范·乌尔伊斯③的实验中被给出.

尼耳斯·玻尔
理论物理学研究所，哥本哈根，丹麦
约翰·A·惠勒
帕耳莫物理实验室，普林斯顿大学，普林斯顿，新泽西
1939 年 10 月 20 日

① A. v. Grosse, E. T. Booth and J. R. Dunning, Phys. Rev. **56**, 382(1939).
② N. Bohr and J. A. Wheeler, Phys. Rev. **56**, 426(1939).
③ R. Ladenburg, M. H. Kanner, H. H. Barschall and C. C. Van Voorhis, Phys. Rev. **56**, 168 (1939).

XLII. 原子核裂变的理论解释[1]

1939 年 11 月 3 日在丹麦皇家科学院所作的
演讲的未发表笔记

[原书载丹麦文原文和英译本,中译本据英译本.]

见本编《引言》第 5 节注⑱.

本稿是 1 页丹麦文的打字稿. 稿中的数字显然是在演讲中出示的幻灯片的编号.

此稿见缩微胶片 Bohr MSS no. 16.

在丹麦皇家科学院所作的演讲,1939年11月3日

[幻灯片号数]

	演讲的主题.
	新型的核反应.
	释放原子核能的新前景.
	利用理论想法作出的简单解释.
	核物理学史的回顾.
1.	卢瑟福的核嬗变发现.
2.	中子的发现.
3.	人为放射性的发现.
4-5.	中子轰击下的核嬗变(费米).
6.	中子俘获.
7.	通过液滴模型来作出的解释.
8.	每一次核嬗变中的两个阶段.
9.	费米对铀的探索(周期表).
	迈特纳、哈恩和斯特拉斯曼的探索.
	哈恩和斯特拉斯曼的发现.
10.	迈特纳和弗瑞什的考虑.
11.	裂变的直接观察(弗瑞什-约里奥).
	迈特纳和弗瑞什所提出的论文的内容概述.
	课题的进一步发展.
符号.	铀和钍的比较.
	铀同位素的行为.
12.	慢中子俘获中的波动力学佯谬.
	用天然同位素混合物来进行能量释放的困难.
13.	裂变临界能的计算.
14.	铀同位素和钍同位素的裂变能和中子结合能的比较.

镤裂变的晚近发现(邓宁).

15. 裂变产物的综述.

16. 延迟中子发射的解释.

今后发展的前景.

17 - 18. 本研究所的设备以及另一篇论文中对它们的描述.

XLⅢ. 原子核裂变的理论解释[2](摘要)

DEN TEORETISKE FORKLARING AF ATOMKERNERNES FISSION

Overs. Dan. Vidensk. Selsk. Virks.
Juni 1939—Maj 1940, p. 28

1939 年 11 月 3 日在丹麦皇家科学院的学术报告

摘　要

[原书载丹麦文原文和英译本. 中译本据英译本.]

见本编《引言》第 5 节注⑬⑦.

尼耳斯·玻尔提出了一篇关于核裂变之理论解释的研究报告.

报告说明了重核在中子轰击下的分裂可以怎样根据近年来发展起来的关于核反应的那些想法来简单地加以理解,以及这些想法如何使核过程之许多典型特色的说明成为可能.

411

XLIV. 原子核嬗变的晚近考察

NYERE UNDERSØGELSER OVER
ATOMKERNERNES OMDANNELSER

Fys. Tidsskr. **39**(1941)3—32

1939 年 12 月 6 日在哥本哈根的自然科学传播协会上和 1940 年 4 月 5 日在奥斯陆的挪威工程师学会上发表的演讲

[原书载丹麦文原文和英译本,中译本据英译本.]

见本编《引言》第 5 节注⑭.

这篇演讲词也刊载在挪威刊物 *Fra Fysikkens Verden* **3**(1941/1942)1—22 和 81—96 上,而在战后又刊载在瑞典刊物 *Kosmos* **24**(1946)24—57 上.

在挪威版本的一篇编者按语中提到,玻尔在奥斯陆的演讲标题是"原子能的利用问题";关于这篇演讲,E·K·布若赫曾在 *Teknisk Ukeblad*, no. 18, 1940 上作了初步的报道. 为了挪威读者们的方便,E·A·海勒喇斯给玻尔的论文写了一篇补充材料,"原子核的成分和嬗变". 为了这篇补充材料和那篇初步报道,玻尔都把在演讲中出示了的许多幻灯片中的一些交给了编者,请他们随便选用.

443

原子核嬗变的晚近考察[①]

虽然卢瑟福发现原子核是在不到30年以前出现的，而他证实人为核嬗变的可能性则距今还不到20年，但是在今天，这些嬗变的研究却成了物理学中的主要研究课题之一. 差不多每一年都会在这一领域中出现一些重要的进展，它们使我们对深藏的物理规律得以洞察，并为今后的进步铺平了道路. 我不能在这里详细论述核物理学在自然科学的一些最不相同的分支中已经有了什么重要意义，以及它已经展示了什么前景. 然而我却将力图指明，许多常常是出人意料的关于核嬗变的结果，可以怎样借助于一些十分简单的观点来加以说明. 特别说来，我们将看到这些观点可以怎样用来解释一些最重的核的裂变，而这种裂变的发现在近几年来吸引了那么多的注意[②].

1. 原子核的结构

为了显示原子核问题的独特品格，我首先将重提一下原子结构的主要特色，以供比较；关于原子结构的理解，曾经给我们在上一世代中对物质之正常物理性质和正常化学性质得出的完满解释奠定了基础. 表征着我们关于原子结构的想法的那一巨大简单性，主要来自于这样一个事实：原子中各个体粒子之间的距离，大得足以使我们能够在很好的近似下把核和电子都看成点电荷，而它们之间的相互作用力就是普通带电体之间的那同一种力. 在这方面，通常的力学定律完全不适宜用来说明原子中各电子的束缚情况，这一点是无所谓的；之所以不适用，是因为原子的微小体积表明我们所处理的不是像通常的力学体系中一样大得使普适作用量子成为可以忽略的那种作用量. 电子可以在一种稳定的方式下

444

---

① 综述文章，根据1939年12月6日在自然科学传播协会上发表的演讲写成.

② 此处用到的关于核反应机制的观点，最初是在 Nature **137**(1936)344 上的一篇文章中提出的(并参阅 Fys. Tidsskr. 1936, p. 186)，而且在 F·卡耳卡尔和作者合写的发表在 Mat.-Fys. Medd. Dan. Vidensk. Selsk. **14**, no. 10(1937)上的一篇文章中得到了进一步的发展. 最重核的裂变理论，在J·A·惠勒和作者合写的发表在 Phys. Rev. **56**(1939)426 上的文章中进行了充分的处理. 我们也可以指出，近来J·K·伯吉耳德、K·J·布若斯特罗和T·劳瑞特森已经在 Mat.-Fys. Medd. Dan. Vidensk. Selsk. **18** no. 4(1940)上发表并充分讨论了铀裂变中发射的碎片的径迹的云室图片，此处只引用了其中的一张图片.

被束缚在远远大于核本身线度的距离处，这一事实只有当把量子概念引入于原子物理学中以后才能被理解. 然而，当我们考虑核本身的结构问题以及它的反应问题时，条件就完全不同了. 在原子核中，我们不仅遇到的是一些粒子的异常紧密的堆积，粒子之间的相互作用在我们的日常物理经验中并无类例，而且我们甚至不可能同样简单地谈论核的组成，就像利用核和电子来谈论原子的成分那样.

由质谱实验得到的结论是，如果用一个和氢原子的质量很接近的质量作为单位，则每一个原子的质量都可以写成一个整数；这一结论在很早的时候就引起了一种看法，即氢核，所谓质子，必然是一切核的一种不可缺少的组成. 既然更重的核的荷质比小于质子的荷质比，人们在起初就假设核也含有一些电子；确实，这种假设也由于一个事实而显得很有道理，其事实就是，天然放射性物质的核既可以发射较重的粒子(α 射线)也可以发射电子(β 射线). 然而，按照量子力学，却不能假设像电子这样轻的粒子会被束缚在像核那样小的一个空间域中，因此我们就不得不作出结论说，放射性物质所发射的电子是只有在发射过程本身中才被产生出来的. 这一局势，当发现了一个情况时就显得特别清楚了. 那情况就是，核反应不但可以导致像天然放射性物质一样发射负电子的放射性同位素，而且可以导致发射正电子的同位素，而由于它们的本性，正电子是绝不能和负电子同时被发现而并不互相结合并通过电磁辐射的发射而发生蜕变的. 在一次放射性跃迁中是发射正电子还是发射负电子，只取决于所涉及的核的荷质比. 针对一个给定的质量，通常只在电荷可能值的一个很小的范围内才能有稳定的核，而一旦电荷对质量来说变得太大或太小，核就会显示一种通过发射正电子或负电子来减小或增大其电荷的趋势.

然而，在我们关于核结构的想法中，决定性的一步却首先是来自这样一个发现：某些核反应可以释放一种粒子，它的质量和质子的质量接近相同，但是它却没有电荷，因此被命名为中子. 可以立即看出，通过把各个核都看成是只由中子和质子所构成的，我们就能够说明所有的核的质量数和电荷数. 另外，在量子力学表述形式的一种自洽的扩充中，已经证明可以把中子和质子看成同一种基本粒子的电性上的不同态，这种粒子近来已经开始被称为核子. 于是，按照这种看法，电子从放射性物质中的发射，就是和核子的态的改变相联系着的. 但是，如果要进一步考虑这些基本问题，以及在这里开辟了的那些更进一步扩充量子理论之基础的新前景，那就会使我们离题太远了. 就我们的目的来看，我们甚至不必详细论述近几年来在核粒子间相互作用的量子力学处理方面取得的巨大进步. 只要提到这种进步为一个早已知道的事实提供了一种解释也就够了，那事实就是，除了最轻的核以外，所有的核都具有惊人相近的质量密度和电荷密度. 尽管核物质的密度和普通物质的密度相比是高得惊人的，但是核的聚集态却在许多

445

方面使我们想起普通物质的液态,正如我们即将看到的那样.

2. 核反应的进程

整个原子和核的内禀密度之间的巨大差别,特别显示在两种方式的根本对照中,那就是整个原子对一个快粒子发生反应的方式和粒子透入核本身中的那种碰撞的进行方式. 确实,在形成有关原子结构的信息的主要来源的那些碰撞中,粒子通常是自由地通过原子的开阔结构的,它只有在很偶然的情况下才会和一个原子粒子接近到足够近的程度而在它的运动方面经历一个很大的改变,结果被击中的粒子就会从原子中放出. 与此相反,在核的内部那些紧密堆积的粒子之间作用着的强大的力,却有这样一种效应: 和核本身相碰撞的一个粒子通常并不能穿透它. 我们即将看到,由于核粒子之间以及它们和入射粒子之间的强相互作用,入射粒子通常将和靶核结合起来而形成一个寿命较长的新核. 因此,碰撞的最后结果就将取决于这一新核所能经历的那些反应;它们和新核的形成方式无关,而只依赖于新核的成分和能级. 这一局势,在中子被发现以后得到了特别的演证,因为中子很快就被证实为引起核反应的一种很有效的手段. 在此以前,人们在这种研究中不得不使用带电的粒子,例如由镭放出的 α 粒子或人为加速的质子. 然而,在那种情况下,强斥力将使粒子很难到达核上,从而在中子对核的轰击事例中局势就是明朗得多的,这时没有阻滞和核发生接触的任何电力.

446

对于我们关于核反应进程的想法的发展来说,一种观察结果是特别有决定意义的,那就是,一个中子和一个较重核的碰撞,有一个颇大的几率导致核对中子的简单俘获,结果就形成一个通常将有放射性的新核. 作为这种事情的一个例子,我们将考虑一个碘核对中子的俘获,这个过程可以用下列公式来表示:

$$^{127}_{53}\mathrm{I}+^{1}_{0}\mathrm{n}\longrightarrow ^{128}_{53}\mathrm{I}^{*}, \tag{I}$$

式中 I 是碘的普通化学符号,而 n 代表中子. 标在每一个符号上的上下角码,是相应粒子的质量数和电荷数. 既然只存在一种稳定的碘同位素,出现在这儿的第一个碘核的上角码也就是碘的化学原子量,而下角码则给出碘在元素周期系中的序数. 在这一过程中被产生出来的碘同位素是不稳定的,用附加的一个星号来标明,而且,既然它比稳定同位素要重,它的衰变过程就将按下式进行:

$$^{128}_{53}\mathrm{I}^{*}\longrightarrow ^{128}_{54}\mathrm{Xe}+^{0}_{-1}\mathrm{e}. \tag{II}$$

此式右端的第一个符号表示氙的许多稳定同位素中的一种;第二个符号表示一个电子,它带有一个单位的负电荷,而它的质量远小于中子或质子的质量,以致在此处所用的近似下可以看成零. 既然公式(II)所代表的放射性衰变是按照大约为半小时的半衰期来进行的，而俘获过程(I)则是在一秒的一个很小的分数中发生的，这两种过程当然就可以看成是彼此独立的，而特别说来能量守恒的问题也可以针对其中每一个过程来单独研究.

在以前所研究的那种碰撞中，相互作用的结果永远是两个新核的产生，而反应中的多余能量则直接表现为新核飞走时的动能，但是在以上所讨论的这种俘获过程中，我们却在能量关系方面发现了一种特殊的局势，因为这里没有别的物质性粒子可以取得多余的能量. 因此，为了阻止入射的中子或另一个中子从新形成的核中逸出，这个核必须很快地以电磁辐射的形式失去它的多余能量，而这也是可以在各种俘获过程中直接观察到的. 然而，根据核的线度和总电荷很容易算出从核中发射出一个辐射量子所需要的平均时间的下限，而这时就发现，尽管这段时间只有一秒的很小一个分数，但是比起中子以适当的速度通过一个具有核线度数量级的距离所用的时间来，这段时间还是非常长的. 因此就很明显，整个的多余能量必须很快地在核中所有的粒子中间适当地分布开来，以便在随后的一段时间内任何粒子都没有足够的能量可以挣脱其他粒子的束缚而离开核. 然后，如果在这段时间内没有辐射的能量损失，多余能量在这些粒子之间的分布中的偶然涨落也还可能使核表面上的一个粒子获得足以离开的能量. 通常这需要一段较长的时间，而正是由于这种原因，能量才有一个可观的几率以辐射的形式被放出，其结果就是所有的粒子都一直被束缚在通过碰撞而形成的新核中.

447

就这样，关于重核对中子的俘获的研究所提供给我们的对核反应机制的洞察，就被证实为在解释作为一切核反应之特征的许多特色方面是很有成果的. 按照这种看法，当两个核互撞时，一旦发生了接触而粒子之间的强相互作用开始起作用，两个核就会结合成一个新核，其寿命通常是远远长于两个核自由地互相掠过时所需的时间的. 因此，正如在中子俘获的事例中一样，碰撞的最后结果就可以说依赖于新形成的核在既有的能量下所能经历的一切蜕变过程和辐射过程之间的自由竞争. 这些想法不但为各个核在碰撞中互相反应的那种非凡容易性提供了一种直截了当的解释，为在反应机制中观察到的巨大多样性提供了一种直截了当的解释，而且也开辟了使用物理学其他领域中的习见想法来在确定不同核反应之相对频次的条件方面得到更深入洞察的可能性. 最首要的是，和热力学的类比曾被证实为在解释高度受激核的一些重要性质方面是富有成果的，那些核是作为核反应中的中间产物而出现的.

448

3. 受激核的"温度"

能量在由两个核的碰撞所形成的新核中按各个粒子的分布，立即使我们想起热能在一个固体或液体中按各个分子的分布，而这就很自然地把我们引到了中子或辐射从一个受激核的发射和普通物质的蒸发或热辐射之间的一种类比.当然，和核过程有关的结合能及辐射量子，是比从一个液体中取走一个分子时所需要的能量或包含在正常条件下由一个黑体所发射的辐射中的量子大许多倍的，但是在另一方面，当一个核在一次碰撞中产生时，所涉及的温度却比我们在通常情况下遇到的温度高得多.在通常单位下，出现在核碰撞中的温度高达十亿度，从而甚至比太阳内部的温度都要高一千倍左右.确实，正如近年来已经认识到的那样，太阳的巨大热发射起源于一些核反应，在那些反应中质子被转变成氦核并发射正电子.然而，对于这些过程，却要求一些特殊的条件，而为了理解最重元素的起源，我们必须设想在某些时候空间中确实有些地方的温度达到上面提到的那种惊人的高度.在那样的温度下，普通的物质当然是不能存在的，而且我们确实也知道，在太阳中，原子本身是怎样已经分裂成它们的组成部分的.然而，我们立刻就会看到，按通常标准看来是很巨大的核物质密度却有这样一种后果：从适当的角度看来，在反应中涉及的那些核并不能比拟为很热的物体，而却必须比拟为处于我们在实验室中所能得出的最低温度下的物体.

为了领会这一点，我们必须更仔细地看看应该比拟为热能的那种核能的量值，以及核能在它们之间分布着的那些内在核运动的本性.我们所涉及的能最，部分地来自发生碰撞的核的动能，而部分地来自核在互相结合时释放的结合能.这种结合能对不同的核来说可以相差颇大，但是由于在讨论核的 β 放射性时已经提到的稳定核的那种电荷和质量之间的均衡性，每一个核中的中子结合能和质子结合能是大体相等的.大致说来，这一结合能将随核子数的增大而持续减小，对较轻的核约为 8 兆电子伏特，而对最重的核约为 6 兆电子伏特；正如符号所提示的那样，所谓一电子伏特(eV)是指一个电子在通过 1 伏特的电势差时所得到或损失的能量.为了比较，我们可以提到，从一个原子中取走一个束缚得最松的电子时所需要的能量约为 10 eV，而从最重的原子中取走一个束缚得最紧的电子时所需要的能量则约为 100,000 eV.在初级近似下，电子是互相独立地在核周围的力场中运动的，从而人们可以谈到原子中每一个电子的一个有着明确规定的量子数的束缚态；但是核中的情况却十分不同，在那里，粒子间的强相互作用排除了区分个体核子的态的任何可能性.在原子中，任何可能的能量增量都对应于一个或是少数几个电子的态的改变；与此相反，一个核的能量却将分布在一些振动上，而所有的核子都是参加这种振动的.

449

一个能量较高的核的内部运动，是由核物质的内聚力来支配的，而尽管这些内聚力和普通物质的内聚力相比是非常大的，但是我们却还是可以像在一个液滴的事例中一样谈到一个表面张力，它确定着核的形状和可能的运动.于是，核的振动就恰好对应于一个液滴在表面张力作用下在球形附近发生的振动，只不过核振动的周期即使和原子中电子的轨道周期相比也将是很小的，因为内聚力很强而核的体积很小. 因此，对应于振动并和振动周期成反比的能量子就将很大，而对于中等重量的核来说，甚至最小的量子也将达到大约 1 兆电子伏特(MeV). 因此，能量含量为几兆电子伏特的一个核将具有明确区分的能级，就像具有相应的较低能量的一个原子那样. 然而，随着能量的增大，核的能级间距将比原子的能级间距减小得快得多. 由于强烈耦合的核振动的组合数的迅速增加，各能级将很快地变得更加互相靠拢，而对于数量级为一个中子的结合能的那种能量来说，较重核的能级间距将只有几电子伏特. 能量一经超过中子结合能，能级宽度就将进一步增大，结果，当热能[指每自由度的平均动能而言——汉译者]只超过结合能约 1 MeV 时，能级就会完全地交混起来. 一个连续能量区域在这一界限上方的出现，也恰好是两个相碰的核永远能够合二为一的条件，只要新形成的核的热能变得够大就行了.

如果我们现在回到应该指定给碰撞中形成的受激新核的温度问题上去，我们就要用到一些论点，其种类和在发现作用量子以后的最初几年内把我们引导到一种解释的那些论点相同，而那就是普通物质的热容量随温度而变的那种以前无法理解的变化方式的解释. 正如我们当时得知的那样，在可以用来组成物体的内部运动的那些个体的振动中，热能将按照各振动来均匀分配，只要各该振动中最快的振动的能量子也远小于按照简单的分子运动论将平均分配在每一个振动上的那个和温度成正比的能量. 一旦情况不是这样了，平均说来，其量子大于这一能量的一切振动就将分到小得多的能量，而在作为每一物质之特征的某一温度以下，物体的比热就将不是恒量而是随着温度的降低而减低，并在绝对零度处完全地变为零. 对于大约含有 100 个核子的中等重量的核来说，按照经典力学的想法，能量将均匀地分配给大约 300 种振动，而当总能量大约为 10 MeV 时，每一种振动平均将只分到大约 30,000 eV. 然而，既然对应于核振动的所有量子都是很大的，那就根本谈不到能量的这种均匀分配，而却是像在适用于甚低温度下的普通物体的那种情况下一样，核的热能将几乎只由少数几种最慢的振动来承载.

450

按照物体温度的通常定义，温度的量值是由和物体处于平衡的一种气体中的分子平均动能来确定的. 从现在起，这一能量将被称为"温度能量"；当温度为 10,000 度时，这一能量约为 1 eV. 按照和比热在低温下随温度而变的那种众所周知的理论密切相似的一种计算，可以在约为 1 MeV 的温度能量下求得中等重量的核的一个 10 MeV 的热能. 随着能量含量的增加，核温度将只是比较缓慢地上升，因为能量将分配给数日持续增大的一些振动，从而即使在 100 MeV 的能量含量下，核的温度也将只有几兆电子伏特. 因此，正如已经提到的那样，尽管在通常单位下核温度的量值是很大的，核的热学性质却对应于普通物体在很低温度下的性质，其温度之低事实上将使一切物质早就凝固了. 然而，近几年来我们却在冷凝的氦那里找到了和核物质的一种在许多方面甚为类似的情况，而氦即使在所能得到的最低温度下也是保持其液态性质的.

451

4. 核的"蒸发"和"热辐射"

当我们进而细致地考虑已经提到的核对粒子及电磁辐射的发射和普通物体的蒸发及热辐射之间的那种类比时，把从热力学搬来的概念引用到高能量核的性质的描述中来的好处就变得特别清楚了. 在粒子发射的事例中，这一类比的背景是由下述事实来提供的：要克服附近粒子的吸引力，就要求一个比粒子的平均动能大得多的分离能量，从而就正如液体的蒸发一样要求能量在一个表面粒子上的偶然集中. 至于从核发出辐射的情况，和普通物体发出热辐射的情况的相似性就简单地存在于这一事实中：两种情况都涉及量子形式下的辐射，而其每一个量子都远小于总的能量含量.

在关于汞滴蒸发的美好实验中，可以找到和来自受激核的中子发射的一种发人深思的类比；这种实验是马丁·努德森教授在 25 年前联系到他的关于气体在低压下的性质的基本研究而做成的. 如所周知，努德森教授在这种实验中证明了，在一段给定的时间内从清洁汞表面的一个面积元上离去的分子数，恰好等于在同一时间内从一个含有同温度下的饱和汞蒸气的容器通过一个大小和该面积元相等的开口而流入真空中的分子数，只要面积元的线度远小于充气空间中的分子平均自由程就行. 既然一种液体当和它的饱和蒸气处于平衡时平均说来必然在给定的时间内通过蒸发而失去和它从蒸气俘获的分子数目相同的分子，努德森教授于是就可以根据观察结果得出下述的重要结论：不存在蒸气分子在清洁汞表面上的反射，而是相反，每一个打中表面的分子立即会被液态所取得，并只有通过后来的一次基元蒸发过程才能从液体中逸出，而这种蒸发过程是独立于初始的碰撞的. 正如我们已经看到的那样，我们在中子和较重核的碰撞中也遇到一种十分相似的局势，从而利用适用于汞滴的最大蒸发速率和蒸气密度之间的简单关系，就可以算出一个中子在给定时间内从一个受激核中逸出的几率. 在我们的实验可能性范围内，当然根本谈不到在受激核和一种中子氛围之间实现平衡的问题，但是，利用众所周知的原理，却还是可以针对任何给定的核温度并利用核物质密度和分离能量来计算这样一个中子氛围所将具有的密度.

452

尽管中子逸出和蒸发过程之间的类比可以推行到很远的地步，但是上述这样的简单论证的正确性却还是有一个限度的. 尽管在核碰撞中产生出来的新核的能量含量是比较大的，许多核反应中的中子结合能却将是和核的热能同数量级的，而在那种情况下，中子逸出后的剩余核的温度就将比原有核的温度低得多. 另一方面，甚至对于很小的液滴来说，当然也谈不到温度在一次基元蒸发动作中发生变化的问题，因为和一个分子的结合能相比，液滴的总热能实际上可以看成无限大. 对于在和动能为几兆电子伏特的中子碰撞时产生出来的核来说，还存在另一个事实：剩余核的能量，位于能级明确分离的那种区域中. 因此，在这样的事例中，必须应用更严格的统计论证来求得确切的描述；事实上，我们即将看到，和最慢中子的碰撞甚至要求使用典型量子力学的方法.

然而，核的能量越高，简单的热力学类比就越加精确地成立，而对于高得使若干个核粒子的发射成为可能的那种能量来说，和液滴蒸发的相似性就变得特别明显了. 例如已经发现，一个重核和动能超过 10 MeV 的中子的一次碰撞，常常不是导致中子的俘获，而却导致不是一个而是几个中子从核中的离开. 既然这些离开大概可以看成一系列相继的独立发射过程，在这些过程中逐个逸出的每一个中子就将像从液滴蒸发出来的分子那样具有一个平均说来和适用于核的温度下的气体分子动能相对应的动能. 因此，甚至在动能为 100 MeV 的一个中子和一个核碰撞以后，所发射的每一个中子的能量也将只有几兆电子伏特，从而在这种情况下我们必须预期有许多粒子一个接一个地离核而去. 453

关于核的这种逐步蒸发的一些特别有趣的例子，近年来已经在一些照相底片上被发现；那些底片上涂有特制的厚层乳胶，并在很高的海拔处受到了宇宙射线的照射. 图 1 所示的是经过高倍数放大的一张由布劳和瓦姆巴赫尔拍摄的照片. 由图可见，人们在这种条件下观察到一些核反应，在各核反应中，有几条直线径迹从一点呈星状射出. 这些径迹可以认为是由质子引起的，而通过沿着径迹计数乳胶中被显影的颗粒，人们发现质子的动能平均说来是几兆电子伏特. 然而，必须假设从蒸发着的核中也会放出许多中子，而它们当然是不会在照相底片上留下任何径迹的.

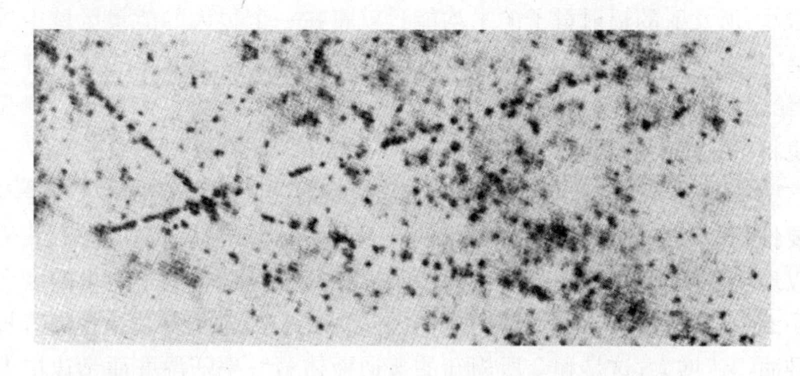

图 1

和液滴蒸发进行的对比也被证实为在理解受激核对带电粒子的发射的许多特色方面很有成果. 然而,在带电粒子的事例中,却有一些情况是必须考虑在内的. 首先,按照量子力学,即使粒子被发射出来时的能量是小于按照普通力学想法当反抗着斥力把它带回到核中时所要求的能量的,也还存在这样一个粒子从核中逸出的某一几率. α 射线从天然放射性物质中被发射,正是起因于这一事实. 然而放射性核在它们的正常态中的平均寿命却是远远大于那些互相竞争的发射过程和辐射过程的时间标准的,而那些过程就确定着在碰撞中被产生的高度受激核的反应进程. 如果 α 粒子或质子之类带电粒子的发射应该在竞争中有一定的地位,那么,正如在中子的事例中一样,就必须存在一种和蒸发相对应的粒子从核表面的发射. 不过在带电粒子的情况下却有这样一点不同: 在借助于热能而离开核以后,粒子随即将被电斥力所加速而最后得到一个动能,而这个动能往往可以比和核温度相对应的分子能量要大得多. 既然正如前面提过的那样,把一个质子带到离核很远处时所需要的能量和中子的结合能大致相同,那么在这种情况下,和蒸发热相对应的带电粒子的分离能就将比中子的分离能大得多. 这就可以解释一个情况,即在较轻核中往往可以占优势的质子和 α 射线的发射,当人们过渡到较重的核时就会逐渐地相对于中子发射而有所减弱.

454　当对所有的特殊情况给予了必要的注意时,热力学类比也就可以很有教育意义地用来阐明确定着电磁辐射从高度受激核的发射时的那些条件. 正如已经指出的那样,我们在这儿遇到的是和普通物体的热辐射非常类似的一种情况,其根据就是这样一个事实: 在核和核碰撞时产生出来的新核的能量,是按核物质的一些振动而进行分布的,各该振动的对应量子都远小于整个核的能量含量. 因此,从这种核发出的辐射就将含有一些量子,它们的能量平均说来将和另一些量子的能量大体相同,而后者就是热辐射在所考虑的温度下按照普朗克理论所应含有的那些量子. 既然如上所述,即使当核的能量含量显著增大时核的温度也将变化较小,所发射的辐射量子的平均能量就将在一个很大的能量区域中具有相同的、约为 1 MeV 的数量级. 和物体的热辐射强度依赖于温度的那种方式相对应,在给定时间内从高度受激核发出的辐射量子的数目,即使当能量含量显著增大时也将只有较小的变化.

这些情况对于决定粒子逸出和电磁辐射发射之间的竞争结果来说是有最大的重要性的,而核碰撞的结果正是取决于这种竞争结果的. 特别说来,我们立刻就可以理解,中子和重核的碰撞中的中子俘获几率是随着中子能量的增大而迅速减小的. 事实上,中子在给定时间内从新形成的核中逸出的几率将随着核温度的上升而迅速增大;这是和众所周知的普通液体蒸发率随温度而迅速增大的情况相对应的. 另一方面,辐射量子在同一时间内从核中发出的几率却增加得要慢得多,这是和热辐射对温度的较弱依赖性相似的.这样就可以解释,较重核中的中子俘获几率为什么在低于 1 MeV 的中子能量下会很大,而当中子能量一旦达到几兆电子伏特时却又会很小.核温度在恒定的激发能下将随核子数的增大而减小这一事实,就可以进一步解释另一事实,那就是,在相同的能量下,中子俘获几率在和较重核的碰撞中要比在和较轻核的碰撞中大得多.

5. 选择性的核反应

核的行为随核子数而变化的那种大体上比较平滑的方式,起源于这样一个事实:碰撞中产生的热能,最常见的是位于连续能量区域中的.一旦情况不再如此,我们就会遇到典型的选择性的行为,因为反应所必需的核和粒子的直接合并,只有当入射粒子具有一个恰好和中间产物的某一分立能级相对应的能量时才会发生.因此,对于变化的粒子能量来说,产量就将显示一系列尖锐的极峰,其位置甚至在具有接近相同的质量数和电荷数的一些核那儿也可以是十分不同的.这样的选择反应在较轻的核中特别常见;在这种核中,连续能谱的起点往往可以比当入射粒子和核合二为一时释放出的结合能高出若干兆电子伏特.从前人们相信,各个核粒子是近似彼此独立地运动的,就像原子中的电子那样,从而人们就假设,反应中的这些极峰是对应于撞击粒子可以被束缚在核的内力场中的那些不同方式的.然而,选择性核反应的更新的研究却事实上已经证明,这些反应是完全独立于中间态所由形成的那一碰撞过程的.例如曾经发现,由不同粒子和不同核的碰撞所引发的反应可以具有完全相同的极峰,只要中间核具有相同的电荷和相同的质量数就行了.

455

虽然我们在中子和重核的碰撞中通常会看到产量随中子能量的平滑变化,但是当中子能量只有几电子伏特时我们却会遇到典型的选择现象,关于“慢”中子和核的反应的信息,在许多方面是很有教益的;这种信息特别归功于费米,他首次证实了,由核反应得来的“快”中子怎样在通过水或石蜡之类的含氢物质时会通过和质子的碰撞而逐渐损失能量,直到它们的速率降低到氢原子在常温下的速率时为止.特别说来人们发现,有着这种“热”速度的中子具有特别大的被某些重核所俘获而形成一种新的放射性同位素的几率,而另外一些有着接近相同的核子数的核却并不显示任何特殊的俘获趋势.这种俘获的条件是,新产生的核的一个能级应该恰好位于紧接在中子结合能上方的宽度大约只有 1/10 eV 的那个很窄的能量区域中;至于这种情况可以出现在其数目不可忽视的一些核中,则实在是由于下述这一事实:这种核的平均能级间距在所考虑的区域中只有几电子伏特.另一方面,一旦我们遇到这样的巧合,它就给我们提供了一种特别有利于中子俘获的局势.例如,关于各种元素对慢中子的吸收的实验已经证明,在某

456

些物质中，被核所俘获的中子数甚至可以比我们根据简单力学概念所能预期的中子和核之间的碰撞数大许多千倍.

这种初看起来非常令人吃惊的现象之所以发生，是因为只有当中子运动的德布罗意波长小于核的线度或最多是和它同数量级时，普通的力学图景才是对碰撞的描述能够应用的. 对于动能约为 1 MeV 的中子，这一点仍能成立，而动能不到一电子伏特的热中子的波长却比核直径大了一千多倍. 因此，在这样的情况下，就完全不可能对一个核附近的中子应用通常力学意义下的轨道概念了. 相反地，中子进入核中的几率将是一种典型的量子力学共振，而如所周知，对于这种共振来说，起决定作用的只是特征振动的频率和阻尼，而不是共振子的外部尺寸.

完全抛开我们在此遇到的这些特殊的量子力学问题不谈，重核对慢中子的俘获也给我们提供了一个极端事例，即辐射从中间态中的发射比粒子的逸出更加可几得多的事例. 随着能量的增大，互相竞争的过程之间的对比将迅速地变动，而当中间态的能量只比中子结合能高出大约 1 MeV 时，辐射的几率就甚至在重核中也比中子发射的几率小得多了. 在较轻核的反应中，辐射的作用几乎总是可以忽略的，因此剩下来的唯一问题就只是不同粒子从中间态中的发射之间的竞争了. 然而，辐射在那里起重要作用的一个有趣的特例就是人工加速质子对某些轻核的轰击. 曾经能够用能量颇低于 1 MeV 的质子来获得核反应，这是由于有已经提到过的一个事实：按照量子力学，存在某一个尽管常常是很小的几率，使得一个带电粒子可以进入核内，即使当按照普通的力学概念来看电斥力将阻止粒子到达核表面时也是如此. 既然这时质子再从新形成的核中逸出的几率也是很小的，那么辐射也就会在这种特例中崭露头角了；在这种特例中，不论带不带电，没有任何别的粒子具有从中间核中逸出的多大可能，结果就是质子在碰撞中被俘获. 此外，既然此处的中间态中的能级间距比在中子对重核的轰击事例中的能级间距要大得多，人们在一些轻核中就在只有几十万电子伏特的质子能量下得到了显著的选择俘获过程.

457

6. 重核的裂变

近几年来，对中子轰击下的核反应进行了许多的研究，而通过这些研究，我们已经认识了几乎所有元素的许多新的放射性同位素. 和以上的考虑相一致，这些反应就是较重的核俘获一个中子或放出一个中子，全看在轰击中使用的是慢中子或快中子而定. 然而，对于最重的元素铀和钍来说，实验却给出了更复杂的结果，而这些结果的诠释带来了极大的困难，直到哈恩和斯特拉斯曼在 1939 年的年初证明了我们在这里遇到的是一种完全新型的核反应时为止；在这种新型的反应中,重核分裂成两个大小接近相等的碎片,它们相应地具有较低的质量数和电荷数.既然对稳定的核来说,较重核的质量和电荷之比远大于较轻核的质量和电荷之比,由分裂得来的那些新核就是高度不稳定的,从而它们随后就将经历一系列发射电子的放射性转变.这恰恰就是这种起初使人那么困惑的现象之所以是五花八门的原因所在.

重核的分裂释放一些能量,它比以前研究的那些核反应所释放的能量要大得多.很快地就通过所放各核的电离本领和穿透本领的直接测量而证实了,每一个这种碎片的动能大约高达 100 MeV.这样的测量是几乎同时在许多不同的实验室中进行的;在那些实验室中,新发现到处都引发了极大的兴趣.第一个实验是由弗瑞什完成的,当时他正在哥本哈根大学的理论物理学研究所中工作.如所周知,在这里,正如在别的地方一样,终于证实了拍摄在铀的裂变中被放出的那些原子的径迹的威耳孙云室照片是可能的.图 2 所示就是最近在本研究所中拍摄的一张照片.将受到中子轰击的铀被制成薄层放在一片铝箔上,铝箔蒙在充氦云室中的一个支架上,在图片的中部可以看到那个支架.图中到处可见的直线短径迹代表中子和氦核之间的碰撞,而两条很强的电离径迹却起源于铀裂变,这时有两个核是以很大的能量而沿着相反的方向被发射出来的.这些径迹很清楚地显示出一些分支,它们起源于和氦核的碰撞,而它们的频繁出现则恰恰是各碎片的高电荷的结果.然而我们不在这儿继续讨论这些细节了;它们的研究曾经在重而高度带电的粒子在物质中的阻止和散射方面提供了有趣的新信息.我们将立即转而讨论可以怎样根据以上发展起来的那些普遍的观点来解释裂变过程本身.

458

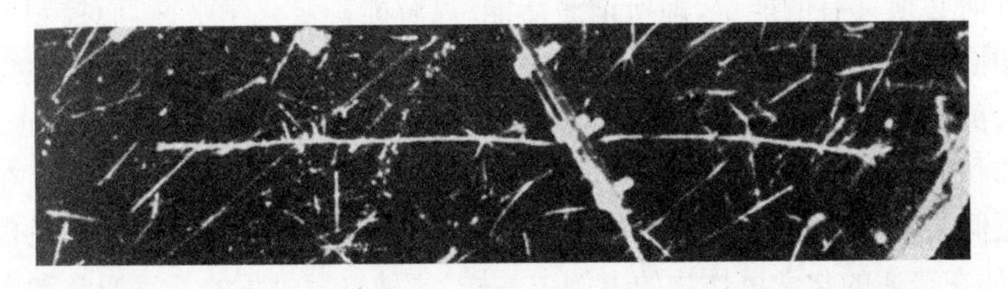

图 2

正如在由中子轰击所引起的通常的核反应中一样,我们必须假设所讨论的过程是按照下述方式进行的:中子起初附着在被击中的核上,于是碰撞的最后结果就取决于可以发生在如此形成的那个核中的各个独立的辐射过程和蜕变过程之间的竞争.唯一的不同就是,在这儿,我们不但应该把中子的发射,而且应该把将整个核分成大小接近相等的两个部分的那种分裂也包括在蜕变过程之内.我们已经讨论过,中子发射要求热能在一个表面粒子上的一次集中,正如在液滴蒸发的事例中一样.另一方面,裂变却要求整个核的一种足够大的形变,以致表面张力不再能够强迫它回复到球形,于是核就分裂成两个较小的核,这就对应于一个液滴分成两个小液滴.对于较轻的核来说,这样一种形变所要求的能量将比中子结合能大得多,而只有对于最重的核来说,这两个能量才会具有相同的数量级.确实,在这种事例中,正如弗瑞什和迈特纳所首次强调的那样,核的很大电荷所引起的很强的电斥力就在很大程度上抵消表面张力的影响,并从而大大减小临界形变所需要的能量.

初看起来也许显得很难理解的是,由碰撞而形成的那个核的能量怎么会按照导致核的非稳定形状的形变所要求的那样特殊的方式来进行转变.然而我们必须考虑到,不论是在中子发射还是在裂变的事例中,我们处理的都是热能按各种运动模式的分布中的一些纯偶然的涨落;这些涨落全都是可能性极小的,从而只有当核的能量没有任何更方便的出路时,这些涨落才会在竞争中显示出来.我们即将看到,和较轻核的情况相似,人们发现许多最重核和慢中子的碰撞也只能导致俘获,因为辐射几率大大超过了任何形式的蜕变的几率.然而,随着核激发能的增大,蜕变几率将比辐射几率增大得更快,而在和动能约为 1 MeV 的中子的碰撞中就可能已经变得比辐射几率大得多了.

459

密切地联系到我们针对中子发射已经用过的那些论点,一个受激核在一段给定的时间内发生裂变的几率也可以借助于众所周知的热力学定律和统计定律来加以确定.我们在这儿涉及的不是和液滴蒸发的类比,而是和化合物离解的类比.如所周知,对于这样的一次离解,我们一般必须清楚地区分两个能量:一个是分子在分裂时失去或得到的总能量,即所谓离解能,而另一个则是分子为了开始离解而必须具有的能量,即所谓激活能.离解能确定化学平衡,而控制反应速率的却恰恰是激活能.在核裂变的事例中,最重的核的离解能具有约为200 MeV的巨大负值,而和核的临界形变所要求的最小能量相对应的激活能则是正的,而且对铀和钍来说是比 10 MeV 小很多的.严格说来,按照量子力学,还存在一个核在更低能量下也能发生裂变的某一几率,甚至对处于正常态的核来说也是如此.正如在普通的化学爆炸物的事例中一样,这种自发过程的几率通常和由核的临界形变所引起的几率相比是极其微小的,而这种临界形变就和引爆相对应.一旦核的激发能超过了这样一个形变所要求的能量,单位时间内的裂变几率就将随着能量含量而很快地增大,而且将按照一种和单分子化学反应之温度依赖关系严格对应的方式而依赖于核的温度.

7. 核裂变的详细机制

根据以上这些考虑,我们必须预期,确定着一个中子和一个重核之碰撞进程的辐射过程和蜕变过程之间的那种竞争，应该按照一种简单的方式而依赖于中子结合能和临界形变能之差. 因此，蒸发率和裂变率的等同温度变化方式，就可以解释这样一种观察结果：对于既高于中子结合能又高于裂变临界能的能量来说，中子发射几率和裂变几率之比保持恒定，而只依赖于这两个能量之差. 然而我们即将看到，对于较低的激发能，我们却会得到一种根本不同的变化情况，随中子结合能是大于还是小于裂变的临界能而定. 460

为了得到对这一局势的一种更清楚的看法，我们首先稍微仔细一些地考虑中子和重核之间的碰撞所能遵循的各种互相竞争的模式. 为此目的，图 3 提供了过程的不同阶段的大意表示. 图的上部，作为阶段 A 表示了恰恰在碰撞以前的局势. 带有箭头的小圈代表入射的慢中子或快中子，而较大的圆则代表重核；在碰撞以前，重核当然是处于它的基态中的，这一点用圆是空白的来表示. 阶段 B 表示寿命较长的中间态；这时核已经吸收中子，而新形成的核还没有放出它的任何能量. 核的高激发态既用边线的不规则形状又用圈内的阴影来表示. 影线密度的不同是要提醒我们想到，热能不是均匀分布的而是在核的不同部分经历着连续的涨落的. 最后，阶段 C 表明过程的最后阶段可以如何按照三种不同的方式来进行；它们的相对几率将依赖于中间核的激发能的量值，而该量值又将依赖于入射中子的动能. 461

最左方的竖行 I 代表中子终于被俘获的过程. 从上往下看，我们看到核的能量如何在这一情况下通过若干个辐射量子的发射而逐步减小，直到新核最后被留在它的基态中时为止. 空圆中的星号提醒我们，这个核一般是放射性的，从而将在一段平均寿命以后发射一个电子，而该寿命和在核反应中所涉及的时间相比是非常长的. 竖行 II 表示一个中子从核中逸出的过程，而随后核将通过一个或多个辐射量子的发射又回到最初在阶段 A 中被中子所击中的那个核的同一个态. 正如这一竖行的顶上那个图形所表示的那样，中子发射是由于总热能的一个很大的部分集中到了核表面的单独一个粒子上. 这一点是这样表示的：在随便选定的右部，影线画得较密，而在核的其余部分，则影线比在阶段 B 中画得要稀. 正如在由上向下的第二个图形中附在小圈上的箭头长度所指示的那样，所发射中子的速度一般是比在阶段 A 中击中核的那个中子的速度小得多的. 这一竖行中的最后一个图形表明了剩下来的能量如何以辐射的形式被放出.

最后，在最右侧的竖行 III 中，表示了导致裂变的过程的最后发展阶段. 竖行中的第一个图形表明这样一次裂变怎样从核的一次形变开始，这个形变大得使相距最远的各部分之间的电斥力足以抵消表面张力的收缩效应. 正如比较轻的阴影所表明的那样，这样的形变需要核的全部能量含量的一个相当大的部分，这和中子逸出所要求的能量集中是十分相似的. 本竖行中的其次一个图形,表示核已经裂开时的态,这时分开的部分获得互相离开的高速度,因为它们是互相排斥的. 在这个图形中,阴影又比较浓了,因为在分离的一瞬间每一个碎片所具有的颇大的形变将在表面张力的影响下很快地又转变成内部的动能.

462　竖行 III 中的随后两个图形,表示了很有趣的观察结果:在裂变中,有些中子会被发射出来,每次裂变平均发射两个中子. 如图所示,这个过程——正如竖行 II 中头两个图形所表示的中子发射一样——必须被假设为起源于新的高度加热核的表面上的偶然能量集中. 在我们开始讨论裂变中这种中子发射的发现已经引起的那些重要问题以前,我们将简单地提到,图 3 的竖行 III 中最后一个图形表示了在中子发射以后留在核中的能量是怎样作为辐射的量子而损失掉的,这样我们就完成了关于图 3 的大意表示的说明. 正如已经提到的那样,新核将是强放射性的,而空白圆中的几个星号就表明,在此以后,每一个碎片都将经历一系列发射电子的嬗变,直至质量和电荷之比已经达到了适合于稳定核的值时为止.

460

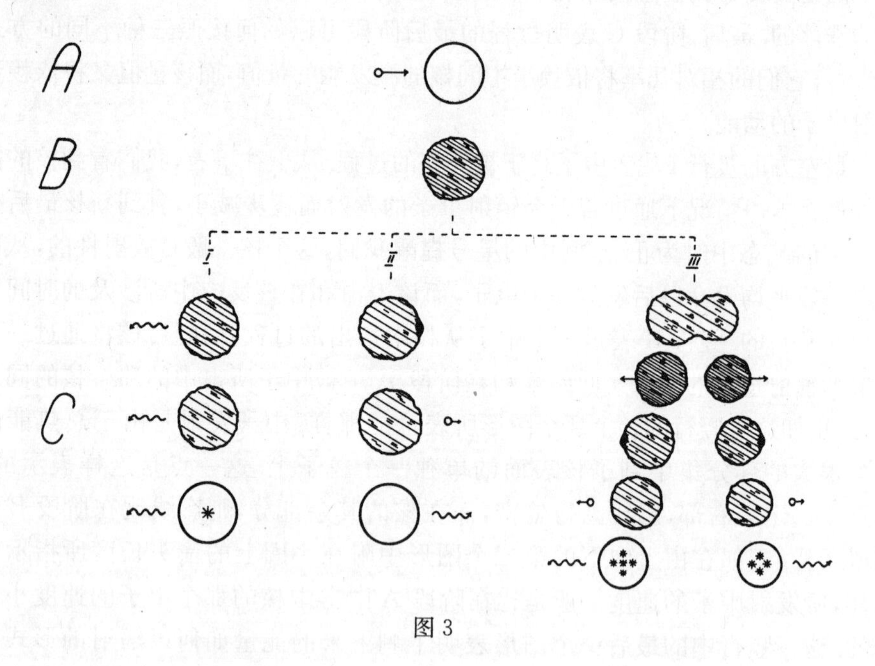

图 3

462

8. 原子能的释放问题

和裂变中的中子发射有关的巨大兴趣,起源于这样一件事实:这种现象开辟了包含在重核中的巨大能量的可能释放的全新前途,关于这种能量的存在,自从发现天然放射性以来就是已知的了. 十分明显,存在一种可能性,即在裂变过程中发射出来的中子可以通过和其他重核相碰撞而引起进一步的裂变. 而且,既然平均说来每次裂变放出多于一个的中子,人们就可以指望在适当的条件下可能发展出一种裂变过程的雪崩,于是我们就会遇到能量的爆炸式的释放. 如果我们记得,即使是对发生在普通爆炸物中的最强烈的化学反应来说,我们遇到的最多也不过是每分子几电子伏特的能量释放,而重核的裂变则释放将近 200 兆电子伏特,那么我们就可以理解我们将遇到多么吓人的前景,如果确实可以使相当数量的铀或钍发生爆炸的话. 我们即将看到,更进一步的考虑表明实际情况是没有理由在这方面感到惊慌的,尽管还很难肯定地说原子能的大规模释放是完全不可能的.

要想能够对通过中子轰击下的核裂变来释放能量的可能性作出判断,我们必须更仔细地考察一下裂变几率依赖于中子能量的那种方式. 在铀这一特殊事例中,我们遇到一个初看起来很意外的情况: 裂变既可以由能量只有一电子伏特的一个分数的热中子所引起,也可以由能量超过 1 MeV 的快中子所引起. 然而,早在弄明白我们在这些过程中遇到的是核的真正裂变的几年以前,哈恩和迈特纳就已经发现,通过铀核和中等能量的中子的碰撞而形成的那些放射性核,在平均寿命方面是和由较慢的或较快的中子所引起的那些核很不相同的. 特别说来曾经发现,在 20 eV 附近存在一些很窄的能量区域,在各该区域中中子对铀的轰击效应是特别显著的. 因此这就使我们想到,过程是中子的选择俘获,这指示了在碰撞中形成的新核的分立能级,而且根据产量的大小就可以得出结论说,必须认为这种过程是属于质量数为 238 的最丰富铀同位素的. 铀也含有更轻的同位素,其质量数是 235 和 234,但是它们的含量太小,以致即使在完全的共振下也不能引起这么大的效应. 463

按照我们关于核反应的普遍看法,为了考察这一局势,我们必须考察图 3 所示的几种竞争过程的几率应该被预期为怎样随着中子的能量而变化,该中子和重核的碰撞将引发裂变. 这种依赖关系的典型变化情况如图 4 中的曲线 I,II,III 所示,它们在相对尺度下分别给出了辐射的、中子发射的和裂变的几率. 曲线 I 和曲线 II 可以认为对一切重核都差不多有相同的形状,而另一方面,裂变几率却很重大地依赖于中子结合能和临界裂变能之差,而这一差值是每一类型的核的特征. 因此,对于曲线 III_1 就假设了裂变阈约比中子结合能高 1 MeV,而对于曲线 III_2 则假设了这一差值约为 2 MeV. 另一方面,曲线 III_3 却对应于临界裂变能约比中子结合能低 1 MeV 时的情况.

464 如果我们暂时不管慢中子的情况而首先考虑 1 MeV 附近或更高的能量区域,我们就会发现,关于铀的和关于钍的观察结果都可以很满意地用这些曲线来表示,如果我们在前一事例中取曲线 III_1 而在后一事例中取曲线 III_2 来表示裂

463

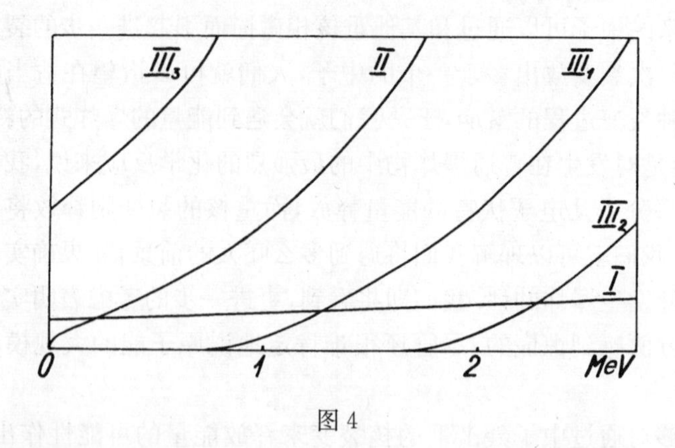

图 4

464 变几率的话. 随着中子能量的增大，裂变就又开始变得重要起来，在铀的事例中是在约为 1 MeV 处开始，而对电荷较小的钍核来说则需要将近 2 MeV 才能引起裂变. 曲线 III_1，III_2 在定量方面也是和在快中子对铀和钍的轰击中观察到的效应相符合的. 例如，正如已经提到的那样，曲线 III 相对于曲线 II 而言的位置恰恰就意味着，一旦临界裂变值已经达到，中子撞击引起裂变的几率就很快地趋近于一个常数；对于铀，这个值约为 1/5，而中子碰撞在钍中的裂变产量则只大约是 1/25.

在能量低于 1 MeV 的中子和铀的碰撞以及能量低于 2 MeV 的中子和钍的碰撞中，曲线表明基本上只须考虑图 3 中的竖行 I、II 所代表的反应. 这两种过程中哪一种几率更大，当然取决于图 4 中哪一条有关的曲线位于比所考虑的中子能量更高的地方. 例如，在曲线 I 仍然高于曲线 II 的最低中子能量处，必须预料中子俘获是占优势的，而也正是在这个区域中，曾经既针对铀又针对钍观察到了显著的选择俘获效应. 然而，按照这种办法，我们却得不到关于用热中子轰击铀时的高裂变几率的任何解释，而如上所述，这种几率是已经被观察到了的. 因此我们不得不假设，这些效应并不是像已经讨论过的那些效应一样起源于常见的铀同位素，而是起源于一种较轻的同位素；而且这也是一种很有道理的假设，因为在只有一种质量数为 232 的同位素的钍中根本没有在低中子能量下观察到任何裂变. 初看起来也许显得很可惊讶的是，这样强的效应竟会起源于像较轻铀同位素这样的含量甚少的同位素. 事实上，铀中含有 99%以上的重同位素 $^{238}_{92}U$，而其余的部分则主要是同位素 $^{235}_{92}U$. 然而我们在这里涉及的是量子力学共振现象，而这种现象的反应几率——正如我们联系到慢中子的俘获已经提到的那样——可以比根据普通的力学概念算出的碰撞几率大得多.

然而，慢中子的轰击可以导致具有这么大频度的裂变过程的条件却是，有关

465 的核的裂变几率应该在低能量下就已经超过辐射几率，从而前一几率就应该由

图 4 中的 III_3 那样的曲线来给出. 这恰恰就是我们针对中子和 $^{235}_{92}$U 核的碰撞所应预料的那种曲线,因为与中子和大丰度同位素 $^{238}_{92}$U 的核相碰撞时的情况相反,必须假设在现在这种碰撞中引起核裂变的临界能是小于中子结合能的. 这一点,部分地是由于 $^{326}_{92}$U 核的裂变临界能比 $^{239}_{92}$U 的要小一些,因为它的荷质比更大一些,而部分地也由于前一个核的中子结合能比后一个核的要大得多. 确实,核力的奇特本性的一个后果就是,电荷数和质量数都为偶数的核,比质量接近相同而其中一个数为奇数或两个数都为奇数的核更加稳定. α 粒子和其他轻核比较起来特别稳定,就是这种定则的一个习见的例子. 这一定则在最近几年内已经通过关于核反应中产生的许多放射性同位素的研究而得到证实.

我们即将看到,既然在估计通过铀裂变来释放能量的可能性方面有着关键性的正是由慢中子引起的裂变的根源问题,通过用分离的铀同位素作出的直接实验来证明以上这些结论也就显得很有必要了. 然而,如所周知,即使分离出很少量的同位素也是非常困难的,从而这样的实验是只有到了最近才做成了的. 由尼尔、布茨、邓宁和格罗斯完成的这一工作,在许多方面就是这一领域中实验技术的奇妙发展的最引人注目的证据. 虽然小丰度同位素 $^{235}_{92}$U 的提纯数量只有百万分之一毫克,以致甚至都不能把一平方毫米的面积用一个连续的单原子层盖住,但到底还是成功地证明了用热中子得出的全部裂变产量都起源于这种同位素.

回到原子能的释放问题,我们现在将考察在铀核或钍核的裂变中产生出来的那些中子有多大几率可以引起进一步的反应. 首先,很容易看到,在钍中造成一种链式反应的可能性是十分有限的,因为钍核的裂变要求一个接近 2 MeV 的能量,而联系到裂变而被发射出来的中子则平均说来只有和裂变碎片的温度能量相对应的大约 1 MeV 的能量. 在铀那儿,这一能量肯定有一个适当的数量级,使得中子正好可以使大丰度同位素发生分裂,但是我们却必须记得,即使是快中子对这样一个核的撞击也只有五分之一的机会导致裂变. 另外那些碰撞的结果将是,一个中子将从在碰撞中形成的核中逸出,其能量将比入射中子的能量小得多,从而将不能引起 $^{238}_{92}$U 核的裂变. 因此,即使反应链可以出现在这种铀同位素中,这些链也将一直是很短和很稀少的,从而根本谈不到什么爆炸. 然而,假如我们有足够数量的较轻同位素 $^{235}_{92}$U 可供使用,局势就将完全不同了,因为在这儿,裂变过程中产生出来的每一个中子都有一个相当大的几率在和其他铀核的碰撞中引起进一步的裂变,而既然平均说来每次裂变将发射两个中子,一次爆炸就将是不可避免的后果了. 然而,在目前的技术手段下,却还不可能提纯足够数量的小丰度铀同位素来实现上述这种链式反应.

466

因此,决定性的问题就是怎样才能利用铀同位素的天然混合物来大规模地释放能量.明显的办法将是把铀和一些含氢的物质混合起来,以保证在裂变中产生的中子将随即通过和质子的碰撞而减慢到足以在够大的几率下和小丰度同位素发生反应.在利用这种混合物做的实验中,确实得到了由若干次相继的裂变构成的链,但是从一开始就很清楚,利用这种办法绝不可能得到突然释放出相当大的一部分原子能的那种爆炸.要使这样的爆炸能够发生,混合物的温度必须升高到几十亿度,但是温度刚一达到几千度,过程就会停止,因为混合物中的质子将具有太高的动能,以致无法使裂变中子充分减速了.确实,中子和小丰度铀同位素互相反应的几率是随着中子能量的增大而迅速减小的,而且在几电子伏特的能量下它就已经小于大丰度同位素中的中子俘获几率了.然而,这种俘获过程是否在所有的情况下都会阻止足够长的链式反应的发育而使实际的能量释放无从形成,这却是只有经过进一步的研究以后才能回答的一个问题.

XLV. 论裂变碎片的统计分布

467

未发表稿

[1939?]

编入[1939—1940]的这份稿子共有6页复写纸英文打字稿,上面有罗森菲耳德用铅笔加上的一些补充. 在第一页的上端,用红铅笔写了一个无法辨认的单词和"gammel"("旧的")这个单词. 有3张图解的影印件,还有一张写了图解说明的纸. 这种文本被重印在此处. 468

另外有一份不同的文本,共3页打字稿,编号为2到4页.

此稿见缩微胶片 Bohr MSS no. 16.

见本编《引言》第5节注⑱.

469

论裂变碎片的统计分布

在近来的一篇论文①中，我们曾对由中子撞击引发的重核裂变作出了理论的处理. 特别说来，曾经发现可以利用一些简单的想法来说明由中子轰击所引起的铀、钍和镤的裂变产量，以及这些产量对中子速度的依赖关系. 然而，在这些考虑中并没有试图区分所涉及核的各种不同的分裂模式，而是为了简单起见假设了这种分裂是以一种对称的方式进行的. 然而，若干实验的研究，特别是布茨、邓宁和斯来克的实验②，却证明了由铀裂变造成的那些碎片的动能统计分布显示出两个尖锐的极峰，这表明了对铀核的不对称分裂模式的一种明显的选择性，即铀核倾向于分裂成质量之比约为 3∶4 的两个部分. 裂变过程在进程方面的这样一种选择性，也通过钍裂变和铀裂变中放射性产物之化学性质的研究③而被揭示了出来. 因此，在此指出一点就或许是有兴趣的，那就是，分裂模式中某种程度的不对称性的占优势，可以怎样根据在我们的论文中发展起来的关于裂变机制的普遍想法来简单地加以诠释.

[稿第 2 页]这些想法是建筑在下述假设上的：在裂变现象中，正如在重核的其他反应中一样，我们所遇到的是一种按明确分开的两个阶段来进行的过程④. 其中第一个阶段就是一个寿命较长的高度受激复合核的形成，而第二个阶段则是这一体系的随后蜕变或到达更稳定的态的辐射跃迁. 因此，反应的最后进程就取决于复合体系的不同的可能蜕变过程或辐射跃迁的相对几率. 喏，对所考虑的重核来说，基本上只有两种蜕变过程互相竞争：一个中子从复合体系中的逸出和这一体系分裂成具有可相比的电荷和质量的两个核*. 第一种过程涉及激发能的一个相当大的部分在核表面处某一粒子上的偶然集中，以便它能够克服来自邻近粒子的短程吸引力；而激发能则本来是按复合体系的一切自由度而

470

统计分布的. 第二种过程要求激发能集中在核表面的一种够大的形变上，以导致

---

① N. Bohr and J. A. Wheeler, Phys. Rev. **56**, 426(1939). 并见 Phys. Rev. **56**, 1065(1939).

② E. T. Booth, J. R. Dunning and F. G. Slack, Phys. Rev. **55**, 981(1939).

③ 参阅 O. Hahn[and F. Strassmann], Phys. ZS. [**40**(1939)673—680], 特别参阅 L. Meitner and R. Frisch, Math.-phys. Comm. Copenhagen Academy[**17**, no. 5](1939).

④ 参阅 N. Bohr, Nature **144**, 200(1939)及 Phys. Rev. **55**, 418(1939).

* [此处有用铅笔写的一句插话，但看不清楚，现略去.]

复合核的一次破裂.

尽管所考虑的一切核都对离开球形的微小形变是稳定的，但是对每一个核来说都会存在许多或多或少不对称的哑铃形状，它们是和非稳平衡相对应的. 正是这些非稳位形就应该看成裂变过程进程中的过渡态，而最重核发生裂变的容易程度就依赖于这样一个情况：在较轻核中比中子结合能大得多的临界形变势能，在那些最重的核中却是和中子结合能同数量级的. [稿第 3 页]正如在我们的论文中已经指明的那样，这一点可以通过简单地估计势能对渐增的对称形变而言的变化来加以理解. 也很清楚的是，很不对称的裂变分裂模式所需要的临界形变能，比对称分裂所要求的要大得多，但是我们即将看到，事实上应该预料，对于所考虑的核来说临界能将不是对恰好对称的分裂而是对在一定程度上不对称的分裂显示一个极小值，而其不对称的程度则是由观察到的裂变现象选择性所指示了的那种.

首先我们注意到，由于质量亏损曲线恰恰在和铀核质量的一半相对应的原子量区域中几乎是线性变化的，由复合核的分裂所释放的总能量将在包括碎片质量比为 3∶4 的一个很宽的分裂模式范围内近似地相同，而在更高的分划不对称性处则开始迅速地降低. 事实上，根据在我们的论文第 I 节中发展起来的那些考虑来进行更细致的估计，并假设碎片的电荷是近似地按照和质量比相同的比例来进行分裂的，我们就可以证明在非对称性为 3∶4 的分划中释放的能量将不会和在对称分裂中释放的能量差到一两兆[电子]伏特. 然而，在非对称性比值为 1∶2 时，这个能量就已经比对称分裂的能量小 40 MeV 了. 另一方面，在同样距离下，由于它们的电荷而引起的两个分离碎片的势能，却将随着非对称性的增大而更加平滑得多地减小. 例如，对于互相接触着的碎片来说，对称分划的势能和电荷比为 3∶4 及 1∶2 的那些分裂的势能之差，将分别大约是 4 MeV 和 20 MeV.

[稿第 4 页]由于和裂变相伴随的中子发射表明分离碎片的激发能很高，要通过简单地比较所释放的能量和接触中的碎片的势能来推出分裂的临界能当然是不可能的. 不过，根据这些能量随非对称程度的变化方式，我们却可以预料，尽管临界裂变能在对称分裂下比在比值约为 1∶2 的非对称分裂下要小得多，但是它在质量比和电荷比约为 3∶4 的那种分裂下却实际上会比在对称分裂下要小几兆伏特. 471

这种论点用图 1 和图 2 来表示. 第一张图以一种一般的方式表示了复合体系 N_0 在不同形变阶段以及分裂成分开的核 N_1 和 N_2 时的势能变化情况. 用实线画出的两个部分各自对应于复合核的稳定形变的能量和两个分离核的库仑能量，而连接着它们的虚线则对应于非稳性区域，三个核在它们的正常态中的能量

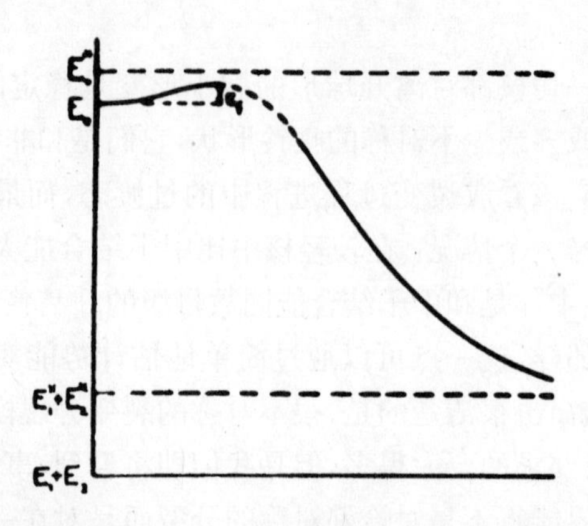

图 1　裂变进程中的势能变化. 横坐标大致地表示逐渐增大的复合核形变和分离碎片之间的距离，而纵坐标则在适当的比例尺下表示能量. 符号的解释见正文.

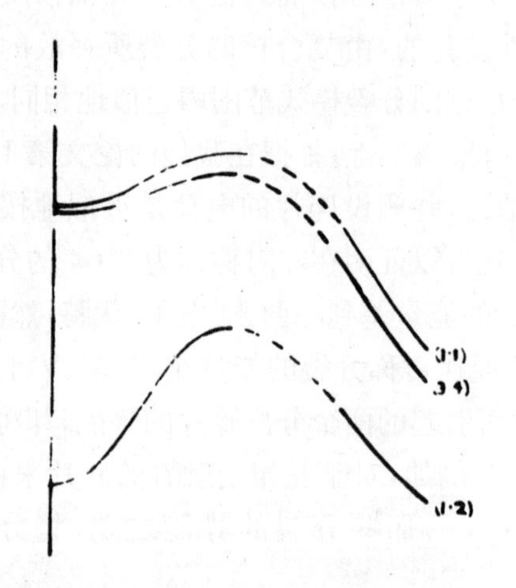

图 2　对不同非对称比的裂变过程而言的势能曲线的可能形式.

用 E_0，E_1，E_2 来代表，而过程的初始阶段和终末阶段所涉及的那些受激态中的能量则用 E_0^*，E_1^*，E_2^* 来代表. 曲线极大值和 E_0 之差代表临界裂变能 E_f. 在第二个图中，势能曲线上部的可能形式是在稍大一些的比例尺下针对着对称分裂(1∶1)和非对称性比值为 3∶4 及 1∶2 的分裂而画出的. 为了便于比较，在三种事例中都把分离的受激碎片彼此相距很远时的能量选作了纵坐标的零点，从而热能曲线全都将以没有画出的横轴为其渐近线. [稿第 5 页]曲线这两部分的连接情况，显然意味着 1∶2 分裂下的 E_f 值比其他两种分裂下的值要大得多. 另外也可以看到，在后两种情况下，曲线右部之间的距离比左部开头处的距离要大得多，因此我们将预期，3∶4 分裂的 E_f 值将比对称分裂的 E_f 值低几兆伏特. 所预

472

料的 E_f 随分裂不对称性的增加而变化的情况，大致如图 3 所示，而 E_f 在分裂比 3∶4 附近有一个尖锐的极小值.

以上这些说法可以看成我们的论文第 II 节中的那些论点的补充，而第 III 节中关于一种给定的分裂模式的几率的那些考虑则可以原封不动地加以应用. 严格说来，在我们关于 Γ_f 的公式(32)中曾经假设裂变只按照一种分裂模式来进行，从而公式和由实验得出的 Γ_f 值之间的近似符合就可以看成是和裂变过程中的显著选择性的观察相一致的. 事实上，假如裂变可以在差不多的几率下按照许多方式来进行，那就应该预期一个比实际得到的产量要大得多的产量. 然而在实际上，如果我们照顾到如图 3 所示的 E_f 对分裂模式的依赖关系，则在给定的复合体系的激发下，公式(32)将导致一些裂变产量，它们在和极小临界能相对应的非对称比值处有一个显著的极大值，而复合核的激发越少地超过最小裂变能，这个极大值就越尖锐.

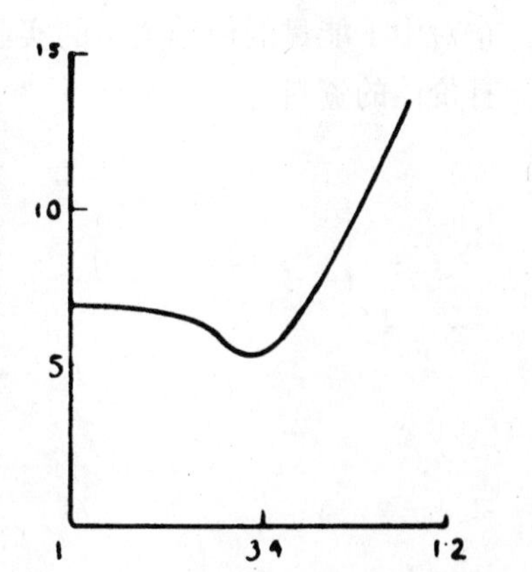

图 3　临界裂变能随铀的分划的或然变化情况. 横轴表示分裂比，而纵轴表示以 MeV 为单位的能量.

473

关于碎片分布对引起裂变的中子能量的依赖关系问题，我们在铀中当然必须区分来自大丰度同位素 238 的贡献和来自小丰度同位素 235 的贡献，它们是分别和由高速中子及慢中子引起的效应相对应的. [稿第 6 页]按照我们论文第 IV 节中的讨论(参阅该文图 7)，激发能在后一事例中应该位于临界裂变能上方不到一兆伏特处，而既然正如以上所估计的那样最小裂变能和对称分裂能之差是具有相同的数量级或更大的，我们在这一事例中就确实应该预料对称分裂会有一个很小的产量. 对于高的中子能量，只需要考虑大丰度的同位素；这时我们应该预期类似的情况，至少直到 2 MeV 的中子能量为止. 对于更高的中子能量，对称分裂应该永远不会超过质量比约为 3∶4 的那种非对称分裂的产量的一个小分数.

铀中的非对称分裂和对称分裂的产量之比随中子能量的变化情况，事实上应该密切地类似于铀中和钍中的总裂变产量之比的变化情况；在我们论文的第 IV 节中(参阅图 6)，曾经估计这种情况下的临界裂变能之差约为一兆伏特. 在钍中或镤中，我们当然也会预期裂变碎片的分布将有相似的情况. 然而，除了极大值向较小原子量方面的一个较小位移以外，由于所涉及的能量对比方面的微妙性，我们必须对分布曲线形状上的其他次要变化有所准备. 正如迈特纳和弗端什所指出的那样(见已引文献)，铀和钍的分布曲线之间的这种差别，似乎事实上已由这两个事例中的裂变产物的化学分析指示了出来.

沿着这些路线继续进行的实验,特别是关于各种重元素裂变产物的统计分布对中子能量的依赖关系的实验,肯定将为裂变机制理论的进一步发展提供最有价值的资料.

XLVI. 核裂变中的逐次转变

Phys. Rev. **58**(1940)864—866

见本编《引言》第 5 节注(135).

477

核裂变中的逐次转变

如果假设重核的裂变是在和一个中子从高度受激复合体系中的逸出的互相竞争中进行的，我们就应该预期，在体系的足够高的激发下，中子逸出以后留下来的剩余核还会发生裂变. 既然在过程的这个第二阶段中和中子逸出的竞争条件在若干事例中比在第一阶段中更加有利，这样的效应就可能给出对裂变过程而言的大大增加了的截面.

正如在较早的一些论文[1]中已经证实的那样，根据一条假设来解释重核裂变的主要特色是可能的，而其假设就是，过程涉及复合体系的一个寿命较长的中间态，在该态中，激发能是像在温度平衡中那样按一切自由度而进行分布的. 事实上，复合体系那些导致分裂的过大形变必须认为是起源于这种能量分布的涨落，这种涨落偶然使得很大一部分激发能集中到了密切耦合着的核粒子体系的特定振模上. 因此，复合体系发生裂变的几率就取决于裂变和其他蜕变过程或辐射过程之间的竞争，那些过程会使剩余体系的激发能减低到裂变再也不能发生的地步.

在普通的事例中，复合体系有一个比裂变所需要的能量大不了多少的能量；这时互相竞争着的这一个或那一个过程的发生就将使可用的能量降低到临界值以下. 然而，如果复合体系的激发能很高，则剩余核还可能有一个足以使裂变能够发生的能量. 在第二个阶段中，裂变的几率当然又将依赖于和其他蜕变过程或辐射过程的竞争. 这种逐步性的转变已被简单地讨论过(BW, p. 449)，特别是联系到由氘核所引起的裂变而讨论过了，但是当时还不掌握关于存在这种转变的任何实验证据. 然而，近来用氘核和高速中子做的实验却似乎为逐步转变提供了

478

确定的证据，而且，既然这些实验同时也阐释了裂变过程的竞争品格，在这里比较详细地考虑一下它们就可能是令人感兴趣的了.

---

[1] N. Bohr, Nature **143**, 330(1939); Phys. Rev. **55**, 418(1939)，特别参阅 N. Bohr and J. A. Wheeler, Phys. Rev. **56**, 426, 1065(1939)，(以后简称 BW).

首先,阿根诺、阿马耳迪、玻希尔来利和特喇巴奇②曾经发现,由中子撞击在铀中引起的裂变截面,在从大约一兆伏特到大约十兆伏特的中子能量下实际上保持恒定,但是它在由氘核对锂的轰击得出的更高能量的中子作用下却显著地增大.这种结果很容易通过下述的考虑来加以理解:在较低的能量下,我们遇到的简单地是中子从复合核${}_{92}U^{239}$中的逸出和该核的裂变之间的竞争,这些互相竞争着的过程的几率之比在高于 1 Mev 的中子能量下近似于恒量.然而,如果中子能量高于 10 Mev,就有一个相当大的几率使在中子逸出以后留下来的剩余核${}_{92}U^{238}$有一个足以使它自己经历裂变的能量.而且,在这种情况下,条件对裂变是特别有利的,因为在${}_{92}U^{238}$那儿我们遇到的是一个具有偶数电荷数和质量数的核,正如在由中子对小丰度同位素${}_{92}U^{235}$的撞击中形成的复合核${}_{92}U^{236}$那儿一样,而这种核的临界裂变能是比中子结合能低一些的.于是,在刚刚高于临界裂变能的${}_{92}U^{238}$核的激发能下,任何中子逸出都是不能发生的;而且,即使在更高的能量下,这一过程中的裂变几率也是比中子逸出几率大得多的.

对于所涉及的一切核来说,关于临界裂变能 E_f 和中子结合能 E_n 之差的一种估计都可以利用简单的考虑来得出(BW, pp. 430, 433),其结果可以总结在下列的近似公式中:

$$\Delta E = E_f - E_n = 0.27(A-238) - 1.32(Z-92) + \begin{cases} -0.6, & A-Z \text{ 为偶} \\ +0.4, & A-Z \text{ 为奇}, \end{cases} \tag{1}$$

此式在 Mev 单位下给出了质量数为 A 而电荷数为 Z 的一个复合核的 ΔE.两个恒量之差恰恰表示核内中子数$(A-Z)$为偶和为奇的两种重核中的中子结合能之差,即约为 1 Mev.

针对${}_{92}U^{239}$和${}_{92}U^{238}$,公式(1)给出 $\Delta E = +0.7$ Mev 和 $\Delta E = -0.6$ Mev,由此就可推出,在足够的激发下,${}_{92}U^{238}$的中子逸出几率和裂变几率之比 ρ 将小于 1∶3,而${}_{92}U^{239}$的这个比值则约为 4∶1.关于由快中子在一个阶段和两个阶段中引起铀裂变的平均截面 σ'_f 和 σ''_f,我们分别得到

$$\sigma'_f = \frac{1}{4+1}\sigma_0 = \frac{1}{5}\sigma_0; \quad \sigma''_f = \frac{4}{5} \cdot \frac{3}{4}\alpha\sigma_0 = \frac{3}{5}\alpha\sigma_0,$$

式中 σ_0 是形成复合体系${}_{92}U^{239}$的截面,而因子 α 大致地代表其激发能超过临界裂变能的那种剩余核${}_{92}U^{238}$所占的比例.既然实验证明对 D+Li 中子而言的平均

② M. Ageno, E. Amaldi, D. Bocciarelli and G. C. Trabacchi, Atti Acc. d'Italia,在排印中,承阿马耳迪惠示本文作者.

截面比对 D+Be 中子及 D+B 中子而言的平均截面要大百分之四十，α 就应该在这一事例中有一个稍大于 1/10 的平均值，这从已知的 D+Li 中子能谱来看显得是合理的[③].

在由快中子引起钍裂变的事例中，应该预期逐步转变会有较大的效应. 事实上，针对 $_{90}Th^{233}$ 和 $_{90}Th^{232}$，我们由公式(1)近似地得到 $\Delta E = 1.7$ 和 $+0.4$，这对应于约为 24∶1 和 2∶1 的 ρ 值. 因此，在这一事例中，我们得到

$$\sigma'_f = \sigma_0/25, \qquad \sigma''_f = 8\alpha\sigma_0/25.$$

于是，利用和以上相同的 α 值，我们就会预期对 D+Li 中子而言的平均截面将几乎是对 D+Be 中子而言的平均截面的两倍. 在中子具有明确规定的高能量的情况下，当然应该预料会有更加突出的效应；对于这种中子来说，α 可以几乎等于 1，这就给出一个总裂变截面，比用 α 仍然为零的具有少数几兆伏特能量的中子得出的截面将近大了 10 倍.

479　在这方面，指出一点可能是有趣的，那就是，在由快中子引起的镤裂变中，也可以预期类似的效应. 在这儿，针对复合核 $_{91}Pa^{232}$ 和 $_{91}Pa^{231}$，我们由公式(1)得到

$$\Delta E = +0.1 \quad 和 \quad \Delta E = -1.2,$$

这就给出约为 1∶1 和 1∶10 的 ρ 值，它们导致

$$\sigma'_f = \frac{1}{2}\sigma_0, \qquad \sigma''_f = 5\alpha\sigma_0/11.$$

于是，当比较少数几兆伏特的中子和十兆伏特以上的中子所引起的效应时，我们将预期裂变产量将增大一倍.

关于由氘核引起的裂变，由简单的理论考虑(BW，p. 448)就可以推知，只有通过导致氘核和原有核的完全融合的那种撞击，才能获得复合体系的充分激发. 因此，过程的产量首先就将依赖于氘核穿透核周围的静电场的那种难易程度，而只有对于能量接近 10 Mev 的氘核，才能预期和核的大小具有相同数量级的截面. 这是和甘特[④]的实验相一致的，他报道了铀中过程的一个约为 8 Mev 的阈值，而没有试图测量截面. 近来雅科布森和拉森[⑤]在本研究所中针对铀和钍进行了这样的测量，他们针对两种元素都发现过程的产量在 8 到 9.5 Mev 之间有一个迅速的增长，在后一能量下和数量级为 10^{-26} 厘米^2 的截面相对应.

在由中子引起的铀裂变和钍裂变中，我们将预期分别涉及复合核 $_{93}EkaRe^{240}$，

---

③ T. W. Bonner and W. Brubaker, Phys. Rev. **48**, 748(1935).

④ D. H. T. Gant, Nature **144**, 707(1939).

⑤ J. C. Jacobsen and N. O. Lassen, Phys. Rev. **58**, 867(1940)，即本刊下一篇论文.

$_{93}EkaRe^{239}$和$_{91}Pa^{234}$，$_{91}Pa^{233}$的逐次转变.我们由(1)式针对逐次的铀转变得到

$$\Delta E = -0.4\ \text{Mev} \quad 和 \quad \Delta E = -1.7\ \text{Mev},$$

而针对钍转变得到

$$\Delta E = +0.6\ \text{Mev} \quad 和 \quad \Delta E = -0.7\ \text{Mev},$$

这在铀的事例中对应于约为 1∶2 和 1∶24 的 ρ 值，而在钍的事例中对应于约为 3∶1 和 1∶4 的 ρ 值.因此我们将针对铀预期有

$$\sigma'_f = \frac{2}{3}\sigma_0; \quad \sigma''_f = 8\alpha\sigma_0/25,$$

而针对钍预期有

$$\sigma'_f = \frac{1}{4}\sigma_0; \quad \sigma''_f = 3\alpha\sigma_0/5.$$

尽管钍的 σ'_f 值只大约是铀的 σ'_f 值的 1/3，我们却看到两种元素的总截面 $\sigma'_f + \sigma''_f$ 将变成接近相等，如果 α 像根据复合体系的高激发能(约 15 Mev)所预期的那样趋近于 1 的话.因此，雅科布森和拉森的实验似乎证实了我们在这儿讨论了的是逐步转变；我们的实验证明，对于 9 Mev 的氘核来说，钍的裂变产量约为铀的裂变产量的 0.7.

在由快中子和氘核在铀中引起的裂变效应中，小丰度铀同位素$_{92}U^{235}$的存在只有可以忽略的重要性，这和利用慢中子时的情况是相反的，在那种情况下全部效应都是起源于这种同位素的.在用分离出来的铀同位素进行的实验中，我们当然也将预料会在$_{92}U^{235}$中观察到和此处所讨论的转变种类相同的逐次转变，但是这样的效应却将远远不像在以上考虑了的各个事例中那样突出，其原因就在于这样一件事实：对于由中子撞击和氘核撞击而直接形成的复合核$_{92}U^{236}$和$_{93}EkaRe^{237}$来说，我们由(1)式得到一些大的负值 $\Delta E = -1.2$ 和 $\Delta E = -2.3$，而这就对应于很小的 ρ 值.同样的考虑也适用于由氘核撞击所引起的镤裂变.

由这种关于核裂变中的逐次转变的简略讨论将可看出，这些现象的研究可以提供一种手段，来大大增加可以在那里考察裂变现象的那些不同原子核的种数.

XLVII. 重核的蜕变[2](摘要)

TUNGE ATOMKERNERS SØNDERDELING
Overs. Dan. Vidensk. Selsk. Virks.
Juni 1940—Maj 1941, p. 38

1941年1月10日向丹麦皇家科学院
提交的研究报告

摘 要

[原书载丹麦文原文和英译本,中译本据英译本.]

见本编《引言》第5节注⑬⑨.

尼耳斯·玻尔提出了一篇研究报告：重核的蜕变

对最近几年来关于最重的一些核的蜕变进行的观察作出讨论，并将指明这些结果可以怎样根据有关核反应机制的简单想法来加以解释.

这篇报告将发表在 Mat.-fys. Medd. 上*.

---

* ［事实上并没有发表.］

483

XLVIII. 氘核引发裂变的机制

Phys. Rev. **59**(1941)1042

见本编《引言》第 5 节注(136).

氘核引发裂变的机制

如所周知，在由氘核的撞击所引发的核转变中，有两种类型的过程是应该加以考虑的. 在第一种类型的过程(过程 I)中，中间态是通过整个氘核被核所俘获而形成的；在第二种类型的过程(过程 II)中，氘核在碰撞中裂开，结果质子逸出而只有中子被复合核所取得. 正如最初由奥本海默和菲利普斯[①]所指出并由贝忒[②]更仔细地讨论了的那样，在某些情况下，复合体系的形成截面在过程 II 中可以比在过程 I 中大得多. 不过，借助于普通的核转变来清楚地区分这两种过程，却似乎一直遇到一些困难，因此，指出一点也许就是有兴趣的，那就是，关于由氘核引起的重核裂变的研究，为这种区分提供了新的可能性.

裂变不仅很容易和其他可能的转变互相区分，而且特别说来，为了发生裂变而要求的一定的临界激发能在不同的核中也是不同的. 正是在复合核的激发能方面，过程 I 和过程 II 就相差很大. 由过程 I 得来的激发对所考虑的一切核来说都远远大于中子结合能，而在过程 II 中，平均说来它却小于这一结合能. 既然对大丰度铀同位素以及对钍来说临界裂变能是高于中子结合能的，那就可以得出结论说[③]，只有在类型 I 的过程中，才能预期钍中和铀中的核裂变会有相当大的产量. 即使在某些氘核能量区域中类型 II 的过程更容易出现，它们也会几乎完全导致中子的永久俘获而形成具有明确已知寿命的铀和钍的放射性同位素.

验证这些论点的可能性之一，是由铀和钍中的裂变产量的比较来提供的. 这一点之所以可能，是因为过程 I 中的复合核的裂变几率可以在很高的近似程度下加以估计. 事实上，过程 I 中的激发能将不但可能大得足以使裂变在和中子逸出的相竞争的情况下能够发生，而且甚至会使在中子逸出以后留下来的剩余核的激发能也大得足以使一次裂变成为十分可几. 于是，据估计[④]，复合核在这种逐次转变中的总裂变几率，对铀来说接近于 1 而对钍来说则约为 0.8. 这些预期值似乎得到了雅科布森和拉森[⑤]所报道的实验的证实；他们发现，在9 Mev的氘核能量下，铀中和钍中的裂变截面之比近似地是 0.7.

然而，在这些实验的后来讨论[⑥]中却曾经意识到，必须预料过程 I 中的复合体系的形成截面，在钍中比在铀中要大 25%，因为钍的核电荷较小. 因此，假如两种元素中的全部裂变效应都起源于这种类型的过程，钍中和铀中的裂变产量之比的理论估计值就应该不是 0.8 而应该是接近于 1.0. 这个数值和测量值0.7 之间的差别似乎太大，以致无法解释，除非假设效应有一个相当大的部分来源于过程 II，至少在铀中是如此. 对这一结论的一种支持也由较小氘核能量下钍中和铀中裂变效应的细致对比提供了出来. 例如，在雅科布森和拉森的实验中，对约为 8 Mev 的氘核能量来说，裂变截面是在铀中比在钍中要大一些的；这正是所应预期的，如果铀中的一部分效应是在较低的能值下开始的话.

在铀中比在钍中要大一些的过程 II 对裂变效应的贡献，可以根据下述事实来加以预料：对钍来说，复合核的临界裂变能几乎比中子结合能高 2 Mev，而对大丰度的铀同位素(238)来说，这一差值却小于 1 Mev. 另外，在所涉及的能量区域中，裂变截面小于几何核截面的百分之一；这时有可能一个并非不可观的贡献是来自较轻的小丰度铀同位素(235)的. 既然对这种同位素来说过程 II 中的复合核的临界裂变能比中子结合能约低 1 Mev，那么在由这种过程中得出的低激发下，裂变几率就可能远远大于重同位素的裂变几率.

为了彻底弄明白所提出的这些不同的问题，有一点将是特别有必要的，那就是，应该把关于由氘核引起的裂变的实验扩展到更大氘核能量的区域中去，特别是应该用分离开来的铀同位素和镤来做这样的实验；对镤来说，复合核的临界裂变能是近似地等于中子结合能的⑦.

① J. R. Oppenheimer and M. Phillips, Phys. Rev. **48**, 500(1935).
② H. A. Bethe, Phys, Rev. **53**, 39(1938).
③ N. Bohr and J. A. Wheeler, Phys. Rev. **56**, 449(1939).
④ N. Bohr, Phys. Rev. **58**, 864(1940).
⑤ J. C. Jacobsen and N. O. Lassen, Phys. Rev. **58**, 867(1940).
⑥ J. C. Jacobsen and N. O. Lassen, Det Kgl. Danske Vidensk. Selsk. Math. - fys. Medd. (Math. - phys. Comm., Acad. Sci. Copenhagen)，排印中.
⑦ N. Bohr and J. A. Wheeler, Phys. Rev. **56**, 1065(1939).

XLIX. 论原子核的嬗变(摘要)

OM ATOMKERNERNES OMDANNELSER

Overs. Dan. Vidensk. Selsk. Virks.
Juni 1945—Maj 1946, p. 31

1945年10月19日对丹麦皇家科学院
提交的研究报告

摘 要

[原书载丹麦文原文和英译本,中译本据英译本.]

见本编《引言》第5节注⑭.

尼耳斯·玻尔提出了一篇研究报告：论原子核的嬗变.

演讲对我们关于原子核性质的知识的发展进行了综述，这种发展已经使释放储存在重元素原子中的大量能量成为可能.

L. 论原子核嬗变的机制
II. 复合态之连续能域中的过程[1]

（和R·派尔斯及G·普拉才克合撰）

未 发 表 稿

稿存哥本哈根（不全）

1947

见本编《引言》第4节注⑧.

卷宗“原子核嬗变的机制”,1947,包括未发表的玻尔-派尔斯-普拉才克论文的两份稿子的复写纸打字稿,它们用的都是英文.

第一份是19页稿子,全都标明日期为1947年10月9日.在第15页以后有一处中断(那里的方程(34)没有填写),用以后各页码两侧的符号///来表明.这就是此处所印的稿子.

作为文LI而印出的第二份稿子共有21页,所标日期在1947年10月22日和1947年10月29日之间.本稿经普拉才克补充过,其补笔已采用,而手写的编了号的上面有普拉才克补笔的另外6页则没有包括在这里.

各稿均见缩微胶片Bohr MSS no.17.

论原子核嬗变的机制

II. 复合态之连续能域中的过程

1. 核嬗变的典型特色

正如在以前的论文①中说明过的那样,由物质粒子的撞击或由辐射所引发的核嬗变,在很大程度上可以描述为分两个明确划分的阶段来进行.其中第一个阶段就是一个具有较长寿命的高度受激的复合体系的形成,而第二个阶段则是这一中间体系的蜕变或它的通过发射辐射而到达一个激发较低的稳定性更大的态的跃迁.事实上,由于原子核内各紧密堆积的粒子之间的能量交换是极其容易的,中间态中的多余能量就将暂时储存在复合体系的所有各粒子的某种紧密耦合着的运动中.因此,这一体系的任何随后的蜕变或辐射跃迁,就可以在很高的近似下看成一个分离的过程,而嬗变的最后进程就将依赖于复合体系在其中间态中所能经历的一切蜕变过程和辐射过程之间的一种竞争.

[稿第 2 页]核嬗变进程的这种图景,立即导致下面的公式:设由原有核和入射的物质粒子或辐射量子构成的总体系从初态 A 到体系的某一末态 B 的跃迁过程的截面为 $\sigma_{A\to B}$,而在末态中则是有某一粒子或辐射量子已经从复合核的中间态 O 中被射出,那么就有

$$\sigma_{A\to B}=\sigma_{A\to O}\tau_O\gamma_{O\to B} \tag{1}$$

式中 $\sigma_{A\to O}$ 是从态 A 开始而形成复合核的总截面,τ_O 是复合体系的中间态的平均寿命,而 $\gamma_{O\to B}$ 是单位时间内复合体系的导致态 B 的蜕变过程或辐射过程的几率.寿命 τ_O 由下列公式给出:

$$\frac{1}{\tau_O}=\gamma_O=\gamma_{O\to A}+\gamma_{O\to B}+\cdots \tag{2}$$

---

① 参阅 N. Bohr. Nature **137**, 344 及 351(1937);Science **86**, 161(1937),特别是参阅 N. Bohr and F. Kalckar, Danske Vidensk. Selsk. math.-fys. Medd. XIV,[no.]10(1937)(在正文中引用时写作 I).

490 式中的和式包括复合体系的一切可能的蜕变过程和辐射过程的几率，其中也包括返回态 A 的几率. 后一过程当然和通常所说的入射粒子的“弹性散射”相当，但是必须注意到，在 $B=A$ 的条件下由公式(1)来定义的 $\sigma_{A\to A}$ 通常并不代表弹性散射的总截面，因为弹性散射的一部分，即所谓“势散射”，可以在不必形成复合体系之长寿命中间态的情况下发生. 这一点也可能在 $\gamma_{O\to A}$ 的无歧义定义方面带来复杂性，关于这种复杂性，我们以后再来讨论.

完全抛开这些复杂性不谈，为了使出现在公式(1)和(2)中的那些量可以有足够明确的定义，复合体系的寿命显然必须远远大于在所有成分粒子之间进行一次彻底的能量交换时所涉及的时间；[稿第 3 页]而这又意味着，复合体系的激发能必须远小于体系完全分裂成基本粒子时所需要的总能量. 尽管这个条件阻止了我们所概述的关于核嬗变的描述对涉及只由少数几个粒子组成的轻核的那种碰撞的严格应用，但是在较重的核中这一条件却将是很好地满足的，除非入射的物质粒子的能量或辐射量子的能量十分之高(达到 100 MeV 或更高). 诚然，在小得多的能量下，即使在重核的事例中也将有必要照顾到有关复合体系之形成的一些独有特色，因为当入射粒子的动能颇大于个体核粒子的结合能(约 10 MeV)时，入射粒子就将有一个可觉察的几率来从核表面上打掉一个粒子，甚至也可能穿透表面而从核的内部直接打出一个粒子②. 然而，这样的效应在关于核嬗变的通常实验中并不起任何重要作用；这些实验的典型特色，就在于通过原有核和入射粒子或入射辐射量子的相互作用而直接建立复合体系的一个高度稳定的中间态.

正是由于这一中间态的寿命很长，它的形成的可能性就基本上是一个量子力学问题，这种问题主要依赖于复合体系的各个亚稳态的能级分布. [稿第 4 页]在很小的激发能下，任何核都具有由明确分开的能级构成的能谱；例如，甚至对重核来说，那些最低的能级的间距也具有 10^5 伏特的数量级，而由辐射

491 过程的几率来确定的能级宽度则约为 10^{-1} 伏特. 然而，随着激发能的增大，能级间距将迅速地减小，而一旦激发使蜕变过程成为可能，能量宽度就将显著地增大. 于是，在某一激发能以上，能级谱就变成实际上是连续的了，而这个激发能恰恰就位于我们在许多典型核嬗变的研究中所涉及的那种复合体系的激发能范围之内.

在复合体系具有分立能级的区域中，形成中间态的总截面 $\sigma_{A\to O}$ 将是很小的，只除了在每一能级的紧接邻域之内，在那种地方我们将遇到一种典型的量子力

② 关于这种问题的更仔细的讨论，见 W. Heisenberg, Zs. f. Phys. [Ber. Sächs. Akad., math.-phys. Kl. **89**(1937)369—384；Naturwiss. **25**(1937)749—750.]

学共振问题.如果我们暂时不考虑和正式的共振效应相比通常是很小的势散射,并且进而假设入射的粒子或光量子的波长比核线度大得多——这个假设无论如何在复合体系的分立能级分布区域中对重核来说是大大满足的,那么问题在事实上就是和反常色散的光学现象十分类似的③.

如果 E_J 是角动量为 J 的复合体系的某一能级的本征能量,则理论在和 E_J 相近的总能量 E 下给出

[稿第 5 页]

$$\sigma_{A\to O} = Q_{AJ}\,\frac{\left(\frac{1}{2}\Gamma_O\right)\left(\frac{1}{2}\Gamma_{O\to A}\right)}{(E_J-E)^2+\frac{1}{2}(\Gamma_O)^2}. \tag{3}$$

在这个公式中,Γ_O 和 $\Gamma_{O\to A}$ 是共振能级的由下式定义的所谓总宽度和分宽度:

$$\Gamma_O = \hbar\gamma_O,\quad \Gamma_{O\to A} = \hbar\gamma_{O\to A}, \tag{4}$$

式中 $\hbar$ 是普朗克恒量除以 2π,而 γ_O,$\gamma_{O\to A}$ 则是对能量 $E=E_J$ 而言的出现在公式(1)和(2)中的那些几率.另外,Q_{AJ} 是一个简写符号,由下式给出:

$$Q_{AJ} = \frac{\lambda^2}{\pi}\,\frac{2J+1}{(2j+1)(2s+1)}, \tag{5}$$

式中 λ 是入射粒子的波长,j 是原有核的自旋,而 s 是入射粒子的自旋,入射光量子的事例通过取 $s=1/2$ 而形式地包括在内.

492

对于最大共振的事例 $E=E_J$ 来说,我们由(3)式得到

$$\sigma_{A\to O}^{(E_J)} = Q_{AJ}\,\frac{\Gamma_{O\to A}}{\Gamma_O} \tag{6}$$

而通过简单的积分,就得到

$$\sigma_{A\to O}^{(\Delta E)} = \frac{\pi}{2}Q_{AJ}\,\frac{\Gamma_{O\to A}}{\Delta E}; \tag{7}$$

这就是在一个能量区间 ΔE 中求出的截面平均值,该区间和 Γ_O 相比是很大的,但和能级间距相比则是很小的.我们在下面即将看到,公式(6)是普遍的量子力学守恒定律的一个直接推论,而公式(7)则可以根据众所周知的关于统计平衡下的细致平衡论点来直接推出.

[稿第 6 页]在复合体系的连续能级分布区域中,各种可能嬗变的截面当然

③ 参阅 G. Breit and E. Wigner, Phys. Rev. [**49**(1936)519—531]. 并参阅 H. Bethe and G. Placzek, Phys. Rev. [**51**(1937)450—484],那里特别在公式(5)中照顾到了自旋因子.

将随能量而十分平滑地发生变化，从而 $\sigma_{A\to O}$ 的估计就向我们提出了一个和简单的共振事例根本不同的量子力学问题. 事实上，我们必须意识到，复合核的中间态不再是由波动方程的单独一个本征解来代表，而是要由许多个这种解的叠加来代表，这些解的相对振幅和相对周相可能依赖于复合核所由形成的特殊方式. 因此，在连续能量区域中，用不同的分宽度 $\Gamma_{O\to A}$，$\Gamma_{O\to B}$…来表示的复合体系的蜕变性质和辐射性质，就可能在相同的能量下对由不同的作用物引发的嬗变来说大不相同.

这个问题的类似情况，在相干散射现象之光学色散理论的应用中是众所周知的；在这个问题的处理中很容易想到，作为一种初步的手续，可以把(4)型的公式简单地加以推广，使它把来自相干区域中的一切本征量子态的贡献全都包括在内[④]. 至少当忽略了势散射时，这就会导致一个形如(7)式的截面表示式，式中的 $\Gamma_{O\to A}$ 和所考虑的区域中的单独一个本征量子态有关，而 ΔE 则代表这种态的本征能量之间的平均间距. 然而，这种办法的欠严格性，却引起了关于这种形式化推广方式的成立与否的怀疑，而且曾经有人建议完全不考虑相干问题，[稿第7页]而在连续能量区域中简单地应用对孤立能级处的最大共振可以适用的(6)型的截面公式[⑤].

493

用两种办法求得的截面公式之间的表观分歧，曾经引起很大的混乱，特别是因为根据分别建筑在守恒定律上和细致平衡上的论点，对两种类型的公式都可以求得独立的支持. 然而，我们即将看到，这方面的一切伴谬问题，都可以通过更仔细地考虑出现在基本公式(1)中的那些量的定义来加以消除[⑥]. 为此目的，我们将特别地重新考查守恒性和细致平衡这两种普遍论点的对核过程的应用. 联系到这一点，我们也将证明，由这些考虑得出的简单结果，是和近来发展起来的核色散问题的更严格的量子力学处理完全一致的[⑦]，但是这种处理迄今还没有针对连续区域得出足够明显的截面公式，以致迄今还不能作出最后的结论. 另外，我们将讨论我们的考虑对那样一些核过程的应用，而那些核过程似乎一直包含着理论和实验之间的显著分歧. 这特别是指的一些核光效应，即由高频辐射引起的中子从重核中的被释放. 我们即将看到，这些效应根本不是和理论有什么矛盾，而是提供了关于核激发机制的重要信息，而这种信息是和核构造的一般量子力学面貌最令人满意地互相符合的.

---

④ 参阅 H. Bethe and G. Placzek，前引论文.

⑤ F. Kalckar. J. Oppenheimer, and R. Serber, Phys, Rev. [**52**(1937)273—278.]

⑥ 关于本论文中发展起来的这些普遍想法的一种简略论述，已发表在 Nature 上[N. Bohr, R. Peierls and G. Placzek, Nature **144**(1939)200—201.]

⑦ [P. L.] Kapur and R. Peierls, Proc. Roy. Soc. **A**[**166**(1938)277—295.]

2. 守恒定理对核过程的应用[稿第 8 页]

不必考虑核构造的任何细节,就可以简单地通过普遍守恒定律对任一给定嬗变过程的应用,来得出关于出现在公式(1)和(2)中的那些量的某些重要结论.为此目的,只要把所涉及的核的初态和末态的能量及角动量考虑在内,并在比核线度大得多的离体系重心的距离处考虑和入射的及放出的物质粒子或光量子相对应的平面波或球面波也就够了.除了由角动量的守恒可以推得的那些众所周知的选择定则以外,我们事实上可以根据应用在每一种粒子上的量子力学连续性方程,来推出入射粒子的弹性散射截面和一些过程的总截面之间的一个普遍关系式,那些过程是涉及了原有核的实际嬗变的.

494

为了避免不重要的复杂性,我们将暂时假设原有核的自旋 j 以及入射粒子的内禀自旋 s 都为零.于是,在体系重心为静止的参照系中,在离重心的距离 r 远大于核线度的地方,入射粒子和散射粒子的波函数就将简单地由下式给出:

$$\varphi = \exp[ikr\cos\theta] + \frac{1}{r}\exp[ikr]S(\theta), \tag{8}$$

[稿第 9 页]式中 $\hbar k$ 是粒子的动量,而 θ 是从重心画起的矢径和入射方向之间的夹角.第一项代表一个单位密度的入射平面波,而第二项则代表和弹性散射相对应的外向波.按归一化的带谐函数展开

$$\varphi = \sum_l \varphi_l P_l(\cos\theta), \tag{9}$$

我们就得到⑧

$$\varphi_l = \frac{\sqrt{Q_{Al}}}{r}\Big\{\frac{1}{2}\exp[i(kr - \pi/2)] - \frac{1}{2}\exp[-i(kr + \pi/2 - l\pi)] + S_l\exp[i(kr + \delta_l)]\Big\}, \tag{10}$$

式中

$$Q_{Al} = \frac{\lambda^2}{\pi}(2l+1) \tag{11}$$

而 S_l, δ_l 是第 l 级散射波分量的相对振幅和周相.

在公式(10)中,括号中的第一项和第二项分别是入射平面波的第 l 级分量所能分解而成的外向波和内向波.于是,波分量 φ_l 就可以看成一个内向波

⑧ 参阅 Mott[and Massey, *Atomic Collisions*, Oxford Univ. Press, 1933, p. 22.]

$$\varphi_l^{(\mathrm{in})} = \frac{\sqrt{Q_{Al}}}{2r}\exp[-\mathrm{i}kr]\exp[\mathrm{i}(l\pi - \pi/2)] \tag{12}$$

495　和一个外向波

$$\varphi_l^{(\mathrm{out})} = \frac{\sqrt{Q_{Al}}}{r}\exp[\mathrm{i}kr]\left(\frac{1}{2}\exp[-\mathrm{i}\pi/2] + S_l\exp[\mathrm{i}\delta_l]\right) \tag{13}$$

的叠加. 由于带谐函数的正交性,和(8)相对应的总的径向通量将由(9)中各项的贡献 R_l 的总和来给出. 显然我们有

$$R_l = R_l^{(\mathrm{out})} - R_l^{(\mathrm{in})}, \tag{14}$$

[稿第 10 页]式中 $R_l^{(\mathrm{in})}$, $R_l^{(\mathrm{out})}$ 分别是波 $\varphi_l^{(\mathrm{in})}$ 和 $\varphi_l^{(\mathrm{out})}$ 的通量. 如果 v 是入射粒子的速度,我们就分别得到

$$\left.\begin{aligned} R_l^{(\mathrm{in})} &= \frac{1}{4}vQ_{Al} \\ R_l^{(\mathrm{out})} &= vQ_{Al}\left(\frac{1}{4} + S_l^2 - S_l\sin\delta_l\right) \end{aligned}\right\} \tag{15}$$

现在,假如碰撞的唯一可能结果就是入射粒子的一种简单的弹性散射,我们就将有 $R_l = 0$,于是就由(14)和(15)得到众所周知的公式

$$S_l = \sin\delta_l \tag{16}$$

即任何一次简单散射过程中的散射波的相对振幅和周相之间的关系. 因此,在这种情况下,我们就可以用一个简单的表示式

$$\varphi_l^{(\mathrm{out})} = \frac{1}{2}\sqrt{Q_{Al}}\,\frac{\exp[\mathrm{i}kr]}{r}\exp[\mathrm{i}(-\pi/2 + 2\delta_l)] \tag{17}$$

来代表合外向波,这个表示式我们在以下即将用到.

如果碰撞除了引起简单散射以外还可以引起嬗变过程,总的外向[内向]通量 $-R_l$ 除以 v,显然就将是涉及一个角动量为 $\hbar l$ 的中间态的一切实际嬗变过程的总截面 $\sigma_{A\to(\tau_l)}$.

因此,我们由(14)和(15)就得到

$$\sigma_{A\to(\tau_l)} = -Q_{Al}(S_l^2 - S\sin\delta_l). \tag{18}$$

496　[稿第 11 页]此外,既然分波 φ_l 对弹性散射截面的贡献 $\sigma_{A\to(\delta_l)}$ 由下式给出:

$$\sigma_{A\to(\delta_l)} = Q_{Al}S_l^2 \tag{19}$$

我们针对给定的 l 就得到一切嬗变过程及散射过程的总截面和弹性散射的截面之间的如下关系式:

$$\sigma_{A\to(\tau_l)} + \sigma_{A\to(\delta_l)} = \sqrt{Q_{Al}\sigma_{A\to(\delta_l)}}\sin\delta_l. \tag{20}$$

按照它的推导来看，除了原有核和入射粒子的自旋等于零以外，公式(20)并不包含任何其他的假设. 然而，这一简化假设可以毫无困难地通过稍微复杂一点的计算来予以排除，那种计算涉及波函数的较大多重性以及它们按更普遍类型的球谐函数的展开. 关于按核自旋和粒子自旋的所有方向算出的截面平均值，得到的公式是

$$\sigma_{A\to(\tau_J)} + \sigma_{A\to(\delta_J)} = \sqrt{Q_{AJ}\sigma_{A\to(\delta_J)}}\sin\delta_{A_J} \tag{21}$$

式中 Q_{AJ} 恰好是由(5)式来定义的那个量，而$\sqrt{\sigma_{A-(\delta_J)}}$和 δ_{AJ} 是对应于一个给定的 J 的散射波分量的振幅和周相.

这一普遍关系式的推论将特别简单，如果在和涉及复合体系之中间态的那些过程相比之下可以完全忽略势散射的话. 在这种情况下，按照公式(1)的符号，(21)就简化为

$$\sigma_{A\to O} = \sqrt{Q_{AJ}\sigma_{A\to A}}\sin\delta_{AJ}, \tag{22}$$

[稿第 12 页]和(1)及(4)联系起来，此式就给出

$$\sigma_{A\to O} = Q_{AJ}\frac{\Gamma_{O\to A}}{\Gamma_O}\sin^2\delta_{AJ}. \tag{23}$$

既然在这种情况下应有

$$\sigma_{A\to A} = Q_{AJ}S_{AJ}^2, \tag{24}$$

式中 S_{AJ} 是和一个给定的 J 相对应的散射波分量的振幅，我们就进一步由(22)和(23)得到这一波分量的振幅和周相之间的关系式如下： 497

$$S_{AJ} = \frac{\Gamma_{O\to A}}{\Gamma_O}\sin\delta_{AJ}. \tag{25}$$

对于明确分离的能级来说，$\sigma_{A\to O}$在每一能级附近的共振区域以外实际上为零. 当我们随着能量的增加而从任何一个这种区域的一侧过渡到另一侧时，散射波的周相 δ_{AJ} 就将按照关系式

$$\operatorname{cotg}\delta_{AJ} = \frac{E_J - E}{\frac{1}{2}\Gamma_O} \tag{26}$$

而从 0 变到 π；很容易验证，这一关系式是可以根据色散理论来很简单地推得的. 因此，我们由(23)就恰好得到截面公式(5). 特别说来我们看到，针对 $E-E_J$ 而出现的最大共振将对应于 $\delta_{AJ} = \pi/2$；在这个值下，(23)将简单地变成(6).

在 $\sigma_{A\to O}$ 只是很慢地变化的连续能级区域中，如果势散射可以忽略不计，散射波的周相就将保持定值 $\delta_{AJ}=\pi/2$，这对应于分立能级的最大共振. [稿第 13 页] 因此，在这种情况下，如果势散射可以忽略不计，我们就必须预料公式(6)将是普遍成立的. 然而必须记得，和分立能级的事例相反，对于连续能级分布来说，量 $\Gamma_{O\to A}$ 和量 Γ_O 将在本质上依赖于复合体系所形成的那种方式. 因此，为了避免混淆，我们将利用更加准确的符号

$$\sigma_{A\to O}=Q_{AJ}\frac{\Gamma_{O\to A}^{(A)}}{\Gamma_O^{(A)}} \tag{27}$$

此处加在各个 Γ 上的上角标(A)，不过是指示复合体系之中间态对它的形成方式的依赖性而已.

如果和其他过程比起来势散射是不可忽略的，则公式(8)中的散射波可以认为由两个相干球面波所组成

$$\varphi=\varphi_O+\varphi_p \tag{28}$$

式中 φ_O 对应于和入射粒子品种相同而又电荷相同的一个粒子从复合体系中逸出的过程，而 φ_p 对应于入射粒子被原有核的准静态势场的直接反射. 在这种情况下，普遍公式(21)并不会立即导致 $\sigma_{A\to O}$ 的简单表示式. 事实上，如果我们把对应于一个给定的 J 的波分量写成

498

$$\sqrt{\sigma_{A\to(S_J)}}\exp[\mathrm{i}\delta_{AJ}]=\sqrt{Q_{AJ}}\{S_{OJ}\exp[\mathrm{i}\delta_{OJ}]+S_{pJ}\exp[\mathrm{i}\delta_{pJ}]\} \tag{29}$$

式中 S_{OJ}，δ_{OJ} 和 S_{pJ}，δ_{pJ} 代表(28)中的波 φ_O 和 φ_p 的分量的相对振幅和周相，我们由(21)就得到

$$\sigma_{A\to(\tau_J)}+\sigma_{A\to(\delta_J)}=Q_{AJ}S_{OJ}\sin\delta_{OJ}+Q_{AJ}S_{pJ}\sin\delta_{pJ}, \tag{30}$$

[稿第 14 页]但是，既然现在

$$\sigma_{A\to(\delta_J)}=Q_{AJ}\{S_{OJ}^2+S_{pJ}^2+2S_{OJ}S_{pJ}\cos(\delta_{OJ}-\delta_{pJ})\}, \tag{31}$$

我们显然就不能在没有更多的假设下在(30)中得到势散射效应和那些涉及复合体系中间态之形成的过程之间的任何简单分离.

然而，尽管两个波 φ_O 和 φ_p 之间有干涉效应，在实际的核问题中——由于入射粒子及逸出粒子的运动和复合体系粒子的集体运动之间的耦合很小——却还是可以认为产生这些波的机制在很大程度上是互相独立的，这个问题事实上类似于一个电磁振子的问题，该振子被封闭在一个有着很大反射本领的外壳中，并且受到一个无限长电磁波列的作用，该电磁波的频率和振子的频率密切重合. 在这一事例中，在腔壁上的反射除了和从内部逸出的波之间的任何干涉以外，将几乎是和引起振子之很高激发的共振现象无关的. 另一方面，腔壁的反射本领越

大，共振就越尖锐，而振子在最大共振下的激发也越大. 从内部逸出的波的振幅和周相当然重大地依赖于空腔，但是并不直接依赖于同时从空腔反射过来的波.

在我们的核问题中，波[φ_p]的振幅和周相将同样地在很高的近似下和复合体系的激发无关，而尽管波[φ_O]的振幅和周相重大地依赖于引起势散射的那个场，[稿第 15 页]但是 φ_O 本身却主要取决于这一激发的状况. 和入射粒子通过一个和核场线度相同的区域所需要的时间相比，复合体系的寿命是十分长的，因此，在入射波从而还有直接反射波停止以后，事实上波动还将在相当长的一段时间内保持基本不变.

499

由于这种情况，我们显然就可以在很高的近似下把和(16)及(17)相对应的关系式单独应用于直接反射波[φ_O]上，于是，按照在(26)中所用的更普遍的符号，就得到

$$S_{pJ} = \sin\delta_{pJ}\,, \tag{32}$$

并针对总的外向波分量得到

$$\varphi_J^{(\mathrm{out})} = \sqrt{Q_{AJ}}\,\frac{\exp[ikr]}{r} \cdot \left\{\frac{1}{2}\exp[i(-\pi/2+2\delta_{pJ})] + S_{OJ}\exp[i\delta_{OJ}]\right\}. \tag{33}$$

从这一表示式而不是从(13)出发，我们通过和导致(18)的考虑完全相同的考虑显然就得到

$$[\sigma^J_{A\to(\tau_J)} = -Q_{AJ}\{|S_{OJ}|^2 - |S_{OJ}|\sin\delta_{OJ} + 2|S_{OJ}|\sin\delta_{OJ}\cos(\delta_{pJ}-\delta_{OJ})\}]. \tag{34}$$ *

3. 细致平衡论点和守恒定律论点 [稿第 16 页]

把核嬗变分成两个分离阶段的可能性，立刻就使我们想到把众所周知的细致平衡论点应用到复合体系之中间态的形成过程以及从这个态开始的蜕变和辐射之类的逆过程上去⑨. 这个论点要求，在统计平衡中，单位时间内两个明确定义的态之间的任一跃迁过程的几率必须恰好等于逆跃迁过程的几率，因为不然的话就将出现一些循环过程，而经过适当的安排，这些循环过程将可以用作能

* [这里显然打算继续讨论包括散射在内的那些结果，从而以下各页的编号被标明为临时性的.]

⑨ [L. Landau, Sov. Phys. **11**, 556(1937). V. Weisskopf, Phys. Rev. **52**, 295(1937). Oppenheimer, Kalckar & Serber, Phys. Rev. **52**(1937)273—278.]

源,这是和热力学第二定律相矛盾的.然而,这一论点的应用在量子理论中却比在经典统计力学中要求更大的慎重性,因为在这儿,任何跃迁过程的无歧义的定义显然蕴涵着明确区分初态和末态的可能性,从而也蕴涵着这些态之间的一切干涉效应的排除.特别说来,包括在循环过程之实际应用中的那种干预,在量子理论的领域中将造成对原有体系的一种无法使之任意变小的干扰,从而在某些情况下就会使整个的论点成为错觉性的了.我们即将看到,正是在核嬗变的事例中,我们就会遇到一些很有教益的例子,说明在根据细致平衡的论点来得出结论时必须适当小心.

500

让我们考虑若干个核和自由粒子以及光量子之间的一种统计平衡,它们全都包括在一个体积为 V 的区域中,[稿第 17 页]而和核的大小相比,这个体积是很大的.然后让我们分别考虑那些碰撞过程,它们出现在自旋为 j 的某种核 n 和一个自旋为 s 的粒子(或光量子)a 之间,并导致复合核的一个中间态 O 的形成,其自旋为 J,而其能量介于 E 和 $E+\Delta E$ 之间.由于这个态的寿命 τ_O 是有限的,任何这种形成过程和逆过程之间的区分当然就要求 ΔE 和 $\Gamma_O=\hbar/\tau_O$ 相比是很大的.为了简单,假设核是静止的,于是原有核的态的统计权重就将是

$$g_n = 2j+1 \tag{1'}$$

而复合体系之中间态的统计权重则是

$$g_O = (2J+1)n_J, \tag{2'}$$

式中 n_J 是能量区域……中自旋为 J 的能级的数目.另外,入射粒子的态的统计权重将是

$$\begin{aligned} g_a &= (2S+1)h^{-3}V\cdot 4\pi p_a^2\Delta p_a \\ &= (2S+1)\,\frac{4\pi V\Delta E}{\lambda^2 v_a h}, \end{aligned} \tag{3'}$$

式中 p_a 是粒子的动量,v_a 是它的速度而 λ 是它的波长.现在,按照公式(1)中的符号,细致平衡的条件可以表示成

$$g_a g_n \frac{v_a}{V}\sigma_{A\to O}^{(\Delta E)} = g_O \gamma_{O\to A}, \tag{4'}$$

式中 $\sigma_{A\to O}^{(\Delta E)}$ 像在公式(7)中一样代表在能量区间 ΔE 中求的截面 $\sigma_{A\to O}$ 的平均值.由于有(1′),(2′)和(3′),公式(4′)就给出

$$\sigma_{A\to O}^{(\Delta E)} = \frac{\pi}{2}Q_{AJ}\,\frac{\Gamma_{O\to A}}{\Delta E}\,n_J, \tag{5'}$$

501

此处用了在(4)和(5)中引用的符号.

［稿第 18 页］如果势散射对复合体系的形成过程及其蜕变只有一种可忽略的影响，则公式(5′)可以有一些很简单的应用. 第一，对于复合体系的明确分离的能级，我们可以取 $n_J = 1$ 并像所预料的那样又得到公式(7). 然而，如果我们处理的是复合体系的连续能级区域，我们就可以写出

$$n_J = \frac{\Delta E}{D_J}, \tag{6'}$$

式中 D_J 可以看成角动量为 J 的相邻能级的平均"间距". 因此，关于缓慢变化的截面 $\sigma_{A\to O} = \sigma_{A\to O}^{(\Delta E)}$，我们就得到

$$\sigma_{A\to O} = \frac{\pi}{2} Q_{AJ} \frac{\Gamma_{O\to A}^{(M)}}{D_J}, \tag{7'}$$

式中加在 $\Gamma_{O\to A}$ 上的上角标(M)用来把对统计平衡而言的分宽度 $\Gamma_{O\to A}^{(M)}$ 和(24)中的 $\Gamma_{O\to A}^{(A)}$ 这个量区分开来，该量是对只从初态 A 出发而形成的那种中间态而言的. 比较(7′)和(24)，我们就得到

$$\Gamma_{O\to A}^{(A)} = \frac{\pi}{2} \frac{\Gamma_O^{(A)}}{D_J} \Gamma_{O\to A}^{(M)}, \tag{8'}$$

此式表明，如果能级宽度 $\Gamma_O^{(A)}$ 和能级间距 D_J 相比是很大的，$\Gamma_{O\to A}^{(A)}$ 这个量就可以比 $\Gamma_{O\to A}^{(M)}$ 大许多倍.

正如已经提到的那样，两个分宽度 $\Gamma_{O\to A}^{(A)}$ 和 $\Gamma_{O\to A}^{(M)}$ 之间的这样大的一个差值，在实验的讨论方面是有决定的重要性的. 这种差值取源于在这两种事例中构成复合体系之中间态的那些本征波函数之间的完全不同的周相关系. ［稿第 19 页］事实上，这种情况和来自许多振子的辐射的经典问题密切类似，那些振子是被封闭在一个线度远小于波长的区域中的. 如果体系受到一个入射单频波(A)的激发，则所有的振子都将和入射波同周相地进行受迫振动，而由各振子重新发射的辐射强度和它们在任何时刻的总振动能之比 $\gamma_S^{(A)}$，就将远远大于当激发起源于热平衡辐射时的对应比值 $\gamma_S^{(M)}$；在热平衡辐射中，各振动将具有无规则的周相分布. 对于 n 个全都相同的振子来说，如所周知，$\gamma_S^{(A)}$ 将恰好是 $\gamma_S^{(M)}$ 的 n 倍，而 $\gamma_S^{(M)}$ 将和只有一个振子时具有相同的值. 和连续能量区域中的核嬗变事例进行的更加细致的对比，当然是由一个振子系集来提供的；各振子具有分布得很密集的固有频率，而且除了和辐射场相耦合以外，每一个振子还和另一种作用物(T)相耦合. 在这种事例中，我们事实上就得到和(8′)式完全对应的下式 502

$$\gamma_S^{(A)} = \frac{\pi}{2} \frac{\gamma^{(A)}}{d} \gamma_S^{(M)}, \tag{9'}$$

式中 d 是相邻固有频率之间的平均差值，而 $\gamma^{(A)}=\gamma_S^{(A)}+\gamma_T^{(M)}$ 是由相干辐射阻尼 $\gamma_S^{(A)}$ 和平均补充阻尼 $\gamma_T^{(M)}$ 引起的体系的总阻尼因子.

当必须照顾到势散射时，普遍公式(5′)的诠释就会带来更加麻烦的问题. 初看起来，我们倾向于得出结论说，在统计平衡中，势散射的一切效应都将完全被抵消.

LI．论原子核嬗变的机制 II. 复合态之连续能域中的过程[2]

(和 R・派尔斯及 G・普拉才克合撰)

未发表稿

稿存伯明翰

1947

见文 L 前面的编者注.

见本编《引言》第 4 节注⑧⑨.

22.10.47

505

论原子核嬗变的机制

II. 复合核之连续能域中的过程

N·玻尔

R·E·派尔斯

G·普拉才克

1. 引言

这篇论文将提出1938—1939年间在哥本哈根进行的讨论的结果，其中有些结果已经写成一篇短文发表在《自然》上①. 这一工作的完成曾因作者们的分手而中断，而某些条件使我们直到现在才算又能进行这一工作. 在此期间，若干别的作者已经发表了一些关于核反应之普遍课题的论文，但是我们觉得，对我们所曾得到的结论和可以用来支持这些结论的简单论点作一简略叙述，也还是值得的. 本文主要描述工作在1939年所达到的状态，我们并不打算把那时以后发表的作品也都考虑在内.

2. 核嬗变的典型特色

正如在以前的论文②中说明过的那样，由物质粒子的碰撞或由辐射所引发的核嬗变，在很大程度上可以描述为分两个明确划分的阶段来进行. [稿第2页] 其中第一个阶段就是一个具有较长寿命的高度受激的复合体系的形成，而第二个阶段就是这一中间体系的蜕变或它的通过发射辐射而到达一个激发较低的稳定性更大的态的跃迁. 事实上，由于原子核内各紧密堆积的粒子之间的能量交换是极其容易的，中间态中的多余能量就将暂时地储存在复合体系的所有各粒子的某种紧

---

① Nature **144**, 200(1939).

② 参阅 N. Bohr, Nature **137**, 344及351(1937); Science **86**, 161(1937)，特别是参阅 N. Bohr and F. Kalckar, Dansk Vidensk. Selsk. math.-fys. Medd. XIV,[no.] 10(1937)(在正文中引用时写作 I).

密耦合着的运动中. 因此,这一体系的任何随后的蜕变或辐射跃迁,就可以在很高的近似下看成一个分离的过程,而嬗变的最后进程就将依赖于复合体系在其中间态中所能经历的一切蜕变过程和辐射过程之间的一种竞争.

核嬗变进程的这种图景,立即导致下面的公式:设由原有核和入射的物质粒子或辐射量子构成的总体系从初态 A 到体系的某一末态 B 的跃迁过程的截面为 σ_{AB},而在末态中则是有某一粒子或辐射量子已经从复合核的中间态 O 中被射出,那么就有 506

$$\sigma_{AB} = \sigma_{AO}\tau_O\gamma_{OB} \tag{1}$$

式中 σ_{AO} 是从态 A 开始而形成复合核的总截面,[稿第 3 页] τ_O 是复合体系的中间态的平均寿命,而 γ_{OB} 是单位时间内复合体系的导致态 B 的蜕变过程或辐射过程的几率. 寿命 τ_O 由下列公式给出:

$$1/\tau_O = \gamma_O = \gamma_{OA} + \gamma_{OB} + \cdots \tag{2}$$

式中的和式包括复合体系的一切可能的蜕变过程和辐射过程的几率,其中也包括返回态 A 的几率. 后一过程当然和通常所说的入射粒子的"弹性散射"相当,但是必须注意到,我们只能用这种方式来描述通过作为一个中间态的复合体系的形成来进行的那些反应,但也存在一些不能如此描述的碰撞,而在那种碰撞中入射粒子根本不会完全加入初始核而和该核一起形成一个复合核. 这种情况的一个典型例子就是入射粒子的普通的库仑散射,这是在大于核力的力程的距离处发生的. 这种并无复合核形成的散射过程通常叫做"势散射",而且这对弹性散射来说是特别重要的. 然而它也可以对非弹性散射有贡献,因为,例如一个在相当大的距离处掠过核的带电粒子将在核那儿引起一个场,这个场就是随时间变化的,从而就是能够激发核的. 这在量 γ_{OA} 的无歧义定义方面将会带来复杂性,这一点我们将在以后再来讨论.

[稿第 4 页]完全抛开这些复杂性不谈,为了使出现在公式(1)和(2)中的那些量可以有足够明确的定义,复合体系的寿命显然必须远远大于在所有成分粒子之间进行一次彻底的能量交换时所涉及的时间. 而这又意味着,复合体系的激发能必须远小于体系完全分裂成基本粒子时所需要的总能量. 尽管这个条件阻止了我们所概述的关于核嬗变的描述对涉及只由少数几个粒子组成的轻核的那种碰撞的严格应用,但是在较重的核中这一条件却是很好地满足的,除非入射的物质粒子的能量或辐射量子的能量非常之高. 诚然,在小得多的能量下,即使在重核的事例中也将有必要照顾到有关复合体系之形成的一些独有特色,因为当入射粒子的动能颇大于个体核粒子结合能(约 10 MeV)时,入射粒子就将有一个可觉察的几率来从核表面上打掉一个粒子,甚至也有可能穿透表面而从核的内 507

部直接打出一个粒子③. 然而,这样的效应在关于核嬗变的通常实验中并不起任何重要作用;[稿第 5 页]这些实验的典型特色,就在于通过原有核和入射粒子或入射辐射量子的相互作用而直接建立复合体系的一个高度稳定的中间态.

正是由于这一中间态的寿命很长,它的形成的可能性就主要依赖于复合体系的各个亚稳态的能级分布. 在很小的激发能下,任何核都具有由明确分开的能级构成的能谱;例如,甚至对重核来说,较低能级的间距也具有 10^5 伏特的数量级,而由辐射过程的几率来确定的能级宽度则只是一伏特的一个小分数. 然而,随着激发能的增大,能级间距将迅速地减小,而起初仍然很小的能级宽度则当一旦激发便足以使蜕变过程随时迅速地增大. 于是,在某一激发能以上,能级谱就变成实际上是连续的了,而这个激发能恰恰就位于我们在许多典型核嬗变的研究中所涉及的那种复合体系的激发能范围之内.

在复合核的概念可以很有用地被应用的那种能量区域中,我们将遇到特别简单的局势,如果复合体系具有分立能级的话. 在这种情况下,由一些和在反常色散这一光学现象的讨论中已经熟知的想法很相似的想法,将可以在共振附近得到一种简单的截面表示式④[稿第 6 页]这种"色散公式"大大依赖于有关用来描述核的那一模型的任何假设,而且我们将在下一节中证明,它可以从少数几个普遍成立的简单论点直接推出. 这些论点包括众所周知的细致平衡原理,而且和波动力学中的一条普遍的守恒定理也有密切的关系. 这两条重要的原理将分别在第 4 节和第 5 节中进一步加以讨论,而且那时我们就将证明,尽管当我们从分立能谱过渡到连续能谱的事例中时这些原理仍然在它们的普遍形式下能够成立,但是在后一事例中却必须在确切定义出现在这些关系式中的各个量方面更加小心.

508

3. 关于分立能级的色散公式

在复合体系的每一能级宽度都小于能级间距的事例中,单能级共振公式可以适用. 这种公式最初是由布来特和维格纳⑤提出的,而且是利用一个模型来论证了的;在那个模型中,核内不同粒子之间的耦合可以被认为是很弱的. 从那以后,公式曾在不同方式下被推导过⑥. 我们所要证明的是,这一公式可以根据很

---

③ 关于这种问题的更仔细的讨论,见 W. Heisenberg, Zs. f. Phys. [Ber. Sächs. Akad., math.-phys. Kl. **89**(1937)369—384; Naturwiss. **25**(1937)749—750.]

④ 参阅 G. Breit and E. Wigner, Phys. Rev. **49**, 519(1936). 并参阅 H. Bethe and G. Placzek, Phys. Rev. **51**, 540[450](1937),那里特别照顾到了自旋因子.

⑤ G. Breit and E. Wigner, l. c.

⑥ P. L. Kapur and R. Peierls, Proc. Roy. Soc. **A166**, 277(1938); Wigner, Phys. Rev. **70**, 15(1946), **70**, 606(1946); Wigner and Eisenbud, Phys. Rev. **72**, 29(1947); Feshbach, Peaslee and Weisskopf, Phys. Rev. **71**, 145(1947).

普遍的原理的应用而十分直接地推导出来.

事实上,公式可以根据下列三种说法来导出:

[稿第 7 页.27.10.47.](a) 总截面在复合核的某一共振态有重要性的区域中对能量求了积分以后,可以和该态中复合核的形成截面在同一区域中的积分等同起来,因为在共振区域中"势散射"是可以忽略的. 积分后的复合核形成截面是

$$\int \mathrm{d}E\sigma_{AO} = \frac{\pi}{2}\Gamma_{OA}Q_{AJ}, \tag{3}$$

式中

$$\Gamma_{OA} = \hbar\gamma_{OA} \tag{4}$$

是复合核的态 O 对通过过程 A 来进行的蜕变而言的宽度,而

$$Q_{AJ} = \frac{\lambda^2}{\pi}\frac{(2J+1)}{(2j+1)(2s+1)}. \tag{5}$$

这里的 λ 是入射粒子的波长(在重心为静止的参照系中),J 是复合核的自旋,j 是原有核的自旋,而 s 是入射粒子的自旋. 对于一个入射光子来说,必须形式地取 $s=1/2$,以得到正确的统计权重. 509

方程(3)表示了应用在复合核之形成过程及蜕变过程上的细致平衡定律,此式将在本论文的第 4 节中被导出.

(b) 这个总截面随时间的变化将具有下列形式:

$$\sigma_{AO} = \frac{\text{恒量}}{(E-E_O)^2 + (\Gamma_O/2)^2}, \tag{6}$$

[稿第 8 页]式中 E 是这一体系的能量而 E_O 是共振能级的能量,这条定律是下述事实的后果:在分立能级的事例中,在复合核的寿命期间可以认为它的能量是明确定义得足以唯一地确定它的量子态的. 在这种情况下,复合核在单位时间内的蜕变几率也是唯一确定的,而且特别说来是不依赖于在它形成以后所经历的时间的. 因此,复合核继续生存的几率就是时间的指数函数,从而从它发出的波的振幅也必然是按照指数规律而随时间变化的:

$$\exp[-(\mathrm{i}/h)E_O t - \Gamma_O t/2]. \tag{7}$$

于是,由量子力学变换理论的众所周知的法则就可以推知,能量恰好是 E 的那一过程的贡献,由导致定律(6)的(7)式的傅立叶变换来给出.

借助于(3),可以求出(6)中的恒量的值,于是就得到下列结果:

$$\sigma_{AO}=\frac{1}{4}Q_{AJ}\ \frac{\Gamma_{OA}\Gamma_{O}}{(E-E_{O})^{2}+(\Gamma_{O}/2)^{2}}. \tag{8}$$

(c) 复合核的性质由它的能量来唯一确定这一事实还有一个后果，即复合核按照不同方式进行蜕变的几率之比是唯一确定的，而且特别说来是不依赖于复合核所由形成的方式的.

510 [稿第9页]因此我们可以把导致体系之末态 B 的那一过程的截面写成

$$\sigma_{AB}=\sigma_{AO}\ \frac{\Gamma_{OB}}{\Gamma_{O}}, \tag{9}$$

正如在方程(1)中那样. 利用此式和(8)式，就得到

$$\sigma_{AB}=\frac{1}{4}Q_{AJ}\ \frac{\Gamma_{OA}\Gamma_{OB}}{(E-E_{O})^{2}+(\Gamma_{O}/2)^{2}}. \tag{10}$$

这就是布来特和维格纳的方程.

在完全共振下，$E=E_{O}$，我们特别说来就有

$$\sigma_{AO}=Q_{AJ}\ \frac{\Gamma_{OA}}{\Gamma_{O}},\qquad \sigma_{AB}=Q_{AJ}\ \frac{\Gamma_{OA}\Gamma_{OB}}{\Gamma_{O}^{2}} \tag{11}$$

而对表示着弹性散射的 $B=A$ 这一特例来说，就有

$$\sigma_{AA}=Q_{AJ}\left(\frac{\Gamma_{OA}}{\Gamma_{O}}\right)^{2}. \tag{12}$$

因此，在最大共振下，我们就有

$$\sigma_{AO}^{2}=Q_{AJ}\sigma_{AA}. \tag{13}$$

在下文中即将看到，这一关系式是和波动力学的普遍守恒定律有着密切的联系的，这一点我们将在第5节中加以讨论.

4. 细致平衡

[稿第10页]把核嬗变分成两个分离阶段的可能性，立刻就使我们想到把众所周知的细致平衡论点应用到复合体系之中间态的形成过程以及从这个态开始的蜕变和辐射之类的逆过程上去[7]. 这个论点要求，在统计平衡中，单位时间内两个明确定义的态之间的任一跃迁过程的几率必须恰好等于逆跃迁过程的几

511 率，因为不然的话就将出现一些循环过程，而经过适当的安排，这些循环过程将

⑦ L. Landau, Sov. Phys. **11**, 556(1937). V. Weisskopf, Phys. Rev. **52**, 295(1937). Oppenheimer, Kalckar & Serber, [Phys. Rev. **52**(1937)273—278.]

可以用作能源，这是和热力学第二定律相矛盾的. 然而，这一论点的应用在量子理论中却比在经典统计力学中要求更大的慎重性，因为在这儿，任何跃迁过程的无歧义的定义显然蕴涵着明确区分初态和末态的可能性，从而也蕴涵着这些态之间的一切干涉效应的排除. 然而，只要初态和末态在量子力学的意义下是明确定义的，定理就是可以无歧义地加以应用的.

试考虑若干个核和自由粒子以及光量子之间的一种统计平衡，它们全都包括在一个体积为 V 的区域中，而和核的大小相比，这个体积是很大的. 此外并分别考虑那些碰撞过程，它们出现在自旋为 j 的某种核 n 和一个自旋为 s 的粒子(或光量子) a 之间，并导致复合核的一个中间态 O 的形成，[稿第 11 页]其自旋为 J，而其能量介于 E 和 $E+\Delta E$ 之间. 由于这个态的寿命 τ_O 是有限的，任何这种形成过程和逆过程之间的区分当然就要求 ΔE 和 $\Gamma_O=\hbar/\tau_O$ 相比是很大的. 为了简单，假设核是静止的，于是原有核的态的统计权重就将是

$$g_n = 2j+1 \tag{14}$$

而复合体系之中间态的统计权重则是

$$g_O = (2J+1)(n_J)_{\Delta E} \tag{15}$$

式中 $(n_J)_{\Delta E}$ 是能量区域 ΔE 中自旋为 J 的能级的数目. 另外，入射粒子的态的统计权重将是

$$g_a = (2s+1)V \cdot 4\pi \frac{p_a^2 \Delta p_a}{h^3} = (2s+1)\frac{4\pi V \Delta E}{\lambda^2 v_a h} \tag{16}$$

式中 p_a 是粒子的动量，v_a 是它的速度而 λ 是它的波长. 现在，按照公式(1)中的符号，细致平衡的条件可以表示成

$$g_a g_n \frac{v_a}{V}(\sigma_{AO})_{\Delta E} = g_O \gamma_{OA} \tag{17}$$

式中 $(\sigma_{AO})_{\Delta E}$ 代表在能量区域 ΔE 中求的截面 σ_{AO} 的平均值. 由于有(14)，(15)和(16)，公式(17)就给出 512

$$(\sigma_{AO})_{\Delta E} = \frac{\pi}{2} Q_{AJ} \frac{\Gamma_{OA}}{\Delta E}(n_J)_{\Delta E} \tag{18}$$

此处用了在(4)和(5)中引用的符号.

[稿第 12 页. 1.11.47.]如果势散射对复合体系的形成过程及其蜕变只有一种可忽略的影响，则公式(18)可以有一些很简单的应用. 第一，对于复合体系的明确分离的能级，我们可以取 $n_J=1$ 并像所预料的那样又得到公式(7).

然而，如果我们处理的是复合体系的连续能级区域，我们就可以写出

$$n_J = \frac{\Delta E}{D_J} \tag{19}$$

式中 $1/D_J$ 是每单位能量的态数,从而 D_J 可以看成角动量为 J 的相邻能级的平均“间距”. 在这种情况下,我们预期截面是随能量而很缓慢地变化的,从而可以把实际的截面 σ_{AO} 和它的平均值 $\sigma_{AO}^{(\Delta E)}$ 等同起来. 也必须记得,和在分立能级的事例中相反,量 Γ_{OA} 现在将本质地依赖于复合体系所由形式的方式,从而为了避免混淆,我们将加上一个上角标来指明形成模式. 在(18)中,分宽度是对处于统计平衡中的复合体系而言的,我们将用一个字母 M 来标明这一点. 于是(18)就变成

$$\sigma_{AO} = \frac{\pi}{2} Q_{AJ} \frac{\Gamma_{OA}^{(M)}}{D_J} \tag{$18'$}$$

我们在后面即将看到,把复合体系的形成模式考虑在内的这种慎重性并不是没有必要的,而且,在连续能级区域中,$\Gamma_{OA}^{(M)}$ 是和按其他方式形成复合态时的对应量大不相同的.

5. 守恒定理对核过程的应用　　　　[稿第 13 页. 28. 10. 47.]

不必考虑核过程的任何细节,就可以简单地通过普遍守恒定律对任一给定嬗变过程的应用,来得出关于出现在公式(1)和(2)中的那些量的某些重要结论. 为此目的,只要把所涉及的核的初态和末态的能量及角动量考虑在内,并在离体系重心的距离比核线度大得多处考虑和入射的及放出的物质粒子或光量子相对应的平面波或球面波也就够了. 除了由角动量的守恒可以推得的那些众所周知的选择定则以外,我们事实上可以根据应用在每一种粒子上的量子力学连续性方程,来推出入射粒子的弹性散射截面和原有核的总嬗变之间的一个普遍关系式.

513

为了避免不重要的复杂性,我们将暂时假设原有核的自旋 j 和入射粒子的内禀自旋 s 都为零. 于是,在体系重心为静止的参照系中,在离重心的距离远大于核线度的地方,入射粒子和散射粒子的波函数就将简单地由下式给出:

$$\varphi = \exp[ikr\cos\theta] + \frac{1}{r}\exp[ikr]S(\theta) \tag{20}$$

[稿第 14 页]式中 $\hbar k$ 是粒子的动量,而 θ 是从重心画起的矢径和入射方向之间的夹角. 第一项代表一个单位密度的入射平面波,而第二项则代表和弹性散射相对应的外向波. 按归一化的带谐函数展开

$$\varphi = \sum_l \varphi_l c_l P_l(\cos\theta) \tag{21}$$

式中

$$c_l = \{4\pi(2l+1)\}^{-1/2} \tag{22}$$

我们就得到⑧

$$\varphi_l = \frac{1}{r}\sqrt{Q_{Al}}\Big\{\frac{1}{2\mathrm{i}}\exp[\mathrm{i}kr] + \frac{1}{2\mathrm{i}}\exp[-\mathrm{i}(kr-l\pi)] + S_l\exp[\mathrm{i}kr]\Big\} \tag{23}$$

式中

$$Q_{Al} = \frac{\lambda^2}{\pi}(2l+1) = 4\pi(2l+1)/k^2 \tag{24}$$

而复数量

514

$$S_l = s_l\exp[\mathrm{i}\delta_l] \tag{25}$$

则确定第 l 级的散射波，s_l 是振幅而 δ_l 是它的周相.

(23)括号中的前两项分别是入射波的第 l 级分量所能分解而成的外向波和内向波. 于是，波分量 φ_l 就可以看成一个内向波

$$\varphi_l^{(\mathrm{in})} = -\frac{\sqrt{Q_{Al}}}{2\mathrm{i}r}\exp[-\mathrm{i}(kr-l\pi)] \tag{26}$$

和一个外向波

$$\varphi_l^{(\mathrm{out})} = \frac{\sqrt{Q_{Al}}}{r}\exp[\mathrm{i}kr]\Big(\frac{1}{2\mathrm{i}}+S_l\Big) \tag{27}$$

的叠加. 由于带谐函数的正交性，和(8)相对应的总的径向通量将由(21)中各项的贡献 R_l 的总和来给出.［稿第 15 页］显然我们有

$$R_l = R_l^{(\mathrm{out})} - R_l^{(\mathrm{in})} \tag{28}$$

式中 $R_l^{(\mathrm{in})}$，$R_l^{(\mathrm{out})}$ 分别是波 $\varphi_l^{(\mathrm{in})}$，$\varphi_l^{(\mathrm{out})}$ 的贡献. 如果 v 是入射粒子的速度，我们就分别得到

$$R_l^{(\mathrm{in})} = \frac{1}{4}vQ_{Al}$$

和

$$R_l^{(\mathrm{out})} = vQ_{Al}\Big\{\frac{1}{4}+|S_l|^2-\frac{1}{2\mathrm{i}}(S_l-S_l^*)\Big\} \tag{29}$$

⑧ Mott & Massey, Atomic Collisions, Oxford 1933, p. 22.

式中的星号表示复共轭量.

假如碰撞的唯一可能结果就是入射粒子的一种简单的弹性散射,我们就将有 $R_l=0$,从而由(28)和(29)就得到

$$|S_l|^2=\frac{1}{2\mathrm{i}}(S_l-S_l^*) \tag{30}$$

515 再利用(25),我们就得到众所周知的公式

$$S_l=\sin\delta_l \tag{31}$$

即散射波的振幅和周相移动之间的关系式.

如果碰撞也可以是非弹性的,引起有着能量损失的散射或引起嬗变,则总的内向通量 $-R_l$ 除以速度显然就将是涉及一个角动量为 $\hbar l$ 的中间态的一切这种非弹性过程的总截面 σ_{ATl}. 因此我们由(28)和(29)就得到

$$\begin{aligned}\sigma_{ATl}&=-Q_{Al}\left\{|S_l|^2-\frac{1}{2\mathrm{i}}(S_l-S_l^*)\right\}\\&=-Q_{Al}(S_l^2-s_l\sin\delta_l)\end{aligned} \tag{32}$$

此外,既然分波 φ_l 对弹性散射截面的贡献由下式给出:

$$\sigma_{AS}=Q_{Al}\ |S_l|^2=Q_{Al}s_l^2 \tag{33}$$

我们针对任何给定的[l],[稿第 16 页]就可得到一切非弹性过程及弹性过程的总截面和弹性散射截面之间的关系式

$$\sigma_{ATl}+\sigma_{ASl}=\sqrt{Q_{Al}\sigma_{ASl}}\sin\delta_l \tag{34}$$

这一普遍关系式的推论将特别简单,如果在和涉及复合体系之中间态的那些过程相比之下可以完全忽略势散射的话. 在这种情况下,按照第 3 节中的符号,(34)就简化为

$$\sigma_{AO}=\sqrt{Q_{Al}\sigma_{AA}}\sin\delta_{Al} \tag{35}$$

我们仍然考虑的只是入射粒子和初始核都没有自旋的事例,因此出现的量就是(24)而不是(5). 将(35)和(1)及(4)联系起来,就得到

$$\sigma_{AO}=Q_{Al}\frac{\Gamma_{OA}}{\Gamma_O}\sin^2\delta_{Al} \tag{36}$$

如果势散射是不可忽略的,我们就必须认为方程(20)中的波是由两个相干

516 球面波组成的:

$$S=S_{pl}+S_{Ol} \tag{37}$$

式中的 S_{pl} 起源于势散射，而其余的 S_{Ol} 则代表一个粒子从复合核中逸出的效应，该粒子和入射粒子种类相同并具有相同的能量. 在这种情况下，(32)必须写成

$$\sigma_{ATl}=-Q_{Al}\left\{|S_{pl}+S_{Ol}|^{2}-\frac{1}{2\mathrm{i}}(S_{pl}+S_{Ol}-S_{pl}^{*}-S_{Ol}^{*})\right\} \tag{38}$$

[稿第 17 页]现在，S_{pl} 代表一个可能的力学问题的解；在这个问题中，只有核的准静态势才会出现，但是核却被换成了一个不能发生任何嬗变的客体. 因此，守恒定理(32)必然也单独适用于势散射的结果

$$\sigma_{ATl}^{p}=-Q_{Al}\left\{|S_{pl}|^{2}-\frac{1}{2\mathrm{i}}(S_{pl}-S_{pl}^{*})\right\} \tag{39}$$

式中 σ_{ATl}^{p} 代表角动量为 $l\hbar$ 的一个粒子的非弹性势散射截面. 正如我们在第 2 节中已经指出的那样，弹性散射也可能必须被包括在势散射中. 然而，如果我们不考虑这种效应，我们就由(39)得到

$$|S_{pl}|^{2}=\frac{1}{2\mathrm{i}}(S_{pl}-S_{pl}^{*}) \tag{40}$$

或者，如果我们写出

$$S_{pl}=|S_{pl}|\exp[\mathrm{i}\delta_{pl}] \tag{41}$$

(40)就会变得等价于

$$|S_{pl}|=\sin\delta_{pl} \tag{42}$$

于是我们就可以把(38)写成下列形式：

$$\sigma_{ATl}=-Q_{Al}\{|S_{Ol}|^{2}-|S_{Ol}|\sin\delta_{Ol}\} \tag{43}$$

如果我们用下列关系式来定义 δ_{Ol} 的话：

$$S_{Ol}=|S_{Ol}|\exp[\mathrm{i}(\delta_{Ol}+2\delta_{pl})] \tag{44}$$

方程(43)和(32)是同一个方程，但却是单独适用于只通过复合核的形成来进行的那些过程的. (44)表明，起着周相作用的那个量是受到势散射的影响的. 517

[稿第 18 页]如果势散射也能造成非弹性散射，它就也会对(38)的左端有贡献，而(40)也就必须用更复杂的(39)来代替. 在这些条件下，预料有一个型如(43)的关系式是仍然合理的，但是要证实这一点将要求一次更详细的研究. 于是，即使当存在势散射时，我们仍然可以使用关系式(35)和(36).

方程(35)显然蕴涵一个不等式

$$\sigma_{AOl}^{2}\leqq Q_{Al}\sigma_{AAl} \tag{45}$$

式中的等号适用于 $\delta_{Al}=0$ 时的情况. 我们在下一节中即将看到，这就是完全共

振时的情况.

如果可以把核看成一个半径为 R 的球,而且波长远小于 R,那么人们就很清楚地知道,只有满足不等式

$$l \leqq kR = \frac{2\pi R}{\lambda} \tag{46}$$

的那些角动量才会以可觉察的几率出现在一次碰撞中. 于是总的碰撞截面和弹性散射截面就分别是

$$\sigma_{A总} = \sum_{l=0}^{kR}(\sigma_{ATl} + \sigma_{ASl}), \qquad \sigma_{AS} = \sum_{l=0}^{kR}\sigma_{ASl} \tag{47}$$

将(34)代入,就得到

$$\sigma_{A总} = \sum_{l=0}^{kR}\sqrt{Q_{Al}\sigma_{ASl}\sin^2\delta_l} \tag{48}$$

或

$$\sigma_{A总}^2 = \left\{\sum_{l=0}^{kR}\sqrt{Q_{Al}\sigma_{ASl}\sin^2\delta_l}\right\}^2$$

[稿第 19 页]各乘积之和的平方小于平方之和的乘积:

$$\sigma_{A总}^2 \leqq \sum_{l=0}^{kR}Q_{Al}\sum_{l=0}^{kR}\sigma_{ASl}\sin^2\delta_l \leqq \sum_{l=0}^{kR}Q_{Al}\sum_{l=0}^{kR}\sigma_{ASl} \tag{49}$$

518　利用(24)和(47),就有

$$\sigma_{A总}^2 \leqq 4\pi R^2\sigma_{AS} \tag{50}$$

利用初等代数学就能由此推知,非弹性截面 $\sigma_{A总} - \sigma_{AS}$ 绝不能超过 πR^2 这个值,而且只有当弹性截面 σ_{AS} 具有同值时才能达到这个值.

初看起来,最后这一结果在宏观黑体球的事例中显得是很奇怪的,这种球体显然有一个等于 πR^2 的非弹性截面,但是人们通常却不认为它也有同样大小的弹性截面. 这一表观困难的解决存在于这样一个事实中:入射平面波加上散射波必须对物体后面的阴影作出说明,从而散射波的主要函数应该抵消位于物体后面的那一部分入射波. 显然,为此目的,恰恰就需要一个强度为 πR^2 的波. 尽管如此,人们仍然可以应用通常的论点,而按照那种论点,$|S|^2$ 可以被诠释为一种散射波. 人们只须记住,这个散射波是集中在一个指向前方的张角具有数量级 λ/R 的锥面中的,于是由测不准原理就很容易看出,只有在离散射中心的距离大于 R^2/λ 处,这种散射才能作为这种情况来加以观察. [稿第 20 页]对于宏观物体来说,这通常是超出于实际上有兴趣的范围之外的,但是由核引起的散射却永远

是在远远超出这一临界距离的地方来观察的. 因此人们就可以毫无疑义地把整个的截面$|S|^2$ 诠释为起源于弹性散射,但是必须记得,对于短波来说,这种散射的一部分将通过较小的角度来进行,从而只有当用的是定向性相当好的粒子注时才能被观察到.

本节的结果也可以推广到入射粒子和初始核有自旋的事例中去. 在那种事例中,(20)中的波函数必须用描述着自旋之可能取向的一组函数来代替. 在那种情况下,我们只须把粒子既以不变的能量又以不变的自旋方向而被散射的那种碰撞看成弹性碰撞. 截面必须按粒子和核的初始自旋取向来求平均值. 于是就可以再次导出和(45)及(5)相仿的关系式,只不过Q_{Al}必须用在(5)中定义了的Q_{AJ}这个量来代替.

6. 普遍定理的推论

在明确分离的能级的事例中,不等式(45)是单能级公式(10)的推论,而特别说来,(13)就表明等号适用于最大共振的情况.

在连续能级区域中,我们已经指出量Γ_{OA}和Γ_O可能依赖于复合核所由形成的那一过程,从而我们又将用一个上角标来指明这一过程. 519

于是,(1)就更准确地变成

$$\sigma_{AB} = \sigma_{AO} \frac{\Gamma_{OB}^{(A)}}{\Gamma_O^{(A)}} \tag{51}$$

[稿第 21 页. 29. 10. 47.]而利用(20),就有

$$\sigma_{AB} = \frac{\pi}{2D_J} Q_{AJ} \frac{\Gamma_{OA}^{(M)} \Gamma_{OB}^{(A)}}{\Gamma_O^{(A)}} \tag{52}$$

把(51)及(52)和推广得包括了自旋简并性的(45)进行比较,我们就得到

$$\frac{\Gamma_{OA}^{(A)}}{\Gamma_{OA}^{(M)}} \geqq \frac{\pi}{2} \frac{\Gamma_O^{(A)}}{D_J} \tag{53}$$

因此我们就看到,$\Gamma_{OA}^{(A)}$和$\Gamma_{OM}^{(M)}$的区分是重要的,因为二者之间的比值当宽度$\Gamma_O^{(A)}$超过能级间距时必将变得很大. $\Gamma_{OA}^{(A)}$是二者中较大的一个,因为属于由过程A产生的给定能量的那种特定的波函数组合对通过过程A的蜕变也将比对通过其他过程的蜕变更加适合.

这一普遍结果在核光效应的讨论方面的应用,已经在别的地方给出了⑨.

---

⑨ N. Bohr, G. Placzek and R. E. Peierls, l. c.

LⅡ. 关于原子构造和核构造的试评述

未发表稿

1949

见本编《引言》第 6 节注⑭.

卷宗“关于原子构造和核构造的评述”,1949,包括一篇未发表论文的 3 份打字稿和 2 份复写纸打字稿,每份 4 页,有用铅笔和钢笔加上的一些次要修订.稿子是用英文写的.有一份文本中的一节是重新起草的.这份重新起草的稿子标有日期 1949 年 8 月 15 日,并且包含了关于不存在转动态的一句话.在此处所印的文本中,这一补充已经被包括进去了.除此以外,不同稿本之间的差别是纯文字性的.

此稿见缩微胶片 Bohr MSS no. 19.

523

关于原子构造和核构造的试评述

从经典力学的观点看来，原子的图景和核的图景是根本不同的. 前者类似于一个行星系，其空间线度比成分粒子的线度大得多；而后者则显示一种和液滴中的分子更相像的紧密堆积. 这些图景也给原子或核和快速粒子之间碰撞方面的某些典型特色提供了一种直截了当的解释. 然而，在量子力学中，一切形象化的考虑都是在本质上受到限制的，而最首要的就是，原子和核的惊人稳定性只能用基元过程的固有个体性来加以说明，而这种个体性是完全超出于经典的物理观念之外的.

在原子构造问题方面，量子力学的应用曾大大得益于——不管有多少新颖的特色——和形象表示保持某种简单对应关系的那种可能性. 例如，首先就是，有可能在很高的近似下把每一个电子在原子中的束缚情况比拟为一个粒子在由核和电子电荷分布所引起的力场中的束缚情况，而只有在计数这些态时才引用涉及电子的自旋性质的不相容原理.

在核构造中我们遇到这方面的一个新局势，那就是，量子力学的推论蕴涵了经典图景的一种所及更远的、几乎扩展到问题的每一方面的改变. 通过用类似于表示原子中的电子束缚态的方法来表示每一个质子和中子的束缚态，近来在说明许多的核性质方面取得了巨大的进步. 初看起来，这种进步似乎包含了和关于碰撞中的核反应的经验不相容的一些假设，[稿 第 2 页]那些经验表明了核物质对其能量可以和核组分的动能相比的那种粒子而言的不可穿透性. 然而，在更仔细的考虑下，这些论点却显得是不妥当的.

事实上，就高质量数的核的定态来看，各个核子的位置不确定性将蕴涵各核子间相互作用的描述方面的一种平均效应，其结果就是，这种相互作用可以在很高的近似下用一个力场来代表，该力场在核的内部有一个平滑变化的势函数. 这个力场主要取决于核内的密度分布和电荷分布，从而它在性质上也就依赖于核子结合的一般特色.

524

计算证明，和各核子的半独立态相对应的那些结合能将按一种和关于原子中电子束缚的方式有所不同的方式依赖于量子数，而特别说来，多数结合能都将具有相同的数量级. 在细节方面，我们必须照顾到粒子互相交换它们的态的那些交换效应,但是,尽管必须预料这种交换效应将比在孤立原子的构造中具有更大的影响,交换的周期却或许比轨道周期要长得多,从而这种效应应该只在很小的程度上影响根据分别结合的假设而估计出来的关于核性质的结论.

在核的激发方面,我们既遇到和原子激发的奇特差别,又遇到和原子激发的类似性.一方面,我们可以有较高的能态,在那种态中一个或多个核子具有和对应于最低能态的量子数不同的量子数.另一方面,我们可以有和核的界面的振动相对应的核受激态,而该振动的周期和核子的轨道周期相比通常是很长的,结果核子的运动在初级近似下就只能浸渐地受到影响.特别说来,[稿第 3 页]在这些条件下很显然的就是,不存在和整个核作为一个固体而转动的情况相对应的定态问题,从而核的角动量和自旋就将直接由个体核子的结合态的特性来确定.

在一个核和一个自由核子之间的碰撞问题中,我们在入射粒子的能量和束缚核子的动能相比是很大或很小的事例中将遇到根本性的差别.对高能来说,我们可以按照和高速电子穿透原子的类比来考虑对核的简单穿透以及和个体核子的激烈碰撞,这些效应在一定程度上可以进行具体表象,因为有可能借助于小于核线度的波包来近似地描述运动.

对小能量来说,一切的具体表象都不成立,于是,我们可以不再用那种常常用到的关于液滴俘获分子的比喻,而却更加恰当地勾画粒子被纳入于复合核中的那些阶段如下.在第一个阶段中,我们有粒子在核势中的一种半稳定结合态,其持续时间够长,以致可以和其他核子进行态的交换,结果就造成一种任何个体粒子都没有足以离开核的能量的状态.下一个阶段就是多余能量到整个核的振动激发能的转变,从这个态开始,要求整个过程之逆转的一次蜕变就是可能性更小的了.

在量子力学中,这样的阶段划分法当然是不能理解得太死板的,而且,只有在自由粒子和原有核的总能量对应于复合核的一个定态的那种事例中,我们才会有共振效应和相当大的核反应截面.不过,对于支配这种反应的那些定律的显著简单性来说,具有决定意义的只在于受激态的寿命和束缚核子的轨道周期相比是十分之长,[稿第 4 页]而此处这些评述的主要目的不过就是要指出这一条件和核构造的一般概念之间的无矛盾性而已.

525

527

LⅢ. 在 1952 年 6 月 3 日—17 日哥本哈根国际物理学会议上的讨论发言

见本编《引言》第 6 节注⑮.

此稿是据复印的会议报告集重印的. 报告集由 O・考菲德-汉森、P・克瑞斯登森、M・沙尔夫和 A・温特尔编辑(有玻尔的短序,p. 3),共 66 页.

玻尔的另一些发言见 p. 21(R・威耳孙的报告)、pp. 36—37(W・海森伯的报告)、p. 52(C・摩勒的报告)和 p. 57(A・维特曼的报告).

尼耳斯·玻尔在1952年哥本哈根会议上的讨论中的发言

W·考恩,《核对快电子的散射》,pp. 14—16. **讨论**,p. 16.

N·玻尔(哥本哈根)和**威耳孙**(康奈尔)强调了核半径定义中的变动范围. 有效半径可能强烈地依赖于所讨论的现象.

B·莫特耳孙,《核中的集体运动》,pp. 17—18. **讨论**,pp. 18—20(此处引文在 p. 19).

罗森菲耳德(曼彻斯特)问起这种模型在多大程度上是建筑在第一性的原理上的.

N·玻尔(哥本哈根)回答说,在我们的出发点是在不同种类的、无法直接结合起来的经验证据的那种知识领域中,看来是很难定义应该把什么理解为第一性的原理的. 迄今为止,一直不容易根据由自由核子之间的碰撞求得的证据来导出关于原子核中各个核子之结合情况的条件. 再者,在核形状的形变问题方面也必须记得,完全抛开这儿所讨论的证据不谈,核裂变的发现很清楚地表明了核的甚至更大的形变的可能性. 目前这种发展壳层模型以把和集体运动相联系着的核场形变考虑在内的尝试,看来或许将给不同类型的核现象的合理描述指示一个途径.

引　言

现将在本书第一编的《引言》中引用过的玻尔和别人的来往信件按其原文重印在这里,以通信人姓名的字母为序. 罗森菲耳德和戴耳布吕克的两封通信也收入了. 用斯堪的纳维亚各国文字写的信件后面附有英文译文,正如在以前几卷中一样,这种做法也适用于和海森伯及泡利的通信中的少数德文信件.

编者们曾经按照自己的判断径行改正了一些"明显的"错误,例如拼法上和标点上的错误. 然而我们曾经力图保留了"特征性的"错误.

在重印信件时,我们曾经力求把信头等等的排法弄得尽可能密切地和原信相对应.

所收信件前面的目录,列出了《引言》中引用有关信件处的页码*,从而读者很容易查到该信件被引用时的前后文.

小注编号重见于英译文中,而且有时也重见于同一通信选中的较后信件中.

[中译者按: 因受印刷条件的限制,中译本中不再重印原文. 原书本卷中未附英译本的德文信件由毕玫同志译出初稿,再由译者统校;这样的信件都在下面的目录中用星号(*)标出.]

---

* [中译者按: 都用原书页码,即中译本的边码.]

所收信件的目录

续 表

	原信页码	译文页码	引文页码
费米致玻尔,1939 年 3 月 1 日	553	—	62
玻尔致费米,1939 年 3 月 2 日	554	—	63
喇耳夫・H・否勒			
玻尔致否勒,1929 年 2 月 14 日	555	—	6
奥托・罗伯特・弗瑞什			
玻尔致弗瑞什,1939 年 1 月 20 日	556	557	(55)
弗瑞什致玻尔,1939 年 1 月 22 日	559	—	59
玻尔致弗瑞什,1939 年 1 月 24 日	560	561	(55)
弗瑞什致玻尔,1939 年 1 月 31 日①	58	—	58
弗瑞什致玻尔,1939 年 2 月 1 日①	58	—	58
玻尔致弗瑞什,1939 年 2 月 3 日	563	—	59
弗瑞什致玻尔,1939 年 3 月 15—18 日	565	—	(60)
乔治・伽莫夫			
伽莫夫致玻尔,1929 年 1 月 6 日	567	567	36
伽莫夫致玻尔,1932 年 12 月 31 日	568	569	(8)
玻尔致伽莫夫,1933 年 1 月 21 日	570	571	8
玻尔致伽莫夫,1936 年 2 月 26 日	572	573	20
沃尔纳・海森伯			
海森伯致玻尔,[1932 年]7 月 18 日	573	574	(12)
玻尔致海森伯,1932 年 8 月 1 日	575	576	12
玻尔致海森伯,1932 年 8 月 2 日	577	577	(12)
玻尔致海森伯,1934 年 4 月 20 日	578	579	13
玻尔致海森伯,1936 年 2 月 8 日	579	581	19,(76)
玻尔致海森伯,1936 年 5 月 2 日	582	583	34
海森伯致玻尔,1938 年 2 月 9 日	585	586	45

535

① 电报.

续　表

	原信页码	译文页码	引文页码
理论物理学研究所②			
玻尔致研究所,1939 年 1 月 30 日(1)	57	—	57
玻尔致研究所,1939 年 1 月 30 日(2)	57	—	57
玻尔致研究所,1939 年 1 月 31 日	58	—	58
玻尔致研究所,1939 年 2 月 3 日	59	—	59
玻尔致研究所,1939 年 2 月 9 日	588	—	(68)
研究所致玻尔,1939 年 2 月 15 日	588	—	(68)
玻尔致研究所,1939 年 2 月 16 日	589	—	(68)
玻尔致研究所,1939 年 2 月 19 日	589	—	(68)
研究所致玻尔,1939 年 3 月 13 日	589	—	(68)
玻尔致研究所,1939 年 3 月 15 日	590	—	(68)
536 **雅科布·克瑞斯先·雅科布森**			
玻尔致雅科布森,1939 年 2 月 13 日	590	591	(68)
弗雷德利克及伊伦·约里奥-居里			
玻尔致约里奥-居里夫妇,1932 年 4 月 30 日	591	—	(12)
奥斯卡·克莱恩			
克莱恩致玻尔,1935 年[12 月]③2 日	592	594	18
玻尔致克莱恩,1936 年 1 月 9 日	595	595	18
亨德瑞克·A·克喇摩斯			
玻尔致克喇摩斯,1929 年 11 月 30 日	第六卷 425	第六卷 427	7
克喇摩斯致玻尔,1936 年 3 月 11 日	596	597	25
玻尔致克喇摩斯,1936 年 3 月 14 日	598	600	(13),25
克喇摩斯致玻尔,1936 年 3 月 20 日	602	603	25

② 这些是电报或电报稿.并参阅弗瑞什、雅科布森和喇斯姆森各项.

③ 所标月份为 2 月(或误).见《引言》注㉝.

续表

	原信 页码	译文 页码	引文 页码
约翰·库达			
玻尔致库达*,1930年1月28日	605	—	7
沃尔夫冈·泡利			
玻尔致泡利,1929年7月1日	第六卷 441	第六卷 443	5
泡利致玻尔,1929年7月17日	第六卷 444	第六卷 446	5
泡利致玻尔,1938年2月11日	606	608	44
玻尔致泡利,1949年8月15日	第七卷	第七卷	79
鲁道耳夫·派尔斯			
玻尔致派尔斯*,1936年9月9日	609	—	38
玻尔致派尔斯*,1936年10月17日	610	—	32
派尔斯致玻尔*,1938年2月8日	611	—	45
玻尔致派尔斯,1939年6月6日	612	—	49
派尔斯致玻尔,1947年11月2日	613	—	(51)
派尔斯致玻尔,1948年2月6日	615	—	(51)
玻尔致派尔斯,1949年8月22日	616	—	51,(81)
派尔斯致玻尔,1949年8月26日	617	—	(81)
派尔斯致玻尔,1949年12月7日	619	—	51
玻尔致派尔斯,1949年12月17日	620	—	52
埃贝·喇斯姆森			
玻尔致喇斯姆森,1939年2月14日	621	623	(58)
喇斯姆森致玻尔,1939年2月20日	625	627	(68)
喇斯姆森致玻尔,1939年2月24日	629	630	(68)
喇斯姆森致玻尔,1939年3月3日	632	632	(68)
玻尔致喇斯姆森,1939年3月10日	633	635	68
喇斯姆森致玻尔,1939年3月24日	638	639	(68)

537

续　表

	原信页码	译文页码	引文页码
雷昂·罗森菲耳德④			
玻尔致罗森菲耳德,1936 年 1 月 8 日	641	642	19
玻尔致罗森菲耳德,1949 年 8 月 16 日	644	645	80
罗森菲耳德致玻尔,1949 年 8 月 19 日	646	647	80
玻尔致罗森菲耳德,1949 年 8 月 29 日	648	650	81
欧内斯特·卢瑟福			
玻尔致卢瑟福,1934 年 6 月 30 日	651	—	14
比约伦·特鲁姆培			
特鲁姆培致玻尔,1943 年 2 月 12 日	653	654	(42)
玻尔致特鲁姆培,1943 年 2 月 16 日	656	656	(42)
538　**约翰·A·惠勒**			
玻尔致惠勒,1939 年 7 月 20 日	657	—	71
玻尔致惠勒,1939 年 10 月 4 日(1)①	72	—	72
玻尔致惠勒,1939 年 10 月 4 日(2)	661	—	(72)
玻尔致惠勒,1939 年 12 月 16 日	662	—	72
惠勒致玻尔,1940 年 1 月 19 日①	73	—	73
惠勒致玻尔,1940 年 2 月 12 日①	73	—	73
玻尔致惠勒,1949 年 7 月 4 日	665	—	74
玻尔致惠勒,1949 年 7 月 13 日	665	—	(74)
惠勒致玻尔,1949 年 9 月 3 日	667	—	81
惠勒致玻尔,1949 年 12 月 12 日	668	—	82
玻尔致惠勒,1949 年 12 月 24 日	670	—	82

④　并参阅戴耳布吕克项.

通 信 正 文

汉斯·A·贝忒

玻尔致贝忒，1936 年 11 月 23 日

［复写件］

［哥本哈根，］11 月 23 日，［19］36

亲爱的贝忒：

非常感谢附有你的文稿和普拉才克文稿⑤的亲切来信，而卡耳卡尔和我都曾对论文大感兴趣. 在目前，我们正忙着准备我们关于核反应的工作的论述；这种论述的发表已经由于我的其他任务太多和今夏劳累过度而拖延了这么久了；很遗憾的是，这些原因也使我没能前去出席哈佛报告会. 你或许已经从普拉才克处得悉，我们曾经最感兴趣的就是要证明如何把核过程中的极端能量交换包括在一种合理的量子力学处理中，而借助于一种简化了的和在你的及普拉才克的工作中得到了更全面的应用的核模型，这种处理就导致一些公式在一种普遍基础上的建立，而那些公式和布来特及维格纳⑥所导出的公式类型相同. 此外我们曾经讨论了核反应的一些特色；对于这些核反应来说，能量交换的极端方便性使我们可以理解各式各样的迄今毫无解释的实验结果. 尽管我们的工作的前一部分将发表在哥本哈根科学院的《院报》上⑦，我们却发现更切实际的是首先在一篇即将出现在《皇家学会会刊》上的论文⑧中发表后面这些问题的一种更加定性的讨论；该文的底稿我们正在完成中，而且我们希望在不多几个星期内就能把它的一份稿子寄给你. 附带提到，我近来就核的激发及辐射的问题和派尔斯通了一

---

⑤ 第一编《引言》注㊾.

⑥ 第一编《引言》注㊽.

⑦ 第一编《引言》注㊻.

⑧ 这篇论文没有发表. 见第一编《引言》，原第 39 页.

些信[⑨],而按照我的理解,我们全都同意,按照你在你那篇很有兴趣的论文[⑩]中所试用的办法通过把核比拟为一种费米气体来对受激核的能级体制作出任何可靠的估计,是有巨大困难的. 在我看来,处理这一问题的唯一合理的办法似乎就是考虑核粒子的集体运动模式及其或多或少独立的组合,正如在我的《自然》文章中所指出的那样. 事实上,正如我设想你也已经使自己确信了的那样,根据简单的考虑就可推知,用这种办法得出的能级分布和能级间的辐射跃迁几率,都是近似地和实验相符的.

540

普拉才克或许也已经告诉你,卡耳卡尔和我打算在明年初春到美国来,在那儿,我们很希望在伽莫夫正在安排的 2 月的华盛顿会议上见到你,并盼望有机会和你更仔细地讨论讨论所有已经提到的这些问题.

我们两个都向你致以亲切的问候.

你的

[尼耳斯 · 玻尔]

菲力克斯 · 布劳赫

玻尔致布劳赫,1934 年 2 月 17 日

[复写件]

[哥本哈根,]2 月 17 日,[19]34

541

亲爱的布劳赫:

得到来信,欣喜莫名. 希望您的美国之行使你愉快. 斯坦福是一个迷人的城镇,有许多吸引人的人,而加利福尼亚则不但有很好的物理学,而且有很美的景物. 我的妻子和我坚信我们将在 1935 年夏天到达那里. 我刚刚已经写信给仁科芳雄去进一步了解日本的情况;一旦我们的旅行计划确定下来,我就会给您向斯坦福发信. 在那边重新见面将是很可喜的,而且我当然也用不着说,如果您愿意在这儿度过您那剩下来的洛克菲勒留学时间,哥本哈根将十分欢迎您前来. 至于物理学,我们当然正对原子核方面的持续的美妙进展抱有热情,尤其是对已经开拓了新的前景的那些在巴黎作出的最近发现. 我们大家当然都曾对费米的新论文[⑪]大感兴趣,此文无疑将对电性核问题方面的工作很有刺激作用,尽管我必须承认,对于中微子的物理存在我还没有充分确信. 在这种迅

⑨ 见"玻尔-派尔斯通信集".

⑩ 第一编《引言》注㊹.

⑪ 第一编《引言》注㉑a.

速发展的背景上，再去思索电子理论的那些佯谬可能会显得是不值一笑了，但是我还没有完全忘掉它们，而且，作为我们往日共同工作的一种追忆，我把昨天发给泡利的一封信的副本附寄给您⑫，而我也很想知道他会不会认为这是一种纯粹的不懂装懂. 当然，若能听到您对这一点有什么看法，我也将是很高兴的.

我们大家向您、并向费米多多致以问候.

您的

[尼耳斯·玻尔]

玻尔致布劳赫，1938 年 2 月 1 日 542

[复写件]

[哥本哈根，]2 月 1 日，[19]38

亲爱的布劳赫：

多谢您的亲切来信. 我意识到，您听到卡耳卡尔的突然逝世也会很伤心，而且不论对他的家人还是对我本人来说，了解到他在和你出游时昏倒的较早意外事件都是一种很可贵的信息；这种意外和他在多年以前和他兄弟们一起出游时发生的意外相似，但别人谁也不知道.

关于豪特曼斯和他的家庭，您和泡利听到一点都将是很高兴的，那就是，豪特曼斯夫人和孩子们已经得到去英国的签证，那里的科学和学习保护协会已经用了很大的精力来过问此事，而且已经向他提供了资助；一旦他的出境困难得到解决，他就可以到英国去继续进行他的科学工作了. 543

若能听到您和泡利及菲尔茨继续讨论的结果，我将是很感兴趣的. 联系到在波洛尼亚和玻特进行的讨论，看到一篇关于核光效应的小短文⑬可能会使您和泡利感兴趣；这篇短文是我刚刚寄给《自然》的，现在寄给您一份副本. 在我看来，论证不但从理论的立脚点来看是很自然的，而且这也是实验事实的一种很可取的描述，从而我将很乐于听到更有学问的先生们的批评. 谨向您和泡利以及所有在苏黎世的其他朋友们致以最亲切的问候.

您的

[尼耳斯·玻尔]

---

⑫ 1934 年 2 月 15 日玻尔致泡利. BSC，缩微胶片 no. 24.

⑬ 第一编《引言》注⑲.

布劳赫致玻尔,1938 年 2 月 15 日

[手写本]

苏黎世,15. II. 38

亲爱的玻尔教授:

衷心感谢您的最近来信和附寄的关于核光效应的文稿. 我当然对继续进行我们以前关于核的辐射本性的讨论很感兴趣,而且现在也已经和温采耳及泡利讨论了很多. 从一开始,我们遇到的困难就是不知道应该如何理解"具有奇异的辐射性质的特殊振动",而泡利也在所附的信件中向您坦白论述了他在这方面的想法.

我的态度也许更积极一些,因为我完全同意,玻特和根特诺的实验[14]在经验上就要求在高激发能级的连续区域中存在一些明确定义的态或态组,它们是和辐射之间有着特别强的相互作用的;因此我也承认,您在您的短文中已经找到了事实的一种很自然的描述. 但是对于一种"理论"来说,我却感到对作为依据的机制还缺乏了解,我觉得自己是和当我们谈论核的偶极辐射及四极辐射时处于相同的地位的. 如果人们很自然地把核看成电荷完全分布开来的一个小滴,则它的振动当然只会通过它的四极矩来和辐射相耦合,而如果各"特殊振动"应该有一个偶极矩,它们就不应该用一个液滴模型来处理了. 在我看来,这个模型似乎并不完全可靠,还不足以认为它的关于偶极矩为零的推论是完全肯定的,而如果人们要把一些特殊振动看成例外,我就确实会像泡利一样要求知道什么是它们的特殊地位的本性. 但是也许您的头脑中有一些完全不同的想法;不管怎样,我还是热切地盼望着您的更详细的论文.

544

我在十天之内即将离开;这次在欧洲的停留使我没能和您进行更长的交谈,实在遗憾得很,而从您的来信中更加了解了"哥本哈根精神",这就使我倍增感谢了.

多多致以衷心的问候.

您的

菲力克斯·布劳赫

再启者:今年夏天,外斯考普、普拉才克和喇比等人将在斯坦福开一次小小的物理学会议,我正在很高兴地等待着.

---

⑭ 第一编《引言》注⑱.

马科斯·戴耳布吕克

玻尔致戴耳布吕克,1936 年 3 月 18 日

[复写件]

[哥本哈根,]3 月 18 日,[19]36

亲爱的戴耳布吕克,

昨天上午,我收到了您和雷德曼先生所译我的《自然科学》文章的译文校样[15],经过我和卡耳卡尔及罗森菲耳德校订以后,现在寄还. 我们发现译文很精彩,但是也擅自建议了一些小的改动;这主要是在澄清原文方面作出的改动,在那些地方英文本是不够清楚易懂的. 我也希望您的艺术良心不要由于我们在少数几处把两个句子重新结合起来的建议而负担过重;在那些地方,在您的一般说来是很成功的和很受欢迎的努力中是把两个句子分开来的. 如果您同意这些建议,我们当然就不必再看更多的校样了. 正如我同时在给马提博士的信中谈到的那样,我也想指出,加在短文标题上的小注不仅是为了文献的意义,而且是为了使《自然》的编辑能够尽早地发表此文.

545

我们大家都向您致以衷心的问候.

您的

[尼耳斯·玻尔]

戴耳布吕克致玻尔,1936 年 3 月 20 日(邮戳)

[明信片]

亲爱的玻尔教授,我对您的改动甚感不满,而且我认为这些改动是对读者的犯罪. 然而,既然我认为使您相信您对德文的用法的欠妥当性是没有希望的,我已经原封不动地将校样交出去了;我只是从译者署名中划掉了我的名字,用以"象征性地"表示我的不同意.

祝好!

您的

M·戴耳布吕克

---

⑮ 第一编《引言》注㊶.

罗森菲耳德致戴耳布吕克,1936 年 3 月 22[?]日

[打字副本]

[哥本哈根,]22[?]/3,1936

亲爱的马科斯:

玻尔给我看了你的明信片.我们有关改笔的建议使你如此生气,以致不愿再对译文负责,这使我们很感难过.这将使玻尔实在伤心,因为他是很感谢你对他的论文的兴趣的.关于改笔,我们相信你在某些方面误会了我们的看法.作为外国人,我们绝没有批评乃至改善你的文笔的用意,尤其是因为我们一般说来是非常赞赏你的文字的.涉及的问题主要是澄清在英文版中不太清楚的几句话的含义;在某些地方,我们担心你所建议的语言上更完善的表达和我们所希望的语气分寸有些距离,特别是在那些和按照文章的性质只能间接提到的以前文献有关的地方.

546

玻尔在他的信中也许强调得不够的是,所有我们的改笔,都只是向你和雷德曼提出的建议,目的是使你们看到我们的思路所沿的是什么方向.如果你能对这些改笔再加润色,使它们在相应地方和我们大家都认为翻译得特别精彩的最后一部分同样地通顺,玻尔无疑是会特别高兴的.如果在这些难点上得不到你的帮助,那将是很遗憾的.

关于把分开的句子重新合并这一完全次要的问题,我们意识到你认为我们做得太过分了.我根据(关于玻尔书的法文译本的)亲身经验清楚地知道,人们起初会很冒然地把玻尔的句子分割开来,但是在回味以后却会发现,不削弱句子的原意,这就是很不容易做到的.我相信在这方面是没有办法的;读者只能使自己适应一个事实:通往玻尔思想的"via regia"(御路)[①]是不存在的.

我最首要的希望就是,这封信将能消除那种出乎我们意料之外的误解,并能劝你不再干脆拒绝在译文方面给予协助和参加署名.那将给我们大家,尤其是给玻尔带来很大的快慰.

罗森菲耳德

① [中译者按:via regia 为拉丁文,相当于英文的 the Royal Way.相传某国王曾问欧几里德,除了阅读《几何学原理》以外,有没有更简单的方法学习几何学.欧几里德回答说,几何学中没有"御路".意思就是,没有给国王准备的专用的学习途径.]

戴耳布吕克致罗森菲耳德,1936 年 3 月 25 日

[手写本]

格林瓦耳德,3 月 25 日,1936

亲爱的雷昂,

问题只是：我要绝对避免在语气分寸方面的合作.我无法觉察意义上的不同,我不关心它们的艺术价值,而且从清晰性和说服力的观点来看,我认为它们是不必要的.玻尔完全有权按他自己的方式来写作,但是他不能坚持让我和他争论语气分寸的问题,如果我为在这么大的代价下考虑语气分寸是错误的话.我把你们的稿子原封不动地寄走了,我相信这份稿子将使读者感到厌倦*.好在文章的基本想法是很简单的,多数读者最后是会掌握它的.正因如此,我认为这场严肃争论的整个问题都是没有价值的.但是我愿意在下星期在哥本哈根和你们继续争论(只争论原则,不涉及细节).第二份校样将于 4 月初印出,直到那时为止,不会有什么别的事情. 547

和你们讲和!

M. D

再启者：我觉得,你在这封动人的来信中所表达的那种伤心和忧虑是不必要的.有什么能比一场强烈的争论更加使人高兴呢?很久以来我就盼望有这样的争论了.

* 我用不着担心你们的德文不正确.自从 20 年代以来备受考验的遣词造句的一成不变,就是这一点的可靠保证.

保罗·A·M·狄喇克

玻尔致狄喇克,1929 年 11 月 24 日

[复写件]

[哥本哈根,]11 月 24 日,[19]29

亲爱的狄喇克：

我听到伽莫夫说,你现在已经又回到了英国,而且你在掌握你的电子理论中那些迄未解决的困难方面已经取得了进展.因为我们还没有听到任何细节,所以如果你能告诉我们一些你现在的看法,克莱恩和我将是很感盛情的.我近来曾对这些问题很感兴趣,而且我曾经想到,相对论式量子力学中的困难,也许和 β 射线蜕变中及星体内部的能量守恒方面的那些表观基本困难有联系. 我的看法是,你的理论中的那些困难,可以说揭示了一种对立,即以能量及动量的守恒要求为

548 一方而以各个粒子的守恒要求为另一方的那种对立. 于是,在通常的对应处理中同时满足这两种要求的可能性,就依赖于在非相对论式的经典力学中忽视电子构造问题的可能性. 在我看来,按照经典电动力学而指定给电子的那种有限的大小,可能就是关于协调上述两种要求的可能性界限的一种暗示. 只有在电子线度并不起什么作用的那些区域中,经典概念才应该为对应处理提供一个可靠的基础. 你自己当然知道那些巨大困难,即你的早期理论关于和电荷"正负号"改变相联系着的跃迁的那种不满意推论的无歧义诠释在这方面所遇到的困难. 这里不但涉及和辐射相联系着的那些跃迁,而且同样涉及静场中的跃迁. 关于辐射跃迁,和通常辐射概念达成对应关系的困难在很大程度上是由于,由寿命的短促性所造成的能量不准量甚至可以大于 mc^2. 因此,对于我们有可能必须在核问题中面对能量及动量的守恒原理的一种本质上的局限性一事,我是有准备的,从而我也很有兴趣地想要知道,你的新工作是引向这样的推论呢还是沿着不同的思路在进行的.

我们大家向你致以最亲切的问候.

你的最忠实的

[尼耳斯·玻尔]

狄喇克致玻尔,1929 年 11 月 26 日

[手写本]

圣约翰学院,剑桥

26-11-29

亲爱的玻尔教授:

多谢你的来信. 连续 β 射线谱的起源问题是一个很有趣的问题,而且它可能被证实为原子理论中的一个严重困难. 从前我曾经在卡匹察俱乐部中听过伽莫夫对你的观点所作的说明. 我自己对这个问题的看法是,我宁愿不惜一切代价来维持能量的严格守恒,而且甚至宁肯放弃关于物质是由分离的原子和电子所组成的那种概念也不肯放弃能量的守恒.

549 有一个简单的办法来避免电子具有负动能的困难. 让我们假设,波动方程

$$\left\{\frac{W}{c}+\frac{e}{c}A_0+\rho_1\left(\boldsymbol{\sigma},\ \boldsymbol{p}+\frac{e}{c}\boldsymbol{A}\right)+\rho_3 mc\right\}\psi=0$$

确实准确地描述单个电子的运动. 这就意味着,如果电子在开始时具有一个正能量,那就有一个有限的几率使它突然变到负能态中并把多余的能量以高频辐射的形式发射出去. 于是它就不能轻而易举地变回到一个正能态,因为要这样做它就必须吸收高频辐射,而实际上存在于自然界中的这种辐射并不很多. 然而,电子仍有可能增加它的速度(如果它能够从什么地方获得动量的话),因为通过增加速度它的能量将进一步减低,而电子也将发射更多的辐射. 于是,对电子来说,最稳定的态就是那些具有很高速度的负能态.

现在让我们假设,世界上有许许多多的电子,以致所有这些最稳定的态都被占据了. 于是泡利原理就将迫使某些电子留在不那么稳定的态中. 例如,如果所有的负能态和少数的正能态都被占据了,则这些具有正能量的电子将不能进行到达负能态的跃迁,从而就将表现得完全正常了. 负能电子的分布当然会有无限大的密度,但是这种分布将是十分均匀的,从而它不会引起任何电磁场,而人们也将不指望能够观察到它.

看来可以合理地假设,并不是所有的负能态都被占据,而是存在少数的空位或"空穴". 像一个 X 射线轨道一样可以用一个波函数来描述的这样一个空穴,将在实验上作为一个具有正能量的东西而出现,因为要使空穴消失(即把它填上)就必须把负能量放到它里边去. 另外也很容易看出,这样一个空穴将像具有一个正电荷那样地在电磁场中运动. 我相信这些空穴就是质子. 当一个具有正能量的电子掉到空穴中而把它填满时,我们就得到同时消失并以辐射的形式发射其能量的一个电子和一个质子.

我认为,可以按照这种办法来理解为什么人们实际上在自然界中观察到的一切东西都具有正能量. 人们也可以希望能够说明电子和质子之间的不对称性. 只要不考虑相互作用,就能得到电子和质子之间的完全对称性;人们可以把质子看成实在的粒子而把电子看成负能质子的分布中的空穴. 然而,当照顾到电子之间的相互作用时,这种对称性就被破坏了. 我还没有在数学上搞明白相互作用的后果. 重要的是"Austausch"(交换)效应,而我还没有能够得出这一效应的一种相对论式的表述. 然而我们可以希望,这一效应的正式理论将使我们能够计算质子和电子的质量比.

550

我很高兴地听说你将在明年春天访问剑桥,而且我正在盼望着你的来访. 致以亲切的问候.

你的忠实的

P·A·M·狄喇克

恩利科·费米

玻尔致费米,1939 年 2 月 1 日

[复写件]

[普林斯顿,]2 月 1 日,1939

亲爱的费米:

当我从华盛顿返回时,我得到了我告诉过你的那种设想的证实;就是说,迈特纳教授和弗瑞什博士在他们即将发表在《自然》上的短文[16]中确实建议了你及别的一些人所谈到的那种正好相同的实验;而且从我儿子的一封所标日期为 1 月 16 日的来信中,我也了解到弗瑞什当时已经能够证实高能碎片的存在了.因此,我就最强烈地感到了我在那么坚持地劝告图维和你在拿到迈特纳和弗瑞什的短文的实际正文以前不应该发表任何东西这件事上是多么地有道理,因为整个的想法只是通过作者们对我的盛意和信任的通知才在这个国家中引起了科学家们的注意的.我立即打电话向图维强调了这一点,并且把有关弗瑞什自己的实验的情况告诉了他.使我很担心的是,图维告诉我说和报界的联系已经进行到无法中止发表的地步,特别是哥伦比亚已经采取了步骤,要在《纽约时报》上发表你们的结果了.于是我又打了电话给培格喇姆,他立即同意了一种必要性,认为报纸上有关弗瑞什和迈特纳所预见的那种效应的任何报道都应该提到弗瑞什关于存在这种奇妙现象的那种原始证明.同时我也向哥本哈根发了一份电报,要求他们立即报告弗瑞什实验的进展情况.

你知道,培格喇姆按照要求改写报纸文章的企图是没有成功的.当他在昨天上午打电话来解释这一点时,我还没有从哥本哈根接到对我的电报的任何答复,因此我和他商定,暂缓在澄清事态方面采取任何更多的步骤,直到我从哥本哈根得到充分的信息时为止.今天上午,我收到了弗瑞什的如下电报;

551

> 线性放大器演示了铀和钍的强电离破碎核,详情见信.二十秒新实验演示破碎是在五十分之一秒内.

我希望在星期六见到你以前能收到电报中所提到的那封信,那样我们就可以更

---

⑯　第一编《引言》注⑱.

好地和培格喇姆讨论补救这一最不幸局面的适当办法,而我只怕在此期间这种局面已经在斯德哥尔摩和哥本哈根引起了很大的慌乱.事实上,美国方面的任何这种轰动性的新闻,通常都会立即打电报通知那边的报纸,而那些报纸十分可能还对迈特纳和弗瑞什的原始发现毫无所知,因为我们的实验室没有直接向报社通报消息的习惯.最好的解决办法也许是由我在《科学》上发表一篇文章来从实验的以及理论的观点谈谈整个新发展,这就将给我一个机会来使每一位有关人士都得到应有的荣誉.我刚才已经在电话中和图维谈过了,他也强烈地建议这样做,因此我将努力在星期六以前写好这样一篇文章.

自从我们在华盛顿见面以来,我自己在关于重元素之势垒效应的估计方面颇有进步.特别是关于稳定性的考虑,即不仅是 U^{238} 的,而且还有这种元素及其他重元素的一切同位素的稳定性的考虑,对我在华盛顿表示过的看法作出了强有力的支持.也许我很快就有条件和惠勒一起对在我的《自然》短文⑰中指出的那些看法发表一种更详尽的说明.我用不着说我多么盼望当在纽约见面时和你讨论这些问题了.

致以最亲切的问候.

你的

尼耳斯·玻尔

再启者:根据今天下午我和培格喇姆的电话交谈,你可能已经知道了这封信的大部分内容.但是,考虑到弗瑞什电报的一份直接抄本可能对你有用,我还是决定把这封信寄给你.培格喇姆和我也谈到了立即向美国报界通报更多信息的适当性,他说他将和你讨论这个很微妙的问题.既然我没有再从他那里听到什么情况,我猜想你们也许觉得最好是到星期六再在这方面作出决定,那时就将从哥本哈根收到更多的信息了.

玻尔致费米,1939 年 2 月 2 日 552

[复写件]

[普林斯顿,]2 月 2 日,1939

亲爱的费米:

今晨收到图维寄来的 1 月 30 日的《科学服务》⑱,使我大大松了一口气.通

---

⑰ 第一编《引言》注⑲.

⑱ 第一编《引言》注⑯.

过图维在《科学服务》上的盛情介入，在哥本哈根作出的一些最早的实验，被直接联系到弗瑞什和迈特纳提出的关于哈恩的结果的说明而进行了介绍. 我确实感到，通过各方面对我表示的亲切理解，每一位有关人士的应有荣誉现在得到保证了. 我知道你能够理解，我并没有不恰当地强调个人问题的意图，而我只是担心一些本身都极为愉快的情况的不幸交汇将引起那些曾经信任了我的朋友们和合作者们的不愉快.

谨向培格喇姆教授和你本人致以最亲切的问候，并盼望星期六上午和你们两位见面.

你的

尼耳斯·玻尔

玻尔致费米，1939年2月17日

［复写件］

［普林斯顿，］2月17日，1939

亲爱的费米：

在访问哥伦比亚时能够听你谈到那里的实验进展情况，这是我的一大快事，而我想你听到一个情况也许会感兴趣，那就是我刚刚收到哥本哈根的一份电报，带来了下列的信息：

> 雅科布森用4.5 MeV的氘核激发了铀并收集到显示相同衰变的反冲物质. 高电压部的锂氘中子打破铀钍而不打破从铋到铂. 锂质子 γ 可能打破铀的实验继续进行了.

我几乎用不着说，有机会再次和你讨论裂变问题的理论方面，这也是我的一大快事. 当然，我完全理解你怀疑我的裂变机制观念的那些论点的坚实性，直到在比较由热中子引起的和由快中子引起的核碎片的统计分布方面作出了更进一步的实验时为止. 我希望这样的实验将很快地出现；无论如何我已经把我的短文[19]的一份副本也寄往了哥本哈根，并且促使他们尽早地在那儿认真寻索这些贡献之间的［可能的］差别. 至于裂变几率随能量及随质量数和电荷数的变化，我也希望他们很快就将在哥本哈根作出关于铀中和钍中的裂变比值随中子速度的变化情况的足够准确的测量，以便更多地了解裂变几率是怎样在快中子区域中随能量

553

⑲　第一编《引言》注⑮.

而变化的. 在这方面,我设想我们在美国物理学会的纽约会议上再见面以前,哥伦比亚小组的实验也将得出新的重要证据.

谨致最亲切的问候,培格喇姆和邓宁统此.

你的

[尼耳斯·玻尔]

费米致玻尔,1939 年 3 月 1 日

[打字件]

河滨路 450 号

纽约,3 月 1 日,1939

亲爱的玻尔教授:

邓宁和我当然都很乐于在我们寄给《物理评论》的信[20]中作出你在星期六向邓宁建议的那些变动. 可惜的是,我们从密切耳小姐处得知这已经来不及了,因为校样已经在上星期五通过了. 因此,那封信将按原稿付印. 无论如何,在我看来,我们对问题的"历史"作出的简短论述是相当准确的,而且我可以向你保证,不论是邓宁还是我,在赋予哈恩、斯特拉斯曼、弗瑞什和迈特纳以他们的荣誉方面都是很小心的.

按照邓宁告诉我的他和你交谈的情况,你似乎认为承认哈恩发现了分裂过程并承认弗瑞什和迈特纳总结了使这种分裂过程成为可理解的能量关系,是不十分公允的. 现在我重读了哈恩的论文[21],并且在那里发现了一种很清楚的建议,即过程应该是铀核分裂成接近相等的两部分. 关于哈恩这种说法在多大程度上受到了他和丽丝·迈特纳及弗瑞什的有关这一课题的通信的影响,我当然是说不出来的,因为他并没有提到这一点. 但是,从已经写出的那些论文的证据来看,我觉得我们所说的话似乎是相当准确的.

554

我确实因你对此竟然持有不同的观点感到非常遗憾. 而且无论如何我希望你会同意,我们并没有力求造成一种印象,即我们对这个问题作出了比我们实际作出的更大的贡献,而我们的贡献当然是很小的.

致以最好的问候.

你的忠实的

恩利科·费米

---

[20] 第一编《引言》注⑪.

[21] 第一编《引言》注96.

玻尔致费米,1939 年 3 月 2 日

[复写件]

[普林斯顿,]3 月 2 日,1939

亲爱的费米,

多谢你的亲切来信.正如我在上星期六和邓宁交谈时对他说过的那样,我最充分地领会到了你们在致《物理评论》的信中给予和新的奇妙发展有关的每一位人士以应有荣誉的那种公允性和豁达性,而你和他对这种发展也是贡献很大的.我之所以建议作一些十分不重要的改动的唯一原因,不过是邓宁在 2 月 20 日的一封信中提出的直接要求而已.

我和他详细谈过的而我从你的来信看来恐怕他并没有完全理解我的意思的那个问题,就是在这件事上可以认为什么是迈特纳和弗瑞什的功绩的问题.在你们给《物理评论》的信中,只承认了他们关于能量释放的那种说法,而我觉得这在某种方式上几乎是太过分了,因为这一点在每一个最初相信裂变现象的人看来都会是不言自明的.在我想来,他们的功绩却在于曾经如此全面地把握了裂变概念,而且对能量释放的机制作出了如此合理的以致可以立即唤起所有物理学家的兴趣的一种解释.无论如何,这就是我的个人体会,而且也是普林斯顿这里的人们的印象.正如普拉才克可能已经亲自告诉你的那样,甚至对他那样一个在核理论方面很有经验的人来说,整个的现象也确实曾经显得是如此地奇怪和无法解释,以致他在第一次得悉哈恩的实验时曾经拒绝相信它.

555 至于哈恩和斯特拉斯曼的功绩,我当然完全同意你和邓宁的看法,而且我不明白是什么东西曾经使你们相信我持有不同的观点.即使像我在华盛顿和你交谈时在毫无第一手知识的情况下作为一种可能性而提出的那样,迈特纳和弗瑞什的热烈兴趣曾经加强了哈恩对他的惊人发现的信心,那也将完全是在亲密朋友之间交换看法的问题,而根本不会对哈恩和斯特拉斯曼在他们的伟大发现方面的功绩有任何影响.

谨向你和邓宁致以最亲切的问候.

你的

[尼耳斯·玻尔]

喇耳夫·H·否勒

玻尔致否勒,1929 年 2 月 14 日

[复写件]

[哥本哈根,]2月14日,[19]29

亲爱的否勒:

首先我要祝贺你完成了你的巨著[22],并感谢你惠寄此书.这是一件了不起的工作,肯定会受到所有物理学家的最大欢迎.我自己正盼望从书中学到更多的东西,而在此地的研究所中,关于你的著作对打算从事统计学专业的学生们可以多么有用,我们已经有了经验了.

伽莫夫曾经对他去剑桥的访问感到最强烈的满意.他于前天回到哥本哈根,并且一直把他所有的新经验讲给我们听.联系到卢瑟福用 α 射线轰击原子核而引起质子被放出的新实验,我曾经纳闷他是不是认为实验排除了一种可能性,即观察到的质子速度分布可能起源于所得核的不同的分立激发阶段,而和这种激发相伴随的 γ 射线发射则在观察中被漏掉了.如果甚至在质子转变中我们都看到一种能量定义的欠缺,新的侧面似乎确实就会显示出来.近来我曾经对守恒定理在相对论式量子理论中的一种可能的局限性考虑了很多,而且我们正在讨论,在反向的 β 射线转变中,我们是否可能找出艾丁顿星体构造理论所要求的那种神秘的能源.

除此以外,这些天来我正在力图完成一篇关于量子理论之哲学方面的小短文[23],我希望这篇短文不会被认为过于形而上学化.一旦我写完这篇短文,我将再写信告诉你更多的东西.今天我最主要的是要感谢你的赠书. 556

马格丽特和我谨向爱琳和你本人以及卢瑟福夫妇致以最亲切的问候.

你的

[尼耳斯·玻尔]

奥托·罗伯特·弗瑞什

玻尔致弗瑞什,1939年1月20日

[复写件]

高级研究所

普林斯顿

1月20日,1939

亲爱的弗瑞什: 557

在旅途中,我曾对由哈恩的重核实验开辟了的那些奇迹般的新前景想了很

---

[22] R. H. Fowler, *Statistical Mechanics*, Camb. Univ. Press, 1929.

[23] 可能是指 N. Bohr, *Wirkungsquantum und Naturbeschreibung*, Naturwiss. **17**(1929)483—486. 见本书第六卷原第201页.

多,而我现在希望他的实验结果是完全肯定的. 从您第一次告诉我这件事情的时候起,我就同意了您和您姨母的思考方向,但是在航程中,我曾经有一瞬间觉得

558 很难理解一次比较小的扰动怎么会那么完全地改变一个重核的稳定性. 中子撞击以后的第一个阶段,在这一事例中肯定也将是复合核的一次较小的加热. 然而,简单的解当然就是,在核的以后的行为中,我们遇到的是核的各自由度间能量分布的一种涨落的结果,而这种涨落在原理上是和导致普通蜕变的那些能量分布涨落没有重大差别的,尽管其结果是那样地大不相同.

我可以想象,这个观点可能会使您和您姨母那篇短文的读者们感兴趣,因此,我一来到普林斯顿就写了一篇短文㉔,现将此文和一封给编者的信都随信寄上. 我想请您让舒耳兹太太把这些东西寄出去,如果像我希望的那样哈恩的文章已经问世而您和您姨母的短文也已经寄给《自然》的话. 我将很高兴得到你的来信,不论是有关这一课题的新消息,还是研究所中的研究进展情况,我虽身在万里之外也是很关心地注视着的. 我也衷心希望您很快就能告诉我有关您的家庭的好消息. 我和罗森菲耳德一起向您和研究所里的每一个人致以最热切的祝愿.

您的忠实的

[尼耳斯 · 玻尔]

再启者: 正如我在给伽耳先生[《自然》的编辑]的信中所写的那样,我将请您代看校样并把它寄还给《自然》,如果在此期间没有任何意外的发展的话. 如果是这样,我希望您能立刻来信,以便我能在您收到校样以前回信,或者您也可以在一段时间以后让舒耳兹太太给我打一份"迟发的"电报,来把有关的信息告诉我.

再启者: 刚才我已经在《自然科学》上看到了哈恩和斯特拉斯曼的文章㉕,它很自然地立刻就在这里的研究所中引起了许多的讨论. 这里的人们正在考虑做实验来发现和短寿命产物相对应的快速 β 射线,那些短寿命产物是应该由铀核的分裂直接造成的. 在下一封信中我将更多地谈谈此事.

559 **弗瑞什致玻尔,1939 年 1 月 22 日**

[打字本,有手写的补充]

㉔ 第一编《引言》注⑲.

㉕ 第一编《引言》注⑯.

哥本哈根，22.1.1939.

Modtaget［收到］2-2 1939

亲爱的玻尔教授：

请原谅我用英文写信，因为虽然我讲起丹麦语来十分容易，但是我发现写丹麦文却很困难，特别是在关于科学的方面.（而且我的打字机上也没有丹麦文字母.）

随函寄上我在几天以前寄给《自然》的两封信的副本㉖.第一封信你在离开以前曾经看过；它已经由于增加了细节而加长了一些，但是我希望它在别的方面是或多或少遵循了我们在卡尔斯伯交谈时你给我的建议的.第二篇论文包括了一个实验的报道，那个实验是我决定在1月12日星期四进行的；我很幸运地在第二天就得到了正面的结果，并在随后的三天中证实了也得出了它的细节，于是我在星期一晚上寄出了那些信.昨天我收到了校样，并于昨晚把它们寄回去了；因此我希望两篇论文都将很快地刊出.（当然这里再也没有什么“Tavshedspligt［秘密］”了！哈恩的论文在你起程的那天就问世了.）能够这么快地做成这个实验，这真有意思，但是现在当然有许多东西需要更仔细研究了.其次就是，我将试图用一个很薄的铀层（或钍层）来做实验，以便从它发出的粒子可以实际上没有能量损失；这就将使我们能够通过记录电离脉冲的大小来测定能量组，并从而确定分裂的模式（即两部分的质量比；是存在一个接近唯一的“分裂线”还是会出现质量比的一个广阔范围.）另外，这个实验也应该使我们能够测定铀核对这些“裂变”过程而言的有效截面（我不知道你是否喜欢“裂变”［即fission］这个词；这是由生物化学家阿诺耳德博士提出的，他告诉我说这就是细菌分裂的通常名称）.根据我现在用一个厚的铀层做的实验，并且在关于由裂变得出的粒子在空气中有4毫米的射程的假设下，得到了等于1.5×10^{-25}厘米^{2}的截面，这对在铀中得到的一切放射性（包括最强的“铀后”放射性在内）来说都是和哈恩、迈特纳等等求出的值确切符合的.然而，这个截面却比铀的总截面（约为15×10^{-25}）小得多.我起初对此感到意外，但是人们也许将根据“液滴”模型预料到这一点，因为一个粒子在打中一个液滴时将激发许多不同的振动，而其中只有那些和级次最低的球谐函数相对应的振动才有利于液滴的一分为二. 560

当然，人们必须看看除了铀和钍以外的其他元素是否也显示这一现象.我曾经把铅放在云室中，得到了负结果，但是这个实验（以及用Bi，Tl，Hg，Au等等做的实验）将更加仔细地重做，而且也许用来自我们的高压管的由Li+D而引起的快中子来重做，而比耶尔基告诉我，那个高压管在不多几天之内就可以弄好，

㉖ 第一编《引言》注㊿.

可以工作了. 我们也想到了探求由来自 Li+H 的硬 γ 射线所引起的裂变. 此外我们也打算进行在我致《自然》的信的末尾指出了的那种实验,也许和迈特纳教授合作,即把辐照后的样品寄给她(用航空邮寄)去进行物理的和化学的考察.

就这样,看来这种新现象开辟了相当数量的工作的可能性. 但是别的事情当然也不能忽略. 回旋加速器经过一段全面检修以后又开始工作了;我想雅科布森博士已经将此事写信告诉你了. 这几天来,用于中子磁矩的磁铁正在铸造. 赫尔辛堡的西蒙斯博士已经开始工作;他将要测量相对于银和碘的共振中子而言的质子(在水中)的散射截面,那些中子具有比质子的化学结合能高得多的能量.

致以最良好的问候,并问候艾里克.

你的忠实的

O·R·弗瑞什

玻尔致弗瑞什,1939 年 1 月 24 日

[复写件]

[普林斯顿,]1 月 24 日,1939

561 亲爱的弗瑞什:

我希望您已收到我在前天寄给您的信,信中附有一篇关于新的核分裂过程的小短文. 我还没有收到研究所的任何来信,而且我特别急于想看到您和您姨母

562 给《自然》的信的最后形式,它的副本是您答应寄给我的. 因此,我还不知道你们在自己的短文中是否进行了和我在拙文中概述了的那些考虑相似的考虑,也不知道我的短文是否包含了足够新的材料而可以发表. 然而我的意图也首先只是使我自己和别人弄明白一点,即在你们对新过程的解释和通常嬗变过程所显示的核反应机制的一般特色之间并不存在任何的矛盾.

我的短文中可能引起误解的一句话,就是两种过程在重核中的出现次数的比较. 我所要说的只是,关于"铀后元素"的较早考察的某些特色应该还是对的,从而辐射性中子俘获的次数至少应该是可以和新分裂过程的次数相比的. 此外,我越考虑到原因,就越清楚地意识到,在关于表面张力的一切考察中,人们在比较典型短程力的效应和电斥力的效应时必须很小心,因为二者对核的稳定性的影响是有着本质上不同的品格的. 若短文最终是要发表的,我就想请您至少在校样中加上写在附寄的副本页边上的关于上述各点的这些小的改正. 我想请您先不要退还校样,直到我收到您的信并看到一份您和您姨母寄出的短文而再写信给您时为止.

正如我在上一封信中已经提到的那样,这里研究所中的物理学家们对整个的问题甚感激动,而且我已经做了一些用实验来演示那些寿命很短的放射性物

质的准备工作,而那些物质的形成应该是新型分裂过程的直接结果.如果这种演示能够成功,它就将是考察有关核分裂发生条件的许多问题的最简单和最直接的方法.我也和惠勒合作,开始了关于新的核嬗变摆在我们面前的各式各样理论问题的一种更彻底的研究.我当然很有兴趣更多地听到您自己曾经在一个方面或别的方面有过什么想法,正如我正在热切地等着听到研究所中一切研究的进展情况一样.

多多致以亲切的问候.

您的忠实的

[尼耳斯·玻尔]

弗瑞什致玻尔,1939 年 1 月 31 日 563

[电报]

全文见本卷原第 58 页.

弗瑞什致玻尔,1939 年 2 月 1 日

[电报]

全文见本卷原第 58 页.

玻尔致弗瑞什,1939 年 2 月 3 日

[复写件]

[普林斯顿,]2 月 3 日,1939

亲爱的弗瑞什:

我用不着说你的最重要的发现使我怎样高兴到极点,为此我衷心地向你祝贺.我刚刚和你的 22 日的来信一起收到你姨母和你本人的两篇短文的副本;这两篇文章不论在形式上还是在内容上都确实是最精彩的,而且我当然对你在来信中提到的整个实验纲领极感兴趣.关于结果的理论解释以及要澄清"裂变"机制还将需要一些什么实验,我自己也一直考虑得很多.当我刚刚在轮船上有一点安静时间来考虑这整个的问题时,引起我的注意的就是能量在复合核之或多或少耦合着的振模之间的统计分布的涨落在理解重核的稳定性及其由较小激发引起分裂的容易性之间的对立方面的那种本质上的重要性.当时我确实考虑了相同的一点,和你在来信中提到的特殊的振模可以被直接撞击所激发的那种方式恰好相同,而且我当时就意识到,用这种办法估计出来的裂变几率是太小的.我写了一篇短文[27],来使人们注意到这一点,它在指示进一步的实验研究方面可能是有决定意义的;同时也为了强调新发现的重要性,而正如后来的经验已经证明的那样,这种强调几乎是不必要的了.哈恩的实验,连同你姨母和你本人的解释一起,确实已经不但在美国的物理学家中间而且在日常报刊上引起了轰动.事实上,根据我那些电报,而且甚至也许还根据斯堪的纳维亚的一些报刊,你可以意识到在一些美国实验室中出现了一番忙乱,以便在探索新领域方面进行竞争.在罗森菲耳德和我出席的华盛顿会议(1月26—28日)的最后一天,已经从各方面报道了有关探测高能破裂物[碎片?]的第一批结果.当时我很遗憾地不知道你自己的发现,甚至也没有拿到你和你姨母给《自然》的短文的定稿,我只能(最卖力地)向一切有关人士强调,不提到你和你姨母的有关哈恩结果的原始诠释,任何这种结果的任何公开论述都是不能合法地发表的.当哈恩的论文出现了时,关于此事的消息当然就不再能为了你自己的目的而继续保密了,而且这就成了这个国家中一切不同探索者的灵感的直接源泉.当我回到普林斯顿时,我从汉斯来信中的一次偶然的提及得悉了关于你的实验成功的最初消息.我立即把这一消息用电话通知了华盛顿和纽约,并且做到了在1月30日的《科学服务》通告上得到一种公正的叙述[28],我已经把这样一份通告寄给了我妻子,但是我无法阻止报纸上的各式各样的错误说法.这当然是很遗憾的,但是这对科学界的判断却毫无影响,因为这里的科学界甚至比丹麦的科学界更加习惯于这样的事件.

564

正如你从我的电报和信中可以知道的那样,我在发表我的短文是否有意义方面曾经是很踌躇的,而且最首要的是,我觉得我在接到你和你姨母的短文副本之前当然是无法确定我的短文的最后稿本的,而按照我们的交谈,我本以为你们的短文是在哈恩的文章问世以后立刻就会付邮的.在收到你们那些短文的副本以后,我曾在我寄给你的上一份文本中作了一些改正.现在随信寄上全篇短文的一份新的副本,在这里,为了方便,新的改动都已用红笔勾出,而且我请求你,也许在舒耳兹女士或海耳曼女士的协助之下,费心把原始短文的一切改笔都清楚地添在校样上,这样就不用再看更多的校样了.完全抛开此文包含了多么多或多么少新东西的问题不谈,我认为它在尽可能早的时机下的问世将大大有益于澄清这一发现的历史及理论意义方面的那种混乱.

我用不着多说,听到你父亲回到维也纳你母亲那里使我多么高兴,而且我希望他们已经到了瑞典,或无论如何将在最近的将来到达瑞典.

㉗　第一编《引言》注⑮.
㉘　第一编《引言》注⑯.

罗森菲耳德和我向全研究所致以最亲切的问候.

你的

[尼耳斯·玻尔]

弗瑞什致玻尔,1939 年 3 月 15 日和 18 日

565

[打字件,有手写的补充]

哥本哈根,3 月 15 日,1939

亲爱的玻尔教授:

上次去信以后过了这么久才又给你写信,实在抱歉之至,而我唯一的借口就是,这些天来我们一直有许多工作要做.实际上,当收到你的 2 月 3 日的来信时,我已经写好了一封信的一大部分,而你的来信则使我必须重写此信了;而且我从来就一直打算给你写信,但却由于这种或那种的原因而一再拖延了下来.

由于我迟迟没有把我关于铀裂变的结果告诉你而给你添了麻烦,也使我很感抱歉.这部分地是由于我这方面的缺乏想象力,因为我没有想到哈恩和斯特拉斯曼的论文的问世会引起那样的轰动.其次,我在实验以后感到相当疲倦(我曾经有好几夜一直工作到午夜以后),于是就没有立即把稿子寄给你(这显然是应该做到的),而是把它积压到了我设法写成一封给你的信时为止,而这就意味着大约六天的延期.现在回想起来,我实在找不到使你一直等待的任何借口,但是你看,我没有想到我的实验会那么惊人地重要(我觉得它似乎不过给已经作出的一种发现增加了证据),而关于打电报来告诉你的那种想法在我看来将是太不谦虚的.当然现在我知道不打电报是错的了.但是我将停止道歉而来告诉你我多么感谢你在把迈特纳教授和我的工作告诉给美国人方面作出的那些精力充沛的和成功的努力.很可惜的是我们的论文在《自然》上刊出得如此之晚,这或许是由于信件的数目偶然增多,而且也许是由于我们在致编者的信中没有足够强调尽早发表的重要性.(我本打算把和编者的全部通信都寄给你,于是就把它们都塞到一个纸夹子里,但是后来不知把那个纸夹子放到哪里去了,而且迄今没有找到!)但是我从昨天收到的 2 月 15 日的 Phys. Rev. 上看到,我们的论文是被引用了的,而且你的短文也包含了关于发现的历史的另一次很清楚的论述,在论述中也赋予了哈恩和斯特拉斯曼以应有的荣誉,而不是像某些论文(特别是某些法文论文)那样,或是用一种引人误解的方式引述哈恩和斯特拉斯曼,或是一点也不引用.

在 3 月 6 日,迈特纳教授和我给你发了电报,说我们已经通过和衰变测量相结合的化学分离方法,在来自中子轰击下的铀裂变的那些活性反冲核中间鉴定了"铀后元素",它们是被收集到一个水面上的,水面位于受轰击铀层的下方,距

566 离为一毫米. 在同一天,我们给《自然》的编者寄去了一篇短文[29],并给你寄去了该文的一份副本. 这一回,编者尽了最大努力来加速发表,并且答应将在 3 月 18 日的一期上刊出此文. 假若我们最初那些论文能够这么快就刊出,那就会省去许多的麻烦了. 无论如何,这篇论文能够这么快地问世还是使我们高兴的. 迈特纳教授曾就我们的结果和哈恩教授通过信,而哈恩教授也承认我们的实验是有说服力的. 然而他并不确信阿贝耳孙那种指认(2 月 15 日的 Phys. Rev.)的正确性. 我们打算用钍来做几个更多的种类相似的实验,来看看钍和铀的裂变产物的相似性达到什么程度. 迈特纳教授还要在这里再住几天,并且正在力图对你所建议的那些实验给予协助和指导,而那就是比较分别用快中子和慢中子得到的裂变产物的衰变曲线的实验.

3 月 18 日

两天以前,西蒙斯博士和我给你寄去了西蒙斯博士(关于中子-质子散射截面)的一份稿子和我们分头写的两封信,我希望它们已经如期寄到了.

从现在到我上次给你写信,已经过了两个月了,但是除了和迈特纳教授一起做的实验以外,却没有多少可以报告的. 在开始实验时,我用了一个星期的时间制造了一种装置,来记录由核裂变引起的电离脉冲的大小,并且得出了某些具有分组结构的很可疑的显示;但是随后我就又放弃了这条路线,因为我认为可以借助于高电压设备来更加好得多地做到这一点. 然后我就(按照你的要求)用一个运动着经过铀室的中子源做了一些实验,为的是发现可能的延时现象;我很快地就发现,裂变的任何显著部分都不可能在大于二十分之一秒的延时下出现,但是当我试图改进这种方法的灵敏度时,我却得到了各种的乱真效应,而当我得悉我的父母已经取道来瑞典时,我就终于放弃了这种方法.

现在我不再多写了,就这样把信寄走吧,而且这一次我将不会让你等待两个月才再给你写信.

致以最亲切的问候并多多感谢你的来信.

你的

O · R · 弗瑞什

衷心问候. 我对在此的美好工作时间甚感愉快*.

你的

丽丝 · 迈特纳

---

[29] L. Meitner and O. R. Frisch, *Products of the Fission of the Uranium Nucleus*, Nature **143** (1939)471—472.

* [中译者按: 这两句附笔原系德文.]

乔治·伽莫夫

567

伽莫夫致玻尔,1929 年 1 月 6 日

[手写件]

莱顿,1 月 6 日,1929

亲爱的玻尔教授:

多谢您的亲切来信.

边境上的情况确实"挺好":收到了从哥本哈根发来的电报,还有从海牙发来的,因为艾伦菲斯特在那里引起了一点轰动. 我在汉堡没见到约尔丹——我相信他现在不在那儿. 我在昨夜到达了莱顿,现正住在艾伦菲斯特的家中.

我明天到鹿特丹的英国签证办事处去,也许还要到阿姆斯特丹的伦布兰特博物馆去. 星期二的晚上,我将动身去伦敦.

艾伦菲斯特对"液滴模型"很感兴趣;他认为我们在解释 γ 射线能级时或许也应该考虑"毛细振动". 但是我不应该谈论什么"$\beta-\gamma$",直到我到了剑桥为止;没有实验资料,这种谈论是相当危险的.

向玻尔夫人和孩子们、而且也向舒耳兹女士多多致意.

您的忠实的

G·伽莫夫

伽莫夫致玻尔,1932 年 12 月 31 日 568

[手写件]

12 月 31 日,1932

下午 6 时 20 分

奇宾山区

亲爱的玻尔教授:

569 此信是要向您祝贺新年. 我想发一个电报,但是可惜这在此地是不可能的. 这里没有电报,没有电,没有电影院,但是我们有大量的雪、驯鹿雪橇和北极光.

我们来到这里,来以一种有些不寻常的方式迎接新年,而且也来滑滑雪*. 这个小小的拉普兰人村落位于科拉半岛中部一个大湖伊曼德拉的岸边,周围有相当高(达到 2 400 米)的群山环绕着. 风景和丹博(Dåmbos)很相似,但是当然更加靠北一些. 见不到太阳,我们只有五六个小时朦胧光线. 我们打算从这里去摩尔曼斯克,然后就回家. 在 12 月初,我在哈尔科夫的研究所中参观了他们在那里得到的快质子. 艾伦菲斯特、朗道和另外一些理论家也在那儿,因此我们就组织了一次小小的会议. 我们讨论了许多问题,而且弄明白了一个情况,而我相信这将是使您特别感兴趣的. 看样子,能量的不守恒是和真空中的引力方程相矛盾的. 如果引力方程对域 B 是正确的,那就意味着域 A(我们在该域中不知道定律是什么)中的总质量必为恒量. 如果在域中我们有一个例如 RaE 核,并通过嬗变过程中的一次跳跃来改变它的总质量,我们就不能再在域 B 中应用通常的引力方程了. 我们应该怎样改变方程是不清楚的,但是必须改变. 您对此有些什么想法呢? 现在我必须说再见并到厨房里去帮着准备晚餐和加糖热酒了.

.B.

(.A.)

也向玻尔夫人和男孩子们多多致意.

您的

G · 伽莫夫

我的妻子也向你们致意,又及.

570　**玻尔致伽莫夫,1933 年 1 月 21 日**

[复写件]

[哥本哈根,]1 月 21 日,[19]33

571　亲爱的伽莫夫:

首先我们全都想向您和您的夫人多多致以新年的祝愿. 我们全都为你们那么亲切地记挂孩子们而深受感动,他们很高兴地在圣诞节收到了那些美丽的盒子. 我们全都希望很快地再和您相见,特别是希望您能够来参加我们的年会;年会将于 4 月的第一个星期召开,而且我们指望大多数往日的合作者们都来参加. 研究所有能力负担您的旅费和在这里的费用,而且我将满怀高兴地在一切方面协助您获得旅行的批准. 请尽快和尽量确切地告诉我做到这一点的最好办法,特别是关于研究所发出的正式邀请信应该用什么上款. 在会上,我们当然会以我们

---

* 当然也玩扑克.

通常那种不拘形式的方式首先讨论核问题,但是也将讨论普遍的量子问题. 我对您信中所谈的关于在哈尔科夫进行的讨论很感兴趣,而且我完全同意,能量守恒的废除将给爱因斯坦的引力理论带来同等势不可当的后果,正如电荷守恒的可能废除将给麦克斯韦理论带来的那种后果一样;在麦克斯韦理论中,电荷守恒归根结底是场方程的一个直接推论. 在这方面,听到一个情况可能会使您感兴趣,那就是,在秋天的过程中,罗森菲耳德和我已经能够在一篇即将在 Zeitschrift für Physik[物理学报]上刊出的论文[30]中证实了量子电动力学表述形式的基础和电磁场量的可测量性之间的完全对应性. 有一点我希望将成为朗道和派尔斯的一种安慰,那就是,他们在这方面所干的蠢事并不比包括海森伯和泡利在内的我们大家在这个有争论的课题中所犯的错误更加严重. 我们指望派尔斯将前来开会,而朗道如果也能来那就太好了. 在我们的上一届会议上,我们因为您没有能够出席而甚感遗憾;我们在那次会上进行了许多活跃的讨论,特别是和狄喇克讨论了表述形式的可能改变,正如您或许已经听说的那样. 我们也在研究所中举行了一次很有趣的闭幕联欢会,这主要应该归功于戴耳布吕克. 您或者也已经听说,从那以后,我们已经从研究所中搬出来,现在已住到卡尔斯伯来了; 572 这里有更大的地方和更大的机会来举行那样欢快的集会,因此我的妻子和我希望这次年会将有一种节日的气氛,尽管当前的时代是很黑暗的[中译者按:这大概是针对希特勒在德国的即将上台和他的倒行逆施来说的,时间恰恰是1933 年].

我们大家都向您多多致意.

您的

[尼耳斯 · 玻尔]

玻尔致伽莫夫,1936 年 2 月 26 日

[复写件]

[哥本哈根,]2 月 26 日,[19]36

亲爱的伽莫夫: 573

感谢您的美好来信,我在从英国回来后刚刚收到这封信. 在英国,我感到特别愉快的是和卢瑟福讨论了关于核结构的某些一般观点;这些观点是我在最近几个月中发展起来的,而且看来对诠释有关核反应的实验资料来说确实是有用

---

[30] 见本书第七卷.

的.附寄的文章不久将刊载在《自然》上[31];正如您从这篇文章即将看到的那样,这是一种思想的一次发展;那种思想是我在紧接在费米关于快中子俘获的第一个实验以后的1934年秋季的上届哥本哈根会议上就已经提出的,而且是我在最近那些关于慢中子俘获的奇妙发现以后又一次提起的.现在卡耳卡尔和我正忙着弄出理论推论的一种详细表述[32],而且一旦弄好,我们就将给您寄一份稿子去.

至于您的关于今年夏天我的美国之行的计划的亲切询问,我很希望有一个机会去华盛顿拜访您,但是恐怕哈佛的节日一过我就得赶紧回来,从而我将不能在那时到华盛顿去参加一个会议.然而,在最近几个星期之内我将写信更确切地谈谈我的旅行计划.今天我只想代表我们大家向尊夫人、小伊格尔和您本人以及我们在华盛顿的共同朋友们多多致以问候和良好的祝愿.

您的

[尼耳斯·玻尔]

沃尔纳·海森伯

海森伯致玻尔,[1932年]7月18日

[手写件]

7月18日,[1932]

574　亲爱的玻尔:

多谢你的来信,现在我立即复信.关于γ射线散射,我有下列的想法:有两种散射:第一,核中各中子和各质子的运动将被入射光所扰动——但是一般这将引起很弱的散射,以致最多只有在共振位置上才能被注意到.第二,个体的中子,也就是它所包含的负电荷,将引起散射.关于这种散射的强度,人们在事先是

575　毫无所知的,最多只能预料这要比电子情况下的强度要弱一些.现在就存在两种可能性:1. 中子所引起的散射是相干的瑞利散射.于是它的强度就是$\sigma_{核}=\sigma_{中子}\cdot n_1^2$,而$n_1$=中子数.2. 它是不相干的.于是它的强度就变成$\sigma_{核}=\sigma_{中子}\cdot n_1$.第一种假设,即

$$\sigma_{核}=\sigma_{中子}\cdot n_1^2,$$

是和实验符合得很好的(测量结果还很不准确),如果首先减去光效应的话.因此

---

[31] 第一编《引言》注㉔.

[32] 第二编《引言》注㊻.

我倾向于和迈特纳女士一样相信散射是相干的. 因此你在假设散射确实很正规地依赖于原子序数方面是完全正确的，而理论也是和雅科布森的测量结果符合得极好的. 在 $\lambda=4.7$ 的 X 射线单位处，得到的 $\sigma_{中子}$ 的值是 1.5×10^{-28} 厘米^2. 这大约比关于电子的值小 4 000 倍. 特征频率为 $h\nu=43\ mc^2$ 的一个经典谐振子将像一个中子那样地引起散射.

我不十分清楚你在复活节是否已经在本质上知道我在这里谈到的有关散射的一切情况. 我已经在我的论文中一般地提到了哥本哈根的讨论，并且说我已经从这些讨论学到了一些东西. 但是如果你已经确切地知道其主要部分，我愿意在我的论文中把这一点彻底讲清楚. 也许你可以就此问题给我写封信来吧？

在其他方面没有什么新闻. 我特别盼望回去的旅程，并盼望在哥本哈根的日子；这里的天气很热，人们不能很好地工作，而关于物理学也听到的很少.

顺便提到，这一次我母亲和我一起来了美国，她向你致意.

谨为一个美好的夏天致以最好的祝愿，并多多致意.

你的

沃尔纳·海森伯

玻尔致海森伯，1932 年 8 月 1 日

[复写件]

[哥本哈根，]8 月 1 日，[19]32

576

亲爱的海森伯：

多谢你的美好来信. 我理解，你那些关于 γ 射线散射的考虑是对你的核结构工作的一个本质的贡献，而且我很高兴的是，你认为在哥本哈根进行的讨论曾经在澄清这个问题方面稍有助益. 这些讨论只有一种探索的性质，而我那些说法的用意，更多地是指出各种不同的可能性，而不是对问题提出一种确定的看法. 另外，关于每个中子的散射永远相同这一假设的根据，我也不是十分清楚的. α 粒子中把中子和质子束缚在一起的那一能量，和用电子在自由中子中的质量亏损来量度的结合能相比毕竟并不是不重要的. 因此我可以相信，令散射正比于 α 粒子数的平方或许会像令它正比于中子数的平方一样地正确，但是测量结果还没有可靠得足以确定这一点. 我很好奇地想看到你那些考虑的更详细的定量结果，并且正在盼望着当你来到哥本哈根时和你更充分地讨论这一问题以及许多别的问题. 我希望你一旦更多地了解了你的旅行计划就通知我. 卢瑟福夫妇将在 9 月 12 日到 22 日之间到这里来. 如果你能在那时到这里来，那就妙极了，但是我特别希望你能多住些日子，那样我们就可以像前年一样和杰尔汝姆一起去搞一次

577

小小的航行.如果你母亲愿意像我们在莱比锡讨论过的那样再到哥本哈根作一次短期访问,我的妻子和我将是很高兴的.当卢瑟福夫妇在这里时,我们将不能很好地招待你母亲住在这儿,但是不然的话那将是我们夫妇的一件快事.

我妻子和我自己谨向你母亲和你本人多多致以友好的问候.

你的

[尼耳斯·玻尔]

玻尔致海森伯,1932 年 8 月 2 日

[马格丽特·玻尔手写的信稿]

梯斯维耳德,2/8　1932

亲爱的海森伯:

在我昨天寄给你的信中,有一行字可能引起误解.我当然不是想说一个 α 粒子应该比两个相干中子散射得更多,而是想说它散射得要少得多.也许这就可以解释曲线上那些不规则性中的某一部分.你自己或许已经对所有的问题进行了一些更多的考虑.

所有住在这里的人都向你母亲以及安阿伯那里的一切共同朋友多多致以友好的问候.

你的

N·玻尔

578 **玻尔致海森伯,1934 年 4 月 20 日**[33]

[打字件]

大　学　　　　漂布塘路 15 号,哥本哈根,

理论物理学研究所　　　　4 月 20 日,1934

579 亲爱的海森伯:

谢谢你的美好来信.你现在不能到哥本哈根来,这当然是使我们大家都感到遗憾的,但是我们希望至少在秋天能够再见到你.顺便提到,我自己将动身去俄国,为时一周,去发表几次演讲,并了解那里的情况.你在剑桥肯定将过一段愉快的时光,而且我也充分地和你对核物理学正在发展的那种方式的热情

[33] 我们感谢慕尼黑海森伯文献馆的黑耳慕特·雷辛伯博士,他向我们提供了这些信的副本.

很有同感. 我也完全同意你所提到的关于原子物理学和核物理学之间的形式类似性的那种看法，而另一方面，我们在由常数 e^2/hc 和 m/M 在这两个领域中的不同作用所引起的差异方面当然也是同意了的. 至于表征着电子理论之目前观点的对电荷正负号而言的完全对称性，我们也曾经多少设想了一下这种对称性是否也出现在核问题中，因此我现在随函寄上伽莫夫㉞和威廉斯㉟的论文两篇；这些论文刚刚寄给《物理评论》，他们在文中讨论了存在于核内的和宇宙辐射中的负质子的可能性. 特别是在前者方面，问题确实显得是很有假说性的，而且我有时倾向于认为，严格说来，我们在核中只能谈论整个体系的总电荷，正如我们在核周围的电子体系中只能谈论无歧义的总角动量一样. 这并不意味着关于你对核问题的那种如此有成果的处理有任何怀疑；在那种处理中，联系到有关在巴黎和罗马发现的那些新放射现象的讨论，我们每天都感到喜不自胜，而且近来我们在这里也在弗朗克的领导下在实验室中起劲地研究起这些问题来了.

我们大家都向你本人和在剑桥的共同朋友们多多致以衷心的问候.

你的

［尼耳斯 · 玻尔］

玻尔致海森伯，1936 年 2 月 8 日

［复写件］

［哥本哈根，］2 月 8 日，［19］36

581

亲爱的海森伯：

多谢你的美好来信，不论是对汉斯㊱还是对我来说，假如我们也能参加今年的滑雪旅行，都将是我们的一大快事. 然而我必须等几天再答复你的盛情邀请，因为汉斯必须先向学校请假，而目前我自己也还不能看清楚我的任务. 这是因为，我妻子和我即将乘火车去英国，我将在那里停留两个星期，并且在伦敦和剑桥发表几篇演讲. 因此我努力工作到最后一分钟，来完成我在很久以前就答应寄给你的那篇关于核反应的小文章㊲，但是问题对我来说是不断发展的，而且它渐渐变成了一种更全面的观点，而我相信这种观点对理解许多不同的核性质是有帮助的. 和核反应有关的细节以及和以前的理解相比这种新理解所提供的帮助，都将在一篇更完备的论文中加以讨论，我现在正同时和卡耳卡尔一起撰写这篇

㉞ 第一编《引言》注⑱.

㉟ 第一编《引言》注⑲.

㊱ 汉斯是玻尔的儿子.

㊲ 第一编《引言》注㉔.

论文[38]. 现寄上一篇短文的底稿,我想这篇短文将在《自然》上刊出;这只是一篇演讲的近似的重录,在那篇演讲中我谈到了中子俘获为这一问题的处理所提供的出路. 如果你能写封短信到剑桥,告诉我你对这一切有何看法,我将是很高兴的;我在剑桥将住在"女王路,纽因汉庐"的卢瑟福家. 你用不着为我那关于核组成的说法而过于伤脑筋,在现在的问题方面那些说法只是次要的. 这绝不意味着对你的和费米的那些伟大贡献缺乏了解,而只是意味着新观点在细节方面(主要是在泡利原理的应用方面)所曾引起的某种怀疑. 一旦我在旅行中抽得出时间来在文章中那些与此有关的次要说法方面进行精雕细刻,我将再写信来谈谈这个问题.

今天我只想赶快寄给你这份稿子并感谢你的亲切来信,而正如我说过的那样,当我在英国听到汉斯的信息并且当我可以更清楚地判断未来几星期的可能性时,我就将答复你的这封来信.

向你并向在莱比锡的所有朋友们多多致以亲切的问候.

你的

[尼耳斯·玻尔]

582 **玻尔致海森伯,1936 年 5 月 2 日**[33]

[打字件]

大　学　　　　漂布塘路 15 号,哥本哈根.

理论物理学研究所　　　　5 月 2 日,1936

583 亲爱的海森伯:

我们的小会的日期现在终于已经确定为 6 月 14 日到 20 日的一个星期,我584 们希望不仅是你而且还有外札克尔和欧勒都能前来. 我们全家都盼望你能再来和我们住在一起,而外札克尔和欧勒在哥本哈根停留期间则将是研究所的来宾,研究所将安排他们和会议的各种不同的来访者的膳宿.

我希望我们将进行许多有益的讨论,而特别说来,我很迫切地想要和你认真谈谈关于核结构理论的基础问题;联系到我和卡耳卡尔合写的那篇论文,我近来对这个问题进行了许多的思考,而那篇论文我希望能够在会前准备好. 经过许多犹豫不决以后,我现在相信我更加理解在你的论文中求得的关于核结构的那些结果可以怎样和我在我的《自然》文章中发展起来的关于核反应的观点互相调和起来了. 一方面,我完全理解你那样地对中子和质子应用泡利原理对于核中动能

[38] 第一编《引言》注[46].

和势能之间的平衡来说是何等地关系重大,而这种平衡首先就确定了质量亏损;而且我也理解这就怎样很自然地引向了关于中子和质子之间的强交换力的假设.另一方面,我却不相信根据在初级近似下把中子和质子看成自由粒子的那种办法就能够得到诸如可能的定态和跃迁几率之类的主宰着核反应的那些核性质的一种解释.我相信,在这儿,唯一的办法就是从一种液体式的核物质出发,即不是对核成分直接应用什么泡利原理,而是把激发比拟为液滴在弹性力或表面张力影响下的振动.

作为一个极端的事例,让我们考虑含有 100 个原子的一个液氦的小滴.这时,根据液滴的尺寸,就能求出和 200 个电子的费米分布相对应的动能,得到的平均能量是大约每个电子 20 伏特.然后,根据从液滴中分离出一个电子时的分离能量,就能够确定每个电子的势能,这时将得到和氦原子中库仑力相对应的值,而且,同理,上面提到的动能将大致地和氦原子基态中的一个电子的零点运动相对应.尽管如此,液滴的力学性质却将由原子之间的范德瓦耳斯(van der Waals)力来确定,从而可能的振动态既和单一原子的激发能无关,又和根据关于电子在液滴体积中的费米分布的考虑而算出的能量值无关.这种类例当然是太粗糙的,因为我们在核中是远远不像在氦滴的原子中那样有一种定域性的亚结构的.不过我还是有一种猜想,认为我们在核中有一种虚的亚结构,它远远超过了由中子和质子之间的交换力所造成的那种亚结构.这是因为,在我看来,若不假设电荷相同而自旋不同的粒子之间的“交换力”,就几乎不能解释“偶”核和“奇”核的自旋和稳定性之间的那种奇特的交替变化;这种“交换力”的效应将不会像电荷交换力的效应那样强,但是却比原子中电子之间依赖于自旋的力具有大得多的影响.

在和卡耳卡尔合撰的论文中,我们主要是想保持核性质的一种半经验性的描述,而我则计划在我正为夏天我在哈佛的演讲作着准备的那种论述中更仔细地检查一些基本问题;在得到了有关哈佛讨论会上按专业分组的更详细信息以后,我已经把演讲的标题改过了.但是,正如我所说的那样,我希望在那时以前有机会和你彻底地讨论讨论这些问题,正如我急于不久就能和你认真地谈谈一大批别的问题一样.我上次提到的关于因果性问题的更加哲学化的会议,将紧接着我们的小会而在 6 月 21 日到 28 日的那一星期中召开,而我们当然全都希望你也能够参加.顺便提到,你肯定已经听说,由于朗之万有病,秋天的索尔威会议已经被迫推迟到明年召开了.

我们大家都向你多多致意.

你的

尼耳斯·玻尔

海森伯致玻尔,1938 年 2 月 9 日

[手写件]

9.2.38

586 亲爱的玻尔:

多谢来信,你的良好祝愿使我们很高兴,伊丽莎白和孩子们都很好.青年卡耳卡尔逝世的消息使我很难过;我总认为他是哥本哈根研究所中最吸引人和最好的人物之一,而且近来他确实开始做出优秀的科学工作来了.你肯定会很怀念他,而对卡耳卡尔的可怜的母亲来说这将是很难忍受的.

也多谢你的文稿.毫无疑问,你对强的光效应的解释是正确的;如果我的理587 解无误,你也许是把这些选择性的光效应比喻成了某种类似于晶体中的红外"Reststrahlen(剩余射线)"的东西,那种射线也会导致一种和普通的热辐射毫无关系的振动.我仍然不很清楚为什么 $\Gamma_C \sim 10^{19}$ 秒$^{-1}$这个量要比普通的核频率小一百倍.这就意味着那一振模的一个相当大的稳定性,而在 Reststrahlen 中 Γ_C 却几乎是和 ν 同数量级的.$\Gamma_C/\nu \sim 1/100$ 这种估计的可靠性如何呢?

关于由快质子引起的蜕变的计算已经结束了,有一天你将收到一份抽印本.同时我已经收到布劳和瓦姆巴赫尔寄来的关于大约 30 个星的数据.从这种数据已经得出了几个有趣的事实:第一,多数蜕变似乎都涉及轻核,因为常常出现低能的质子.只有少数几张照片显示质子全都具有超过 5 MeV 的能量的一些星.即使在这些星中,质子的能量也还是如此之低,以致人们必须假设——如果这是和一个重核有关的话——核在中子蒸发之后由于加热而强烈膨胀,而伽莫夫势垒也将因此而降低.但是在多数的其他事例中人们显然涉及的是较轻的核(C, N, S).第一,这是和有相当多的质子被发射出来这一事实相符的,而且,这也和下述事实相符:能量分布的一种详细考察表明,大约 2/3 的质子是通过一种直接碰撞而从核中被打出的,只有 1/3 是后来被蒸发出来的.前者的能量分布和理论结果符合得很好,如果把核力的力程取作 $0.85e^2/mc^2$ 的话.在我看来,布劳和瓦姆巴赫尔的实验似乎给出了迄今最好的关于这一力程的测定.我一旦搞完了经验资料,就会寄给你一份副本.你对现在如此时兴的汤川理论到底有何想法呢?

……

我们全家谨向你们全家致以最亲切的问候.

你的

沃尔纳·海森伯

587

理论物理学研究所

玻尔致研究所,1939 年 1 月 30 日(1)
[电报稿]

全文见本卷原第 57 页.

玻尔致研究所,1939 年 1 月 30 日(2)
[电报稿]

全文见本卷原第 57 页.

玻尔致研究所,1939 年 1 月 31 日 588
[电报]

全文见本卷原第 58 页.

玻尔致研究所,1939 年 2 月 3 日
[电报]

全文见本卷原第 59 页.

玻尔致研究所,1939 年 2 月 9 日
[电报]

普林斯顿,[2 月] 9 日,[1939]

舒耳兹
理论物理学研究所
漂布塘路 KH[即哥本哈根之缩写]

解释了共振铀短文见 2 月 15 日物理评论. 盼 2 月 3 日致弗瑞什信中的短文改正稿从速在自然刊出

玻尔

研究所致玻尔,1939 年 2 月 15 日

[电报]

哥本哈根,[2 月]15 日,[1939]

玻尔
高研所
普林斯顿　新泽西

雅科布森用 4.5 MeV 的氘核激发了铀并收集到显示相同衰变的反冲物质. 高电压部的锂氘中子打破铀钍而不打破从铋到铂. 锂质 γ 可能打破铀的实验继续进行了. 你的蜕变短文将在 2 月 20 日自然上刊出

本所

589 **玻尔致研究所,1939 年 2 月 16 日**

[电报]

普林斯顿,[2 月]16 日,[1939]

理论物理学研究所
漂布塘路　KH

电报极有趣. 请查铀钍对快中子效应比的速度变化. 细求对热及快中子之较丰铀产物而言的统计差. 与希维思谈新钍及锕铅实验之可能. 盼多来电报并寄稿. 速发表因竞争强烈

一般成员

玻尔致研究所,1939 年 2 月 19 日

[电报]

普林斯顿,[2 月]19 日,[1939]

理论物理学研究所
漂布塘路　KH

氘核铀效应的截面多大. 预计氘核钍效应为零应检验. 急需研究结果之详情. 电告并详释弗瑞什自然信的可惜推迟发表

玻尔

研究所致玻尔,1939 年 3 月 13 日

[电报]

哥本哈根,[3 月]13 日,[1939]

玻尔
高研所
普林斯顿 NJ

用 6 MeV 氘核轰击钍无效应. 我们即将发表. 弗瑞什迈特纳短文在十八日自然上刊出

本所

玻尔致研究所,1939 年 3 月 15 日 590

[电报]

普林斯顿,[3 月]15 日,[1939]

理论物理学研究所
漂布塘路
哥本哈根

在自然上发表所有氘核裂变实验. 副本寄普林斯顿报社. 已要求编辑从速发表哥本哈根短文

玻尔

雅科布·克瑞斯先·雅科布森[39]

玻尔致雅科布森,1939 年 2 月 13 日

[复写件]

[普林斯顿,] 2 月 13 日,1939

亲爱的雅科布森博士: 591

谢谢您的亲切而有趣的 2 月 5 日来信[40]. 特别令人高兴的是听到您在回旋

---

[39] 关于雅科布·克瑞斯先·雅科布森的传记小注,见本书第五卷原第 95 页.

[40] 或许是指 1939 年 1 月 26 日雅科布森致玻尔的信(2 月 5 日收到?). 此信尚未摄制缩微胶片.

加速器的新建造方面仍有那么好的经验. 我觉得您的产量估计似乎是完全正确的,而且我也不知道劳伦斯怎么能够得到这么大的电流,但是我记得他在这方面总是强调 D 盒的尽可能大的体积的重要性. 然而,弄明白您是否能使粒子能量达到尽可能的高值,这确实将是很有兴趣的;不过,最重要的还是首先完成关于新的核分裂的一切可能的实验,但是您无疑将和弗瑞什博士进一步讨论此事. 可惜的是能够帮着干活的学物理的学生太少,但是正如我也已经写信告诉喇斯姆森博士的那样,我们必须作出一切努力来为研究所中的研究提供必要的人力.

谨向您的全家和研究所中的每一个人多多致以亲切的问候.

您的忠实的

[尼耳斯・玻尔]

弗雷德列克及伊伦・约里奥-居里

玻尔致约里奥-居里夫妇,1932 年 4 月 30 日

[复写件]

[哥本哈根,]4 月 30 日,[19]32

亲爱的约里奥先生和夫人:

非常感谢你们的亲切来信和你们的论文,同样感谢所赐的美丽照片. 当然,对于你们在其中起了如此重要的作用的那些近期的重要发现,我们在这里是感到了很大的兴趣的. 因此我们已经很仔细地研究了你们那些照片,而如果能够听到你们与此有关的某些问题的看法,我将是很感谢的. 我从你们的来信了解到,你们认为那些电子径迹不可能全都起源于康普顿效应,因为它们起初在方向上分布得太均匀了. 然而我却纳闷,人们能否肯定照片上的径迹就是电子路径的起头部分. 人们倒是可以预料,电子是起源于威耳孙云室的室壁材料中的,甚至是起源于室壁外面的,如果那些室壁够薄的话. 然而在那种情况下,电子就可能在室壁材料内部经受很高程度的散射,甚至它们的路径也可能在室外空间的磁场中发生弯曲. 联系到这一点我也想向你们请教,由中子激发的质子路径会不会有相当一部分起源于活塞上的水层中和玻璃中而不是起源于室内的水蒸气中. 喏,这当然是一个次要问题,而对效应的定性诠释来说是根本不重要的,但是我特别感兴趣的是要知道实际上出现在气体本身中的到底是什么效应,这是因为我们要对一些效应进行理论的讨论(关于这种讨论,我想所罗门先生已经和你们谈过了),这些效应可能起源于中子和它们所穿透的原子中的核外电子之间的碰撞. 和人们根据经典力学或许会预料的情况相反,按照波动力学的一个简单论点看

592

来，任何这样的效应似乎都将比和质子碰撞的效应要少见得多，因为二者的几率分别正比于电子质量的平方和质子质量的平方. 当然，由弹性碰撞造成的任何电子径迹都将是很短的和只有在很纯的条件下才能探测到的，但是，如果你们能够惠告你们的实验曾否在这个问题上给出确定的信息，我就将是感谢不尽的.

致以最亲切的问候，并问候居里夫人.

你们的忠实的

[尼耳斯·玻尔]

奥斯卡·克莱恩

克莱恩致玻尔，1935年[12月]2日[41]

[手写件]

莫尔北，[12月]2日，1935

亲爱的玻尔： 594

我们近来很愉快地接待了卡耳卡尔的来访，他告诉了我们关于你在核问题中已经取得的美好进步的情况，并且说你已经就此问题给《自然》写了一篇短文[42]. 同时他告诉我们，研究所中的实验工作也有了进展. 这是我很关心的，因为我一直在思索关于推广的狄喇克方程的事，想要看看这和你的结果有什么关系. 我可以设想，这样一个方程或许可以用来近似地描述按照卡耳卡尔的叙述是你把它称为复合体系的那种东西. 确实，这样一个方程具体设想了一个粒子(或一个体系)，它具有给定的电荷，但是它的质量却可以取不同的值，而按照狄喇克方程的最简单的推广，这些值由公式

$$M = M_0\sqrt{1-\lambda^2/l^2}$$

来给出，式中 M_0 和 λ 是有关的粒子所特有的两个恒量，而 l 可以取或只为奇或只为偶的不同整数值(不包括零)，直到作为粒子之特征的某一最大值 n 为止(电子的 $n=1$). 既然 n 确定着一些独立狄喇克矩阵组的数目，而出现在方程中的各个矩阵就可以看成是由组中各矩阵所构成的，那么就很可以令 n 等于按照泡利的中微子假说是确定着核的统计法的那些粒子的数目，即 $A+2Z$，此处 A 是质量数而 Z 是原子序数.(戴陶切在一种在其他方面或许是错误的得到一种适用于核的质心运动的狄喇克方程的努力中曾经试图针对质子得出这样一种

---

[41] 关于日期的改正，见第一编《引言》注㉝.

[42] 第 编《引言》注㉔.

Ansatz[规定].)这就在接近周期系末尾的地方给出 $n \sim 400$. 现在,如果我们试着把我们的粒子的两个态之间的最大能量差和所涉及的复合体系能够发射的最大 γ 射线量子 E_γ 等同起来,我们就得到 $E_\gamma \sim \frac{1}{2} M_0 \lambda^2$. 另一方面,如果 n 是相当大的,则粒子的两个态之间的最小能量差将是

$$\Delta E \sim 2M_0 \lambda^2 / n^3,$$

从而就有 $\Delta E \sim 4E_\gamma / n^3$. 在接近周期系的末尾的地方,这就给出 $\Delta E \sim \frac{1}{16} E_\gamma \times 10^{-6}$. 因此,既然最硬的 γ 射线对应于几兆伏特,这个 ΔE 就会小于一伏特,和你的关于中子俘获的想法相符. 即使对 Cd 来说,也会有 $n \sim 200$ 而 $\Delta E \sim \frac{1}{2} E_\gamma \times 10^{-6}$,这也许还是够小的. 我应该强调,这不是一种可以解释核反应的完备理论的问题,而最多只是在可以把核看成一个闭合体系的条件下对它进行近似的描述的问题,而且,我所选用的方程并不是唯一的推广而只是最简单的推广.

595 此外,我在这封信中只不过是要有力地强调我对你的核著作多么感兴趣,而我将是非常感谢的,如果你能给我一份文稿或校样的话.

谨向所有的人多多致以亲切的问候和最好的新年祝愿.

你的

奥斯卡·克莱恩

再启者:随函寄上钥匙,我在不多几天以前才发现忘了把它还回去.

玻尔致克莱恩,1936 年 1 月 9 日

[复写件]

[哥本哈根,]1 月 9 日,[19]36

亲爱的克莱恩:

谢谢你的美好来信,信中带来了关于在你的想法的基础上可以预期的质

596 谱的有趣信息,那些想法是关于满足广义狄喇克方程的那种体系的. 即使重核的质谱给出约为 1 伏特的最小质量差,这种质谱看来也似乎并不和原子核的能级具有相同的类型. 就我所能理解的来看,你的质谱只给出能级的一个聚集点,而核反应则要求在一个宽广的能量区域中有一种密集的能级分布. 这些分布并不互相矛盾,但是却似乎表明核的能级谱是在本质上由核的内在振动态来确定的.

我还没有寄给你那篇答应过的短文,因为我近来曾经在卡耳卡尔的协助下试图改进它的内容和形式.看来这些考虑确实具有很普遍的适用性,从而等到短文一旦写成,卡耳卡尔和我就打算坐下来彻底地重新检查有关核反应的全部材料,而且我们希望能够从这种检查中学到很多东西.我希望,像我说过的那样,在不多几天之内就把我的短文的新版本寄给你,在此以前,让我只向你们大家致以最亲切的问候.

你的

[尼耳斯·玻尔]

亨德瑞克·A·克喇摩斯

克喇摩斯致玻尔,1936 年 3 月 11 日

[手写件]

莱顿里克斯大学

卡莫灵-昂内斯实验室

莱顿,3 月 11 日,1936

亲爱的玻尔: 597

在《自然》上读到你的关于核的见解[42a],很感兴趣;这些见解恰恰是在上一届索尔威会议上如此彻底地讨论了的那个问题的答案.在这方面,我有两个问题要向你请教.

1. 核中许多个重量相等的粒子的情况,在许多方面使人想起金属中自由电子的情况.喏,后者是可以用布劳赫方法[43]来很成功地加以描述的,尽管这会遇到惊人的困难,如果人们试图确定近似法的适用性的话.不过,不知是否存在关 598 于核的类似处理;就是说,人们将假设一种适用于质子的和一种适用于中子的(或一种适用于二者的)费米定律;即使当用来描述总能量时这种方法将得出误差,它在确定核的较高能级的近似分布方面也还可能是正确的.

2. 人们是否应该预期一个落入重核中的快电子可以"激发"重核(可能是通过一个中微子的发射,或通过实在中和这些假想的中微子过程相对应的随便什么过程).

[42a] 第一编《引言》注[24].

[43] 第一编《引言》注[44].

乌得勒支的学习自然科学的学生们将在复活节后立即访问哥本哈根. 也许你已经听说这件事了,因为物理学和化学小组将愿意去看看战争街上的研究所. 学生们曾经问我能否作为一个领队而和他们一起去. 在这方面,对我来说很重要的就是要知道在复活节期间会不会召开物理学家的小型会议,而且如果召开的话将在哪个星期. 如果有什么事情已经确定,盼能让舒耳兹女士通知我一下.

我听说今年的索尔威会议很可能讨论宇宙辐射. 如果这是真的,我就要指出——如果居然有必要指出的话——阿姆斯特丹的克雷教授是参加这种讨论的一位很合适的物理学家. 他在宇宙射线方面的热心、精力和热诚是无与伦比的,并且我相信,关于强度对经纬度的依赖关系的最重要的贡献主要应归功于他,而且他关于这一课题的论文也比美国人的论文更加精确和更加可靠.

今天晚上,我们将在艾伦菲斯特讨论会上,谈谈你的原子核,而卡斯密尔和乌冷贝克就是这方面的专家.

我们全家谨向你们全家致以亲热的问候.

你的

克喇摩斯

玻尔致克喇摩斯,1936 年 3 月 14 日

[打字件]

大 学　　　　漂布塘路 15 号,哥本哈根

理论物理学研究所　　　　3 月 14 日,1936

600 亲爱的克喇摩斯:

多谢你的美好来信,这封信使我甚至更加盼望很快地再见到你. 如果你能够和荷兰学生们一起前来那确实是再好不过的,我在一段时间以前就已经答应带领他们参观研究所并发表介绍性的讲话. 但是我必须赶快声明,由于各种原因,我们的年会只好推迟召开,最近才算决定了在 6 月 10 日召开,到那时,由于讨厌的罢工而延了期的研究所新大楼将能完工. 这一次,除了核问题以外,我们打算把原子物理学的各种生物学应用也包括在议题之内,而希维思对这些应用是感到了特别深的兴趣的. 我们也希望有研究所的许多老合作者们前来出席,而首先是希望你能亲自前来,我们可以从研究所召开这次会议的经费中支付你的旅行

601 费用. 除此以外,紧接在年会以后,也就是在 6 月 20 日前后,还将召开关于"科学的统一性"的第二届国际会议,会上的议题将是物理学和生物学中的因果性问题. 我们期望主要与会者不但有专业哲学家而且也有生物学家,我已经被邀请参加组织委员会并致开幕词. 我希望有尽可能多的年会参加者,特别是你本人,能

够停留到这个会议召开的时候，在这个会议上，我相信将有一个独一无二的机会来向所有真正感兴趣的人们传播那种想法，即这个问题在物理学家看来并不是什么神秘性的东西，而是促进对哪怕是最基本的概念的适用性界限的理解的一种清醒的尝试.一个实际的困难当然就是，对这一领域中的进步曾经作出过那么重大的贡献的物理学家们，有许多人突然显得被他们自己的努力的后果所吓坏了.但是作为一个仍然不屈不挠的乐观主义者，我相信正是这种危机即将带来局面的最终明朗化.

然而，联系到这一点，我却愿意说我根本不喜欢《自然》上狄喇克的最新论文㊹，因为我对芝加哥的新实验的正确性是极感怀疑的.然而狄喇克所做的一切却比大多数人的做法位于一个更高的目的性平面上，而且我在最近一次访问英国时听到了他曾经多么彻底和在多么理解我们的努力的情况下重新研究了我们和斯累特尔合撰的旧论文㊺，而我当时是深受感动的.然而我却相信，那篇论文已经完成了它的使命；这在很大程度上也许是通过帮助我们达到一个更高的水平来完成的，在那个水平上经典概念的一种更自然的推广可以自动形成.

至于你的有关核问题的那些提问，我不太知道说什么好.特别说来，我还不够明白粒子在核中的运动和电子在金属中的运动之间的类似性.如果我可以冒昧地在这个问题上提出一个佯谬的话，我倒是要说伽莫夫和海森伯的观点在解释核反应方面的不适用性，使我们想到布劳赫方法在超导性问题上的失败.我也不认为金属在较高温度下的行为和核的高激发态之间存在任何简单的类似性.至少在我看来，关于核的新的考虑的可能进展，应该主要在于这样一种认识：即使在通常的核反应中所涉及的那种复合体系的很高能级上，我们也根本不能谈论单个核粒子的独立地量子化了的运动.然而我希望咱们不久就将有机会进一步一起谈谈所有这些问题，而特别说来，我和卡耳卡尔正在合写一篇更详细的论文，一经完成，我就会寄给你一份文稿.

我用不着再说如果能尽早地在这里见到你我们大家将如何地高兴，也用不着强调在这里如此详细地谈论年会并不是想要阻止你的一次更早的来访，如果这并不意味着我们在年会上将见不着你的话. 602

我们全家谨向你们全家致以衷心的问候.

你的

尼耳斯·玻尔

㊹ P. A. M. Dirac, *Does Conservation of Energy Hold in Atomic Processes*? Nature **137**(1936) 298—299.

㊺ N. Bohr, H. A. Kramers and J. C. Slater, *The Quantum Theory of Radiation*, Phil. Mag. **47** (1924)785—802.见本书第五卷原第 99 页.

克喇摩斯致玻尔,1936 年 3 月 20 日

[手写件]

莱顿,3 月 20 日,1936

603 亲爱的玻尔:

你的详尽来信使我大感高兴.首先我应该谈谈今年我能否去哥本哈根的问题.当我听说年会直到 6 月间才能召开时,我就告诉乌得勒支的学生们说我不能在复604 活节和他们一起去哥本哈根了.那样我将是招架不了的;我将需要用我的假期来完成我的关于量子理论的书的第二部分(这本书很快就会使我坐立不安了).我很感动地得悉你甚至答应亲自向乌得勒支的学生们谈谈研究所的以及你本人的那些奋斗,而且他们肯定会是大为欣赏的.他们只有一部分人是学物理的;除了学化学的以外,还有学生物学的和学药理学的,但是原来的打算或许是后两部分人将访问克罗(Krogh),而那些学精密科学的人们则于 4 月 18 日星期六上午或于 4 月 21 日星期二到你那里去(大致如此);我本来以为那时你会不在市内的.

然而我在 6 月间能否离开却是一个大问题.这正好是一半荷兰人检查另一半荷兰人的一个月,而大学当然会参加这种消遣的.另外,大约在 6 月 16 日将在斯赫维宁根召开国际致冷会议,其中的科学组将在莱顿开会.但是您的来信写得那么热情,所以我将尽可能地争取前往.

在莱顿这里我们也对狄喇克那么轻易地在量子力学上放弃那么多感到惊讶.我想我们必须说,他缺少例如海森伯在看待各种事物时的那种对实验家而言的独立性.无论如何,我希望有一位例如像玻特那样的人将很快地重做香克兰的实验.

至于我那些关于用布劳赫方法来描述一个核的态的可能性的说法,你可能曾经认为我完全误解了你的看法的最本质之点.然而事实却是,我近来又卷入了那个老问题,那就是,对于看成一个整体的金属中的电子来说,布劳赫理论为什么是那样差强人意地正确,而且我相信没人真正知道这一点.归根结底,布劳赫还是得出了金属晶体中那些载流态的可能性,所用的假设是,两个电子*可以实际上说来是互相独立地位于同一个核的附近,而各个"能带"(无论如何是最低的一个或两三个能带)则应该或多或少地和自由金属原子的最低能级相仿.因此我的想法就是,布劳赫的方法对于描述你的核态来说或许还不是完全不适用的.请记住,当能量被传递给金属电子时(如参阅关于金属中 α 粒子的阻止的外札克尔理论[46],——当然它是有点粗糙的),绝不是永远存在发生变化的确定电子态的.

---

* 如果每原子有一个电子.

[46] 第一编《引言》注㊺.

(在通常的光效应理论中,确实是有一个确定的电子从费米海中逸出的,但是我很可以设想这种理论是荒谬的,或者至少是像盖革-努塔耳曲线的伽莫夫理论那样地荒谬的.)

另一个问题是(这个问题也像别的问题一样是用不着你回答的):你用什么方法来把 RaC 核的能级图上各能级的很大间距和你所需要的高能级密度调和起来? 我可以想到几种答案,但是我发现任何一种答案都不能令人满意. 605

今天证实我们的小儿子患了白喉.他很不安静,我夜不安枕,一会儿写信,一会儿哄孩子,而自身也患了感冒的我的妻子则稍事休息,因为她昨天夜里几乎没有睡觉.你用不着为我感到难过,因为孩子是很乖的.我只希望别的孩子们能够逃脱这种疾病.

我们大家向你和你的夫人多多致意.

你的

克喇摩斯

约翰·库达

玻尔致库达,1930 年 1 月 28 日

[复写件]

大 学 漂布塘路 15 号,哥本哈根

理论物理学研究所 1 月 28 日,1930

尊敬的库达博士:

我满怀兴趣地拜读了您惠寄给我的关于 β 射线谱的论文校样[47].长期以来,我们这里确实是对连续 β 射线谱的问题很感兴趣的.正如伽莫夫在他刊于物理学报上的哈尔科夫演讲中所指出的那样,我推测我们在这里涉及的可能是那样一种效应,它迄今还没有用量子力学的概念加以阐明,而且甚至可能意味着能量守恒的某种界限.正如您从附寄的短文[48]中所将看到的那样,我的想法就是,在迄今为止的量子理论构架中,对基本粒子的个体性并未加以适当的注意,从而理论对涉及和经典电子直径同数量级的线度的那种问题是不适用的.短文是我在春天所撰写的一篇文章的副本,那篇文章因有其他的工作而被暂时搁置了.近几个月以来,特别是联系到狄喇克理论今天在相对论式量子力学中遇到的那些深

---

[47] 第一编《引言》注[5a].

[48] 这或许是指第一编《引言》注 1 中提到的那份稿子.

606 刻的困难,我又开始考虑了这些问题,而且我希望在不久的将来就能对我的立脚点作出论述.

如上所述,我已经抱着很大的兴趣拜读了您的论文中的那些考虑,但是我必须承认,我不十分清楚您是在什么基础上来进行论证的.您的关于核半径的计算是建筑在通常的量子力学再诠释中把电子看成点电荷的那种概念上的,从而如果这个半径被证实为小于“电子半径”,那就意味着这个问题超出于这一理论范围了.因此,在我看来,计算结果是很难和实验结果进行详细比较的.特别说来,我不知道您怎样把连续能谱和明确定义的原子寿命调和起来.假如电子是像您所设想的那样在核内简单地紧密堆积的,则在我看来人们就很难理解为什么会得到连续谱,特别是很难理解为什么不能借助于已知的静止质量来算出能谱的下限.除此以外,您在和测量结果取得一致时所用的那个电子半径的值,也显得有些勉强.当然这只是数量级的估计问题,但是由简单经典模型计算得出的已知值却大约只有您所用的值的一半.

致以友好的问候.

您的忠实的

[尼耳斯·玻尔]

沃尔夫冈·泡利

泡利致玻尔,1938年2月11日

[手写件]

物理学研究所 苏黎世7,11.Ⅱ.38

联邦工业大学 格劳丽亚大街35号

苏黎世

608 亲爱的玻尔:

布劳赫给我看了你的来信和关于核光效应的短文⑲,从而我愿意遵嘱略述我的意见.我觉得精髓就在于p.1底部的那句话,从“这一表观矛盾……”开始到“奇特的辐射性质”结束(p.2的上部).在我这边看来,这一句是很长的,但是它还太短!因为,为了理解用一种模型来进行的处理,我认为绝对必要的就是首先把“特定振动”的概念弄得更确切一些,然后再从一个模型把它更细致地推导出来.

⑲ 第一编《引言》注⑲.

例如，由一种液体模型或液滴模型将得出什么结果，我是根本看不出来的.

对于固体及其振动来说，事实上的确存在红外光的吸收和你所假设的机制之间的所及甚远的类例. 我立刻就想起了过去的日子，当时我还很年轻，是一个自以为了不起的学者，而且很不善良，那时我推导了一个所谓残余射线的由于振动的非简谐性而引起的阻尼公式*. 这种阻尼恰好对应于你的转换几率 Γ_C，而在那儿，自然辐射宽度 Γ_R 和 Γ_C 相比也是完全可以忽略的. 机制就是，例如在 NaCl 中，只有一些特定的振动才吸收光，在那些振动中，所有的 Na 原子都是互相同周相地振动而所有的 Cl 原子也都是互相同周相地振动的**.（然而在核中，人们除了偶极矩以外还将必须考虑四极矩.）然后，理论就由玻恩和布来克曼(Z. Phys. **82**, 551, 1933)以及布来克曼自己(Z. Phys. **86**, 421, 1933)进行了很细致的发展.（主要的结果是，在那种事例中，σ 的公式(p. 2 的底部)中的 Γ_C 变得强烈地依赖于频率了.）

在核中，当然什么东西都是比在固体中要复杂得多的，因为固体中各位置之间的原子交换可以忽视. 这就是我之所以要求一种更精确的模型解释的原因所在. 此外，我必须把实验品质的问题以及可以从实验得出的结论的肯定性问题留给有资格的专家们去判断.

我也很感谢你告诉我关于豪特曼斯的消息，而且很愿意听到关于他的更多的情况，如果发生了什么事的话. 你对他的事情如此关注，这确实是使人很感动的.

多多致候，家庭间互相问好.

永远忠于你的

W·泡利

鲁道耳夫·派尔斯

609

玻尔致派尔斯，1936 年 9 月 9 日

[打字件]

大 学 漂布塘路 15 号，哥本哈根

理论物理学研究所 9 月 19 日，1936

亲爱的派尔斯：

我很抱歉的是没有及早回复您的亲切而有趣的来信，因为卡耳卡尔和我刚

---

* Verh. d. deutsch. phys. Ges. **6**, 10, 1925.

** 于是振动非简谐性的后果就是，能量将逐渐地从光学活动的振动传到其他的振动.

刚从芬兰的斯堪的纳维亚科学家会议上回来.在此期间,您想必已经见到《物理评论》上贝忒那篇文章了[50];关于这篇文章,我们在几个月以前就听普拉才克谈到过,现在才算对它有了进一步的了解.贝忒的考虑很可能在原理上和您提出的想法相似,而在我们看来,和您的计算联系得较不密切的那些关于偶核和奇核等等的经验数据的讨论,是完全合理的.

贝忒和您在关于核粒子独立运动的假设下作出的估计确实是很有趣的,但是贝忒提出的关于和经验结果相符合的理由,在我们看来却不是很清楚的.因此,看到您也同意我的信念,我是很感兴趣的,那信念就是,能级图的一种更透彻的分析,应该只有通过更仔细地研究我在《自然》文章中称之为集体运动的那种核物质运动类型才是可能的.

然而,对待和固体振动的一种简单的类比,人们必须很慎重,因为,正如我在会上已经强调的那样,核中运动的幅度甚至在最低的能级上也是和核的线度同数量级的.我们也进一步研究了这种看法在 γ 射线现象方面得出的推论,并且不但在定性方面(四极辐射)而且在定量方面和通过中子俘获而作出的估计取得了

610

令人满意的符合.我们完全同意您对布劳赫和伽莫夫的说法[51]所提出的批评;正如我们在这里的研究所中也曾讨论过的那样,他们似乎倚靠了交换力表述形式的一种完全无根据的诠释.

我们将努力在很短的时间内结束我们的论文[52],并尽可能早地寄给您一份稿子.在此以前,如果您打算发表您的一些考虑而把这些考虑更详细地通知我们,我将是很感激的.

我们大家都向您致以衷心的问候.

您的

尼耳斯·玻尔

玻尔致派尔斯,1936年10月17日

[打字件]

大 学

理论物理学研究所

漂布塘路15号,哥本哈根

10月17日,1936

亲爱的派尔斯:

我对您10月11日的亲切来信甚感兴趣,而且我相信,我们关于核态的看法

---

[50] 第一编《引言》注[44].

[51] 第一编《引言》注[59].

[52] 第一编《引言》注[46].

在很大程度上是一致的.但是我希望在大约一个星期的时间内就能给您寄去一篇短文;这是我很久以来就开始准备了的,文中更详细地论述了我关于核问题的一般看法.如果您在收到以后能将您的看法见告,我将是很高兴的,而且等到那时再对您的阐述的发表问题表明态度也许是合适的.

此外,卡耳卡尔和我刚刚写了一篇关于铝蜕变的小论文[53],我们在文中更加详细地讨论了作为核反应之特征的各种特色.我们将把这篇论文的一份稿子和我提到的那篇文章一起寄往剑桥.

我们大家向您多多致以衷心的问候.

您的

尼耳斯·玻尔

派尔斯致玻尔,1938 年 2 月 8 日 611

[打字件]

大 学

爱德巴斯顿

伯明翰,15

8. II. 38

亲爱的玻尔先生:

多谢您的来信和尊著短文的副本[54],我觉得这篇短文是很有说服力的.如果我的理解是正确的,那就是说现在已经多少有点像一个固体的吸收谱带那样地实现了光效应的选择性,那个固体在很宽广的区域内也可能是透明的,但是在这个区域内却肯定具有根本无法和基态相组合的能级.

因此毫无疑问,只要谈的是绝对的数量级,您的论点就已经解决了关于大的作用截面的旧困难.我曾经尝试对您所提出的公式作出形式的推导,特别是想借此使我自己确信,对于(长寿命)核态的零中子宽度来说,光效应也确实(像理所当然的那样)为零,而且我也想弄清楚,在足够大的中子宽度下,光效应将怎样过渡到您的公式.这是我迄今还没有完全做到的,但是我愿意继续考虑,特别是借助于某种形式化的方法来处理长寿命的态;关于此事,普拉才克或许已经告诉过您了.

就我迄今所能看到的来说,我觉得吸收谱线的形状可能不会是自然谱线的形状.那种形状可以被推出,只有当从和基态有所沟通的短寿命态中的特定波包出发的激发能传递的几率不依赖于这种传递已经进行到的程度时才行(因为只

---

[53] 第一编《引言》注[61].

[54] 第一编《引言》注[79].

有那样,特定态才会随时间而指数地变化). 就我所能看到的来说,并没有任何理由认为这是适用于这一事例的,而如果人们想到和一个固体的类似性,则固体中的吸收谱带也是有着更复杂的形状的. 您的结果当然除了数字因子以外是不依赖于谱线形状的.

我也发现不容易看出您是怎样得到谱线宽度大约等于 γ 射线的宽度这一结论的,但是您在这里显然利用了我所不熟悉的一些实验资料.

我将乐于得知您是否同意我的关于谱线形状的说法. 这种形状对实用的目的来说当然是并不重要的,但是对数学处理的适当方法的选择来说却可能是有兴趣的.

612

再次多谢并致问候,我的妻子向玻尔夫人致意.

您的

R · 派尔斯

玻尔致派尔斯,1939 年 6 月 6 日

[打字件]

大 学 漂布塘路 15 号,哥本哈根

理论物理学研究所 6 月 6 日,1939

亲爱的派尔斯:

谢谢你的亲切来信,而得悉(几天以前从考克若夫特那里第一次听说)朗道现在已经回到卡匹察的研究所中并已重新开始工作,我用不着说是多么高兴了.

我非常盼望再到伯明翰来,而接受派尔斯夫人和你的住在你家中的盛情邀请也肯定将是我的一大快事;在我上次的访问中,我在府上度过了那么愉快的日子. 那时你对我的关于人类文化的小文章给予那样亲切的关注,也使我感激不已,而且我希望,当该文在《自然》上刊出时[55],你对它的最后形式也可以相当地满意. 在我下一次的访问中,如果我们能够在一起工作几天,写一篇给《自然》的短文[56],来论述我们关于核色散理论的共同工作的主要结果,我会很高兴,而且,如果对你合适,我将愿意在大约 6 月 28 日前后来伯明翰. 由于时局不稳和我在裂变问题方面的不可避免的忙碌,我很遗憾地还没有抽出时间来完成咱们和普拉才克合撰的文章,但是,正如普拉才克所建议的那样,如果最近能够在《自然》上发表一篇关于结果的简单论述,那将是很好的,从而我将带来我和普拉才克合

---

[55] N. Bohr, *Natural Philosophy and Human Cultures*, Nature **143**(1939)268—272.(据会议报告集)重印于本书第十卷中.

[56] 第一编《引言》注[82].

写的一份草稿.当咱们见面时,我也希望咱们可以安排在后来的一段安静时间中一起工作,来完成打算发表在丹麦科学院的《院报》上的那篇较长的文章.也许你能够为此目的而在8月或9月份的什么时候到丹麦来,但是关于这一点我们当然可以当在伯明翰见面时再来详谈.

613

我妻子和我本人谨向派尔斯夫人和你本人致以最亲切的问候和最良好的祝愿.

你的

尼耳斯·玻尔

派尔斯致玻尔,1947年11月2日

[打字件,有手写的再启]

数理物理学系,
大学,
爱德巴斯顿,
伯明翰,15
11月2日,1947

亲爱的尼克大叔[57]:

现在终于可以寄上承诺过的重新起草的论文[58]了.我很抱歉,这么久才写好了这篇文稿,但是我在表达方面遇到了一些次要的形式上的困难.论文的长度也增加了一点,但是我曾经想到用一篇短得多的论文来叙述同样这些东西将是很困难的.

我特别因为拖延了时间而感到遗憾,因为,由于交通上的困难,我在11月5日就要动身去美国,从而没有希望在离开以前听到你的评论了.你的评论将寄到我手中,如果在11月15日以前能寄到"华盛顿特区,本杰明·富兰克林车站,第680邮政信箱,英国供应处转",或是在18日以后寄到康奈尔由贝忒转.如果有什么问题是你想让我和普拉才克讨论的,更应该把信寄到康奈尔.不然的话,你当然完全可以按照你的意愿加以改动,并把论文寄走.我希望在11月21日能够回到这里.

如果我对我作的变动说明一些理由,那可能是有作用的.(在这里,"旧稿"是指你寄给我的所标日期为9.10.47的那份稿子[58a])

---

[57] "尼克大叔"是由奥本海默在洛斯阿拉莫斯开始使用的一个称呼,当时尼耳斯·玻尔在那里不得不使用了 Nicholas Baker 的化名.

[58] 第一编《引言》注[89].

[58a] 第一编《引言》注[88].

第 1 节. 这是计算作为一种粗略的概述,而你可能愿意对它的文字作些变动.

第 2 节. 这在实质上就是旧稿的第 1 节,但是按照我们的商定而略去了关于布来特-维格纳公式的讨论. 我曾经增加了关于很高能量下的现象的讨论,我相信这将有助于图景的完成. 你曾怀疑这种讨论是不是应该删去. 如果你的看法仍然是这样,那也很容易把它划掉而不损害其他部分的连续性. 我在 p. 3 上增加了一个论点,即"势散射"不一定都是弹性散射.

614

第 3 节. 这是新增加的一节,给出了布来特-维格纳公式的一种初等的推导. 我在哥本哈根说这里涉及四条原理,那是作出了引人误解的描绘的. 事实上,为了作这种推导,守恒定理并不是必要的.

第 4 节. 看来更合逻辑的做法是在守恒定理之前讨论细致平衡,这就要求在这一节中做些小的改动;除此之外,本节就是旧稿的第 3 节.

我把关于在对量子问题应用细致平衡时所应注意的各点的讨论压缩了一点. 看来一个令人满意的观点就是,在复合核的态可以在量子力学表述形式的意义下被描述为确定的态的一切事例中,表述形式都会自动地蕴涵细致平衡,从而就不必构造那样一个实际的循环过程,它将违反热力学第二定律,假如细致平衡不成立的话.(当然,构造这样一个过程应该永远是可能的.)

第 5 节. 这是建筑在旧稿的第 2 节上的. 通过保留复数散射振幅 S_l 而不把它立刻分成模数和相角,我在数学上作了一点小改变. 这似乎使我们能够更容易一点地看到势散射项是怎样进入(32)中的. 关于势散射项本身,我觉得似乎不必认为(32)对单独势散射的应用是近似的(旧稿第 14 页底部),因为就其本身来看,势散射应该定义为一个确定的波动方程的解. 势散射和"真实"散射之间的干涉不应该带来任何困难,假如势散射是纯弹性散射的话. 这在这一部分的第一稿中是正确的,在那里,势散射是在派尔斯-卡普尔方程的基础上用一种形式化的办法来定义的. 我认为现在所采用的看法从一种物理的观点看来是更加令人满意的;按照这种看法,上述情况不再是正确的了,但是这却在势散射和"真实"散射之间的干涉方面留下了一定的想象余地. 然而,一种更确切的答案只能根据一种更定量的研究来求出,这种研究也包括关于势散射的一种确定的模型,而我觉得在目前阶段我们还不应该作这种尝试.

我也把推广到具有自旋的粒子的工作挪后了一些,以避免引用在旧稿中被写作 δ_{AJ} 的那个量. 理由就是,在自旋的事例中,人们不是必须考虑一个入射波而是必须考虑有着不同的自旋方向的若干个入射波,这些波是相干的,而且在一般情况下将具有不同的周相. 然后截面就通过求平均值来得出. 因此我相信,像旧稿中的(26)那样的一个方程,在有自旋的粒子的事例中是未经证实的,尽管将 l 换成 J 后的不等式(35)当然必须仍能成立.

615

我略去了盒子中一个振子体系对光的散射的那种类比.在我看来,多数读者对这一模型的理论并不熟悉得足以使他们承认关于它的性质的那些叙述是显而易见的,而我们也将很不愿意提出对这一模型的一种广泛的数学研究.

我也略去了旧稿 p. 12 底部的叙述,即在连续能级区域中周相永远和完全的共振相对应.看来这一点是很难用一种令人信服的方式来加以论证的.在论文的战前稿中,这种叙述是根据派尔斯-卡普尔表述形式来论证的,但是它却又依赖于势散射的一种很形式化的而且或许很不合适的定义.既然这种叙述对于作出结论来说并不是必要的,看来把它略去就似乎更加明智一些.

第 6 节很短,而且你也许宁愿把它当作第 5 节的一部分来加以处理.这是只要删去标题就可以做到的.

致以最良好的祝愿.

你的忠实的

P·派尔斯

稿子由我自己打字,错误处请原谅.

派尔斯致玻尔,1948 年 2 月 6 日

[打字件]

数理物理学系
大学
爱德巴斯顿
伯明翰,15
2 月 6 日,1948

亲爱的尼克大叔:

我在从前的信中或许提到过,当我在美国时,我有一次短暂的机会和普拉才克讨论了我们的论文稿.普拉才克提出了一些可能需要修订的小问题,但是我们觉得,既然这些小问题只要改动几个字就可以补救,我们可以把它们放到知道了你对主要轮廓的反应以后再来处理.我发现,其中有一个问题可能引起你的困惑,从而提请你注意到它就或许会使你省些事.这就是关于布来特-维格纳公式的推导问题.我已经概述了的这种推导只适用于共振曲线的一个部分,对于那个部分来说,发出的中子(或其他粒子)的动能只和它在共振时的值相差一个很小的分数.它既不包括共振能级的宽度可以和中子在共振时的动能相比的情况,也不包括关于热中子的截面的情况($1/v$ 定律).我们曾力图弄明白是不是很容易把推导推广得也包括这些情况,但是我们觉得不破坏论证的明晰性就无法做到

616

这一点,因此较好的办法就是不改动推导而只弄明白它是适用于什么范畴中的问题.既然论文的目的主要是处理高能,使用一种对甚低速度并非适当的论证也就是完全合理的了.

我想,地区的安排恐怕使我们有必要就我以前和你提到的夏季计划作出决定,而且我们已经决定去参加从9月20日开始的那一星期中在这里召开的一个会议.这将是由物理系和数理物理系联合举办的.我很希望这种做法不会和你所想到的任何计划过分冲突.

谨向哥本哈根的所有朋友们致以最良好的祝愿.

你的忠实的

P·派尔斯

玻尔致派尔斯,1949年8月22日

[打字件]

大　学　　　　漂布塘路15号,哥本哈根

理论物理学研究所　　　　8月22日,1949

亲爱的派尔斯:

我很高兴,现在已经安排好让林德哈德在下一年和你一起工作.我确信这对他来说将是一次了不起的经历,而且我也希望这将意味着我们两个研究组之间更加密切的合作.作为一个小的开端,我想林德哈德在你那里的停留将有助于完成我们和普拉才克合撰的旧论文.最近几个星期以来,我已经和林德哈德重新阅读了旧稿,并且和他讨论了核构造方面的最新进展,特别是分别考虑各个核子在核场中的束缚的那种方法的成功.我意识到,人们有时过于死板地对待液滴模型,而且,为了澄清我的思想,我已经写下了一些尝试性的评述[59],我很高兴听听你对这些评述的意见.(617)它们并没有包含很多新东西,但是我觉得,这种发展给核反应问题的处理提供了一种简单的基础,而且消除了关于从色散理论和细致平衡所应导出的那些结论的怀疑.一旦有了时间,我就将试着把我们的旧稿中的那些看法包括进去,而且我将在林德哈德动身时(如果不是在此以前)把稿子交给他.这个夏天,我曾经忙于准备我在秋天即将在爱丁堡发表的关于一般课题的一系列演讲,而且也和罗森菲耳德一起进行了工作,来完成我们关于场量和荷量的可测量性的文章[60].事实已经证明,情况正是像施文格表述形式所要求的那样

[59] 第一编《引言》注[147].

[60] N. Bohr and L. Rosenfeld, *Field and Charge Measurements in Quantum Electrodynamics*, Phys. Rev. **78**(1950)794—798.重印于本书第七卷中.

的，而且在一个方面上比海森伯所设想的还要简单一些，那就是，正如场涨落一样，荷涨落也是在确切限定的空间-时间区域中明确定义的. 这篇著作我也希望在秋季的几个月中完成. 你可以理解，这对我来说将是一段很忙的时间，而且，如果对你不是太不方便的话，我很希望林德哈德能够留在这里，直到我在10月中旬动身去爱丁堡时为止，或者至少是到9月底为止.

我们大家谨向你们全家和你本人致以最亲切的问候和最良好的祝愿.

你的

Uncle Niels

派尔斯致玻尔，1949年8月26日

[打字件，有手写的补充]

数理物理学系
大学
爱德巴斯顿
伯明翰，15
8月26日，1949

亲爱的尼克大叔：

谢谢你的来信. 林德哈德在10月中旬来这里将是完全合适的. 我从玻恩那边得悉，你在爱丁堡的演讲将有很长的间隔，这就使我想到，不知当你在这个国家中时有没有可能请你到伯明翰来小作停留. 假如这是可能的，那当然会是我最大的快事，而且我们将能够负责这样一次来访所需的费用. 然而你用不着现在就作决定.

我已经抱着很大的兴趣读了你的短文，但是我恐怕不能同意其中几点. 如果我对第二页上的论证理解得不错的话，你就是根据位置的很大不确定性得出结论说可以把每一个粒子看成像在一个平滑力场中运动着的那样来描述各粒子的运动. 我不相信这条结论是正确的. 至少，如果人们假设核子间的力属于通常所假设的那种类型(二体力，部分地具有交换性，和轻核的性质可以相容)，则寻求表示运动的最佳势函数的尝试已经由欧勒[61]针对一种服从高斯定律的力进行过了，而且也由胡比[62]针对"介子势"进行过了. 两个人都计算了照顾到各个核子之间的相关性的较高近似，并且发现这些高次项绝不是很小而是会大大改变总结合能的量值. 这就倾向于证明，尽管一个粒子的势能不十分依赖于粒子对整个核 618

---

[61] H. Euler, *Über die Art der Wechselwirkung in den schweren Atomkernen*, Z. Phys. **105**(1937) 553—575.

[62] R. Huby, *Investigations on the Binding Energy of Heavy Nuclei*, Proc. Phys. Soc. London A**62**(1949)62—71.

的中心而言的位置,但是它却决定性地依赖于该粒子对相邻核子而言的位置.交换力的本性就使得这种相关性变得特别强,因为每一个核子都倾向于只和另外三个核子很强地互相耦合.

现在,最近几个月来我们曾经看到一种证据,表明核的性质可以利用一种“壳层模型”来很好地加以描述,而这种模型可能显得是和关于相关性之重要性的结论相矛盾的.假如这种证据确实是结论性的,那就会或是意味着核力并不属于现在公认的那个种类,或是意味着存在某种另外的描述运动的方法,而在那种方法中是没有忽略相关性的,但是能量值却可以和壳层模型互相对应起来.

我想,面对这一困难并承认一件事实,是很重要的;那事实就是,至少在有关核力的通常假设下,位置的不确定性并不足以使壳层模型成为一种好的近似.

为了相同的理由,我对你在第二页底部所采取的看法也不十分欣赏;在那里,一个粒子在核中的被俘获起初是通过平滑势场中的一个定态来进行的.按照一种形式化的办法,人们当然永远可以认为这种有着有限寿命的态是起源于核子间的能量交换可能性的.然而我却预料,在和几 MeV 的中子的俘获相对应的能量区域中,这样一个态的寿命将短得对描述核过程不会很有帮助.然而,在高得多的激发能下,却很有可能这种态将有助于理解例如由泡拉德及其合作者们在耶鲁得出的那些激发曲线上的极大值和极小值.

619

我们大家谨向你、并向玻尔夫人致以最亲切的问候.

你的忠实的

R·E·派尔斯

派尔斯致玻尔,1949 年 12 月 7 日

[打字件,有手写的补充]

数理物理学系,

大学,

爱德巴斯顿,

伯明翰,15

12 月 7 日,1949

亲爱的尼克大叔:

我已经作好安排,将于 1 月 2 日上午飞往哥本哈根(1 日没有适当的班机),而且,如果这种安排对你仍然是方便的,我就将在下午 3: 30 到达哥本哈根.我 1 月 9 日在伯明翰还有事,因此也许必须在 8 日动身返回.

如果让我把我在这里或在爱丁堡都来不及适当解释的几个问题写下来,那将是有帮助的.

在我看来，目前起草了的这篇论文的内容，如果不是完全地也是大体地不依赖于人们给核提出的模型的，尽管人们将试图猜想的那些出现在方程中的恒量的值应当是在很大程度上依赖于模型的. 在过去，曾经有一种把二者混为一谈的趋势，就是说要把你最初所提出的关于核的模型和为了研究这种模型而发展起来的数学表述形式等同起来，然而这种数学表述形式却是普遍得多的. 因此我完全同意，最好在引言中说明这一点，同时也要指出，现在人们必须对模型保持一种开阔的头脑，而关于"幻数"的实验事实以及因森[63]理论和哥波尔特-梅耶[64]理论的成功则是一些决定性的证据.

然而，照我想来，人们从这些东西必将确切地得到什么结论，这个问题却还是基本上没有解决的. 在以前的通信中，我坚持了这样一点：把每一个粒子看成在其他粒子的平均场中运动，是不正确的，如果我们目前关于力的看法多少有点正确的话. 然而这却并不证明人们不能根据现在这些力来得出一种壳层结构. 至少在闭合壳层外面只有单独一个核子的事例中，或许是有可能找出一种图景来把它描述成一个在适当的力场中运动着的粒子的，然而这个场却不会是其他粒子的平均势. 这种局势使我们想起场论中的一种情况，在那儿，人们将得到很大的(实际上是无限大的)误差，如果人们认为由电子引起的场中的干扰是很小的话. 我们现在正在学习怎样把那种不可避免地和电子相伴随着的干扰考虑在内，而在某种理解下这正是"重正化"的意义. 人们或者可以希望在核中同样地设想核子在一个在其他方面已经饱和的核流体中的运动，并把核子在该流体中所将引起的局域干扰考虑在内，而这就有可能导致一种合理的单体图景. 620

因此，我并不能肯定存在足够的证据，可以据以断定我们必须放弃我们现在这种关于力的图景，然而同样不肯定的是我们可以保留这一图景，因此，尽管我十分迫切地想要和你讨论这些问题并看看能够取得什么进展，但是我却觉得，就现在这篇论文来说，更明智的办法是承认悬而未决的问题的存在，而并不企图在这方面得到完全的答案.

你的很忠实的

R·E·派尔斯

我们非常欣赏你的短促来访. 我正在盼望着访问哥本哈根的日子，但是请坦白告知这是否仍然方便. 如果你宁愿把它推迟到你从这个国家经过的时候，那也对我是很合适的.

---

[63] 第一编《引言》注⑯.

[64] 第一编《引言》注⑮.

玻尔致派尔斯,1949 年 12 月 17 日

[打字件]

大　学　　　　　　　　　　漂布塘路 15 号,哥本哈根

理论物理学研究所　　　　　　　　　　12 月 17 日,1949

亲爱的派尔斯:

非常感谢你的亲切来信.我对你关于核问题的说法极感兴趣,而且我非常盼望和你彻底地讨论讨论整个的局势.然而,自从回来以后,我一直身体不很好,曾因重感冒而卧床数日,从而没有能够完成我认为应该做的那些事.现在,整个的情况是,罗森菲耳德必须把他到哥本哈根来修改我们的论文[65]校样的访问推迟到新年期间了,因此,关于你所提的问题,我可以说最好是把我们的工作再推迟一点,直到我回到英国时为止.关于这种安排,我将告诉林德哈德;我们指望他将回来过圣诞,而且我们全都盼望和他谈谈你们在伯明翰的一切工作.当他已经来到而我对自己的计划也知道得更清楚一些时,我将再给你写信.

621

我们大家谨向你和你的全家致以最亲切的问候和圣诞节及新年的最佳祝愿.

你的

尼克大叔

埃贝·喇斯姆森[66]

玻尔致喇斯姆森,1939 年 2 月 14 日

[打字件]

高级研究所

数学部

弗爱恩楼

普林斯顿,新泽西州

---

[65] 见本编注[60].

[66] 埃贝·克耶耳德·喇斯姆森(Ebbe Kjeld Rasmussen,1901 年 4 月 12 日—1959 年 10 月 9 日),丹麦实验物理学家,1926 年在哥本哈根大学毕业(cand. mag. 学位),从 1926 年到 1928 年在丹麦工业大学任研究助教,部分地和医学工作有关.1928 年,玻尔在研究所中给了他一个研究助手的职位,他在那里工作到 1942 年,然后被聘为丹麦皇家兽医及农业学校的教授.他在 1932 年以一篇关于稀有气体的光谱的论文而获得博士(dr. phil.)学位.1956 年,他被任命为哥本哈根大学的教授.他在 1951 年被选为丹麦皇家科学院的院士,并在 1959 年他逝世以前不久被选为科学院的秘书.喇斯姆森的研究兴趣最主要地在于光谱学,他的大部分论文处理了很大范围内的一些元素和同位素的光谱中的精细结构和超精细结构.身后的行述有由 N. Bohr 撰写的、由 V. Middelboe 撰写的、由 J. M. Lyshede 撰写的 (均见 Fys. Tidsskr. **58** (1960)1—9)、由 J. Koch 撰写的(Akademiet for de tekniske Videnskabers årsskrift, 1960)以及由 J. K. Bøggild 撰写的(Overs. Dan. Vidensk. Selsk. Virks. Juni 1959—Maj 1960, pp. 117—123).

2月14日,1939

亲爱的喇斯姆森博士:

感谢您1月21日的亲切来信.我确实是抱着最大的兴趣注视着研究所中的一切事物、特别是核的新式分裂方面的最近发展的.正如你们从我的许多电报无疑已经意识到的那样,由于这么多个星期没有听到有关弗瑞什的重要实验的任何消息,我觉得自己已经处于大大为难的境地了.关于哈恩的实验[67]以及迈特纳女士和弗瑞什对它的解释的消息在这里刚一传出,类似的考察就很自然地在几乎所有的美国实验室中进行起来了,而我本人的处境就是在华盛顿会议上看到第一批关于核碎片的实验,而却不知道弗瑞什已经在1月12日完成了一种远远更加有说服力的和更加全面的考察,而且甚至已经在1月16日把有关此事的一封信寄给《自然》[68]了.我第一次听说这些实验是在1月30日,是通过汉斯给艾瑞克[69]的一封信中的一次偶然提及而听说的,于是从那时起我就不得不每天想到,假如人们曾经按照我们的约定而立即从研究所中打电报把任何重要事情告诉我,或者甚至只是像我所要求的那样从研究所中把准备发表的一切文稿的副本直接寄给我,情况就会如何好得多了.在现在的事态下,人们不但已经能够理所当然地宣称这里的实验是独立完成的,而且人们甚至像我认为是错误的那样居然到处宣称哈恩实验的诠释本身在每一个物理学家看来都必然是不言而喻的.在我为使迈特纳女士和弗瑞什在他们对新的奇妙发展所作的决定性贡献方面得到应有的承认而作的努力中,我不得不就后一问题和许多杰出物理学家的缺乏理解进行斗争,这种缺乏理解是一种他们觉得很难领会的局势的结果,那就是我在这么长的时间内竟然完全没有得到关于哥本哈根的重要发现的消息.在这儿,这种事情是无法想象的,而你们肯定已经听说,早在1月30日,所有重要的美国报纸上就已经有了关于在这里做了的那些实验的高度热烈乃至狂热的报道.不仅对我自己在这里的工作,而且首先是对研究所来说具有十分决定意义的就是应该使我完全及时地知道在哥本哈根发生的每一件重要的事情,既包括实验数据,也包括各个领域中的工作计划,而且我必须说,不论是罗森菲耳德还是我,都曾一天又一天地很失望地等待我1月4日那份长电报的回电.如果您和舒耳兹太太认为这一类电报的费用——我希望每星期收到一封夜班来信——将很难纳入每月的账目中,当我回去时我将亲自另行设法.在这方面我用不着说,我对研究所的每一分子特别是弗瑞什近来已经作出的那些伟大贡献是如何地感激;我也准备在合理的限度内把实验室的所有手段都用在尽可能地推动新的研

623

624

---

[67] 第一编《引言》注[96].

[68] 第一编《引言》注[98].

[69] 汉斯和艾瑞克是玻尔的儿子.

究方面，既用中子也用氘核和质子来做这种工作，而且我将是很感激的，如果您能够和弗瑞什详细讨论一下这最好应该怎么做. 在这方面，希维思教授的指教当然是有最大的重要意义的，而且我也想知道他认为关于在这方面引起的化学问题可以在研究所中做些什么事. 当我在电报中提到使用具有各种同位素成分的

625 铅的必要性时，我所想到的就是他的见识和参与. 正如从我在几天以前寄给弗瑞什的那篇投给 Phys. Rev. 的短文[70]中可以看清楚的那样，存在一种可能性，即人们将在具有偶中子数和奇中子数的同位素之间发现很大的差别. 在我这方面，我将尽一切努力使你们在研究所中听到关于理论发展的情况，但是当前主要的重点当然还要放到在最多样化的条件下进行实验上.

你们可以想到，罗森菲耳德和艾瑞克都很欣赏这里的一切经历；他们和我一起向您、您的全家以及研究所中的每一个人致以最亲切的问候.

您的忠实的

尼耳斯·玻尔

再启者：关于对迈特纳女士和弗瑞什的伟大贡献的承认，尽管暂时有些困难，但我相信一切终将以最好的方式得到解决，而特别说来，我希望我发表在《自然》上的短文[71]和发表在 Phys. Rev. 上的短文将有助于使科学界对情况得到正确的看法.

喇斯姆森致玻尔，1939 年 2 月 20 日

［打字件，有手写的补充］

大　学　　　　漂布塘路 15 号，哥本哈根

理论物理学研究所　　　　2 月 20 日，1939

627 亲爱的玻尔教授：

虽然最近两星期以来部分地由于希维思教授不在而部分地由于研究所为了铀的分裂而如此忙碌，以致我们没有开过任何的会，但我还是将用一封完全一般性的信来补充电报的报告. 这确实曾经是一段激动人心的时间，在研究所这边也是如此，而且我们全都强烈地感到了我们的老板不在这儿，不能把工作引向正确的方向，也不能加速文章的发表.

弗瑞什的短文直到今天才在《自然》上刊出，实际上离交稿已经一个多月了，

---

[70] 第一编《引言》注[115].

[71] 第一编《引言》注[99].

但是这种事是毫无办法的.

关于自从弗瑞什结束了他的实验以来的工作进展,现在可以报告的是,正如在电报上已经提到的那样,弗瑞什和高电压方面的人们重做了用中子来使铀和钍分裂的实验;中子来自用700,000伏特氘核照射的一个锂靶,而实验进行得很顺利.另一方面,从Pt到Bi的各种物质却不显示任何效应.接着,他们转向了质子,想看看17 MeV的γ射线是否也能引起效应.由于中子会从氘核中留下来,那就必须采用随渐增电压而变的产量曲线,因为γ射线是在450,000伏特处突然出现的.如果效应毕竟存在,它无论如何也是极弱的.

在收到您的电报以后,他们现在正力图按照电报上指示的路线来工作,从而已经把结束γ射线实验的事搁置下来了.

628

回旋加速器也已经几乎不停顿地工作了许多天了,因为雅科布森已经用4.5 MeV的氘核(约1毫安培)做了使铀分裂的实验,而且显然也进行得很顺利.他照射了一个氧化铀小球,并且在放在附近的一块铅板上收集了反冲碎片,而且也重新得出了哈恩发现的那些周期.这样,雅科布森就完全不知不觉地碰巧做了一个实验,而这个实验是弗瑞什和迈特纳女士确实曾经打算下一星期在研究所中进行的.然而,近几天来的紧张工作也已经证实了许多其他物质中的效应,从而目前他并不能肯定是确实存在反冲原子呢还是或许存在某种杂质效应.这个问题无疑将在下星期弄明白.弗瑞什现在到斯德哥尔摩接他的父母去了,但是明天他应能返回.如果迈特纳女士和他同来,他们肯定会协力澄清这一问题.

丹麦报纸上还一点没有提到铀的分裂.然而我们已经接到了罗森克雅尔硕士和伯格索工程师的电话;他们已经听到了这件事,从而想在不久的将来广播它.这或许最好采用伯格索采访某些合作者(弗瑞什,雅科布森)的形式,而如果出现了这一类的情况,我们将尽一切努力把事情弄得尽可能地客观.

关于实际问题我应该提到,国家警察现在已经开始每次只允许外国侨民有三个月的居留期.甚至迄今为止总是每隔六个月就重新获准居留的弗瑞什,这一次也只得到了三个月,即到5月初为止,而且即使这样,也是在警察给舒耳兹太太打了电话以后才办成的;他们告诉她,司法部已经把弗瑞什的申请书退了回来,并且查询是否对弗瑞什的继续居留采取过什么步骤.但是舒耳兹太太说您不在,于是就成功地把问题推到了您在5月初回来时再说.(弗瑞什本人对此次谈话毫无所知.)

我也应该向你报告,沃尔诺尔夫妇又回到城里来了,而且沃尔诺尔私下告诉我,他已经呈交了工业大学的辞职书,而且他的教授职位或许将在春季期间由别人继任.看看谁会申请,特别是谁会得到职位,这将是很有激动性的.

您大概已经听说S·P·L·索伦森教授的逝世了.因此,在秋季,将选举自然科学传播协会的一位新理事(杰尔汝姆?).

除此以外,我认为研究所中没有别的任何重要事情要报告了.我自己的关于

629 铪的工作仍在顺利进行中,而且我不能否认我将乐于看到它的结束.最后我可以提到不那么重要但是却使摩勒和我自己很感欣慰的消息,那就是我们已经就我们的书和一位荷兰出版商进行了接洽;该书偶然在这里出了第二版,而且从德国和英国也收到了探询.

现在我要结束了,研究所中的每一个人都向您、向罗森菲耳德教授和艾里克多多问候.

您的忠实的

埃贝·喇斯姆森

我也多多致以亲切的问候.

贝忒·舒耳兹

喇斯姆森致玻尔,1939年2月24日

[打字件]

哥本哈根,2月24日,1939

630 亲爱的玻尔教授:

今天收到您14日的来信,甚谢.我充分理解由于弗瑞什没有把他的重要实

631 验及时向您通报而使您遇到的困难,但是当时我们全都相信他已经像他答应我们的那样发了信.但是在这件使人心烦的事件以后,我已经尽了一切力量在一有了结果时就发电报;我每天都到两个工作小组中去探访,即使这可能被认为我在多管和自己不相干的闲事.

雅科布森在回旋加速器上出了一次事故;加速器不得不进行了拆卸和清洁处理,但是它现在又在运转了.氘核的效应已在铀中得到证实,但是还没有在钍中试过,我想这将是日程表上的下一项.另一方面,铀中的反冲现象的证实却似乎不断地出现困难.而正如已在电报中报告的那样,今天弗瑞什和迈特纳女士已经装置了反冲实验,从而他们似乎将在雅科布森之前得到结果了.

因为布耶尔基[72]已经答应在今天晚上写信,我想我就用不着描述高电压实

[72] 陶其耳德·布耶尔基(Torkild Bjerge, 1902年3月8日—1974年2月7日),丹麦实验物理学家,1926年作为化学工程师毕业于丹麦工业大学,从1928年开始在该校物理实验室任研究助教.1931年,他获得了物理学方面的硕士学位(mag. scient.).布耶尔基1934—1935年在剑桥的卢瑟福实验室中工作,于1937年在玻尔的研究所中任研究助手.1938年,他以一篇关于短半衰期人为放射性同位素的论文获得博士学位(dr. phil.).他也参加了研究所中高电压设备的建造.他在1939年被任命为丹麦工业大学的教授,于1955年成为丹麦原子能委员会的委员,于1956年被任命为该委员会在里索(Risø)的研究所的所长,于1970年退休.布耶尔基的研究兴趣是在中子物理学(包括裂变)和人为放射性方面.行述由H. Højgaard Jensen和F. Juul撰写(Fys. Tidsskr. **72**(1974)177—180).

验室中的实验了.

现在已经证实,现在就确定工业大学中的教授人选是正确的,因为申请在3月11日截止.现在还不知道雅克布森会不会申请,而布耶尔基和R·E·H·喇斯姆森当然是会申请的,因为他们很可能被认为是领先的候选人.如果我也交去一份申请书,我希望您理解这并不表明我在研究所干够了.假若我没有家庭负担,我当然不会试图离开这儿,我在这儿是得到了如此优越的工作条件的.但是我没有被选中的危险.

关于今天在我们的周会上讨论的事项,我也应该提到我们曾经议论了为奥耳森[73]收集礼品的问题,他不久就会在4月6日满50岁了.我这么早地提到这一点,因为我相信,如果您能为此而寄给他一封贺信,那是将会给奥耳森以最大的欣慰的.也讨论了为奥耳森请求丹布劳格奖章的可能性,尽管事实上的习惯或许是在二十五年的忠诚服务以后才颁发这种奖章.相当奇怪的是,这种建议是由因森[74]提出的,这也许可以用一件事实来加以解释,那就是,因森比奥耳森小不了几岁,但是他的服务年限却短得多.

我不久就会再写信去,而且我也将尽力做到有效地发电报.向您、艾里克和罗森菲耳德教授致以友好的问候.

您的忠实的

埃贝·喇斯姆森

喇斯姆森致玻尔,1939年3月3日 632

[打字件]

大 学 漂布塘路15号,哥本哈根

理论物理学研究所 3月3日,1939

亲爱的玻尔教授:

寄上工作日志的抄本[75];这是我们按照您的建议从上星期一开始记录的,三个研究组即弗瑞什-迈特纳组、高电压组和回旋加速器组每天都各自写几行来记录自己的工作.除此以外,一有了结果就将再发电报.

我也从玻尔夫人那里听说您正在考虑给弗瑞什增加薪金,那当然是他当之无愧的.然而我却觉得此事最好等您回来后再说,因为我们现在即将囊空如洗了.我们也还没有聘用任何更多的研究助手,尽管这在很大程度上也是由于没有

---

[73] 霍耳伽·奥耳森是实验室主任,他在研究所正式落成以前就已经从1920年开始在那里工作了.

[74] 奥古斯特·因森在1924年被任命为玻尔的研究所中的非科学助理.

[75] 这几页抄件在这里没收入.

633 合格的人选. 如果您能带来几个有能力的青年美国人,那就太好了. 至于经费,如果必要的话我们也许可以申请胰岛素基金(Insulin Foundation),或争取提前得到卡尔斯伯的季度拨款.

谨向您、罗森菲耳德教授和艾里克致以最美好的祝愿.

您的忠实的

埃贝·喇斯姆森

玻尔致喇斯姆森,1939年3月10日

[打字件,有少数手写的补充]

高级研究所
数学部
弗爱恩楼
普林斯顿,新泽西州

3月10日,1939

635 亲爱的喇斯姆森博士:

您可以相信我今天上午收到从研究所来的那么多美好信件是很高兴的;这里有您本人的来信,以及舒耳兹太太的、布耶尔基博士的和希维思的来信. 我也收到伯格索工程师的一封信,寄来了无线电采访的正文;这次采访搞得很精彩,636 我在这边很高兴地听了它. 对于弗瑞什以及所有别的人已经做出的伟大工作,我代表研究所表示格外高兴,而且我也希望你们全都已经理解了我的信和电报可能曾经留下的那种不耐烦的印象;但是这些天对我和我的努力来说确实是一些关键性的日子,我的努力就是要保证迈特纳女士和弗瑞什在这个伟大发现方面得到应有的荣誉,并使研究所对这个新领域能够作出一种贡献,而这种贡献在某种程度上应该和研究所属下的杰出人员以及由于各方的大力支持而置于我们支配之下的巨大设备相适应. 当然我的意思无论如何不是要你们急急忙忙地去进行探索,而且人们也不应该过分拘泥地对待我在信中谈到的关于每日记录和不断打电报的那些话,而是只应该按照尽可能好的计划去进行工作并且用电报和通信按时告诉我每一件使我并使那许多在这里和我接触如此密切的物理学家们特别感兴趣的东西. 特别说来我曾经想到,你们那些在家里的人们可能无法正确想象这里这些几乎不计其数的物理学家们正在工作中使用着的那种几乎是不受限制的手段,以及人们在这里对新现象进行研究时的那种热情和理论家们对现象的解释进行讨论时的那种激动. 对于在迈特纳女士和弗瑞什的短文中建议了的那些思路,我自己在它们的扩充方面做了相当的工作;而那些至少在开始时是由费米提出的对这些思路的怀疑,恰恰就使得某几条信息显得对问题的澄清是特别有价值的了.在这方面,研究所的工作确实已经开始在这边的讨论中占有主要的地位,而近几天来我曾经因为收到了弗瑞什和迈特纳女士的电报而特别高兴;他们在电报中报道了他们对一个情况的直接证实,那就是,早先指定给各铀后元素的那些周期,是可以指定给在铀裂变中产生出来的那些新元素的——这和哈恩在刊登在《自然科学》上的一篇最新论文[75a]中所表示的诠释恰好相反.

在不多几天以前给我妻子的信中的一份附寄稿[76]中,我曾经试着按照当前我所看到的情况对那些问题进行了综述;而且,对于在那儿提出的有关进一步实验的建议,人们当然也只应该做那些可以合理地纳入研究所工作日程中的事情.

在我今天收到的希维思的来信中,他描述了不用新钍而用镭本身来做实验的可能性;这当然将是很了不起的,但是我还几乎不敢抱这种希望.对于理论讨论来说,最重要的问题永远是可以经历裂变的那些物质的范围问题;而恰恰在这方面很有趣的就是,如果我的诠释是正确的话,我们已经有了三种这样的物质,即除了铀238和钍232以外还有铀235,而由于它们的中子-质子比的不同,这些物质是应该显示不同的性质的.

637

除了裂变问题以外,我对研究所中一切别的事情,特别是您那关于铪精细结构的工作,当然也是极感兴趣的.顺便提到,关于重核角动量这一整个的问题,罗森菲耳德和我曾经在这里参加了许多有趣的讨论,特别是和喇比的讨论.

罗森菲耳德也表示感谢摩勒那些很长的和很有趣的来信,而且他同意那些信的内容(除了裂变中的介子发射的可能性问题以外*),他希望能够在下次邮班中详细作复.

我也乐于不断得到有关希维思的研究进展的信息,这里的所有生物学家们正在对他的研究感到极大的兴趣.

关于计划中的中子磁矩的工作进行得怎样?我当然明白,由于有大量的别的工作,你们或许不得不把此事暂时搁置下来了.然而,类似的研究也正在这里的哥伦比亚大学中被准备着,从而如果人们在哥本哈根已经进行到可以很快得出最后结果的地步,那就是很好的;但是在这方面您当然也只能按当地的情况来判断怎样做是合理的.

同样的说法当然也适用于计划中的核光效应的研究,这是我仍然大感兴趣

[75a] O. Hahn and F. Strassmann, *Nachweis der Entstehung aktiver Bariumisotope aus Uran und Thorium durch Neutronenbestrahlung*; *Nachweis weiterer aktiver Bruchstücke bei der Uranspaltung*, Naturwiss. **27**(1939)89—95.

[76] 第一编《引言》注[116].

* 罗森菲耳德和我都根本不相信介子将在核裂变中被发射的任何几率,因为人们在这里涉及的能量对任何给定时刻的一次核反应来说都几乎不能到手,而却是在核碎片互相远离的运动过程中而在它们的相互静电推斥下逐渐释放出来的.

的一个问题.

向你们大家多多致以亲切的问候,并感谢每人的来信,对于那些信,我现在来不及分别作复了.

您的忠实的

尼耳斯·玻尔

再启者:我现在也已经收到了雅科布森博士的一封很有趣的来信.请代我向他致谢,并转告他我对回旋加速器工作的顺利进展甚感高兴.但是,正如前面提到的那样,我并不认为寻求介子会得到什么结果.顺便提到,我们必须尽所有的力量来向所有的实验提供足够的协助,但是我知道,谁也不比您更有资格留意学生们并决定他们在这方面可以提供什么样的可能性.整个的财务问题暂时还很幸运地没有任何困难,而且我希望以后也不会有什么困难.一件很好的事情就是汤姆·劳瑞特森将在夏天来研究所工作一年,而且劳瑞特森教授本人似乎也肯定会到哥本哈根来度过明年的整个春季.

NB.

638　**喇斯姆森致玻尔,1939年3月24日**

[打字件]

大　学　　　　漂布塘路15号,哥本哈根

理论物理学研究所　　　　3月24日,1939

639　亲爱的玻尔教授:

多谢您3月10日的亲切来信,以及信中对我们的工作的那许多"额外奖赏".我们也收到了您寄给玻尔夫人的问题综述,而且已经复制了若干副本,并把它们分发给了一切对此感兴趣的人们.

关于工作,唯一要报告的就是迈特纳女士用钍重做了反冲实验,关于此事我今天发了电报.她即将寄一篇有关的短文给《自然》[77],然后就将结束她在这里的停留,因为她打算在星期天离开.迈特纳女士对她在这里的停留甚感满意,而研究所也从她的来访中获益匪浅.

640　另外,希维思教授的小组近来人丁兴旺.哈恩已经又回来了(他还没有完全被德国占夺,因为他出生在斯洛伐克),昨天从斯德哥尔摩来了一个青年瑞典医学家额内耳博士,今天从列日来了一个药物学家巴亚尔德博士,他们是用自己的奖学金来在希维思教授手下工作的.在理论部中,斯提恩斯霍耳特博士已从挪威

[77] L. Meitner, *New Products of the Fission of the Thorium Nucleus*, Nature **143**(1939)637.

来到，而在一层楼，西蒙斯博士仍在工作；您应该已经收到他的稿子了.

关于回旋加速器，我可以报告的是雅科布森近来几乎每天都向希维思教授提供活性钠和活性钾的样品，而且他也正在勤勤恳恳地继续做铀-氘实验. 此外，车间里现在正忙着为回旋加速器做一套新的D盒，为此目的，我们已经把一些铜片冲压成尽可能好的形状. 雅科布森指望能够用这套D盒来增大粒子注的强度.

高电压组曾经继续为迈特纳女士照射铀和钍，但是在其他的实验方面事情却进展得不像人们所希望的那样快. 比耶尔基因病卧床已经是第二个星期了，而考什[78]近来则已经忙着准备海军科学院的考试.

现在我们也必须考虑学生的审查问题了. 在三个将在夏天参加考试的学生中，肯定有一个即海灵-克瑞斯顿森将是适于做将来的助手的.

现在据报道说，工业大学已经成立了一个委员会来审查物理学教授的申请人. 不容否认，如果在丹麦任命一位物理学教授而不征求玻尔教授的意见，那将会显得是十分奇怪的.

研究所中的每一个人都向您、艾里克和罗森菲耳德教授致以最良好的问候.

您的忠实的

埃贝·喇斯姆森

雷昂·罗森菲耳德

641

玻尔致罗森菲耳德，1936年1月8日

［打印件］

大 学 漂布塘路15号，哥本哈根

理论物理学研究所 1月8日，1936

亲爱的罗森菲耳德：

这么久没通音问，甚为抱歉，但是我在11月间没有立即回复你那封关于我

642

---

[78] 约尔根·考什(Jørgen Koch，1909年4月6日—1971年9月19日)，丹麦实验物理学家. 在但泽和柏林学习以后，考什在1933年从柏林的工业大学毕业(得diplomingeniör(获准工程师)学位)，于1936年在该校获得博士(Dr. Ing.)学位. 同年他在玻尔的研究所中被任命为研究助理，一直工作到1957年. 1942年，他以一篇关于同位素的质谱仪分离的论文获得了物理学方面的博士学位(dr. phil.). 1957年，考什被任命为哥本哈根大学的教授和该校生物物理实验室的主任；在他的领导下，该实验室变成了一个类型更普遍的物理实验室，即第二物理实验室. 从1952年开始，他也担任了丹麦卫生当局的关于放射性和辐射的伤害问题的顾问. 考什的研究兴趣在于中子物理学(包括裂变)、同位素分离、快速离子的产生及应用以及物理学的医学应用及其他应用等领域. 行述由K. G. Hansen、E. Juel Henningsen和H. Højgaard撰写，并由N. O. Lassen撰写(Fys. Tidsskr. **70**(1972)97—120).

们的论文的并提到弗尔雷恩的学习情况的信,是因为我当时预计很快就会在哥643 本哈根这里见到你. 然而我当时为许多不同的事情而十分忙碌,以致我不得不推迟咱们的合作,而且我的印象是这对你也是合适的,因为你在列日有教学任务. 然而当我在挪威度完短期的圣诞假期而我妻子在那儿收到了你的来信以后,我已经再次注意起整个的事件来了.

至于你那些关于弗尔雷恩的探索的说法,我相信我完全理解你的用意何在,而且我也完全同意你的看法. 然而,我在清楚地看到所有的细节方面却稍感困难,因为我并不充分熟悉弗尔雷恩本人对他的结果所作出的诠释,以及在所谓Gestalt Psychology(形象心理学)中处理知觉问题的那种方式. 在文献方面,我只知道威廉·詹姆斯对普通心理分析的经典批判,这种批判对我来说曾经是我对心理学互补条件的洞察的一种丰富的灵感来源. 我认为你确实应该尽快地和弗尔雷恩谈谈,并看看他对你的评论反应如何. 在你把你的说法纳入它们的最后形式以前,我们还可以永远接着谈论这一切. 这对我也将是很有教益的,因为我已经接到伦敦的瓦尔堡学会的邀请,要在 2 月发表一篇题为《原子理论的一些人文方面》的演讲,而在这一时机下,我曾经想要尽可能充分地阐述我对认识论、心理学和生物学问题的一般态度.

在伦敦,我也将以《原子理论中的空间和时间》为题向物理学会和化学会发表演讲;这是我在秋天又做了许多工作的一个问题,而且我希望利用这个机会来完成我关于这个问题的旧论文. 而且在这方面能够预先和你充分地谈谈也会对我大有帮助,因此我愿意请问你能否像咱们在布鲁塞尔已经讨论过的那样尽早地到这里来,然后,当我大约在 2 月 8 日去了伦敦以后,你再回列日去完成教学工作. 如果在我离开以前咱们能够完成咱们那篇关于密度测量的论文,那也将是很好的,那样我就可以在访英期间把它交给皇家学会;我在英国大约停留两个星期. 顺便提到,我近来曾经为一个完全不同的问题而大忙特忙,那就是核对中子的俘获问题. 我已经重新采取了旧的想法,那是我在上一次哥本哈根会议上当和贝忒讨论时就已想到的;那想法就是,穿入核中的一个中子的运动,根本不能描述成一个静势场中的单体问题,而是相反地可以说中子立刻就把它的能量分给其他的核粒子,而产生一个寿命足够长的中间体系,于是,在一个中子或别的粒644 子作为和俘获过程毫无直接关系的一种逸出过程的结果而离开这一体系以前,就有发生辐射跃迁的一个很大的几率. 这种观点似乎不但可以解释俘获过程,而且也可以解决许多别的困难,那些困难是伽莫夫曾经在他的图解式核模型的基础上与之斗争过的. 总而言之,这些考虑将把人们引到一种核结构概念,而这种概念和在通常的原子问题和核问题之间并不作出差不多足够的区分的那种普通核结构概念根本不同,因为在我看来,这两种问题应该被看成个体粒子之运动间的弱耦合和强耦合的极端情况,它们是要求有十分不同的处理方式的.

我现在即将写完给《自然》的一篇有关这一问题的短文[79],一经写成,我就会把它寄给你,除非你在此以前就已回到这里,而那是会使我大为高兴的.

我们大家都向你致以亲切的问候,并向你和你的全家致以最美好的新年祝愿.

你的

尼耳斯·玻尔

玻尔致罗森菲耳德,1949 年 8 月 16 日[79a]

[打字件]

大 学　　漂布塘路 15 号,哥本哈根

理论物理学研究所　　8 月 16 日,1949

亲爱的罗森菲耳德:

645

我回到了梯斯维尔德,现在把咱们的文稿副本[80]寄给你;当我昨天给你发那封信时,我忘记把这份稿子带到哥本哈根去了.

我希望你对我给泡利的信感到满意,而且我正盼望你对我的关于核问题的纯说明性的论述[81]表示赞同. 你无疑地可以意识到,我之所以致力于这个课题,是由于我看到了改进那些旧问题的处理的新的可能性;那些问题是我和派尔斯及普拉才克讨论过的,而在那些问题方面,你在不得不在战争期间离开哥本哈根以前是对我帮助很大的. 这也是我愿意早一点得到一种合理的结束的一个老问题.

然而,这绝不意味着我对咱们正在一起为之工作着的这些问题不太关心,而且我也不知道我在上一封信中是否足够清楚地表达了我对这篇论文的发展方式以及你在这方面取得的进展感到多么地欣慰. 最重要的是,问题毕竟在于用这种办法可以为以后的进步创立什么样的基础,而关于这一点,我也很盼望当你再到哥本哈根来时和你谈谈.

再次向你和你的家庭多多致以亲切的问候和良好的祝愿.

你的

尼耳斯·玻尔

---

[79] 第一编《引言》注[24].

[79a] 承 Y·罗森菲耳德夫人惠借此信,在此致谢.

[80] N. Bohr and L. Rosenfeld, *Field and Charge Measurements in Quantum Electrodynamics*, Phys. Rev. **78**(1950)794—798. 重印于本书第七卷.

[81] 第一编《引言》注[47].

646 **罗森菲耳德致玻尔,1949 年 8 月 19 日**

[手写件]

曼彻斯特大学

曼彻斯特,13

8 月 19 日,1949

647 亲爱的玻尔:

多谢你 15 日和 16 日的亲切来信和各种的附件. 我认为,给泡利的信是十分精彩的. 我对你那些关于"准原子式"核模型的说法极感兴趣: 这恰恰就是我在巴塞尔的演讲中即将处理的课题. 因此我将立即把我关于这个问题的想法告诉你;如果你在以下的论述中发现任何大的错误,我将很乐于请你写给我一些有关的简短提示,以便我在演讲日期(9 月 8 日)以前能够改正过来.

最首要的是,我有点担心你对模型的普遍性得到了一种完全过于乐观的印象. 我不准备给菲因伯[82]的和诺尔海姆[83]的那种一般化的和示意式的考虑联系上超过定性的和试探性的价值的东西. 一旦人们试图在定量的意义上考察这种模型,它就完全失败了. 认为这种失败是由于对非有心相互作用的忽略,也并不能挽救自己: 例如,用任何微扰计算来解释 ^{10}B 基态的 3 这个自旋值,都是不可能的. 这个实验结果表明,人们必须在每一个事例中都把非有心力看成相互作用能的一个完全不可缺少的部分,而不是仅仅把它看成微扰. 但是事实上局势甚至还要坏些: 实际上已经发现,即使尽可能地照顾到非有心的核子-核子力,也并不能说明氚核(^3H)的结合能. 这就意味着,此外还应该考虑到同时作用在若干个核子之间的相当大的力(多体力).

喏,这就意味着核子之间的相互作用有一种非可加性的品格,而在我看来这是和一种思想不能相容的;那思想就是,有可能定义一个作用在各个体粒子上的

648 平滑化了的力场,而这种思想正是准原子式的模型的本质特色. 同理,看来核力的饱和性质也不会导致核内各核子的一种平滑的分布,而是相反地导致核子成团的一种趋势,例如结成 α 粒子(或更正确地说是结成"α 团",这些"α 团"当然不会保持它们的同一性,而是不断地解体和再形成). 人们甚至由准原子式模型本身就可以推知,这种结成"α 团"的趋势是作为核力最简单特色的结果而存在的,而那些特色是解释氘核的性质和 α 粒子的特殊稳定性时所必需的. 因此我不相信平滑化的核场这一概念可以有任何自洽的基础,也不相信相应的准原子式模

---

[82] 第一编《引言》注⑭.

[83] 第一编《引言》注⑭.

型会是核性质之定量处理的一种合适的出发点. 我盼望听到你对我这些疑点的反应.

家庭间互致衷心的问候.

你的

L·罗森菲耳德

玻尔致罗森菲耳德,1949 年 8 月 29 日

[复写件]

[哥本哈根,]8 月 29 日,[19]49

亲爱的罗森菲耳德: 650

我很感谢你迅速地回答我关于你对核问题的看法的请问. 当然你在这些问题的许多方面是有一种广博得多的知识的,而且也正是由于这个原因我才想向你请教的. 然而我不敢十分肯定我已经足够清楚地阐述了我所看到的那些说法的主旨. 你说菲因伯和诺尔海姆的考虑是很定性的和试探性的,这当然是对的,但是他们的结果之所以给了我一种深刻印象的原因却是,这里涉及了一种规律性的可能解释问题,而那种规律性是在关于核构造的任何其他观点的基础上甚至连定性地处理也都是不可能的.

除此以外,我那些简单说法只是针对含有许多个质子和中子的重核而直接提出的;为了把这一点弄得更明白一点,我现在随信寄上我的说法的一种在某些次要之点上作了改正的表述. 对于轻核,问题归根结底是根本不同的. 在这儿,人们一直是按照和原子的密切类比来处理问题的,而且,尽管所涉及的力场在本性上有那么多的差别,想到下述情况却还是很有趣的: 例如,在氘核中,轨道线度和力程相比是很大的,从而人们正在对付的就是波动力学的一种完全超出经典描述之外的奇怪特色. 然而,如果人们转而考虑重核,则主要的问题将是核物质在多大程度上对核子为不可透过,或者说得更确切些,个体的核粒子将在多大程度上扰动和一个公共力场中的运动相对应的那个波函数. 因为,除非这些干扰会完全改变了我们的问题,我就确实相信人们应该作为一种初级近似来从那种假说性的理想化核模型出发,而不是从一种纯经典的液滴模型出发.

不多几天以前,我也和拉姆斯[84]谈过了,他指出了你的书[85]中关于费米气体

---

[84] 拉姆斯(William Henderson Ramsey)在曼彻斯特在罗森菲耳德指导下得到了哲学博士学位,并在玻尔的研究所中度过了 1949 年的大部分时间.

[85] L. Rosenfeld, *Nuclear Forces I-II*, North-Holland Publ. Co., Amsterdam 1948/1949.

的黏滞性的计算. 那种计算在温度 $T=0$ 处给出无限大的摩擦系数. 但是,照我看来,人们并不能由此就得出核物质具有液体性质的结论,因为人们处理的只是平均自由程很大的一种气体,从而黏滞性问题仅仅直接照顾到了长距离上的动量传递. 如果人们从泡利原理的形式上的应用得出结论说,核子在核中的平均自由程是无限长的,人们就会被引导到一种观点,即认为核中每一个核子的束缚情况可以在初级近似下独立地加以处理. 这些考虑的适用性如何,则完全是另一个问题,而我则认为,主要之点应该是找出交换效应的重要意义并考察交换周期和适用于图景的"轨道"周期相比是很长还是很短. 在后一情况下,处理方法是不恰当的,但是在前一情况下,就我所能看到的来说人们却处理的是一种合理的近似方法. 然而我将很乐于知道你是否认为这些说法在某种程度上能够答复你的批评.

651

你也将有兴趣看到附寄的我在几天以前收到的泡利来信的抄本,他在信中对我们关于电荷涨落的说法的正确性表示了怀疑. 我立刻回答说——复信的抄本也附上——我不认为他是对的,而且我给他寄去了你关于各种可能事例中的涨落的笔记. 我是就我所能记忆的来这样做的,但是后来我却记不很清楚你是去年在伦敦把这些笔记交给我的还是今年夏天把它们带来的了. 你和泡利的讨论结果会是很有趣的,从而我盼望能够在你和他谈过这一切以后听到更多的详情.

我是很匆忙地发出这封信的,因为我希望它能在蒂罗尔被送到你手中,但是不然的话我也希望它能被转到巴塞尔.

我们大家向你和你的全家致以一切最好的祝愿.

你的

[尼耳斯·玻尔]

欧内斯特·卢瑟福

玻尔致卢瑟福,1934 年 6 月 30 日[86]

[打字件]

大　学　　　　漂布塘路 15 号,哥本哈根

理论物理学研究所　　　　6 月 30 日,1934

亲爱的卢瑟福:

你或许已经从伽莫夫那里听到,我们近来在这儿做了一些由中子撞击诱发的

[86] 剑桥大学图书馆向我们提供了这封信的副本,在此致谢.

放射性的实验.虽然迄今为止我们主要只是做到了证实由费米等人[87]发现了的结果,但是这却给了我们以对核蜕变进行许多讨论的机会.特别说来,我们对费米的想法甚表怀疑,他认为中子在某些事例中是通过辐射的发射而直接附着在核上的,而在我看来更加可能的却是,在这种放射性同位素被形成的事例中,碰撞将造成两个中子从核中被逐出,而不是一个中子被粘在核上.这种情况将引起一个正电子而不是一个电子的随后发射,而且这就或许能够解释约里奥[88]的关于正电子之意外出现的某些观察结果.然而,也许可以用几个中子的作为核碰撞结果而被发射来加以解释另一事实,那就是寿命的惊人差别:一方面是 α 粒子轰击硼而形成的活性氮,另一方面是用质子或 diplons[89] 轰击碳而形成的活性氮,二者的寿命是大不相同的.在我看来或许可能的是,在第一种事例中有两个中子被放出,结果形成原子量为 12 的氮,而在第二种事例中则是按照通常的方式而形成原子量为 13 的氮.这种想法也许在你看来并不新鲜,但是前天在联系到莱普恩斯基的愉快来访而进行的讨论中,我们却觉得这种想法或许会解释一切已知的事实,从而我很愿意知道你对此是否有什么反对意见.我对此感到很大的兴趣,主要是由于我认为,从普遍的力学论点来看,发射中子的蜕变过程的最可能的进程,将和逐出带电粒子的情况在一点上有所不同,就是说,在这种进程中,将有和能量平衡不矛盾的最大数目的粒子被逐出. 652

几天以前我收到了密立根的参加 10 月的伦敦会议的邀请,那肯定是会非常有趣的.我的另一件大快事就是前天听到布耶尔基先生[90]告诉我,他对他在剑桥的工作以及你和你的合作者们对他的种种关照感到何等地高兴.马格丽特和我在俄国经历了一次很有趣的旅行,关于这种情况,我非常希望当我们再见面时和你谈谈.

我们两个谨向你和玛丽致以最亲切的问候和最良好的祝愿.

你的

尼耳斯·玻尔

---

[87] E. Fermi, *Radioattività indotta (provocata) da bombardamento di neutroni*, Ric. Scient. **1** (1934)283,以及随后用同一标题发表的论文.

[88] I. Curie, F. Joliot and P. Preiswerk, *Radioéléments créés par bombardement de neutrons. Nouveau type de radioactivité*, Compt. Rend. **198**(1934)2089—2091.

[89] "diplon"是当时使用的名词,即现在的"deuteron(氘核)".

[90] 布耶尔基的传记性小注见本书原第 629 页.

653

比约伦·特鲁姆培[91]

特鲁姆培致玻尔,1943年2月12日

[打字件]

B·特鲁木培博士教授

地球物理学研究所　卑尔根 12-2 1943.

654 亲爱的玻尔教授:

您知道,我们在卑尔根这儿已经建造了一部1.8—1.9 MV的高电压设备.阴极管——X射线管——已经准备好了一段时间了,而且我们曾经治疗癌症病人并得到了很好的结果.在此期间,主要是因为缺乏材料,阳极管还没有做好,从而我们打算用这个管子来进行的实验还没有开始.

于是我就得到了一种想法:在等待期间可以把X射线管用于核问题的某些研究,因为看来用很高能量的X射线来产生核的同质异能素是十分可能的.我已提到,我们可以达到1.8—1.9 MV,而在1.6 MV下我们达到了1 mA的管电

655 流.这就在离对阴极70 cm处给出一个约为250 r/min的辐射强度,而在更近的距离处则相应地更大.

为了得到更大的灵敏度,我用各种不同的材料包裹了计数器并让它们受到辐射的照射.迄今为止我已经研究了Ag, Cu, Ni, Zn, Pb, Al, Sn和Fe,而且在所有的事例中实验都给出了正结果[92].

通过用1.5 MV的X射线来处理,激活了计数器,并且测量了半衰期.Ag, Cu和Zn都各自只给出一个寿命,分别为40秒、28秒和1.5分.其他的元素都各自给出不同的半衰期,从几秒到若干分.例如Fe给出约15秒和2.6分,而Pb给出1.4分和22分.目前我还不愿意更多地给出关于测得的半衰期的信息,因为测量还在进行中,而它们的精确度还不能得到保证.以前已知的同质异能素只有$^{107}_{47}$Ag的一种(40秒)和Pb的一种(1.4—1.6分).

---

[91] 特鲁姆培(Bjørn Trumpy, 1900—1975),挪威物理学家,1922年在挪威工业大学作为化学工程师而毕业,1927年获该校博士学位.他从1922年到1935年在挪威工业大学工作,起初是科学助教,后升任讲师.1935年,他被任命为卑尔根的地球物理学研究所的教授.在1928—1929这一学年中,他在玻恩处和玻尔处学习.当卑尔根大学在1948年成立时,特鲁姆培当了第一任校长.1960年,他被任命为欧洲核研究中心(CERN)理事会中的终身挪威理事.特鲁姆培在原子物理学和分子物理学、宇宙辐射、地磁学和核物理学各领域中发表了论文,主要是实验方面的.

[92] 参阅B. Trumpy, *Isomeric Nuclei*, Bergens museums årbok, 1943, Naturvitenskapelig rekke, no. 10.

只有一个稳定基态的 Al,似乎半衰期有三种之多.然而我对此还不敢肯定,但是无论如何两种是有的.我打算对半衰期进行更精确的测量,并力图测定每一次激活出现时的临界电压.

存在这么多新的激活可能性,曾经使我大感意外.我看不到将使这些结果完全成为虚假的任何误差来源.发现一点也是使人满意的,那就是,以前已知的两种具有一个稳定基态的同质异能素 Ag(40 秒)和 Pb(1.4—1.6 秒)都再次被观察到了.我还不明白现有的亚稳态(同质异能态)理论可以如何和我的结果互相调和.例如,对 Al 来说,为了解释比较长的各为 30 秒和 10 分的半衰期,理论将要求两个不同的态具有很大的自旋差.Al 的唯一稳定基态具有一个自旋5/2,从而看来可能性是很小的.

看来解释许多半衰期的存在也不容易.

我很愿意在考试结束以后去哥本哈根,并谈谈我的结果,但是现在旅行是很困难的.在此期间,若能现在就听到您对问题的看法,我也将是很高兴的.

向您并向您的夫人致以最亲切的问候.

您的

B·特鲁姆培

玻尔致特鲁姆培,1943 年 2 月 16 日 656

[复写件]

[哥本哈根,]2 月 16 日,[19]43

亲爱的特鲁姆培教授:

多谢您的亲切来信.听到您的有趣实验,我很高兴.我认为,当检验很弱的效应时,照射计数器本身是一种很好的想法,而且看来您似乎确实已经找到了一种追踪核同质异能素的新的和有效的方法.关于原子怎么会被纳入这样一个态中,也许可以这样解释:归根结底是具有一种连续频谱的辐射,可把核激发到激发能约为 1.5 MeV 的这一个或那一个定态中,而从那个态开始,除了落回到基态以外,也存在跃迁到其他一些态的可能性,那些态能量较低,并具有不同于基态自旋的自旋.由众所周知的关于各种不同转动态的能量的公式可知,甚至对 Al 这样的轻核来说,在 100,000 eV 以下也应该存在一些有着不同自旋值的能态.从初激发态到其中一个这种亚稳态的跃迁几率将依赖于能级分布,因为一个很大的自旋差可以通过为数不太少的可能跃迁来达成.因此,正像您说的那样,考察活性同质异能素的出现及种数将怎样依赖于 X 射线的最大能量,就将是很有兴趣的. 657

若能听到实验继续进行的情况我将是极感兴趣的,而且我们也都为了不久将在哥本哈根这里再见到您的可能性而特别高兴.

谨致最亲切的问候和最良好的祝愿.

您的忠实的

[尼耳斯·玻尔]

约翰·A·惠勒

玻尔致惠勒,1939年7月20日

[复写件]

大　学　　漂布塘路15号,哥本哈根

理论物理学研究所　　20-7　1939

发自梯斯维耳德

亲爱的惠勒:

我希望你已收到了我的电报,那里解释了我延期答复你寄来我们的论文稿[93]的那封亲切来信的原因.当我在不多几天以前从一次去瑞典的短期旅行中回来时,我收到了来信和你的电报,而那次旅行是在我预期将会更早一些收到稿子时计划好的.

我怀着很大的欣慰和对你在这篇文章上所作一切工作的钦佩通读了文稿,而且当然很诱人的就是打电报去说文章可以按现状发表.不过我还是觉得可以进行少数几处小的改动,而且我希望由这封信所造成的发表的延期将只是很小的.

658

第一点所涉及的是第II节中最后几页上的那些考虑.我必须承认我不清楚方程(28)的确切诠释和普遍性.我设想V是指总能和位形空间中一个给定点上的势能之差,但是对$\mathrm{d}x_i/\mathrm{d}\alpha$到底应该如何理解却是我不十分清楚的.然而,特别说来,我不明白你为什么略去了指数上的一个通常因数2,它指的是确定着量子力学强度的波幅平方.在我看来,把这个因数包含在方程(28)以及方程(30)中,就会使局势完全改观,并将立即给一个基态中的核的寿命带来一个更加合理得多的值.联系到这一寿命的估计,我也不十分理解由方程(28)和(30)求得的值之间的差别,而且我甚至觉得,除了已经提到的那个因数2以外,把势垒的宽度取为等于核的半径而不是核的直径,也似乎是一种过低的估计.同时,我也不十分

[93] 第一编《引言》注[12].

理解你那最后几句话的用意. 导致裂变的隧道效应的适当处理当然是一个很复杂的问题,但是在我看来,唯一简单的估计似乎正是沿着方程(30)所指示的思路才可以求得的,因此,如果这种估计确实导致一个像论文中所给出的那样小的寿命,而且这个寿命也比就我的记忆来说是我们在普林斯顿的讨论中已经估计到的小得多,那么建议把所取的势垒宽度值增加一倍就会带来一个很严重的佯谬了. 因此我愿意建议,第Ⅱ节中的最后几页,也许从第 17 页的倒数第 3 行开始,或许可以改写如下:

"关于一个重核在基态中对裂变而言的稳定性的一种精确估计,当然将涉及一个很复杂的数学问题. 不过,应用众所周知的 α 射线衰变理论,就可通过把核比喻成一个简单体系而求得裂变寿命的数量级的一次确定,该体系由两个接近相等的质量构成,二者由一个力结合在一起,这个力显示一个势垒,其高度可以和临界裂变能相比,而其宽度可以和核直径相比."(在这儿,我不知道你认为引用哪些和多少公式是合理的,但是我确信,例如为了解释所要用到的约化质量,保持现有文本中的公式编号应该是容易的. 顺便提到,第 21 页上关于现在的方程(28)的那种提及,或者也应该改动一下.)"可以看到,这样估计出来的寿命,不但比在由中子撞击引发的实际裂变过程中所涉及的数量级为 10^{-15} 秒的那段时间大得难以想象,而且它甚至和铀及钍对 α 射线衰变而言的寿命相比也是很大的. 正如已经看到的那样,重核对裂变而言的这种引人注目的稳定性,是由于涉及了很大的质量;这一点,在以上所引的迈特纳和弗瑞什的文章[94]中已经指出,而该文正是强调了裂变效应的本质特征的." 659

当然,如果你在主要论点上能够同意,对你来说为上述改动找出适当的形式就会是很容易的. 我可以仅仅提到,在我看来,在这个地方提到迈特纳和弗瑞什的工作是特别恰当的,因为他们对这一根本问题采取了很清楚和很正确的态度. 然而,如果你通过对整个的估计特别是对那个讨厌的因数 2 的更仔细的考虑而发现我又当了傻瓜,你当然会干脆写出你认为有道理的和足够慎重的那些东西.

其他一些我愿意建议修改的地方都是一些较小的问题,而且只是形式上的问题. 你从附上的第 26、27 和 56 页可以看到,我用钢笔加上了有关派尔斯、普拉才克和我的那篇论文的引用的一些修改建议,目的是要尽可能和附寄的一篇短文取得一致,该文将在以后某一期《自然》上发表[95],如果在你收到此信时它并不是已经发表的话.

联系到这一点,我也愿意请你注意出现在公式(42)中而在(37)中则被略去

---

[94] 第一编《引言》注[98].

[95] 第一编《引言》注[82].

的那些自旋因子，虽然严格说来这样的因子可以由第 III 节中这一公式和若干其他公式的统计推导中得出. 我的意图绝不是坚持要增加这一段正文的复杂性，而只是请你考虑表达方面的前后一致问题. 实际上，自旋问题的论述是比论文中多数公式所表示的还要复杂一些的，因为我们会预料一切的 Γ 对 J 有一种依赖性，但是从我们的目的来看这样的问题当然是重要性很小的，从而你也许可以只考虑这方面的适当一致性问题就可以了.（如果你为此目的而把任何公式和《自然》短文中的公式相比较，我就只愿意说明，尽管方程(1)和(2)当然是十分普遍的，在(3)中从而还有(4)中却为了简单而暗中假设了 $s=0$ 和 $i=0$.）

作为一个更小的问题，我也愿意请你注意几处文献的引用. 首先，我发现在 660 第 1 页上把阿贝耳孙[96]和哈恩及斯特拉斯曼完全相提并论也许会显得不很合理. 如果你认为在这个地方提到阿贝耳孙是必要的，我就无论如何想要建议在他的名字前面加上"并参阅"的字样.

在第 2 页上，我看到在文献(3)中没有提到哥伦比亚小组的工作，但这当然是不很重要的，因为该组的工作已经在文献(4)中提到了.

在第 21 页上，我认为应该在文献(10)的末尾注明"这篇论文的一篇简短摘要已刊登在 Phys. Rev. **55**，987(1939)上".

至于弗伦开耳的论文，我还没有看到它的全文发表的宣告，但是我想你大概已经足够仔细地研读了他那份我相信是留在你手中的稿子，从而我们可以有理由不必详细地考虑他的著作，而就我对他的稿子的初步钻研和就 Phys. Rev. 上的摘要[97]来看，那篇文章根本没有抓住我们论文中任何比较本质的要点. 如果你那里有弗伦开耳的稿子并肯找机会寄给我看一看，我将是很高兴的，因为我要就此写信给他.

作为最后一个很小的问题，我还想请你在我的署名后面注明"哥本哈根大学，现在通信处为普林斯顿高级研究所"，因为我只怕现在的署名会引起我现在永远住在普林斯顿了的误解.

在结束这封我希望不致给你增加太多的麻烦的信时，我愿意再一次最强烈地表达我们的合作给我带来的巨大快慰以及我们在不久的将来就能继续进行这种合作的希望. 我也愿意以艾里克和我自己的名义感谢尊夫人和你本人在我们住在普林斯顿的期间对我们的种种关照，那段时间对我们两个人都是一段非常愉快的和非常有趣的时间.

你的永久忠实的

[尼耳斯 · 玻尔]

---

[96] 阿贝耳孙在 1939 年的 Phys. Rev. 上发表了一些论文，通过其 X 射线发射鉴定了各种裂变产物.

[97] J. Frenkel, *On the Splitting of Heavy Nuclei by Slow Neutrons*, Phys. Rev. **55**(1939)987.

玻尔致惠勒,1939 年 10 月 4 日(1)

[电报稿]

全文见本卷原第 72 页.

玻尔致惠勒,1939 年 10 月 4 日(2)

661

[复写件]

[哥本哈根,]10 月 4 日,1939

亲爱的惠勒:

昨天收到你的亲切来信,信中建议了合撰一篇关于镤的裂变的短文[98],甚慰.关于镤的裂变的发现,我事先毫无所知,因为 8 月 15 日的《物理评论》还没有寄到哥本哈根.然而,不多几天以前,我却收到了 9 月 1 日的一期,上面刊登了咱们的长篇论文,而看到文章已经印出,我感到很高兴.我现在也设法看到了 8 月 15 日的一期,因为通过电报探询,承伦德的物理研究所把它借给了我.

我当然完全同意新文章的内容以及由咱们对这个课题作出评论的必要性,然而我却发现,赋予它以一种稍有不同的形式也许是更加合适的.你从此处附寄的一份修订本的建议将可看到,我认为更好的做法是从提到新的发现开始,并在我们的理论估计的基础上对迄今已知的一切裂变事例作出一种比较性的考察.最首要的是,我认为这就可以使我们更好地强调我们的估计的定性品格,并使人们注意到可以用什么方式来通过实验的继续以求得新的有用的信息.当然你可以完全随意地作出你认为有必要的形式上和内容上的任何变动.

至于咱们的长篇论文,当我再一次读它时,我也许更加钦佩你在这篇论文上所下的功夫和你所构思的那许多最有教益的图解了.在 E_f 的估计方面,图 4 肯定是最合适的,但是我用不着强调,曲线在重要区域中的形状和曲率,并不是确定到足以使估计上的微小变动都应该被完全排除.正是因为这种原因,利用如图 6 所示的论点来对 Pa 的阈值作一估计当然就将是最可欢迎的了.

咱们的合作确实使我得到了最大的乐趣,从而我曾经最衷心地欢迎了在咱们的新短文中继续这种合作.不论是罗森菲耳德还是艾瑞克和我,都常常谈到我们在普林斯顿度过的那段幸福的时光(尽管当时我们有各种的焦虑),在那里,我们大家全都尽情享受了整个小社团的真正人情的和科学的精神.在欧洲,现在生活当然是最不适意的了,但是在这个小小的中立国中,尽管困难正在增加,我们

[98] 第一编《引言》注[125].

还是尽量进行了工作,而且目前实验室中的实验进行得也相当顺利,而且我自己
662 也在各种研究中得到了某些进展,那些研究是我长期以来所不曾忘怀的,而且是我希望不久就将能够发表的.另外,男孩子们也正在忙着他们在中学和大学里的工作.

然而,在任何时候,我们都能意识到大灾难在任何一天都可能降临,从而我也用不着多说我的妻子和我是多么感谢你和惠勒夫人建议让一个孩子到你们那里住一个时期的那种盛情设想了.这在当前情况下当然会是对我们极有好处的,而且对任何一个孩子来说也将是一种最大乐趣的源泉.当听到这个消息时,艾里克确实恨不得立刻回到美国去.尽管我们觉得目前还不宜作出这样的决定,但是,为了一旦情况恶化就可以认真考虑此事的这种可能性,我们当然是非常感谢你们二位的.

我们大家同致最亲切的问候和最良好的祝愿.

你的

[尼耳斯·玻尔]

玻尔致惠勒,1939 年 12 月 16 日

[复写件]

[哥本哈根,]12 月 16 日,[19]39

亲爱的惠勒:

近来,特别是联系到迈特纳和弗瑞什对铀和钍裂变的各种放射性产物所作的研究[99],我们这里曾对裂变碎片的统计分布很感兴趣.你会记得,我们在春天联系到哥伦比亚的实验而讨论了这个问题,但是当时我们在它的解释方面没有得到任何最后的结论.然而,在最近几个星期内,我曾经重新考虑了问题,而且我发现,如果我没弄错的话,不仅可以利用我们论文中的计算来得到在核裂变中观察到的非对称性的一种简单诠释,而且严格说来,甚至我们关于裂变几率及其随中子能量的变化的估计也涉及了一条假设,即核分裂成两部分的那种模式实际上是只有很少几种可能性的.因此我已经写了一篇短文[100],现随信寄上,而且如
663 果你同意的话,我建议咱们联名将此文寄给《物理评论》,作为咱们的论文的附录.你将看到,我没有做什么别的事情,而只是利用第 I 节和第 II 节中的计算来

---

[99] L. Meitner and O. R. Frisch, *Products of the Fission of the Uranium Nucleus*, Nature **143** (1939)471—472; *On the Products of the Fission of Uranium and Thorium under Neutron Bombardment*, Mad.-Fys. Medd. Dan. Vidensk. Selsk. **17**, no. 5(1939). 并见注⑦.

[100] 第一编《引言》注⑱.

对不同分划的临界能作出了估计，所依赖的是放出的总能和碎片在接触时的势能的比较．我当然知道这样一种比较并不能给出任何定量的估计，但是我主要想到的是，仔细看看表示着裂变机制的美丽图形就立即可以导出的那种普遍的结论，而那个图形是您为华盛顿会议所准备的，而你在咱们论文上所印的那些美丽插图中略去了这幅图形则是使我有点遗憾的．因此，在短文中，我建议包括少数的插图来说明论点．

至于在咱们论文的第 III 节中给出的裂变几率的推导，我在今年夏天当收到稿子时就曾经对只利用体系激发的附加可能性来估计过渡态的统计权重的可承认性有些怀疑．我所想到的不仅是在针对短寿命过渡态来计数定态时的那种更加形式化的困难，而主要却是怎样判别把复合核中的粒子分成两个分开的核的那些不同的模式的问题．然而，当时我曾想，这个问题可以通过在公式(32)中引入一个照顾到这些不同分裂模式之相对统计权重的因子来简单地加以解决，从而总输出的估计值就不会有严重的改变，即使我们所涉及的是分裂模式的一个相当大的变化范围．

然而，联系到我和派尔斯及普拉才克合撰的那篇论文[101]（我希望不久就能给你寄去此文的校样）的工作的完成，我曾经更仔细地研究了统计论证对核问题而言的普遍推论，而且我得到了这样的结论：在像我们所考虑的这种事例中，论证预设了一种给定的分裂模式，而这种模式当然是由于不可逆的破裂和伴随着的中子发射而有一定的变动范围的．事实上我相信，如果裂变几率在分裂可能性的一个相当大的变动范围内是接近相同的，则裂变中的 si[Si?]产量应该比在实验上得到的要大得多，因此，如果我是对的，这一论点就构成对裂变过程之选择性的一种独立的支持，那种选择性是通过研究碎片的能量分布和裂变产物的化学性质而揭示出来的．

我希望你将发现这一结论是正确的，并希望你能极端批判性地核对我关于能量收支关系的估计．如果你认为有必要，你当然可以自由地在短文中引入几条数学公式或某些更详细的数字计算或任何需要的其他补充及改正．我根据和塔特的谈话而得到的印象是，像这样的一篇短文，作为《物理评论》上的短篇文章比作为"给编者的信"更加合适，而且这也在发表方面不会十分拖延．在这个问题上，我当然也将完全任凭你去决定．如果你并不想引入重大的改动，我就几乎不必再看校样了．但是我希望尽早地听到你对论点的态度，并希望能够收到最后定稿的一份副本．然后，如果有必要，我将打电报告诉你任何您想征求我意见的问题．

664

[101] 第一编《引言》注[86].

对咱们在即将过去的这一年中的合作,我有许多感谢的想法;这一年是充满了愉快的和悲哀的事件的.我们大家谨向惠勒夫人和你本人致以最亲切的问候和最良好的新年祝愿.

你的

[尼耳斯·玻尔]

再启者:你的12月8日的亲切来信以及咱们《物理评论》论文中的原始插图刚才已经寄到了.我对得悉你自己的工作以及实验室中的实验工作都很感兴趣,并向在普林斯顿的所有共同的朋友们致以最亲切的问候和最良好的祝愿.

惠勒致玻尔,1940年1月19日

[电报]

全文见本卷原第73页.

惠勒致玻尔,1940年2月12日

[电报]

全文见本卷原第73页.

665 **玻尔致惠勒,1949年7月4日**

[复写件]

[哥本哈根,]7月4日,1949

亲爱的惠勒:

听说你和惠勒夫人和孩子们将在明年到欧洲来,这真是一大快事,而我的妻子和我都非常希望能在这里见到你们,而如果咱们能像往日那样一起进行一点工作,我也会是很高兴的.

寄来的稿子[102]使我大感意外,但是,意识到此稿更多地是代表咱们在几年以来在这一主题上进行的讨论的一种论述,而不是我感到对它心安理得的某种独创性的贡献,我不仅对计划表示同意,而且作为咱们继续合作的一种标志来欢迎它.既然我是在即将离开哥本哈根而到乡下去的时候收到它的,我就愿意考虑几

[102] 第一编《引言》注⑬.

天,看我是否会建议某些较小的改动或补充,然后我将再次给你写信.

我们大家都向你致以最亲切的问候和最良好的祝愿.

你的

[尼耳斯·玻尔]

玻尔致惠勒,1949 年 7 月 13 日

[复写件]

大 学
理论物理学研究所

漂布塘路 15 号
哥本哈根,丹麦
发自梯斯维耳德
13.7.[19]49

亲爱的惠勒:

我希望你已收到我正好在离开哥本哈根以前发出的对你的亲切来信的复信.在此期间,我已经能够更细心地阅读了论文,而尽管总的来说我对内容是同意的,但是我却认为在某些地方作些表达方式上的改动可能是有好处的.

关于非对称裂变的一种动力学解释的要点,我完全同意论证的思路,但是我不知道这些论证是否应该开展得更明显一些.在这方面我也觉得,裂变中的 α 射线释放这一现象,或许可以通过很简单的考虑而处理得更细致一些.

666

在原理方面,主要的问题当然就在于经典力学的考虑在多大程度上可以应用到裂变过程上.尽管正如在咱们的旧论文中已经论证过的那样,我们在初始形变中所遇到的是一些高量子态,而在那些态中,对我们的目的来说零点效应是可以忽略不计的,但是过渡阶段中的平衡问题却更加微妙,而且可以提出一些论点,来支持量子效应在确定最终结局方面的重要性.

弗伦开耳用典型隧道效应来解释非对称性的那种尝试的欠妥当,肯定是被关于截面随激活能而变的那些不可能的推论很突出地显示了出来的,但是我认为也可以强调指出,由习见的考虑得到的各种辐射过程和蜕变过程的寿命(或分宽度)的绝对值,是彻头彻尾地和经验近似相符的.

说句笑话,我可以承认我不十分懂得"和哈瓦斯博士的有益商讨没能揭明分歧的来源"这句话——完全抛开插图中那些核质量的很有说明意义的对比不谈,我认为这里的主要之点就在于这些对比和关于裂变过程之过渡态的那些结论的无关性.

一个较小的问题就是 p.5 上注(8)中的那些附带的说法.当然,个体核子的存在给液滴模型划定了一个界限,但是,只要这一模型是按字面来加以理解的,就是说,只要表面层的厚度被认为和液滴线度相比是小得微不足道的,把液体拉成一条细柱就将要求消耗很大的能量. 诚然,电荷的势能将趋于零,但是表面能却将增加一个数量,其数量级为液滴半径和液柱截面半径之比.

在这方面,我也不敢肯定我完全理解那种关于平衡态的说法. 当然,除了它对偶然干扰的非稳定性以外,当不受外力时,液柱将立即开始从两端收缩. 另外,如果带电物质的一个有限的部分是存在于液柱两端的两个球上的,液柱的正比于周线的张力就将不能反抗两个球的推斥力. 这些说法当然是十分明显的,但是我却纳闷,不知现在这篇短文的现有形式会不会在读者的思想中引起混乱.

我很想把这篇虽然很短但却肯定会受许多人欢迎的文章尽量弄成一种形式,使得各个论点变得更容易接受. 就在目前,我被一些急迫的任务缠住了,而且在不多的几天之内,我预期罗森菲耳德会前来访问,以完成我们关于场和电荷的测量的旧论文,但是,如果你和希耳不反对稍迟发表这篇短文,而你能够或在8月间到梯斯维耳德或在9月间到哥本哈根来访问一个星期,以便咱们在这里对此做些工作,那就将是妙不可言的. 我用不着说,如果惠勒夫人能够和你同来,那就将是我妻子和我的一大快事了.

667

谨致最亲切的问候和最良好的祝愿.

你的

[尼耳斯·玻尔]

再启者：我从随稿寄来的希耳的信[103]理解到,他在以后几天之内将寄给我一份附录,但是我从那以后就没有得到他的消息,而我也一直没有给他写信. 不过我想你自己是和希耳保持了接触的.

惠勒致玻尔,1949年9月3日

[打字件]

列格兰
圣·简·德路,B.P.
法国
9月3日,1949

亲爱的玻尔教授：

感谢你最近的来信和关于核的液滴模型及独立粒子模型之间的关系的考虑. 我特别急于想从你那里听到你关于这一问题的定量方面的感受——例如一个具有典型能量的核子可以在核中运动多远而不和其他核子有很大的能量交换.

---

[103] 1949年6月15日希耳致玻尔的信. BSC,缩微胶片 no. 33.

现随函寄上刚刚从希耳那里收到的关于中子发射的附录正文，以及图1、2、3、4的说明和图1、图2的初步作图.

正在这里的约翰·陶耳和我刚刚已经仔细考虑了当存在电场和磁场时光在真空中的传播问题.这时发生的空间双折射显示出一些很有趣的性质.特别说来，这种折射和一种很有趣的吸收类型有联系，而我们在以前却没有看到任何人讨论过这种吸收；在这种吸收中，例如能量为10^{17}电子伏特的γ射线在20,000高斯的磁场作用下只能在真空中传播少数几厘米而不产生电子偶.有趣的是，这种过程的截面是正比于磁场强度的一次幂而不是正比于它的二次幂. 668

我希望和你谈谈由狄喇克电子理论得出的某些结果和摩勒定理之间的调和问题，而摩勒定理就是讲的一个动力学体系的空间线度和该体系的角动量之间的比例关系[104].在狄喇克电子的事例中，情况是角动量越高则它可以定域于其中的区域越小.我在过去几个星期中所曾关心的另一个问题就是利用不涉及空间概念和时间概念的手段来对自然作出的描述，这就是适用于万有引力的一种描述，和电动力学的超越作用描述相类似.维的概念显然不会出现在这种描述中.因此提出一个问题就是有兴趣的，那就是必须对描述加上什么条件才能使它在粒子很多的事例中归结为通常的三加一维的空间-时间.

若能和你在哥本哈根讨论这些和其他一些问题，那将是一件快事.

忠实的

约翰·惠勒

惠勒致玻尔，1949年12月12日

[打字件]

道梅克公寓
德阿萨路70号
巴黎6，法国
12月12日，1949

亲爱的玻尔教授：

感谢你的最近来信以及关于你的爱丁堡演讲以及你和罗森菲耳德的、你和派尔斯的工作的进展的有趣消息.

从哥本哈根回来以后，我曾经把我的大部分时间花在咱们在哥本哈根取得了那么大进步的那篇论文上.

---

[104] 参阅 C. Møller, *On the Definition of the Centre of Gravity of an Arbitrary Closed System in the Theory of Relativity*, Comm. Dublin Inst. Adv. Study, Series A, no. 5(1949). 并参阅 C. Møller, *The Theory of Relativity* (2nd ed.), Oxford Univ. Press, 1972, sect. 6.3.

占用时间最多的要点就是四极矩问题以及除了我们分手时那种论文形式的清楚推理——当然在我们看来是令人信服的推理——此外还有用标准量子力学方法来根据独立粒子图景的观点论证液滴模型的问题. 现在已经可以很清楚地证明,在一个在其他方面为空虚的壳层中,一个单独粒子由于引起核的形变而造成的四极矩,大约是由该粒子本身的电荷分布所直接引起的四极矩的五倍. 这一结果可以解释佛耳第在最近一期《物理评论》上指出的佯谬,那个佯谬迄今一直给核四极矩的解释造成很大的困难. 也已经发现,由一个未平衡的粒子所引起的核的形变,将大大影响其次一个粒子的能级间距. 因此就有一种耦合很有效地作用在一个粒子和另一个粒子之间,而这种耦合必将大大影响非完满壳层的填充顺序.

曾经带来更多困难的另一个问题就是找出一种波函数类型的问题,那种波函数将从个体粒子图景出发而把液滴模型的毛细振动显示出来. 标准的微扰理论显然在这一事例中是根本用不上的,因为需要涉及的多个粒子的运动之间的相关性将要求人们在这一类型的微扰处理中应用同时有许多粒子被激发的态的混合. 我没有这样做,而是把体系的波函数表示成了一些行列式的叠加,那些行列式由个体粒子波函数组成,各该波函数全都针对核的一种特定的形变来算出. 这个行列式被乘上形变的一个函数,然后对一切形变求和. 于是能量的期许值就可以用单独一个未知的形变函数表示出来. 经发现,这一期许能量包括两个部分,其中一个部分描述形变势能,而另一个部分则描述形变动能(即包含着上述函数的导数). 目前的困难就是关于这个动能项对体系中的粒子数的依赖关系问题. 我曾经预料了一个和粒子数的一次幂成反比的系数,但是却求得了一个和粒子数的二分之三次幂成反比的系数. 在我看来,很难相信单粒子图景的严格采用会造成这样的巨大分歧,而我正在力图找出这种困难的来源. 如果你认为在发表论文以前最好不这样做,我就将乐于得到你的关于最好怎么做的指教. 然而我确实感到,能够给出一种数学的演证,就将大大增加我们必须发表的那种意见的说服力.

随函寄上希耳寄来的四五张小照片. 它们大大支持了这样的看法: 非对称性可以用小的原始非对称性在分裂过程的进行期间的扩大来大致解释,正如你将注意到的那样. 希耳在来信中提到,他已经把计算进行得超过了图解上指示了的时间间隔,但是他还没有寄来根据这些较晚的数据作出的曲线,也没有报道他的工作的更多的细节. 当我收到他的信时,我将再向你报告.

我正在打算大约在 1 月 25 日去曼彻斯特访问,为的是看看正在那里进行的宇宙射线工作并和那里的人们谈谈. 你在来信中提到了我到哥本哈根去和你谈谈的可能性. 这将是我的最大乐事,因为有那么多大家有兴趣的问题要讨论. 我很乐于听听你的意见的是,如果我在访问曼彻斯特以前的一个星期(1 月 14 日—21 日)或恰恰以后的一个星期(1 月 27 日—2 月 3 日)到哥本哈根来,那对你是否方便.

请代我向玻尔夫人致意并感谢她当我上次在哥本哈根时让我占用你那么多时间的那种耐心. 简奈特和我一起向你致以圣诞节和新年的最好祝愿.

忠实的

约翰·惠勒

玻尔致惠勒,1949 年 12 月 24 日

[复写件]

[哥本哈根,]12 月 24 日,[19]49

亲爱的惠勒:

谢谢你的来信,它当然是使我很感兴趣的,而且我在这几天来已经和林德哈德讨论了它的内容;林德哈德今年在伯明翰和派尔斯一起工作,目前正在这里度圣诞假期.

我们觉得,关于有一个粒子位于一个在其他方面为空虚的壳层中的那种核的四极矩,你的那些考虑的叙述是很美妙的和令人信服的,而且,按照我们的理解,问题就在于由这个粒子的存在所引起的核的形变就蕴涵着那些闭合壳层中的粒子的一个比较大的附加磁矩.

至于从个体粒子图景出发而对受激核的振动所作的处理,我们却不能肯定自己充分地理解你的考虑. 处理手法当然是一种很直接的手法,但是在我看来,似乎并不能事先就十分明白人们怎么能够如此普遍地分析核形变及其时间导数的效应.

看样子,实际的物理问题倒是要检查和整个核的振动形变相与俱来的那些个体粒子结合情况的半浸渐改变,而问题的习见处理的证实则应该是一些附加项在整个核能量中的出现,那些附加项在类型上应该是和液滴毛细振动的项相对应的. 671

指望有这样的结果也许是没什么根据的,而如果附加能量属于另一种类型,那就肯定将是最有趣的了,但是,已经说过,我们也很可能没有正确理解你的想法,从而如果你能更详细一些解释一下你的想法和结果,我确实会是很高兴的.

关于你提出的在论文发表以前是否应该试图对问题进行更全面的处理的问题,我觉得在更好地了解情况以前是很难提出任何建议的,尽管如果问题能够彻底解决那当然是最理想的.

正是因为这个原因和许多别的原因,我很高兴你能在最近到哥本哈根来访问我们.你知道,罗森菲耳德将在1月的头两个星期中到这里来修订我们关于量子电动力学中的测量问题的论文,因此,如果你在从1月14日到21日的那个星期中前来,那就会是最好不过的了.

然而,万一出现了意外的耽搁,那么你若能在从曼彻斯特返回以后从1月27日到2月3日的那个星期中前来也将是很合适的.一旦我从你那里得悉了工作的情况并能检查我的计划,我们也许就会更容易判断什么时候请你来作这次这里的每个人都正热切盼望的访问最为切实可行了.

我的妻子和我向你和你的家庭致以最亲切的问候和最热情的新年祝愿,希望你们大家正在欢度快乐的圣诞节.

你的

[尼耳斯·玻尔]

尼耳斯·玻尔文献馆所藏有关稿本简目

引 言

以下列举的各卷宗形成尼耳斯·玻尔文献馆所藏的"玻尔稿本"的一部分.除一件外,其余各件都已在"Bohr MSS"的标题下摄制成缩微胶片,其对应的缩微胶片编号都已针对每一卷宗给出(简写为 mf.)

各个卷宗的标题是由编目者拟定的,方括号中的日期也是这样.没加括号的日期是根据稿本过录的.正如在小注中指明的那样,在编选本卷的工作中,有些日期得到了证实,而另一些日期则得到了改正.

页边上对准一个条目的数字,表示本书收录该条目处的页码;如果给出的只是摘录,则数字后附有 E 字.给出英译本的条目用 T 字标明.

676　[85]—[89]　1　*β-Ray Spectra and Energy Conservation* 1929

复写本,手写本[O·克莱恩],共 5 页,英文,mf. 12.

未发表稿.

2　*Faraday Lecture* 1930

打字本带复写纸打字本 (12+11 页),另有 1 页为手写本[H·B·G·卡斯密尔],共 24 页,英文和丹麦文,mf. 12.

这或许是在 1930 年 5 月 8 日发表的法拉第演讲的速记报道的转录本. 手写的 1 页标有日期 1930 年 10 月 3 日.

[115]—[118] E　3　*Properties of the Neutron* 1932

打字本和复写纸打字本,有手写的改正[N·玻尔,O·克莱恩和 L·罗森菲耳德],共 10 页,英文,mf. 13.

未发表稿,所标日期在 1932 年 4 月 18 日和 25 日之间.

[123]—[127] E　4　*Electron and Proton* [1933—1934]①

打字本,复写纸打字本和手写本[贝忒·舒耳兹],共 10 页,英文,mf. 13.

未发表稿.

[143]—[147] E　5　*Neutron Capture and Nuclear Constitution* [1935—1936]

打字本,复写纸打字本和手写本[F·卡耳卡尔和 L·罗森菲耳德],共 11 页,英文,mf. 14.

稿件和提纲. 标题为《核构造和中子俘获》及《核构造和量子力学》.

6　*Neutroners Indfangning* [1937?]②

---

① 原编入[1932 年].

② 原编入[1936 年].

打字本和复写纸打字本,有手写的改正[F·卡耳卡尔],共 14 页,丹麦文,mf. 14.

《中子俘获和核构造》,Nature **137**(1936)344—348 一文的未发表的丹麦文本.

7 *Transmutation of Atomic Nuclei* [1936—1937]
打字本,复写纸打字本和手写本[N·玻尔和 F·卡耳卡尔],共 54 页,英文和丹麦文,mf. 14.

玻尔-卡耳卡尔论文的草稿.

[179]—[181] 8 *Selective Capture of Slow Neutrons* [1936] 677
打字本和复写纸打字本,有手写的改正[N·玻尔和 F·卡耳卡尔],共 3 页,英文,mf. 14.

未发表论文的不完全稿.

[183]—[189] 9 *Disintegration of Atomic Nuclei* [*II*] [1936]③
复写纸打字本,有手写的改正[F·卡耳卡尔],共 8 页,英文,mf. 14.

未发表稿,标题为《论 α 射线引起的铝的蜕变》.

[191]—[194] E 10 *Excitation and Radiation* [1936]
打字本,复写纸打字本和手写本[F·卡耳卡尔,L·罗森菲耳德和 N. 玻尔],共 15 页,英文和丹麦文,mf. 14.

不完全稿,标题为《原子核的激发和辐射》.

11 *Disintegration of Atomic Nuclei* [*I*] [1936—1937]
打字本和复写纸打字本,有手写的改正[N·玻尔,F·卡耳卡尔和另一未认定的人],共 8 页,英文,mf. 14.

③ 原编人[1937 年].

不完全稿，标题为《论由带电粒子的撞击所引的原子核的蜕变》.

[195]—[198] E　12　*Spin Exchange in Aromic Nuclei* [1936]

打字本，复写纸打字本和手写本[F·卡耳卡尔，L·罗森菲耳德，N·玻尔，P·A·M·狄喇克和另一未认定的人]，共18页，英文和丹麦文，mf. 14.

不完全稿，标题为《原子核中的自旋交换》和《核粒子之间的自旋交换》. 有1页所标日期为1936年4月7日.

[199]—[204] E　13　*Transmutations of Lithium by Proton Impacts* [1936]

复写本和手写本[F·卡耳卡尔和N·玻尔]，共9页，英文，mf. 14.

未发表论文的草稿.

14　*Moscow Lecture* 1937

打字本，共24页，英文，mf. 14.

1937年6月19日在莫斯科苏联科学院发表的关于原子和核的性质的演讲，速记报道的转录本.

678　[271]—[282] E　15　*Nuclear Mechanics* 1937

打字本，复写纸打字本和手写本[L·罗森菲耳德，J·C·雅科布森，F·卡耳卡尔，N·玻尔和另一未认定的人]，共79页，英文、丹麦文和法文，mf. 14.

和玻尔在1937年9月30日到10月7日的巴黎物理学、化学和生物学国际会议上发表的演讲有关的草稿. 许多页上标有日期，除1页外，所标日期在1937年10月3日和12月3日之间.

[283]—[285] E　16　*Various Notes* [*I*] [1937—1938?]④

④　原编入[1935—1937年].

复写本和手写本[F·卡耳卡尔,L·罗森菲耳德和N·玻尔(?)],共11页,英文,mf. 14.

关于核振动和核转动的笔记和计算.其中1页上有标题:《中子和核之间的相互作用》.

[291]—[296] T 17 *Nuclear Excitations and Isomeries* 1937

打字本,复写纸打字本和手写本[G·普拉才克和L·罗森菲耳德(?)],共5页,英文和丹麦文,mf. 14.

未发表稿,所标日期为1937年12月7日.

18 *Nuclear Photo-effects* [1937—1938]⑤

打字本,复写纸打字本和手写本[F·卡耳卡尔,N·玻尔和L·罗森菲耳德],共10页,英文和丹麦文,mf. 15.

为Nature **141** (1938)326—327上的论文准备的资料.许多页上标有日期,其日期在[1937年]12月20日到1938年1月31日之间.

19 *Various Notes* [*III*] 1938

复写本和手写本[笔迹未认定],共2页,英文和丹麦文,mf. 15.

1938年8月18日对大英科学促进协会发表的演讲.为关于原子物理学的丹麦文通俗书籍撰写的序文.

20 *Nuclear Reactions in Continuous Energy Region* 1938—1940

打字本,复写纸打字本和手写本[N·玻尔,R·派尔斯,L·罗森菲耳德和另一未认定的人],共323页,英文和丹麦文,mf. 15.

为玻尔-派尔斯-普拉才克论文准备的资料.半数以上的页上标有日期,其

---

⑤ 原编人[1938年].

日期在1938年到1940年之间.

679　[347]—[353] T　21　*Summary on Fission* 1939

复写本,有手写的改正[L·罗森菲耳德],共5页,丹麦文,尚未摄制缩微胶片.

或许是在1939年3月10日寄给喇斯姆森的评论.

[355]—[357] E　22　*Notes from Bohr's Stay in Princeton* 1939

手写本[艾里克·玻尔,N·玻尔和L·罗森菲耳德],共15页,英文和丹麦文,mf. 16.

标题为《重核在β射线发射后的剩余激发》和《核力的自旋依赖性》的稿子.演讲稿,所标日期为1939年3月20日和3月27日.

[395]—[398]　23　*Chain Reactions of Nuclear Fission* 1939

打字本和复写纸打字本,共3页,英文,mf. 16.

未发表稿,所标日期为1939年8月5日.

[399]—[402]　24　*Fission of Protactinium* 1939

复写本,共2页,英文,mf. 16.

未发表稿.玻尔手写标明:"惠勒的最初建议".

[405]—[408] T　25　*Teori for Atomkerners Fission* 1939

打字本,共1页,丹麦文,mf. 16.

1939年11月3日在丹麦皇家学会发表的演讲的提纲.

[467]—[473] E　26　*Statistical Distribution of Fission Fragments* [1939?][6]

打字本和复写纸打字本,有手写的改正[L·罗森菲耳德],共10页,英文,mf. 16.

---

⑥　原编人[1939—1940年].

未发表论文的草稿.

[487]—[519] E 27 *Mechanism of Transmutations of Atomic Nuclei* 1947
复写本和手写本[G·普拉才克],共 46 页,英文,mf. 17.

未发表的玻尔-派尔斯-普拉才克论文的草稿.因斯·林德哈德所藏的一份副本(尼耳斯·玻尔文献馆中有照相复制件,未摄制缩微胶片)上有玻尔手写的增补.

[521]—[525] E 28 *Comments on Atomic and Nuclear Constitution* 1949
打字本和复写纸打字本,有手写的改正[L·罗森菲耳德],共 20 页,英文,mf. 19. 680

未发表短文的草稿.其中一份草稿上标有日期 1949 年 8 月 15 日.

29 *Work on Fission by Bohr, Hill and Wheeler* 1949—1950
打字本,复写纸打字本和手写本[A·玻尔,S·罗森塔耳和 J·A·惠勒],共 50 页,英文和丹麦文,mf. 19.

草稿.大部分资料所标日期在 1949 年 7 月 6 日和 1950 年 2 月 9 日之间.

索　引*

---

* 索引据原书迻译,改为汉英对照,并以汉语拼音字母为序.索引中的页码,是指外文版原书中的页码,即中译本的边码.

全书中到处可见的条目,例如复合核、能级分布、中子俘获和量子力学之类不列索引(但例如能级密度和波动力学则已列入).

圆括号中的条目表示偶然提及而未广泛涉及.索引中用的单词不一定和正文中的相同,我们希望许多的交叉参照将帮助读者确认这些条目.

页码间的短横线表示该条目是那些页上的主题,而页码后面的 f. 或 ff. 表示该条目还出现在随后的一页或多页上.

斜体字页码表示该页上有传记性小注或提到其他卷中的传记性小注.

集体合影中的人物只有当他(她)也在正文中被提到时才列入索引中.

图书在版编目（CIP）数据

尼耳斯·玻尔集.第9卷,原子核物理学：1929～1952/（丹）玻尔（Bohr,N.）著；戈革译.—上海：华东师范大学出版社，2012.5
ISBN 978-7-5617-9550-7

Ⅰ.①尼…　Ⅱ.①玻…②戈…　Ⅲ.①玻尔，N.H.D.（1885～1962）—文集②物理学—文集　Ⅳ.①Z453.4②O571-53

中国版本图书馆CIP数据核字（2012）第109022号

尼耳斯·玻尔集
第九卷　原子核物理学（1929—1952）

著　　者　（丹麦）尼耳斯·玻尔
译　　者　戈　革
策划编辑　王　焰
特约策划　黄曙辉
项目编辑　庞　坚
审读编辑　沈毅骅
装帧设计　高　山

出版发行　华东师范大学出版社
社　　址　上海市中山北路3663号　邮编200062
网　　址　www.ecnupress.com.cn
电　　话　021-60821666　行政传真021-62572105
客服电话　021-62865537　门市（邮购）电话　021-62869887
门市地址　上海市中山北路3663号华东师范大学校内先锋路口
网　　店　http://hdsdcbs.tmall.com

印 刷 者　上海中华商务联合印刷有限公司
开　　本　787×1092　16开
印　　张　33.75
字　　数　586千字
版　　次　2012年6月第1版
印　　次　2012年6月第1次
印　　数　1—1500
书　　号　ISBN 978-7-5617-9550-7/O·216
定　　价　128.00元（精）

出 版 人　朱杰人

（如发现本版图书有印订质量问题，请寄回本社市场部调换或电话021-62865537联系）